蘭汀 南廣祐 文集 Ⅱ

國語政策

韓國語文教育研究會

도서출판 월인

刊行辭

사람은 어느 누구나 無限한 可能性을 지니고 태어납니다. 그럼에도 不拘하고 우리 주변에는 한 평생을 거저 뜻없이 살다가 生을 마감하는 분들이 많습니다.

그러나 蘭汀 南廣祐 先生께서는 남달리 뛰어난 天賦의 才能을 지니고 태어나신데다가, 萬事에 積極的이고 推進力이 强하였으므로 당신께서 세워 놓은 目標達成을 위하여 平生 동안 조금도 흔들림이 없이 一路邁進하셨습니다.

그리하여 1969年에 漢字教育을 통한 國語教育의 正常化를 推進하고자 一石 李熙昇 先生과 함께 결성하신 韓國語文教育研究會의 國語運動과 研究活動을 盤石위에 올려놓으셨고, 漢字教育을 振興시키기 위하여 韓國漢字能力檢定會를 設立하셨으며 이들 두 團體의 活動을 確固不動하게 뒷받침하고자 社團法人 韓國語文會를 조직하셨습니다.

선생은 國語運動家이면서 國語學者이었으며 漢字音 專攻學者이면서도 國語史 研究에 必須的인 귀중한 語彙資料를 心血을 기울여 整理하셨습니다.

8·15 光復後 우리나라 學界를 主導해 온 한 분으로서 國語國文學會, 國語學會 등 여러 研究團體 成立에 中樞的 구실을 하셨을 뿐만 아니라 學問的 著述에도 精進하여 많은 量의 業績을 남기셨습니다. 先生의 글은 모든 글이 理路整然하고 論證이 精緻하여 學界에 크게 貢獻하셨습니다.

이에 本會에서는 先生의 10週忌를 맞이하여 先生의 不朽의 學問的 業績을 길이 기리기 위하여 『蘭汀 南廣祐 文集』을 上梓하였습니다. 應當 先生의 모든 글들을 한자리에 모으는 作業이 進行되어야 할 것이나, 이번에는 우선 國語學, 國語敎育, 國語政策, 漢字語 그리고 漢字政策에 관련한 글들을 우선 모았습니다.

여러 論文集에 실린 논문들을 모아보자는 작업의 趣旨에 따라 이미 單行本으로 정리된 논문들은 이번 작업의 對象에서 除外하였습니다만, 이번에 간행되는 『蘭汀 南廣祐 文集』이 온 국민과 世界各國 韓國學硏究家의 必讀 參考文獻이 될 것으로 믿는 바입니다.

2007年 11月 30日

社團法人 韓國語文會 第4代 理事長 姜信沆 사룀

차례

國語醇化와 標準語, 標準發音

國語醇化와 語文政策에 관한 研究[1)]

-標準國語發音辭典刊行을 위한 調査研究-

I 序 論

1. 發音辭典의 目的

우리는 單一民族으로 單一言語를 써가면서 살아온 文化民族이다. 그럼에도 불구하고 分斷 37년에 南北間에 국어의 異質化가 深化되어 가고 있는 현상은 심각한 문제라고 아니할 수 없다.

북한은 차치하고라도 우리는 아직 확고하고도 科學的이요 合理的인 語文政策의 定着없이 오늘에 이르러 發音辭典 하나 없는 현실이다.

國民總和가 절실히 요청되는 지금의 時點에서 국어의 統一·醇化에 힘써야 함은 당연한 일이요, 그를 위해서는 표준발음의 보급으로 全國民이 같은 말을 쓰도록 해야 될 것이다. 우리 政府가 표준말 審議를 진행한 것도 그런데 뜻이 있었을 것이다.

우리는 표준발음의 準據가 될 標準國語發音辭典을 편찬함으로써 표준발음의 보급으로 國民總和에 寄與코자 하는 것이다.

1) 이 논문은 南廣祐(仁荷大), 李喆洙(仁荷大), 兪萬根(成均館大)이 共同研究한 것이다.

2. 發音辭典 編纂의 趣旨(必要性)

(1) 國語 綴字와 실제 발음과의 差異가 심하다.
(2) 각 地方에 따라 발음이 현저하게 다르다.
(3) 標準말 發音의 基準이 設定되어 있지 않다.
(4) 共通語이며 公用語인 漂準말의 발음에 대하여 많은 사람들이 무관심하며 발음의 長短 구별의 필요가 있느냐는 論者도 있어 오히려 混亂을 助長하고 있는 형편이다.
(5) 標準말의 발음에 대하여 관심이 있다 하더라도 의지해야 할 準據가 될 만한 길잡이가 없다.
(6) 국어의 發音敎育이 거의 이루어지지 않고(못하고) 있으며, 부분적으로 이루어진 發音敎育도 많은 誤謬를 범하고 있는 현실이다.
(7) 서울 地域의 原話者인 靑年世代는 발음(특히 長短音)에 대한 辨別 능력에 혼란이 있으며, 中年層의 발음에도 상당한 流動이 있다.

그러므로, 여러 國語辭典에 수록되어 있는 표준말의 發音表示도 辭典마다 가지각색으로 기록되어 있다.

(8) 國語發音辭典은 국어교육의 基本的 必須學習 자료로서 올바른 發音의 길잡이로서 반드시 필요한 사전이다.
(9) 現代 국어의 발음 傾向을 알고, 標準的 발음을 理解하는 길잡이가 되며, 國語醇化의 자료로서 좋은 敎育자료가 되는 國語發音辭典이 필요하다.
(10) 외국인의 韓國語 학습자료가 될 뿐 아니라 專門學徒들의 좋은 자료가 되는 國語發音辭典의 편찬은 重且大한 의의를 지니고 있다.

3. 發音辭典의 性格

(1) 國語發音辭典은 言語生活에 있어서의 活用을 위하여 편찬된다.

(2) 서울을 중심으로 한 地域의 理想的 原話者의 대부분이 日常生活에서 사용되는 발음을 가능한 한 正確하게 기록한다.
(3) 대체로 현재 서울 地域에서 사는 理想的 原話者의 發音傾向과 事實의 기록인 동시에 어느 정도의 規範的 성격을 지닌 發音辭典이다.
(4) 어떠한 원리나 個人的 嗜好발음의 기록이 아니며, 어디까지나 어떤 사람이 발음할 경우 信賴할 만한 方法의 기록을 제시함에 목적이 있다.

4. 本辭典의 活用과 效用

本辭典은 다음과 같이 活用되기를 기대하며 醇正한 국어, 우리 民族이 통일된 國語生活을 하기 위한 표준발음사전으로서의 效用을 거둘 수 있도록 뜻있는 人士들의 협조와 활동을 또한 기대한다.

(1) 가정에서 어린이들에게 바른 發音指導를 할 수 있도록 主婦나 未婚女性들이
(2) 학교에서 학생들에게 바른 發音指導를 할 수 있도록 敎員들이
(3) 社會에서 온 國民에게 바른 발음을 자연스럽게 귀를 통해 익힐 수 있도록 放送媒體에 종사하는 放送員이나 出演人士들이
(4) 軍隊에서 군인들이 醇化된 국어를 쓸 수 있도록 指揮官들이 솔선해서 本辭典의 活用으로 自體硏修와 아울러 어린이들에게, 학생들에게, 다른 이에게 바른 발음에 대한 관심을 환기시키고 모든 국민이 呼應해서 文化民族으로서(傳統的으로 連綿히 이어온 醇正한 국어의 사용으로) 地域感情을 해소하고 一體感을 가질 수 있도록 올바른 국어생활을 하는데 활용되기를 바란다.
(5) 專攻學徒들의 연구 자료로는 물론, 외국인의 韓國語 학습 자료로도 效用이 있을 것이며 활용될 것으로 기대한다.

5. 國語音聲과 그 記號

母音 설명

현대 표준국어의 단순 모음 音素는 다음 아홉 개로 볼 수 있으며, 여기에 길이의 韻素가 결합된다.

母音	이	에	애	아	어	오	우	으	*어
IPA.	i	e	ɛ	a	ʌ	o	u	ɯ	ə

이 중에

i, e, ɛ는	前舌母音
ə, a는	中舌母音
u, o, ʌ, ɯ는	後舌母音

에 속한다.

後舌母音 중 u, o가 圓脣母音이며 그 나머지는 모두 平脣母音이다.

발음될 때 혀의 높이에 따라 이 아홉 母音을 다시 분류하면 다음과 같다.

閉 母 音(닫힌 모음)	i	ɯ	u
半閉母音(반닫힌 모음)	e	ə	o
半開母音(반열린 모응)	ɛ		ʌ
開母音(열린 모음)		a	

이를 母音四角圖 위에 나타내면 다음과 같다.

(1) i는 일차 基本母音 1번보다 조금 낮고 후퇴한 혀 위치에서 나는 소리이며, 이것이 길게 발음될 때보다 짧게 발음될 때 혀 위치가 다소 더 낮고 더 후퇴한 소리가 된다.

(2) e는 一次基本母音 2번보다 조금 낮고 후퇴한 혀 위치에서 발음된다. 짧게 또는 약하고 짧게 발음될 때는 그보다 더 낮

고 더 후퇴한 혀 위치에서 발음된다. 이보다 더 낮은 혀 위치로 발음하여 ε와 혼동되면 方言的이다.

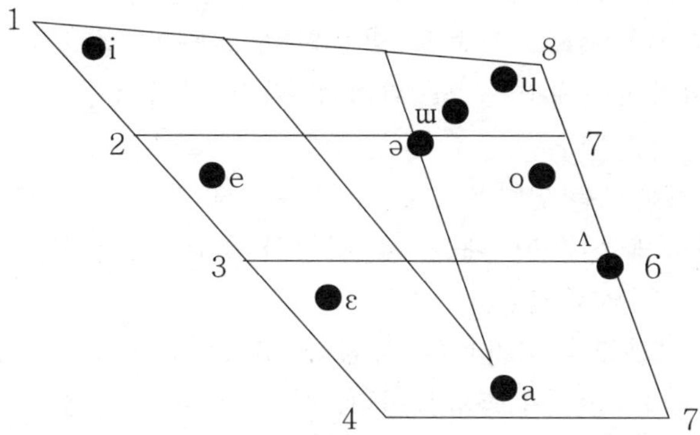

(3) ε는 일차 기본모음 3번보다 조금 낮고 조금 후퇴한 혀 위치에서 발음되며, 짧고 약한 경우에 다소 혀 위치가 높아진다. 이보다 혀 위치가 좀 더 높아져서 e와 구별이 없어지면 방언적이다.

(4) a는 一次 기본모음 4번, 5번 중간쯤에서 소리나는 모음으로, 긴소리가 될 때에는 혀 위치가 다소 후퇴하며, 짧게 발음되면 혀 위치가 다소 전진하고, 짧고 약한 경우엔 혀 위치가 다소 높아진다.

(5) ʌ는 二次基本母音 6번에 거의 맞먹는 後舌母音인데, 주로 짧은 소리에 쓰이나 긴 소리에 쓰일 때도 있다. 특히 말씨 拍子 *speech rhythm*나 情意的 관계로 長音化된 경우에 音質이 그대로 유지된다.

「…아홉, 열, 열하나……」
[…ahob, jʌ：l, jʌrhana…]
「일어 섯!」['irʌ：'sʌt」
「널」('너'를의 준말) [nʌ：l]

ʌ를 약하고 짧게 발음하면 혀 위치가 조금 높아지고 전진된다. 혀 위치를 좀 더 높이고 전진시켜 ə에 가깝게 되면 방언적이다.

(6) o는 一次 기본모음 7번보다 조금 낮은 혀 위치에서 발음되는 圓脣母音이며, 짧고 약하게 발음되면 圓脣의 정도가 다소 약화된다. 서북방언에서는 혀 위치가 훨씬 낮아져 一次 기본모음 6번에 접근한다.

(7) u는 一次 기본모음 8번보다 조금 낮은 혀 위치에서 발음된다. 짧고 약하게 발음될 때는 혀 위치가 좀더 낮아지고 圓脣性의 정도가 좀 약화된다.

(8) ɯ는 二次 기본모음 8번보다 조금 낮고 조금 전진한 혀 위치에서 발음되는 後舌平脣母音이다. 짧고 약하게 발음되면 혀 위치가 조금 더 낮아지고 전진한다. 경상도 방언에서는 이 소리가 제대로 발음되지 않고 ə에 가깝게 대치된다.

(9) ə는 二次 기본모음 7번에서 혀 위치가 전진한 모음 또는 중앙모음에서 조금 후퇴한 모음인데, 이것이 ʌ보다는 차라리 ɯ에 가까운 편이며 실제로 無間한 사이의 말씨 *familiar style* 에서는 ɯ로 대치되기도 한다.

어른 어̄ : 른[ə : rɯn], 없다 업̄ : 따[ə : pt'a]

에서처럼 주로 긴소리에 쓰이나 더러 짧은 소리에도 나타난다.

처음 처̄음[c^{h}əɯm]
부면장(副面長) 부̄ : 면̄장[b̥u : mjəɲɟaŋ]
눈병(~病) 눈뼝̄[nunp'jəŋ]

청소년의 綴字式 발음으로는 흔히 ʌ와 ə가 혼동되지만, 특히 단어 첫음절같이 세게 발음되는 자리에서 ʌ와 ə의 정연한 구별은 표준발음의 큰 특징이 된다. 다만 짧고 약하게 발음될 때 語

源이 의식되지 않으면 ʌ로 代用되는 경향이 있다.

(기타 모음)

◎ 현대국어에서 單母音 ø와 y를 발음하는 사람이 더러 있는 듯 하나 표준말 사용자 대부분은 그것들을 각각 we와 wi/ɥi로 발음한다.

(過渡音)

◎ w는 o, u, ɯ를 제외한 나머지 여섯 모음에 先行하여 二重母音을 만든다. 다만 wi는 그 앞에 아무 자음도 오지 않거나, ㅎ音이나 兩脣자음이 올 때 나타나며(위, 휘, 뮈…), 그 밖의 자음이 앞설 때에는 ɥi로 실현된다. ɥiʌ는 ɥəː로 실현되기도 한다.

◎ j는 i, ɯ를 제외한 나머지 일곱 모음에 先行하여 이중모음을 만들며 ɯ에 後行하여 이중모음 ɯj(의)를 만드는데 이것은 단어(또는 복합어 성분) 첫음절에 나타난다. 이때 ɯj 대신 ɯ로 발음하는 사람도 있으나 그 대신 i를 쓰면 방언적이다. 단어(또는 복합어 성분) 끝음절에서는 ɯ̆i 또는 주로 i로 실현된다.

표준한국어 주요 음성 일람표

위 치 / 조음작용		兩脣 (두 입술, *Bilabial*)	齒·齒莖 (이·잇몸, *Alveolodental*)	硬口蓋 (굳은 입천장·센 입천장, *Palatal*)	軟口蓋 (물렁 입천장·여린 입천장, *Velar*)	聲門 (목구멍, *Glottal*)
子音 (*Consonant*)	破裂 (터짐, *Plosive*)	ㅂ(b̥, b, p) ㅍ(ph) ㅃ(p')	ㄷ(d̥, d, t) ㅌ(th) ㄸ(t')		ㄱ(g̊, g, k) ㅋ(kh) ㄲ(k')	ㅇ(ʔ)
	破擦 (터짐갈림, *Affricate*)			ㅈ(ɟ̊, ɟ) ㅊ(ch) ㅉ(c')		
	通鼻 (콧소리, *Nasal*)	ㅁ(m)	ㄴ(n)	ㄴ(ɲ)	ㅇ(ŋ)	

	舌側 (혀옆, *Lateral*)		ㄹ(l)	ㄹ(ʎ)		
	彈舌音 (혀두들김, *Flapped*)		ㄹ(ɾ)			
	摩擦 (갈림, *Fricative*)		ㅅ(s) ㅆ(s')	ㅅ(ʃ) ㅆ(ʃ')		ㅎ(h)
	半母音 (*Semi-vowel*)	(우, 오) (w)		(이)(j) (우)(ɥ)		
母音 *Vowel*	閉(닫힘, *Close*) 半閉 (반닫힘, *Half-close*) 半開 (반열림, *Half-open*) 開(열림, *Open*)			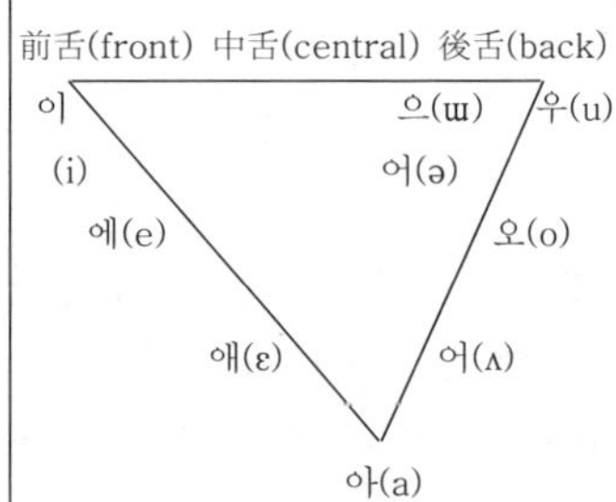 		

本辭典에 사용된 국제음성기호 *IPA*와 補助記號

b̥ 바람[b̥aram]의 ㅂ
b 지붕[ɟ̊ibuŋ]의 ㅂ
p 입술[ips'ul]의 ㅂ
p' 뿔[p'ul]의 ㅃ
p^{h} 풀[p^{h}ul]의 ㅍ

d̥ 달[d̥al]의 ㄷ
d 바다[b̥ada]의 ㄷ
t 곧바로[g̊otp'aro]의 ㄷ
t' 땅[t'aŋ]의 ㄸ
t^{h} 토끼[t^{h}ok'i]의 ㅌ

g̊ 가을[g̊aɯl]의 ㄱ

ɡ 얼굴[ʌlɡul]의 ㄱ
k 목숨[moks'um]의 ㄱ
k' 까치[k'a：cʰi]의 ㄲ
kʰ 콩[kʰoŋ]의 ㅋ

ɟ̊ 저울[ɟ̊ʌul]의 ㅈ
ɟ 어제[ʌɟe]의 ㅈ(dʒ의 代用)
c 짝[c'ak]의 ㅉ(tʃ'의 代用)
cʰ 춤[cʰum]의 ㅊ(tʃʰ의 代用)

m 물[mul]의 ㅁ
n 나무[namu]의 ㄴ
ɲ 어머니[ʌmʌɲi]의 ㄴ
ŋ 지붕[ɟ̊ibuŋ]의 ㅇ

l 말씀[ma：ls'ɯm]의 ㄹ
r 우리[uri]의 ㄹ(ɾ의 代用)
ʎ 빨리[p'aʎʎi]의 ㄹ

s 사람[sa：ram]의 ㅅ
ʃ 쉰[ʃɥi：n]의 ㅅ
ʃ' 씨[ʃ'i]의 ㅆ
s' 쌀[s'al]의 ㅆ
h 하늘[hanɯl]의 ㅎ

w 원숭이[wə：nsuŋi]의 ㅜ
ɥi 쥐[ɟ̊ɥi]의 ㅟ
wi 위[wi], 휘[hwi]의 ㅟ
j 옛날[je：nnal]의 ㅖ 소리에 내포된 첫소리 또는 의사(醫師)[ɯjsa]의 ㅢ 소리에 포함된 끝 요소

i： 실(絲)[ʃi：l]의 ㅣ
i 이름[irɯm]의 ㅣ

e : 셋(三)[se : t]의 ㅔ
e 에누리[enuri]의 ㅔ

ɛ : 개(犬)[g̊ɛ :]의 ㅐ
ɛ 매듭[mɛdɯp]의 ㅐ
a 아들[adɯl]의 ㅏ
a : 밤(栗)[b̥a : m]의 ㅏ
ʌ 어디[ʌdi]의 ㅓ
ʌ : 열(十)[jʌ : l]의 ㅕ 소리에 내포된 ㅓ

o 오늘[onɯl]의 ㅗ
o : 곰(熊)[g̊o : m]의 ㅗ
u 꿀[k'ul]의 ㅜ
u : 둘(二)[d̥u : l]의 ㅜ

ɯ : 그림(畵)[g̊ɯ : rim]의 ㅡ
ɯ 그늘[g̊ɯnɯl]의 ㅡ
ɯ̆i 정의(正義)/정 : 의/-이[ʝ̊ə : ŋɯ̆i]의 ㅢ소리
ə : 언제[ə : nɟe]의 ㅓ
ə 각면(各面)[g̊aŋmjən]의 ㅕ 소리에 내포된 ㅓ

한글 發音表示에 사용한 補助記號는 다음과 같다.

/⁺/ 前舌化 補助記號
하늬바람 하⁺늬바람[hanibaram]
무늬 무⁺늬[muni]
/⁻/(/ㅗ/의 代用) 高舌化 補助記號
각면(各面) 강면̄[g̊agmən]
새벽별 새벽뼐̄ [sɛbjʌkp'jə·l]

IPA 發音表示에 사용한 補助記號는 다음과 같다.

/°/ 無聲(化) 補助記號

밤<栗> 밤 : [b̥a : m](b̥,d̥,g̊를 각각 p,t,k로 표기하는 체계도 있음)

/'/ 硬音(化) 補助記號

학교(學校) 학꾜[hakk'jo]

/˘/ 音節副音(半母音化) 補助記號

의(意)<뜻> [ɯ̆i]

Ⅱ. 본 (發音)辭典의 構成과 體裁

1. 標題語의 選定

(1) 發音辭典에 收錄되는 語彙는, 일상생활에서 자주 쓰이는 단어를 대상으로 하고, 初·中·高의 教科書에 나오는 말과 現代文學作品·新聞·雜誌 등에서 보충하였다.

(2) 外來語는 外國語와 같이 生疏하게 느껴지는 外來語는 제외하고 借用된 지 오래되어 순우리말처럼 慣用되는 借用語만을 選定하여 수록하였다.

(3) 古制度語·人名·地名 등 固有名詞는 初·中·高의 教科書에 나오는 것 중에서 필요하다고 인정되는 것을 수록하였다.

(4) 「표준말 자료」(1970)에 들어 있는 語彙는 모두 수록하였다.

2. 標題語의 排例

모든 標題語는 다음의 차례에 따라 배열한다.

(1) 初聲 : ㄱ(ㄲ), ㄴ, ㄷ(ㄸ), ㄹ, ㅁ, ㅂ(ㅃ), ㅅ(ㅆ), ㅇ, ㅈ(ㅉ), ㅊ, ㅋ, ㅌ, ㅍ, ㅎ

(2) 中聲 : ㅏ, ㅐ, ㅑ, ㅒ, ㅓ, ㅔ, ㅕ, ㅖ, ㅗ, ㅘ, ㅙ, ㅚ, ㅛ, ㅜ, ㅝ, ㅞ, ㅟ, ㅠ, ㅡ, ㅢ, ㅣ

(3) 받침(終聲) : ㄱ, ㄲ, ㄳ, ㄴ, ㄵ, ㄶ, ㄷ, ㄹ, ㄺ, ㄻ, ㄼ, ㄽ, ㄾ, (ㄿ), ㅀ, ㅁ, ㅂ, ㅄ, ㅅ, ㅆ, ㅇ, ㅈ, ㅊ, (ㅋ), ㅌ, ㅍ, ㅎ

괄호 속의 글자는 한 單位로 독립되지 않은 것이다. 따라서 괄호 속의 글자는 그 괄호 앞의 字母에 섞여 함께 배열한다.

3. 標題語의 發音表示

1 一般說明

(1) 發音表示 : 발음표시라 함은 한글 字母나 국제음성기호를 사용하여 발음 사실을 記述함을 말한다. 한글 발음표시는 주로 簡略表記 *broad transcription*의 방식을 따르되 국제음성기호 발음표시는 다소 精密表記 *narrow transcription* 방식을 가미한다. 이것은 언어학자가 아닌 사람으로서 한국어의 音素 및 變異者 이론에 통달하지 않은 외국인 초보학습자에게 한국어의 音聲的 실상을 좀 더 정밀하게 알려줌으로써 실제 학습에서 그의 발음을 정확한 쪽으로 유도하기 위함이다.

(2) 發音表示의 段階(범위) : 발음표시의 단계는, 첫째로 個別 單語의 발음을 기록하는 단계, 둘째로 體言에 토가 添用되거나 複合 혹은 派生하거나, 用言이 活用할 때의 발음을 기록하는 단계, 셋째로 문장이나 句에서의 發音變動을 기술하는 단계 등 세 가지 단계가 있는데, 本辭典에서는 둘째 단계까지의 발음을 記述한다.

(3) 發音表示의 對象 : 표준말 발음의 長短音 表記를 비롯하여 音韻的 및 形態的 變異形의 발음표시를 한다.

(4) 發音表示의 順序 : 標題語의 발음표시는 표제어 옆에 한글발음표시를 하고(경우에 따라서는 補助記號를 사용한다), 국제음성기호 *IPA*를 [ ] 안에 併記한다.

한글 발음표시는 주로 국어사용 話者를 위한 것이고, IPA發音表示는 국어사용 話者는 물론 外國人도 참고·이용할 수 있도록 하기 위함이다.

(5) 標題語의 綴字와 한글 발음표시가 같은 경우 : 표제어의 철자와 한글 발음표시가 같은 것은 번잡을 피하기 위하여 한글 발음표시는 하지 않고 IPA發音表示만 기록한다.

사랑 [saraŋ]

(6) 本 辭典에 사용된 音聲記號와 補助記號 : 本 發音辭典에서 사용된 音聲記號와 補助記號는 § 1. 5와 같다.

(7) 長音表示 : 長音表示는 길게 소리내는 完全長音表示(全長表示) /ː/와 약간 길게 소리내는 半長音表示 /▾/를 구별하여 표기한다.

한글 발음표시에서의 長音表示는 각각 長音으로 발음되는 音節의 오른쪽에, IPA 발음표시는 長音으로 발음되는 母音의 오른쪽에 표기한다.

全長表示 :
웃다 욷ː다[uːtt'a]
감기(感氣) 감ː기[g̊aːmgi]
자연 보호 헌장(自然保護憲章)
자연보·호헌ː장[ɟ̊ajʌnbo·ho−həːnɟaŋ]

半長表示 :
경황없다(景況~) 경황업·따[g̊jʌŋhwaŋə·pt'a]
가건물(假建物) 가ː건·물[g̊aːgə·nmul]
분석연구(分析硏究) 분성년·구[b̥unsʌŋɲə·ngu]
각면(各面) 강면[g̊aŋmjən]

(8) 경우에 따라, 한 標題語에 두 가지 발음을 표시한다.

① 두 가지 발음이 共存하는 경우, 한글 발음표시에는 斜線 / 을 그어, 앞쪽에 綴字原音에 충실한 발음을 표기하고, 뒤쪽

에 多數言衆의 現實發音을 표기한다. 그러나 IPA 표시는 多數言衆의 현실발음 하나만을 기록한다.

나쁘다　나쁘다/나뿌다[nap'uda]
많아　마 : 나/마 : 너[ma : n*h*ʌ]
좋아　조 : 아/조 : 와[ɟ̊o : wa]

② 천천히 또박또박 발음할 때와, 조금 빠르게 발음할 때, 서로 다르게 발음의 變動이 생길 경우, 두 가지의 발음표시를 垂線 | 앞뒤에 기록한다. 垂線 | 앞쪽이 또박또박 천천히 발음할 때의 발음 표시이고, 뒤쪽이 빠르게 발음할 때의 발음 표시이다.
垂線 |은 두 發音의 共存과 同等한 자격임을 나타내는 標識다.

가들막하다　가들막카다 | 가들마카다[g̊adɯlma*k*kʰada]
답답하다　답땁파다 | 답따파다[d̥apt'a*p*pʰada]
갸웃하다　갸욷타다 | 갸우타다[g̊jau*t*tʰada]
급행(急行)　급팽 | 그팽[g̊ɯ*p*pʰɛŋ]
되어　뒈어 | 뒈여[d̥we*j*ʌ]
고요히　고요히 | 고요이[g̊ojo*h*i]

(9) 情意的 表現에 따라 長短 양쪽으로 다 발음되는 단어는 完全長音表示를 괄호 ( )로 묶어 情意的 表現의 발음 표시임을 나타낸다.

노랗다　노(:)라타[no(:)ratʰa]
누르스름하다　누르스름(:)하다[nurɯsɯrɯ(:)mhada]

(10) IPA 音聲記號의 斜體(이탤릭體)表示 : 단어 안에서 한 子音(半子音 포함)이 발음될 때와 발음되지 않을 때가 동등한 자격으로 共存할 경우, IPA 表記는 해당 子音을 斜體로 하여

그 소리가 流動的임을 나타낸다.

/ㅎ/의 流動 : [*h*]
　많이 만 : 히 | 마 : 니[ma : ɲ*h*i]
/ㄱ/의 流動 : [*k*]
　학교(學校) 학꾜 | 하꾜[ha*k*k'jo]
/ㄷ/의 流動 : [*t*]
　갸웃하다 갸욷타다 | 갸우타다[g̊jau*t*tʰada]
/ㅂ/의 流動 : [*p*]
　급행(急行) 급팽 | 그팽[g̊ɯ*p*phɛŋ]
/j/의 流動 : [*j*]
　되어 돼어 | 돼여[d̥we*j*ʌ]
/ɯ/의 流動 : [*ɯ*]
　주의(主義) 주의 | 주이[ʝ̊u*ɯ*i]

(11) '의'의 發音表示 : /ɯ̆i/를 원칙으로 하되, 語頭에서처럼 /ɯ/ 音에 힘주어(강하게) 발음할 경우는 /ɯj/로 표기하고, 語頭 아닌 音聲環境, 특히 語末에서는 /i/로 표기한다.

[ɯ̆i] 의(義)[ɯ̆i]
[ɯj] 의정부(議政府)[ɯjɟʌŋbu]
[i] 주의(主義) 주의 | ㅡ이[ʝ̊u*ɯ̆*i]

(12) '위'의 發音表示 : '위'의 IPA 表示는 /wi/와 /ɥi/로 한다.
① 첫소리가 /零, ㅎ, ㅁ, ㅂ, ㅃ, ㅍ/일 때는 /wi/로 표기한다.

위<上> [wi]
휘다 [hwida]

② 첫소리가 /ㄱ, ㄲ, ㄴ, ㄷ, ㄸ, …/ 등 ①항 이외의 경우는 /ɥi/로 표기한다.

쉬 [ʃɥi]
쥐 [ʄ̊ɥi]

(13) 사잇소리 /ㅅ/의 發音表示 : /ㅅ/이 語源的 語基의 일부가 아니라 다만 强音素인 사잇소리일 때에는 다음 音節의 첫소리를 된소리(硬音)로 표기한다(그러나 /ㅅ/이 語源的 語基의 일부일 때는 /ㅅ/의 대표음 /ㄷ/으로 발음 표시한다).

바닷가 바다까[b̥adak'a]
혓소리 혀쏘리[hjʌs'ori]
거짓부렁 거 : 짇뿌렁 | 거 : 지뿌렁[g̊ə : ɟit̚p'urʌŋ]

2 細部說明

(1) 音韻變動에 따른 發音表示 : 음운변동이라 함은 音節을 이루고 있는 音韻이 그 놓이는 音聲環境에 따라 소리 값이 바뀌는 음운현상을 이름이다. 소리의 同化・回避・變異・添加・省略 등을 말한다.

① ㅣ母音同化
씨앗 씨앋/씨얏[ʃ'ɪȷ̆at]
서시오 서시오/서시요[sʌʃiȷ̆o]
되어 뒈어/뒈여[d̥weȷ̆ʌ]

② 口蓋音化
미닫이 미다지[midaɟi]
가만히 가만히/가마니[g̊amaɲi]
붙이다 부치다[b̥ucʰida]
먼저 [mʌɲɟʌ]
법률(法律) 범뉼[b̥ʌmɲul]
꿀엿 꿀렫[k'uʎʎʌt]

③ 舌側音化

칼날 칼랄[k^{h}allal]
달나라 달라라[dallara]
천로역정(天路歷程) 철로역쩡[c^{h}ʌllojʌkc'ʌŋ]

④ 圓脣母音化

바쁘다 바쁘다/바뿌다[b̥ap'uda]
고달프다 고달프다/고달푸다[g̊odalp^{h}uda]
오므리다 오므리다/오무리다[omurida]
골프(←golf) 골프/꼴푸[k'olp^{h}u]

⑤ 硬音化

조건(條件) 조껀[ɟ̊ok'ʌn]
인기(人氣) 인끼[ink'i]
헌법(憲法) 헌：뻡[he：np'ʌp]
남다 남：따[na：mt'a]

⑥ ㄴ, ㄹ의 介入(口蓋音化된 ㄴ, ㄹ)

담요 담：뇨[da：mɲo]
콩엿 콩녇[k^{h}oŋɲʌt]
맹장염(盲腸炎) 맹：장념[mɛ：ŋɟaŋɲʌm]
서울역(~驛) 서울력[sʌuʎʎʌk]
휘발유(揮發油) 휘발류[hwibaʎʎu]

⑦ 縮約

막히다 마키다[mak^{h}ida]
놓다 노타[not^{h}a]
좁히다 조피다[ɟ̊op^{h}ida]
다음 다음>담：[d̥aɯm>d̥a：m]
마을 마을>말：[maɯl>ma：l]

⑧ 歸着(받침규칙)

닭　닥[dak]
앞길　압낄[apk'il]
핥다　할따[halt'a]
맛없다　마덥·따[madə·pt'a]

⑨ 長母音化(報償的 長音化)
마음　마음>맘 : [mauɯm>ma : m]
꾸어<夢>　꾸어>꿔 : [k'uʌ>k'wə :]
하여라　하여라>해 : 라[hajʌra>hɛ : ra]
내일　내일>낼 : [nɛil>nɛ : l]
가을　가을>갈 : [g̊aɯl>g̊a : l]
시원하다　시원(:)하다>션 : 하다[ʃiwə(:)nhada>ʃə : nhada]

⑩ 短母音化
短母音
말<語>　말 : [ma : l]　—날말　난말[nanmal]
눈<雪>　눈 : [nu : n]　—흰눈　힌눈[hinnun]
세상(世上)　세 : 상[se : saŋ]　—말세(末世)　말쎄[mals'e]
알다<知>　알 : 다[a : lda]　—알아도　아라도/아러도[arʌdo]
사람　사 : 람[sa : ram]　—갈사람　갈싸람[g̊als'aram]

半長音
내다　내 : 다[nɛ : da]　—알아내다　아라내·다/아러내·다 [arʌnɛ·da]
면(面)　면 : [mjə : n]　—각면(各面)　강면·[g̊aŋmjə·n]
건물(建物)　건 : 물[g̊ə : nmul]　—가건물(假建物)　가 : 건·물[g̊a : gə·mul]
없다　업 : 따[ə : pt'a]　—버릇없다　버르덥·따[b̥ʌrɯdə·pt'a]
회(膾)　훼 : [hwe :]　—생선회(生鮮膾)　생선훼·[sɛŋsʌnhwe·]

⑪ 高母音化
/a~ʌ/
잡아　자바/자버[ɟ̊abʌ]
받아　바다/바더[b̥adʌ]

/o~u/
나도 나도 | 나두[nado | nadu]
사람- 사 : 람도 | 사 : 람두[sa : ramdo | sa : ramdu]
잘- 잘(:)도 | 잘(:)두[ʝ̊a : ldo | ʝ̊a : ldu]
하고 하고 | 하구[hago | hagu]
먹- 먹꼬 | 먹꾸[mʌkk'o | mʌkk'u]

⑫ 單母音化
/je~e/
/계~게/
계수나무(桂樹~) 게 : 수나무[g̊e : sunamu]
시계(時計) 시게[ʃige]

/례~레/
무례(無禮) 무레[mure]
이례(異例) 이 : 레[i : re]

/몌~메/
몌별(袂別) 메별[mebjʌl]

/혜~헤/
혜서(惠書) 헤 : 서[he : sʌ]
은혜(恩惠) 은헤[ɯnɦe]

/ɯ̆i~i/
/희~히/
희망(希望) 희망/히망[himaŋ]
고희(古稀) 고 : 히[g̊o : hi]

/의~이/
논의(論議) 노늬/노⁺니[noni]
주의(主義) 주의/주이[ʝ̊ui]

/띄~띠/
띄우다　띄우다/띠우다[t'iuda]
띄어쓰기　띄어쓰기/띠여쓰기[tijʌs'ɯgi]

/씌~씨/
씌우다　씌우다/씨우다[ʃ'iuda]
씌우개　씌우개/씨우개[ʃ'iugɛ]

/늬~니/
무늬　무⁺니[muni]
보늬　보⁺니[boni]
늿큼　⁺닝큼[niŋkʰɯm]

⑬ 其他
有聲音　사이에서 /ㅎ/ 소리의 弱化
가만히　가마(ː)니[g̊ama(ː)ɲɦi]
끊어지다　끄너지다[k'ɯnɦʌɟida]
고요히　고요이[g̊ojoɦi]

舌側音化의 拒否 현상
임진란(壬辰亂)　임ː진난[iːmɟinnan]
결단력(決斷力)　결딴녁[g̊jʌlt'aɲɲʌk]
판단력(判斷力)　판단녁/판달력[pʰandaɲɲʌk]

(2) 品詞類에 따른 發音表示
가. 體　言
① 標題語가 순우리말일 경우에는 표제어에 이어 한글 발음표시를 하고, 漢字말일 경우에는 "표제어(漢字), 한글발음표시[IPA]"의 순서로 記述한다.

사람　　사ː람[saːram]
가능(可能)　가ː능[g̊aːnɯŋ]

② 體言에 토가 添用되거나 派生接辭 등이 첨가되어 발음이 여러 가지로 변동하는 것은 그 중요한 用例를 보이고, 標題語와 같은 방식으로 발음 표시한다.

값 갑[g̊ap]
-이 갑씨[g̊apʃ'i]
-도 갑또/갑뚜[g̊apt'o | g̊apt'u]
-만 감만[g̊amman]
-없다 가볍·따[g̊abə·pt'a]
쌀- 쌀깝[s'alk'ap]
헐- 헐갑[hʌlgap]
저<'나'의 겸사말>[ɟ̊ʌ]
-가 제가(하겠습니다) 제 : 가[ɟ̊e : ga]
-의 저의>제(것입니다) 저에>제[ɟ̊ʌe>ɟ̊e]
-를 저를>절(보세요) 저를>절[ɟ̊ʌuɯl>ɟ̊ʌl]
-는 저는>전(모릅니다)[ɟ̊ʌnɯn>ɟ̊ʌn]

③ 音聲環境(語順) 또는 慣用에 따라 달리 발음되는 것은 각각 그 예를 보이고 발음 표시한다.

돈<金錢> 돈 : [d̥o : n]
돈 잔돈[ɟ̊andon]
　생돈[sɛŋdon]
똔 푼돈 푼 : 똔[pʰu : nt'on]
　용돈(用~) 용 : 똔[jo : ŋt'on]
　쌈지돈 쌈지똔[s'amɟit'on]
달<月> [d̥al]
달 매달(每~) 매 : 달[mɛ : dal]
　윤달(閏~) 윤 : 달[ju : ndal]
딸 다음달 다음딸[d̥aɯmt'al]
　그믐달 그믐딸/그뭄딸[g̊ɯmumt'al]

④ 순우리말로서 同綴異音의 異義語는 별개의 표제어로 하고, 표제어 옆에 < >를 하여 그 안에 알맞은 漢字나 뜻풀이를 하여 異義語임을 나타내어 보인다.

밤<夜>[bam]
밤<栗> 밤：[ba：m]
  군- 군：밤[g̊u：nbam], 산-(山~) 산빰[sanp'am],
  송이- 송이밤·[soŋiba·m]

⑤ 순우리말로서 同音異義語인 경우는 同一標題語 옆의 < >에 1,2,3… 表示를 하고 알맞은 漢字나 뜻풀이를 하여 구분한다.

풀<^{1}草, ^{2}糊> [pʰul]
말<^{1}馬, ^{2}斗, ^{3}물속에 사는 수초, ^{4}장기·윷 등의 패> [mal]

⑥ 人名, 地名과 같은 固有名詞는 발음상 유의해야 할 단어를 선정하여 발음 표시한다.

(ㄱ) 人名 :
이(李, 異) 고유 이：[i：]
조(曺) 고유 조[ɟ̊o]
조(趙) 고유 조：[ɟ̊o：]

장 양(張良) 고유 장냥[ɟ̊aŋɲaŋ]
이영길(李永吉) 고유 이：영·길[i：jə·ŋgil]

(ㄴ) 地名
신문로(新門路) 고유 신문노/신물로[ʃinmunno]
경주(慶州) 고유 경：주[g̊jə：ŋɟu]

(ㄷ) 學校名 · 기타

경희(慶熙) 고유 경ː히[g̊jəːŋhi]
영동(永同) 고유 영ː동[jəːŋdoŋ]

나. 用 言

① 用言의 標題語는 基本形을 싣는다.

② 用言의 발음표시의 차례는 다음과 같다.

걷다<步> 걷ː따[g̊əːtt'a] ㄷ변 ★

③ 모든 用言은 活用이나 派生에 따라 변동하는 발음의 用例를 들어 발음표시를 한다.

걷다<步> 걷ː따[g̊əːtt'a]
-고 걷ː꼬 | 걷ː꾸[g̊əːtk'o | g̊əːtk'u]
-는 건ː는[g̊əːnnɯn]
-어(걸어) 거러[g̊ʌrʌ]
-리다(걸리다) 걸리다[gʌʎʎida]

④ 變則用言의 경우는 변칙의 종류를 밝혀 音素的 혹은 形態的 變異의 用言임을 보인다. 그 종류는 다음과 같다.

動詞…(ㄷ, ㄹ, ㅂ, ㅅ, 르, 러, 으, 여)
形容詞…(ㄹ, ㅂ, ㅅ, ㅎ, 르, 러, 으, 여)

⑤ 子音語尾 위에서 長母音으로 발음되는 用言語幹의 모음이, 被動이나 使動 접미사와 母音으로 시작되는 活用語尾를 만나면 短母音으로 바뀌는 경향이 있는데, 이에 해당되는 用言에는 별표 '★'를 하여, 이 표가 붙은 용언의 어간은 子音語尾 위에서는 긴소리지만, 母音語尾나 被動·使動 접미사를 만나면 短母音化한다는 특성을 나타내 보인다.

남다　남：따[na：mt'a]★
-게　남：께[—k'e]
-고　남：꼬 | 남：꾸[na：mk'o | —k'u]
-아　나마/나머[namʌ]
-으니　나므니/나무니[namuɲi]
-기다　남기다[namgida]

(3) 合成語의 發音表示

가. 複合語

① 본래 語頭에서 장음으로 발음되는 語基라도 복합어에서는 그 음성 환경, 語節의 수, 숨마디(氣息段落), 용법 등에 따라 각각 달리 발음된다.

연구과제(硏究課題)　연：구과제[jə：ngugwaɟe]
분석연구(分析硏究)　분성년·구[b̥unsʌŋɲə·ngu]
자연보호 헌장(自然保護憲章) 자 연보·호-헌：장[ɟ̊ajʌnbo·ho-hə：nɟaŋ]

② 疊語的 複合語로서 副詞的 用法으로 쓰일 때에는 달리 발음 표시한다.

자나깨나 [早] [ɟ̊anak'ɛna]
가로세로 [早] [g̊arosero]
죽으나사나 [早] 주그나사·나[ɟ̊ugɯnasa·na]

나. 派生語

① 接頭辭에 이어지는 語基의 첫음절이 長音일 때는 접두사와 語基 사이에 약간의 休止를 주어 발음할 때와 閉鎖連接으로 발음할 때와의 발음상 차이는 있으나, 이를 구별하여 적지 아니하고 그 중간발음인 半長音表記를 한다.

신대륙(新大陸)　신대·륙[ʃindɛ·rjuk]

가건물(假建物) 가 : 건·물[ga : gə·nmul]

② 일반적으로 두 가지 발음으로 통용되는 것은 다음과 같이 표기한다.

가능성(可能性) 가 : 능성 | ——썽[ga : nɯŋs(')ʌŋ]

③ 접사(接辭)가 첨가되어 발음상 변동이 생기는 파생어(派生語)는 파생 이전의 본체형의 발음을 보여 대조하도록 한다.

울리다[uʎʎida]
울다 울 : 다[u : lda]의 使動詞

(4) 漢字・漢字語의 發音表示

가. 漢字

① 基礎漢字 1,800字와 그 외에 필요하다고 인정되는 한자를 선정하여 그 音에 따라 배열 수록하는데, 同音漢字는 획수가 적은 것부터 차례로 배열한다.

② 漢字의 발음표시는 다음과 같이 한다.

가 (可) <가하다> 가 : [ga :]
-能 가 : 능[ga : nɯŋ]
許- 허가[hʌga]

③ 意味 혹은 慣用에 따라 같은 漢字가 달리 발음되는 것은 각각 그 예를 보여 발음표시를 한다.

i) 쓰임에 따라

간(間) <사이>
간[gan] 間隔 간격[gangjʌk]
-數 간쑤[gans'u]

간 : [ga:n] 間食 간 : 식[g̊a : nʃik]
-接 간 : 접[g̊an : nɟʌp]
간 [gan] 時間 시간[ʃigan]
瞬- 순간[sungan]
깐 [k'an] 門間 문깐[munk'an]
車- 차깐[cʰak'an]

ii) 뜻에 따라

㉠ 강(强)

<굳세다> 강[g̊aŋ] 强健 강건[g̊agʌn]
강[gaŋ] 增强 증강[ɟɯŋgaŋ]
<억지로 하다> 강 : [g̊a : ŋ] 强要 강 : 요[g̊a : ŋjo]
-奪 강 : 탈[g̊a : ŋtʰal]

㉡ 강(降)

<내리다> 강 : [g̊a : ŋ] 降等 강 : 등[g̊a : ŋdɯŋ]
-雨 강 : 우[—u]
강[gaŋ] 昇降 승강[sɯŋgaŋ]
滑- 활강[hwalgaŋ]
<항복하다> 항[haŋ] 降服 항복[haŋbok]
投降 투항[tʰuhaŋ]

나. 漢字語

① 어원이 다른 同綴異音의 한자어는 표제어를 달리하여 발음 표시한다.

시가(詩歌 · 媤家) [ʃiga]
시가(時價) 시 까[ʃik'a]
시가(市街) 시 : 가[ʃi : ga]
시가(市價) 시 : 까[ʃi : k'a]

② 어원이 다르더라도 同音異義의 한자어는 同一標題語의 ( ) 안에 어원을 밝히고 발음 표시한다.

사가(私家, 査家, ……)[saga]
사가(史家, 四家, ……) 사：가[sa：ga]

(5) 接尾辭・助辭・語尾의 發音表示

가. 接尾辭

—적(的)(접미) [ɟ̊ʌk]
적[ɟʌk]
　경제적(經濟的)[g̊jʌŋɟeɟʌk]
　감정적(感情的) 감：정적[g̊a：mɟʌŋɟʌk]
적 | 쩍[ɟʌk | c'ʌk]
　물질적(物質的) 물찔적 | —쩍[mulc'ilɟ̊ʌk | —c'ʌk]
쩍[c'ʌk]
　질적(質的) [ɟ̊ilc'ʌk]
　양적(量的) 양쩍[jaŋc'ʌk]

나. 助詞

° -의 미 [ɯ̆i]
　에[e] 나의 나의/나에[nae]

다. 語尾

-지 미 [ɟ̊i]
지[ɟi] 가지[g̊aɟi]
　멀지 멀：지[mə：lɟi]
찌[c'i] 신지 신찌[ʃinc'i]
　참지 참：찌[cʰa：mc'i]

(6) 外來語의 發音表示

① 外來語의 발음표시는 다음과 같이 한다.

버스(←bus) 뻐·스[p'ə·sɯ]
알코홀(←alcohol) 알콜[alkʰol]

4. 略號 및 符號

가. 略 號

(1) 語 法

명	名詞	**감**	感歎詞	**ㄹ변**	‘ㄹ’변칙
대명	代名詞	**조**	助詞	**ㅂ변**	‘ㅂ’변칙
수	數詞	**접**	接續詞	**ㅅ변**	‘ㅅ’변칙
동	動詞	**고유**	고유명사	**르변**	‘르’변칙
조동	補助動詞	**간**	語幹	**러변**	‘러’변칙
사동	使動詞	**보간**	補助語幹	**우변**	‘우’변칙
피동	被動詞	**접두**	接頭辭	**으변**	‘으’변칙
형	形容詞	**접미**	接尾辭	**여변**	‘여’변칙
조형	補助形容詞	**미**	語尾	**ㅎ변**	‘ㅎ’변칙
부	副詞	**ㄷ변**	‘ㄷ’변칙	**예**	用例
				준	준말

(2) 專門語

〖건〗	建築	〖생〗	生物	〖전〗	傳記
〖경〗	經濟	〖성〗	聖書	〖정〗	政治
〖고제〗	古制度	〖수〗	數學	〖조〗	鳥類
〖공〗	工業・工學	〖식〗	植物	〖종〗	宗敎
〖광〗	鑛物・鑛業	〖신〗	神話	〖지〗	地理・地學
〖교〗	敎育	〖심〗	心理	〖지명〗	地名
〖군〗	軍事	〖악〗	音樂	〖책〗	書名
〖기〗	機械	〖약〗	藥學	〖천〗	天文
〖논〗	論理	〖어〗	魚類	〖철〗	哲學
〖농〗	農業	〖언〗	言語學	〖체〗	體育
〖동〗	動物	〖역〗	歷史	〖충〗	昆蟲
〖문〗	文學	〖연〗	演劇・演藝	〖토〗	土木
〖물〗	物理	〖예〗	藝術	〖한의〗	韓醫學

〖민〗 民俗	〖윤〗 倫理	〖해〗 海事·航海
〖법〗 法律	〖의〗 醫學	〖화〗 化學
〖사〗 社會	〖인명〗 人名	

(3) 外來語

<나> 羅甸語	<서> 西班牙語	<페> 페루語
<노> 露西亞語	<아랍> 아랍語	<포> 포르투갈語
<독> 獨逸語	<영> 英語	<폴> 폴란드語
<몽> 蒙古語	<이> 伊太利語	<핀> 핀란드語
<벨> 벨기語	<인> 印度語	<화란> 화란語
<범> 梵語	<일> 日本語	<희> 희랍語
<불> 佛蘭西語	<중> 中國語	<히부> 히부리語

나. 符 號

~ 漢字(혹은 外國語) 語源과 관계없는 부분

㉬ 경황없다(景況~)

— 標題語 부분의 생략표시

— 생략표시(앞이나 뒤부분의 생략)

㉬ 가들막하다. 가들마카다 | —마카다[g̊adɯlmak̚kʰada]

/ 두 가지 발음 경향이 있음을 나타내는 斜線

㉬ 기쁘다 기쁘다/기뿌다[g̊ip'uda]

| 두 가지 발음이 동등한 자격으로 共存함을 나타내는 垂線

→ 원말·語源 앞에

㉬ 사냥(←山行)

> 縮約表示 준말 앞에

㉬ 다음 다음>담：[d̥a：m>d̥a：m]

[ ] IPA 發音表示	㉬ 산[san]
→ 찾아 보라는 표시	㉬ 버스→뻐스
： 長音表示	㉬ 없다 업：따[ə：pt'a]
· 半長音表示	㉬ 어림없다 어리멉·따[ʌrimə·pt'a]
⁺ 前舌化 補助記號	㉬ 무늬 무⁺늬[muni]
⁻ 高舌化 補助記號	㉬ 언제 언：제[ə：ɲɟe]
° 無聲(化) 補助記號	㉬ 길 [g̊il]

ʰ 有氣(化) 補助記號 ㉵ 토끼[tʰok'i]

' 硬音(化) 補助記號 ㉵ 꽃 꼳[k'ot]

˘ 音節副音(半母音化) 補助記號 ㉵ 의(義)[ɯ̆i]

\- 接合記號, 숨마디(氣息段落) 표시 ㉵ 사적 고증(史的 考證) 사:쩍-고증[sa : c'ʌk-ġoɟɯŋ]

< > 固有語의 뜻 表示, 또는 外來語表示

예 풀<[1]草, [2]糊 …>

찰나(刹那 <범> ksana)

★ 用言 語幹 모음의 短音化

예 살다 살:다[sa : lda] ㄹ변 ★

Ⅲ 標準發音概說

문교부에서 나온 '표준말안(79. 12)' 총칙, '표준말은 현재 교양 있는 사람들이 두루 쓰는 서울말로 정함을 원칙으로 한다'에는 異議가 없으나 표준말안 자체에는 여러 문제점이 있다고 본다(附錄 南廣祐 18 참조)

표준발음에 대해 개괄적으로 설명하면 다음과 같다.

1. 母音의 長短에 대하여

(1) 순우리말의 長短音

① 體言중 單音節語나, 多音節語의 첫 音節이 옛 文獻에 上聲點(:)이 찍혔던 것으로 長音으로 발음되는 것에는 다음과 같은 것들이 있다(-표는 長母音임).

가̅(邊) 까̅치 거̅머리 게̅(蟹) 계̅집

곰̅(熊) 굴̅(窟) 굼̅벵이 길̅(身長大) 깁̅(絹)…

이들 體言(單音節)에 토가 붙어 쓰일 때에도 긴소리는 바뀌지 않는다(傳統的으로 그렇다.)

② 옛 文獻에서 用言語幹(1音節)에 上聲點이 찍힌 것으로 오늘날 그 語幹母音이 길게 발음되는 것에 다음과 같은 것이 있다.

개다(晴)　꿰다(貫)　괴다(飣, 溜, 撑)　메다(擔, 塡)
새다(曙)　세다(强)　세다(鬢白)……

③ 音節이 縮約되어 長母音으로 된 것에는 다음과 같은 것들이 있다.

감(←ᄀᆞᅀᆞᆷ, 材料)　개(←가히, 犬)　김(←기슴, 耘)
들(←드르, 野)……
베다(←버히다, 伐)　재다(←자히다, 計尺)
졸다(←ᄌᆞ올다, 眠)…

④ 用言語幹의 終聲(받침소리)과 그 語幹母音의 長短은 다음과 같다.

ㄱ) [k] 終聲을 가지는 語幹母音은 원칙적으로 短音이다.

ㄱ 「작다　적다(少)」는 예외
ㄲ
ㄺ 「굵다」는 예외

ㄴ) [t][p] 終聲으로 발음되는 用言의 語幹母音은 變則用言을 제외하고 원칙적으로 短音으로 발음한다.

ㄷ	規則用言	「얻다(得)」 例外 옛 文獻에 上聲點
ㅌ	〃	
ㅅ	〃	「웃다(笑)」 例外 옛 文獻에 上聲點, 變則活用하던 것.
ㅆ	〃	「준말(略語)」 제외
ㅈ	〃	

ㅊ 〃

ㅂ 〃

ㄼ 〃　　「밟다(履)」 例外 옛 文獻에 上聲點, 變則活用하던 것인데 오늘날 規則活用하는 것으로 子音語尾 위에서만 그 語幹이 긴소리로 발음된다.

ㄿ 〃

ㅄ 〃　　「없다」 例外 옛 文獻에 上聲點

ㄷ·ㅅ·ㅂ 變則用言의 語幹(1音節)母音은 子音語尾 위에서 대체로 長音인 경향이 있는데 다음과 같다.

ㄷ 걷다(步) 겯다(編) 긷다(汲) 눋다(焦) 붇다(殖) 싣다(載)
　※ 닫다(走) 듣다(開) ……例外
ㅅ 긋다(劃)　낫다(勝, 癒) 붓다(注, 脹)
　잇다(繼)　잣다(紡) 젓다(攪拌) 짓다(作)
ㅂ 겹다(不勝) 곱다(麗) 굽다(炙)　깁다(補)
　눕다(臥)　덥다(署) 돕다(助)　쉽다(易)
　줍다(拾)
　※ 맵다(辛) 밉다(憎) 춥다(寒)는 예외

이들도 거의 옛 文獻에 上聲點이 찍혀 있는 것들이어서 傳統性을 유지하고 있는 것으로 볼 수 있다.

ㄷ) [m] 終聲을 가진 用言의 語幹母音은 원칙적으로 子音語尾 위에서 長音으로 발음된다.

ㅁ ㄻ

ㄹ) [l] 終聲을 가진 用言의 語幹母音은 子音語尾 위에서 長短 두 가지로 발음되는 것이 각각 상당수 있으나 長音으로 발음되는 쪽이 많다.

長音 例 : 갈다(耕, 磨, 替), 걸다(掛, 肥沃), 골다(鼾), 괄다(過激) 굴다(行勢), 끌다(牽), 길다(長), 널다(擴), 놀다(遊), 달다(焦面), 덜다(減), 돌다(廻), 말다(休), 멀다(遠), 몰다(驅)……

短音 例 : 깔다(敷), 날다(飛), 늘다(增), 달다(甘, 秤), 말다(捲, 물에) 물다(嚙)…

但, 'ㄾ, ㅀ' 받침을 가진 用言의 語幹母音은 모두 短音으로 발음된다. 그러나 「ㄼ」 받침을 가진 用言의 語幹母音은 長短 두 가지로 발음되는 것이 있다.

長音 例 : 떫다, 섧다, 엷다, "셟다, 엷다"는 中世語文獻에 上聲點으로 變則活用하던 것이다.

短音 例 : 넓다, 얇다, 짧다.

ㅁ) [n] 終聲을 가진 用言의 語幹母音은 다음과 같이 발음된다.

ㄴ 신다(履), 안다(抱) …長音
ㄵ 앉다 얹다 …短音
ㄶ 끊다 끓다 …短音
※[많다]는 예외

ㅂ) 以上에서 보면 無聲子音인 [k] [t] [p] 終聲을 가진 用言의 語幹은 短音으로 발음되는 경향이 있는데, 다만 變則用言(ㄷ·ㅅ·ㅂ)과 흔히 强調, 誇張이 수반되는 말(작다, 적다(少), 굵다, 없다. 많다 등)의 語幹母音은 長音으로 발음되는 경향이 있는 듯하다. 有聲子音인 [m] [n] [l] 終聲을 가진 用言의 語幹母音은 子音語尾 위에서 長音으로 발음되는 경향이 있는 듯하나, 다만 代表音이 [n] [l]로 겹받침의 경우는 短音으로 발음되는 경향이 있는 듯하다.

ㄵ ㄶ ㄺ(맑게 읽고) ㄼ(넓다 얇다, 짧다) ㄾ ㄿ ㅀ

사) 用言의 語幹母音이 子音語尾 위에서는 長音이지마는 母音語尾 위에서나 被動, 使動詞의 接尾辭(子音이나 母音이나를 가리지 않음) 위에서 短音化하는 경향이 있다.

말̅다(休), 말̅고, 말̅더니, 마̅는…長
말아서, 말아라, 말리다…短
옮̅다(移), 옮̅고, 옮̅더니, 옮̅는…長
옮아서, 옮아라, 옮기다……短

그러나 例外도 있다.

끌̅다(引) 벌̅다(生隙, 作錢) 웃̅다(笑)…

(2) 漢字말의 긴소리

漢字音이나 그 聲調는 韓國化하는 過程에서 徐徐히 변화해 왔을 것임은 두말할 것도 없다.

兩聲調間(東國正韻聲調 = 中國韻書聲調와 15C末 우리나라 漢字音의 現實聲調)에 있어선 上·去聲 사이에 변화가 가장 두드러진 것으로 去→上 72%, 上→去 26%의 변화를 보인 統計가 있고 上·平聲間의 聲調변화는 거의 없다.

그리고 15世紀末 現實聲調文獻 이후에 있어선 대체로 上→長, 去·平→短으로 나타나고 入聲音(ㄱㄹㅂ) 漢字는 모두 短音이다.

中國韻書에 근거를 둔 聲調가 아닌, 韓國化한 聲調(15C末 諺解文獻 등이 보여 주는)와 現代語長短을 비교한 결과

平→短	家歌干看	등	657字
平→長	攻擧練苗	등	38字
去→短	鼓己起旣	등	142字
去→長	個慨孔硯	등	75字

上→短 犬絹頃顧 등 160字
上→長 可假感敢 등 504字

라는 통계가 있다. 머리말에서 지적한 여러 복합적인 이유로 聲調의 변화가 있어오긴 했으나 傳統性의 유지를 肯定하고 그 계속적인 유지를 위해 노력해야 할 것이다.

그러나 말이란 세월의 흐름에 따라 바뀌어가는 것이므로 多數言衆(서울의 敎養있는 壯年層)의 현실발음을 존중해야 된다.

「큰사전」(한글학회), 「국어대사전」(李熙昇)에 長母音 표시가 있는 것을 短母音처리로 해야 된다고 생각하는 것.

例 : 卷頭, 技術, 管理, 貫通, 慣例, 巧妙, 露骨, 映畵, 資金, 帳幕, 淨化, 仲介, 症勢…

短母音으로 처리한 것을 長母音으로 처리해야 된다고 생각하는 것.

例 : 佳人, 姦夫, 歸國, 濃厚, 援助, 姿態……

같은 글자가 長短 두 가지로 발음되는 漢字에는 다음과 같은 것이 있다.

例 : (한글 오른쪽 : 표는 긴소리표)
間 간 —隔 —隙 —數
간: —接 —或 —食 —諜
強 강 —力 —風 —權 —大
강: —制 —盜 —奪 —勸
景 경 —致 —氣 —概 —況
경: —福 —品 —武臺
口 구 —錢 —子湯 —文
구: —頭 —熱 —舌 —述
將 장 —次 —來 —軍
장: —兵 —校 —帥 —材

같은 漢字音이라도 長短 두 가지로 발음되는 것이 있다.

例 : 가 家 歌 價…
가: 可 假 佳…
경 輕 京 傾…
경: 敬 慶 警…
공 工 功 空…
공: 共 攻 供…
…………

(3) 순우리말이나 漢字말이나를 불문하고 語頭에서 長音으로 발음되는 것이 둘째 音節 以下에서는 短音化하는 경향이 있다.

例 : 가) 숨 목숨	감(柿) 곶감
새 참새	눈(雪) 함박눈
덥다 무덥다	없다 실없다
밟다 짓밟다	놀다 뛰놀다
밀다 내밀다	몰다 휘몰다…
나) 語學 國語	命令 生命
性質 男性	品質 上品
敬意 尊敬	可能 許可

(4) 同綴異音語나 同音異綴語의 경우, 긴소리 발음을 명확히 구별하지 못하면, 뜻의 혼동을 가져올 염려가 있으므로 發音指導를 옳게 해야 한다.

例: 가) 눈싸움	눈싸움(雪戰)
별세계(別世界)	별세계(星-)
새집(新家)	새집(鳥-)
걷다(收, 捲)	걷다(步)
곱다(曲)	곱다(麗)
굽다(曲)	굽다(炙)

	달다(甘, 秤)	달다(焦面)
	말다(卷, 국에)	말다(休)
	묻다(埋, 染)	묻다(問)
	물다(嚙)	물다(賠償)
	적다(記錄)	적다(少) …
나)	깊다(深)	깁다(補)
	낮다(低)	낫다(勝, 癒)
	덮다(覆)	덥다(署)
	버리다(捨)	벌이다(陳列)
	붙다(付)	붇다(殖) 붓다(注, 脹)
	앉다(坐)	안다(抱)
	업다(負), 엎다(覆)	없다(無)
	있다(有), 잊다(忘)	잇다(繼)
	잦다(頻)	잣다(紡)
	젖다(濡)	젓다(攪拌)
	짖다(吠), 짙다(濃)	짓다(作, 造)
다)	無用	舞踊
	時調	始祖
	身長	腎臟
	鑑賞文	感想文
	素數	小數
	原因	遠因
	化粧	火葬
	絞首	敎授
	禽獸	錦繡
	幹部	間夫
	丁氏	鄭氏
	曺氏	趙氏
	嶺東	永同 · 永東
	光州	廣州
	伊川	利川

以上 자세한 것은 附錄 참조(南廣祐 17, 18, 19 등)

2. 된소리化 경향에 대하여

특히 靑少年層에 있어서 語頭에 있어서나 語中에 있어서 된소리化의 경향이 늘어가는 추세인데 標準發音 實態는 다음과 같다.

(1) 순우리말의 된소리

꼬두밥(→고두밥) 꼽추(→곱추) 뻔데기(→번데기) 쪽제비(→족제비)
쪽집개(→족집개)…

그러나 다음 말은 예사소리로

김밥 밤밥 눈사람 돌담 돌집
양담배…

(2) 漢字말의 된소리

價 된소리 : 單價 代價 物價 市價 時價 聲價 安價 廉價 音價 有價 定價 評價…
예사소리 : 船價 同價紅裳…
件 된소리 : 事件 案件 與件 要件 用件 人件費 條件…
예사소리 : 物件 事事件件
科 된소리 : 文科 理科 工科 商科 內科 外科 齒科 國語科…
예사소리 : 文科(옛 科擧) 武科 大科 小科…
氣 된소리 : 驚氣 狂氣 人氣 貧血氣…
예사소리 : 景氣 空氣 士氣 生氣 電氣 血氣…

자세한 것은 附錄 참조(南廣祐 17, 18, 19 등)

3. 긴소리와 사이된소리

漢字말로서 同綴로 한글표기를 하고 읽을 경우, 긴소리나 사이된소리 발음을 명확히 구별하지 못하면, 뜻의 混同을 가져올 염려가 있으므로 語源(漢字表記)을 밝혀 發音指導를 해야 할 것들의 실례를 약간 들어 보이면 다음과 같다.

고가 高架 古家 高價(고까)
단가 團歌 短歌 單價(단까)
사과 沙果 謝過 四課(학과공부) 四課(사꽈, 事務單位)
사법 司法 四法 私法(사뻡) 死法(사뻡)
사적 寺跡 史籍 史蹟 私的(사쩍) 史的(사쩍)
성가 成家 聖歌 聲價(성까)
성적 成績 聖蹟 性的(정쩍)
시가 詩歌 媤家 市街 時價(시까) 市價(시까)
정가 丁哥 鄭哥 定價(정까) 正價(정까)
정적 政敵 靜寂 定積 靜的(정쩍)…

4. 母音調和現象

이른바 母音調和現象이 지켜진다는 擬聲擬態語나 副詞形語尾 아/어, 過去時制 았/었에 있어서는 그 현상이 무너지고 있는 것이다.

(1) 擬聲擬態語

깡총깡총→깡충깡충 싹독싹독→싹둑싹둑 잘록하다→잘룩하다
오똑이→오뚝이…

(2) 副詞形語尾 아/어, 過去時制는 았/었

語幹의 끝 音節母音이 '아'로 받침이 있는 語幹(ㅎ받침語와 ㅅ변칙用言 제외)에는 그 副詞形語尾나 過去時制는 '아・았'보다

'어 · 었'쪽이 優勢한 듯이 보인다.

작어 깎어 안어 앉어 말어 닮어
핥어 남어 잡어 찾어 맡어
가까워 고마워 안타까워
새로워 괴로워 외로워 까다로워…

그러나 필자 개인의 발음으론 '고까워, 아니꼬워' 보다는 '고까와, 아니꼬와' 쪽인 듯하다.

작었다 깎었다 안었다 않었다 알었다.
담었다 핥었다 남었다 잡었다 찾었다.
맡었다.
가까웠다 고마웠다 안타까웠다 새로웠다 괴로웠다 외로웠다
까다로웠다…(略)

자세한 것은 附錄 참조(南廣祐 9)

語幹의 끝 音節母音이 '이'거나 'ㅐ ㅔ ㅚ ㅟ ㅓ'인 경우엔 學校文法의 規制와는 달리 '어'아닌 '여'가 이어진다.

개여 내여 세여 되여
사귀여 여의여 비치여
지여('짓다'의 ㅅ脫落), 찌여('찧어'의 'ㅎ'소리는 事實上 默音化되므로)

이들의 過去時制는 副詞形語尾의 用法과 同一하다.

5. 單母音化現象

순우리말이나 漢字말에 있어서 역사적으로 單母音化現象이 있었다. 'ㅅ · ㅈ · ㅊ' 子音下에서의 複母音 'ㅑ ㅕ ㅛ ㅠ ㅖ ㅢ'가 'ㅏ

ㅓ ㅗ ㅜ ㅔ ㅣ'로 單母音化한 것이 代表的이다.

이밖에 다음과 같은 'ㅢ'. ( )은 앞 說明과 重複

긔늬듸릐믜븨(싀)의(즤츼)킈틔픠희…순 우리말
긔븨(싀)의(츼)희…漢字音

中 '의・희' 音만을 現用되고 있으나 그 밖의 'ㅢ' 音은 모두 單母音化한 것들이다.

辭典에

늴리리야 닁큼 무늬 보늬

가 나오지만 表記上 그렇게 한다 뿐이지 실제 발음은 口蓋音化되지 않은 '+니[ni]'로 보며, 現代語 表記에 있어 略語의 경우,

하셔 가져 바쳐 띄우 씌우…

를 正書法으로 요구하고 있지만

하서 가저 바처 띠우…

가 現實音이 아닌가 한다.

다만 略語의 경우,

하쇼(←하시오) 하죠(←하지요)
좋죠(조쵸←좋지요) 하슈(←하시우←하시오)…

의 '쇼 죠 쵸 슈' 發音만은 現存하는 것이 아닌가 한다.

그런데 '의・희'音만은 現用되고 있다. 하지만 漢字音 '의'만은 語頭에서 '衣服 依賴 倚子 義理 儀禮 議事 疑問 擬人化 意味 醫師 毅然 宜當'과 같이 발음이 되며, 또한 그렇게 발음해야 하지만 그 밖의 경우에는 '의・희' 발음이 現實的으로는 약간의 例外

를 제외하고는 '이 · 히'로 單母音化한 것으로 보는 것이다.

약간의 例外란 우리말로 辭典 上에는 '의뭉 · 의젓하다 · 거의' 등 '의' 音이 있으나 '의뭉'은 혹 '음흉(陰凶)'에서 바뀐 말이 아닌가 하거니와 실제로는 '으뭉' 발음이 많지 않은가 하며, 文世榮 辭典 以來 '큰 · 국' 등에도 '으뭉'은 사투리로 다루어 있다.

'의젓하다' 또한 '의젓' 아닌 '으젓' 발음도 있는 듯하며 '거의'는 '거이'로 굳어져, 결국 이들은 '의>으 · 이'로 單母音化하는 것으로 보아 좋을 듯하다.

所有格(冠形格) 助辭 '의'는 表記上 '의'를 固守할 수밖에 없지만 이미 五倫行實圖(1797년)에

> 공후에 위ᄅᆞᆯ 바들 거시오 (2 : 20)
> 강보에 아희ᄂᆞᆫ (3 : 65)

와 같이 現代語에 있어서 口頭語로 발음되는 所有格例를 보이는데, 현재 서울말 발음은 '에'다.

漢字音 '의'의 경우, 둘째 音節 以下에서는 '의' 아닌 '이'로 발음되고 있다.

> 歸依　便宜　好意　正義　問疑　禮儀　友誼　模擬　漢醫　建議
> 民主主義　主治醫

'희'도 그렇다. 순우리말의 경우, 語頭에서 '희'로 쓰고 있는 것은 '희다(白)'系의 말뿐인데 실상 현실발음은 '히'라고 생각한다.

> 히끄무레하다　히끗히끗　히다　히떱다

漢字말의 경우,

> 希望　喜劇　稀貴　戲弄　犧牲　美姬　歡喜　光熙門　遊戲　伏羲

와 같이 語頭에서나 둘째 音節 以下에서 모두 '히'로 발음되는 것이 현실이 아닌가 한다.

다음과 같은 'ㅖ'

몌볘(셰졔<←뎨包含>쳬)켸폐혜…순우리말
(셰졔←뎨包含>쳬<←톄包含>)… 漢字音
※ '켸켸묵다'는 이번 査定에서 '케케묵다'를 표준말로 했다.

의 單母音化는 이미 이루어진 것들이요, 다만 'ㅖ' 母音 中

계…계시다, 계집, 핑계, 비계
예…예(昔, 여기의 준말), 예닐곱(六·七), 옛말, 예쁘다

만이 표준말로, 漢字音의 경우 '셰·졔(←뎨包含)·쳬(←톄包含)'는 1933년 朝鮮語綴字法統一案에서 單母音化가 公認되었지만 '계 례 몌 예 폐 혜'의 漢字音은 지금까지엔 그대로 襲用되고 있다.

필자가 보는 바로는 오늘날 우리말에서는 '예'만이, 漢字音에서는 '례(→예, 녜 禮·例) 예(藝·曳·裔·豫·銳…)'만이 살아 있는 것이고 순우리말에서 '몌 폐 혜'가 없는데 굳이 漢字音만에서 그 音을 고집할 것은 없겠다. 또한 우리말에서 '계시다, 계집, 핑계, 비계'가 '게시다 게집 핑게, 비게'로 발음되는 것이 현실이 아닌가 하며 漢字音의 경우

계…溪 鷄 季 界 計 癸 系 係…
게…憩 偈 揭…

의 구별이 現實的으로 없는 것이 사실이 아닌가 한다.

다음과 같은 'ㅝ'는

구워 →구어 (>궈)

누워 →누어 (>눠)
주워 →주어 (>줘)
여쭈워 →여쭈어 (>여쭤)

로 單母音化한 것으로 본다.

자세한 것은 附錄 참조(南廣祐 10, 13, 17, 18, 19 등).

6. 圓脣母音化 現象

오늘날 語頭에서나 單語內部에서 '므 브 쁘 프' 발음은 없는 것으로 생각한다.

現代語에서 다음과 같은 (가)(나)群을 비교해 보면 같은 造語法에 의해 이루어진 말인데 다만 (나)群은 兩唇音 ㅁ·ㅂ·ㅍ에 同化되어 ㅡ>ㅜ의 圓脣母音化하였음이 다르다.

가群	나群
쭈그리다	고부리다
찌그리다	구부리다
수그러다	찌푸리다
오그리다	버무리다(<버므리다 月釋 2:223-1)
우그리다	
사근사근하다	사분사분하다
소근소근하다	자분자분하다
수근수근하다	고분고분하다
추근추근하다	지분지분하다
어글어글하다	고불고불하다
우글우글하다	구불구불하다
쭈글쭈글하다	나풀나풀하다
찌글찌글하다	꾸물꾸물하다(<그믈구믈ᄒᆞ다 蒙法 13)
지긋이	흐뭇이(<흐믓ᄒᆞ다 宣小 6:112)

느긋이　　　　　　구붓이(<구븓ᄒᆞ다 訓蒙下 1)
뿌듯이　　　　　　살풋이
빠듯이　　　　　　어렴풋이

현행 맞춤법에서 '-쁘다 -프다'로 적고 있는 말들도 現實 發音으로는 "-뿌다 -푸다"인 것으로 본다.

이미 옛 文獻에

ᄀᆞᆺ부다(가쁘다)　　　　밋부다(미쁘다)
밧부다(바쁘다)　　　　잇부다(死語가 됨)
어엿부다(예쁘다, 뜻의 變化 憐→美)
골푸다(고프다)　　　　아푸다(아프다)

例가 있으며 朝鮮總督府辭典(1920년)에 이미 '-부다'表記例를 보인다.

갓부다 · 깃부다 · 낫부다 · 뉘읏부다 · 밋부다 · 밧부다 · 어엿부다(곮흐다 · 고달프다 · 구슯흐다 · 슯흐다 · 앏흐다 · 저프다). (　)은 참고로.

자세한 것은 附錄 참조(南廣祐 12, 18, 19 등).

7. 有聲音 사이에서 ㅎ脫落

현행 맞춤법에서 'ㅎ'받침을 쓰고 있지만

조으니　빠아　찌은　싸을　끈으니　일으니　꿀으니…

등으로 발음되고 있음이 분명하며

가만히　확실히　유심히　다행히…

등 副詞化 接尾辭 '-히'를 意識的으로 발음하기도 하지만 言衆의 경우 'ㅎ' 소리를 발음하지 않는 쪽이 優勢하지 않을까 한다.

附錄 참조(南廣祐 13, 18, 19 등).

8. 前舌母音化(口蓋母音化)

漢字音의 경우, 이미 1933년 朝鮮語綴字法統一案에서

금실(←금슬 琴瑟) 질책(←즐책 叱責)
편집(←편즙 編輯) 법칙(←법측 法則)

등을 표준말로 定한 것은 革新的이었다.

오늘날 言衆의 현실 발음은

칙량(←측량 測量) 관칙(←관측) 우칙(우측 右側) 칙은(←측은 惻隱 1896년 독립신문) 칙문(←측문 仄聞) 칭계(←층계 層階) 징조(←증조 曾祖)

쪽이

측량 관측 우측 측은 측문 층계 증조

보다 優勢한 것이 아닌가 한다.

자세한 것은 附錄 참조(南廣祐 10, 13, 19 등).

9. 겹받침語의 發音傾向

(1) ㄺ받침
體言 닭 칡 흙

① 單獨으로 발음하거나 子音으로 시작된 말이 계속될 경우, 또는 그 말 아래에 母音으로 시작된 말이 계속되되, 그 접속되는 말이 윗말과 對立的 地位에 있을 경우는 'ㄱ' 소리만이 발음된다.

닭[닥] 닭과[닥과] 닭도[닥도] 닭고기[닥고기] 닭한마리[닥한마리] 닭우는소리[닥우는소리]
칡[칙] 흙[흑]

② 從屬的 관계를 가진 말의 母音이 올 경우에는 原音價대로 발음된다.

닭이[달기] 닭은[달근] 닭에[달게]
칡이[칠기] 칡은[칠근] 칡에[칠게]
흙이[흘기] 흙은[흘근] 흙에[흘게]

'닥이 닥은 칙에 칙은 흑이 흑은'과 같이 발음하는 경향이 늘어가는 듯하다.

用言 늙(老) 맑(淸) 밝(明) 얽(纏)
① ㄱ으로 시작되는 語尾 '-고, -게, -기' 등 위에서는 ㄹ로 발음되고 뒤따르는 ㄱ과 함께 된소리를 이룬다.

늙고[늘꼬], 늙게[늘께], 늙기[늘끼]
맑고[말꼬], 맑게[말께], 맑기[말끼]
……

② ㄱ으로 시작되는 語尾(히接尾辭도) 以外의 子音語尾 위에서는 ㄱ으로 발음된다.

늙도록[늑도록], 늙지[늑지], 늙습니다[늑습니다], 늙는[늑는→능는]

얽도록[억도록], 얽지[억지]
얽습니다[억습니다], 얽는[억는→엉는]

③ 母音語尾나 接尾辭가 뒤따를 때는 ㄺ받침이 제 音價로 발음된다.

밝아[발가] 밝으니[발그니] 밝히다[발키다]

(2) ㄼ받침
體言 여덟
① 單獨으로 발음할 경우 '여덜'로 발음될 뿐 아니라, 어떠한 토가 오건 'ㄹ'만이 발음되는 것이 현실이 아닌가 한다.

여덜이, 여덜은, 여덜에…
여덜과, 여덜도…

複合語의 경우도

여덟모[여덜모]

이다.

② 다만 '여덟해'의 경우 [여덜패]로 되는 것이 서울의 現實發音이다.

用言 넓(廣) 떫(澁) 짧(短)
섧(哀)
밟(履)

① '넓 떫 짧 섧'에 첫소리가 子音인 語尾가 뒤따르면 ㄹ로 발음되고 뒤따르는 첫소리 子音은 된소리로 발음된다.

넓고[널꼬], 넓던[널떤], 넓습니다[널씀니다], 섧고[설꼬], 섧던[설떤], 섧습니다[설씀니다]

② '밟'만은 첫소리가 子音인 語尾가 뒤따르면 ㅂ으로 발음된다.

밟고[밥고], 밟지[밥지], 밟습니다[밥습니다], 밟는[밥는→밤는]

③ '넓 떫 짧 섧(ㅂ변칙 형용사) 밟'은 母音語尾 위에서 제 音價대로 발음하고 '넓 밟'은 '히接尾辭' 위에서도 한 가지다.

넓으니[널브니], 넓어[널버], 넓히다[널피다]

④ '넓적, 넓적다리'는 '넙'으로 발음한다.

10. 助辭 語尾 등에서 '오→우' 現象

(1) -도→-두

나도>나두, 사람도>사람두, 와도>와두, 좋아도>좋아두…

(2) -(으)로→-(으)루

어디로>어디루, 밖으로>밖으루, 따로>따루, 서로>서루, 바로>바루…
※ '고루'는 표준말

(3) -대로→-대루

멋대로→멋대루, 나대로→나대루, 그런대로→그런대루…

(4) -고→-구

하고→하구, 받고→받구…

(5) -도록→-두룩

좋도록→좋두룩, 하도록→하두룩, 밤새도록→밤새두룩…

(6) -오?→-우?

(-오→-우)
오오?(오오)→오우?(오우)→하오?(하오)→하우?(하우)
좋으오?(좋으오)→좋으우?(좋으우)→조우?(조우)
먹으오?(먹으오)→먹으우?(먹으우)→먹우?(먹우)

口語로서는 이미 오→우 傾向이 優勢한 것이 아닌가 하며 특히 (6)의 경우는 완전히 바뀐 쪽이 標準的이라 할 만하다. 그러나 '해요, 와요, 좋아요, 맡으셔(세)요…'의 '요'는 그대로 '-요'를 유지하고 '-유'는 忠淸道地方 등 사투리로 들린다.

11. 'ㅓ→ ㅡ'의 傾向

(1) 긴소리로 발음되는 'ㅓ'를 'ㅡ'로

건축(建築) →근축
정종(正宗) →증종
헌병(憲兵) →흔병
정씨(鄭氏) →증씨
넣다 →늫다
어른 →으른
없다 →읎다

와 같이 발음하는 경향이 있고

(2) 서다→스다

'서다'의 中世語 基本形은 '셔다', 그 使動詞는 '셰다'였지만 현대어론 '세우다'다. 그러나'서다→스다'의 경향에 따라 그 使動詞의 副詞形은 '세워'와 함께 '스이어→싀어(시어)→셔[ʃə]가 쓰여

시어→셔:놓다, 셔:두다.

가 있다.

(3) 건너다→건느다

그 使動詞는 '건늬다'가 되나, 單母音化 현상은 오히려 '늬→니(口蓋音化 되지 않은)'로 '건니다'가 되나 表記法으로는 '건늬다'를 쓸 수밖에 없다.

(4) -던, -던가, -던걸, -던고, -던데→
-든, -든가, -든걸, -든고, -든데…

한글학회 「큰辭典」에는 '-던, -던가…'로, 李熙昇편 「국어대사전」에는 '-든, -든가…'로 표기되어 이미 異見을 보이고 있는 것이다.

※ 그러나 '통틀어'는 逆으로 '통털어'의 경향을 보이고 있다는 통계가 있다.

12. '-셔요, -여요, -이어요>-세요, -예요, -이에요'의 傾向

하셔요 →하세요
쓰셔요 →쓰세요
앉으셔요 →앉으세요

저여요 →저예요
과자여요 →과자예요
꽃이어요 →꽃이에요
먹이어요 →먹이에요

13. 側音化 拒否現象

삼천리[삼철리], 전라도[절라도], 찬란[찰:란], 단련[달련], 광한루[광:할루]

같은 것은 누구나 異議가 없을 것으로 아나 필자, 個人의 발음으로는

판단력[판달력], 견인력[견일력], 이원론[이월론], 음운론[음울론], 보관료[보괄료]

이지만 '판단녁, 이원논, 음운논, 보관뇨' 발음도 相當數 있는 듯하고 오히려 數的으로 優勢하다고 보는 견해도 있는 듯하다.

그런데 '임진란[—난], 의견란[—의견난], 발전량[—쩐냥], 결단력[—딴녁], 발전력[—쩐녁], 살균력[—녁], 상견례[—네]' 등은 필자도 側音化하지 않는다.

以上을 놓고 생각해 본다.

우리말에 있어서 漢字말의 경우,

곤난(困難)→곤란[골란], 논난(論難)→논란[놀란], 한난계(寒暖計)→한란계[할란계]

등이 있고,

관념(觀念)→관렴[괄렴], 안내(案內)→안래[알래], 본능(本能)→본릉[볼릉], 권농동(勸農洞)→권롱동[궐롱동]

등의 경향이 있는데,

千里 全羅 燦爛 鍛鍊 新羅 建立 君臨 民亂 紊亂…

등은 側音化함에 比하여

壬辰亂 意見欄 發電量 決斷力 相見禮…

등 三音節語에서 側音化를 거부하는 현상이 보편화하는 경향이 있는 것이 아닌가 한다.

필자 個人의 발음으론

廣寒樓 神仙爐 唐人里 胎田里(廣州) 判斷力 二元論 音韻論 保管料

등 三音節語도 側音化함에 比해 주로 젊은 層의 발음은 대체로 側音化 拒否 반응인 것으로 보아 새로운 발음경향이 아닌가 하는 것이다.

옛날 돈의 單位인 '兩'은 本音은 '량'이지만 '한냥, 천냥, 만냥' 처럼 側音化하지 않는다.

14. 'ㄴ, ㄹ' 소리의 介入 傾向

극열[—녈] 정열[—녈] 금융[—늉] 일일이[—닐—]
구충약[—냑], 살충약[—냑], 서울역[—력], 시발역[—력], 부산역[—녁], 사업열[—녈], 간장염[—념], 늑막염[—념], 일광욕[—녹], 공공용[—뇽], 영업용[-엄뇽], 휘발유[—류], 신여성[-녀-], 공염불[-념-], 영이별[-니-], 순이익[-니-], 목양말[-냥-], 신예술[-녜-], 총예산[-녜-], 사랑양반[—냥-], 수학여행[—녀-], 민간요법[—뇨뻡], 죽순요리[—뇨-], 장삼이사[—니-]…

以上을 표준발음으로 認定해야 할 'ㄴ, ㄹ'소리의 介入이라 하겠는데 심지어 '월요일'을 '월료일', '금요일'을 '금뇨일', '동양방송'을 '동냥방송', '활약'을 '활략'으로 발음하는 傾向이 있다.

以上을 놓고 생각해 본다.

(1) 藥의 경우

丸藥 散藥 生藥 漢藥 洋藥 良藥

은 'ㄴ' 소리의 介入이 없는데

물藥 알藥 貼藥 驅虫藥 消毒藥 蛔虫藥

등은 'ㄴ, ㄹ(口蓋音化된 ㄴ)'소리가 介入

(2) '油'의 경우

石油 原油 肝油 輕油 重油

는 'ㄴ' 소리의 介入이 없는데

揮發油 潤滑油

등은 'ㄴ, ㄹ'소리가 介入한다.

(3) '炎'의 경우

酷炎 劇炎 肝炎

은 'ㄴ' 소리의 介入이 없는데

肝臟炎 盲腸炎

은 'ㄴ' 소리의 介入이 있고

肺炎

은 특이하게 'ㄹ'소리가 介入된다. '智異山, 胡鹽' 등의 'ㄹ' 介入과 同軌의 것이다.

(4) '用'의 경우

公用　共用　混用　援用　常用　濫用

등은 'ㄴ' 소리의 介入이 없는데

公共用　非常用　營業用

은 'ㄴ'소리가 介入된다.

(5) '洋'의 경우

東洋　洋洋

은 'ㄴ' 소리의 介入이 없지만

太平洋

은 필자 個人 발음으론 'ㄴ' 소리의 介入이 된다.

(6) '浴'의 경우

沐浴　混浴

은 'ㄴ' 소리의 介入이 없지만

은 'ㄴ'소리가 介入된다.

以上에서 보면 대체로 二音節語에서는 'ㄴ, ㄹ'의 介入이 없는데, '물藥, 알藥, 貼藥'의 경우는 이와 다르고, 三音節語의 경우, 'ㄴ, ㄹ' 介入의 경향이 있는 듯이 보인다.

지금 '軍律 韻律 旋律', '分裂 龜裂'을 각각 '군율 운율 선율', '분열 균열'로 적고 'ㄴ' 介入 없는 발음을 표준발음으로 잡고 있으나, 필자 個人 발음으론 이들 모두 'ㄴ' 소리 介入의 발음이고 이 밖에 '分列 戰慄 百分率 生産率'들도 모두 'ㄴ' 소리 개입의 발음이다.

以上은 漢字말의 경우의 例이나, 순우리말의 경우

> 콩엿[—녓], 흰엿[—녓], 물엿[—렷], 밤엿[—녓], 잣엿[—녓], 겹이불[—니—], 홑이불[—니—], 설익다[—리—], 낯익다[—니—], 눈익다[—닉—]

들에 'ㄴ'소리가 介入되나

> 첫인사[천—] 첫인상[천—] 맛있다[만—] 멋있다[먼—]

의 경우는 絶音이 된다. 그런데 '맛있다, 멋있다'의 경우는 '맛이 있다, 멋이 있다'가 줄은 형태로 [마싰다. 머싰다] 발음이 더 우세한 것으로 본다.

15. 그 밖의 一束

(1) 계집애→기집애, 계시다→기시다
예쁘다→이뿌다
베다→비다

以上은 ㅖ→ㅔ→ㅣ

外 畏 외→웨 外家, 畏友
외치다→웨치다

以上은 외→웨

내리다→네리다, 내리→네리,
내리막길→네리막길, 무말랭이→무말렝이,
돌맹이→돌멩이, 빨갱이→빨겡이,
노랭이→노렝이

以上은 旣往의 '洞內→동네, 나그내→나그네'로 된 것과 같은 것으로 'ㅐ→ㅔ'의 경향이다.

(2) ㅅ소리의 介入傾向

現行 맞춤법의 '넋 삯 곬 돐 값…'말고도 '싻이 노랗다, 늪이 슬었다, 그런 즚은, 맛이 풀리다, 신색이 좋지 않다, 값이 나다'와 같은 발음이 늘어나는 傾向이 있다.

(3) ㄹ소리의 介入傾向

語尾 '-(으)려고'를 [-(으)ㄹ려고]로 발음하는 傾向이 强하고, 'ㄹ'變則用言의 경우도 그러한 경향이 있다.

하려고—할려고 먹으려고—먹을려고
기르다—길르다 나르다—날르다
다르다—달르다 빠르다—빨르다
오르다—올르다 자르다—잘르다
……

(4) 받침소리의 流動傾向

ㅋ—ㄱ 부엌—부억 東녘—東녁 西녘—西녁

ㅍ—ㅂ 무릎—무릅 헝겊—헝겁
ㅈ—ㅅ 빚—빗 젖—젓
ㅊ—ㅅ 꽃—꼿 숯—숫 돛—돗 덫—덧 옻—옷 윷—윳
ㅌ—ㅅ(ㅊ) 팥—팟(팣) 끝—끗(끚) 솥—솟(솣) 밭—밧(밫)

이 밖에 '줍다(拾)'를 '줏다'로 발음하는 경향이 있는데 이것은 이 말이 본디 中世語 文獻에 '줏다(ㅅ變則活用하던 말)'가 基本形이던 말이므로 그 영향이 아닌가 하며, '닿다(接)'를 '닷다(ㅅ變則活用)'로 발음하는 경향이 優勢한 듯하다.

16. 外來語

日常用語

(1) 된소리 발음의 實態

文世榮辭典에 이미 아래와 같은 表記를 보이고 있다.

까스, 께임, 꼴, 따블, 딱터, 땐쓰, 빼쓰, 빼스껄, 뽀이, 뽈, 싸이렌, 싸인, 써비스, 쩬틀맨

固有語에 있어서 平音(가마괴, 불휘, 석다)이던 것이 硬音化(까마귀, 뿌리, 썩다)한 것이 있듯이, 外來語에 있어서 이미 40년 전 文世榮辭典에 '까스, 꼴, 뽈, 싸이렌, 싸인' 등 된소리 표기이던 것일 뿐 아니라 言衆의 現實發音도 그렇다.

그러나 부리핑[영 briefing] 부라보[영 bravo] 부라우스[영 blouse→일ブラウス] 부레이크[영 break] 데모[영 demonstration] 데이트[영 date] 데리케이트[영 delicate] 드라이부[영 drive] 가이드[영 guide] 게라[영 galley→일ゲラ] 게스트[영 guest] 고고[영 go-go] 공[영 gong] 그라운드[영 ground] 사라다[포 salade→일サラダ] 샤마니즘[영 shamanism] 샤푸[영 sharp] 잠바[영 jumber] 젯트[영 zet]機 주스[영 juice] 등 해방 후에 主로 많이 쓰

이게 된 말들은 平音 발음이다.

(2) ㅁ蓋音化한 발음의 實態

우리말에 있어서 이런 ㅁ蓋音化現象은 이미 17C末~18C初부터 있어온 現象으로서 이것은 西歐系 外來語에도 適用되어 現實發音이 그렇게 굳어진 것은 다음과 같다.

센치(cm) 츄립 메칠알콜

그러나 라디오[영 radio], 부랜디[영 brandy], 코메디[영 comedy], 팬티[영 panty], 위티[영 Whsky+tea], 커팅[영 cutting] 등은 '디, 티' 발음이다.

우리말에도 ㅁ蓋音化되지 않은 '디디다, 디뎌, 견디다, 견뎌'의 '디, 뎌'나 '버티다, 버텨'의 '티, 텨'가 있으므로 앞으로 '디티' 발음은 그대로 살 展望이다.

(3) 圓脣母音化한 발음의 實態

이미 文世榮의 「朝鮮語辭典」에 꼴푸[영 golf] 뿔랙리스트[영 black list] 푸라이드[영 pride] 푸레미엄[영 premium] 푸레센트[영 present] 푸로그람[영 program] 푸로펠러[영 propeller] 푸로필[불 profil, 영 profil] 푸린트[영 print]와 같은 '뿌, 푸' 表記가 나온다.

'불도저[영 bulldozer] 붐[영 boom] 불독[영 bulldog] 풀[영 pool] 푸싱[영 pushing]'의 '부 푸'와 '부레이크[영 break] 부리핑[영 briefing] 부라보[영 bravo] 부라우스[영 blouse] 푸레미엄[영 premium] 푸레센트[영 present] 푸로그람[영 program] 푸로펠러[영 propeller] 푸로필[불 profil, 영 profil] 푸린트[영 print]'의 '부 푸'의 發音은 現實的으로 같은 것이 아닌가 한다.

(4) 漢字로 된 人名·地名 등은 原音에 관계없이 우리 漢字音으로 발음한다(특히 老壯層).

현행 외래어 표기법에서 특히 같은 漢字文化圈內의 固有名詞에 原音主義를 취한 것은 큰 잘못이다.

中國에서 韓國이나 日本의 人名·地名을 中國漢字音으로 발음하고, 日本에서 韓國·中國의 人名·地名을 日本漢字音으로 발음하듯이 우리나라에서도 中國이나 日本의 人名·地名을 漢字로 적고 韓國漢字音으로 읽어 우리나라 사람끼리 알아들을 수 있고 알아볼 수 있으면 된다는 것이다.

① 漢字를 없애려는 한글 전용주의자들이 着想으로 漢字의 視覺性(韓·中·日을 一貫하고 古今을 一貫, 예: 南京, 京都, 孔子, 加藤淸正)을 무시하고 聽覺性을 내세우는 것이지만, 현재의 中國漢字音이나 日本漢字音(旣成世代 除外)을 제대로 아는 사람이 얼마나 있는가. 言衆 특히 老壯層은 '남경, 경도, 공자, 가등청정' 발음이다.

② 聽覺性을 내세우면서 '토오쿄오, 키타규우슈우'式 발음은 原音과도 거리가 먼 것이고, 中國音의 경우 '랴오뚱, 쑹메이링'이라 적어도 '遼東, 宋美齡'의 聲調를 모르면 한글을 써놓고 발음한다 해도 그네들이 알아들을 수도 없는 것이다. 言衆 특히 老壯層은 '동경, 북구주, 요동, 송미령' 발음이다.

③ 신문·잡지, 그 밖의 서적이나 사전을 보게 하기 위해서도 이 原音主義는 是正되어야 한다.

(5) 流音 [r, l]은 'ㄹ'로만 발음된다.

現行 外來語表記法에서는 '프린트, 텔레비전'과 같이 r와 l의 구별을 유지하려는 경향이 있다. 국어에서는 'ㄹ'로만 발음되고 있는 엄연한 사실을 무시하고 r는 'ㄹ'로, l은 'ㄹㄹ'로 적는 것은 잘못이다.

'텔레비젼[영 television] 알칼리[아랍 alqaliy 和·獨 alkali→일アルカリ] 엘리트[佛 élite→英語식 발음은 엘리트] 알레르기[獨 Allergie] 인텔리[영 intelligentzia→일インテリ] 클리닝[영 cleaning] 글라이더[영 glaider] 살롱[佛 salon]'과 같이 적자는 것이지만, 現實發音은 자연스럽게 '테레비, 알카리性, 에리트, 인테리, 크리닝, 그라이더, 싸롱'이다.

■ 附 錄

國語發音研究 관계 參考論著

南廣祐(1), (1953. 8), "傍點攷", 「국어국문학」 7호, pp.2~5 (1960. 6), 「國語學論文集」, pp.297~305 再錄. 一潮閣.

南廣祐(2), (1954. 11), "長短音攷", 「국어국문학」 12·13호. (1960. 6), 「國語學論文集」, pp.265~276 再錄. 一潮閣.

文教部(1), (1955), "우리말에 쓰인 글자의 잦기 조사 (文字頻度調査)".

南廣祐(3), (1956. 8), "漢字音聲調의 研究", 「文科大學報」 제21집, 中央大, pp.16~21. (1975. 5)·(1976. 8), 「國語學研究」, pp.111~120 再錄, 宣明文化社·三友社.

文教部(2), (1956. 12), "우리말 말수 사용의 잦기 조사(語彙使用頻度調查)".

任 桓, (1959), "發音表記의 將來", 「국문학」 3호, 高大國文學會.

張泰鎭, (1960), "「母音 長短의 對立에 대하여」 —標準語를 中心으로—", 「국어국문학」 22호, 국어국문학회.

李基白, (1964), "國語의 Labialization에 대하여", 「語文論叢」 2집, 경북대 국어국문학과.

崔允秀, (1964. 3~8), "國語發音 바로 내기", 「새교육」 113~118호.

南廣祐(4), (1964. 12), "東國正韻式漢字音聲調의 研究", 「中央大論文集」 제9집, pp.9~34. (1975. 5)·(1976. 8), 「國語學研究」, pp.77~112 再錄, 宣明文化社·三友社.

李應百(1), (1966), "國語의 濃音化現象", 「이하윤선생 회갑논문집」.

南廣祐(5), (1966. 11), "訓蒙字會의 音訓研究", 「가람李秉岐博士 頌壽紀念論叢」, pp.317~343. (1975. 5)·(1976. 8), 「國語學研究」, pp.121~145 再錄, 宣明文化社·三友社.

南廣祐(6), (1967. 1), "韓國에서의 漢字音聲調研究 —常用漢字를 중심으로 標準發音을 위한 試圖—", 「국어국문학」 34·35호. (1968. 6), 「李崇寧博士 頌壽紀念論叢」 등. (1970. 5), 「現代國語國字의 諸問題」, pp.196~322 再錄, 一潮閣. (1971. 11), 「金亨奎 博士 頌壽紀念論叢」, pp.177~209, 一潮閣.

李應百(2), (1968), “國語母音의 音價에 대하여”, 「국어교육」 14호.

南廣祐(7), (1969. 3), “朝鮮(李朝)漢字音硏究 六. 漢字音聲調」, pp.167~182. 東亞出版社 · 一潮閣(再版)

국어조사연구회, (1970. 11. 30), “표준말 자료”

안정헌, (1971), “한국어의 音勢와 音高에 대한 硏究”, 「연대 대학원 논문」.

李炫馥(1), (1971), “국어(서울말)의 악센트 연구”, 「문교부연구보고서(어문학계1), pp.1~26.

李炫馥(2), (1971), “한글 음성문자 시안”, 「한글학회 50돌 기념 논문」.

李炫馥(3), (1971), “현대 서울말의 모음 음가”, 「語學硏究」 7권, 1호, 서울大語學硏究所.

李炫馥(4), (1971), “서울말의 母音體系”, 「語學硏究」 7권, 2호, 서울大語學硏究所.

鄭 喆(1), (1971), “音聲의 感情表出의 機能의 根據”, 「語文論叢」 6호, pp.63~70.

한주섭 (1971), “된소리 표기에 관한 조사 연구”, 「全州敎大論文集」 6집, 全州敎大.

황희영, (1971. 12), “한국어 음운의 음향분석학적 분석 연구”, 「한글학회 50돌 기념 논문집」.

김계곤, (1972), “사이시옷으로 표기된 합성 임자씨의 실제 소리 현상”, 「仁川 敎育大學 論文集」 6집, pp.27~39.

金永松(1), (1972), “된소리의 音聲資質과 辨別資質”, 「한글」 49호, 한글학회, pp.5~41.

裵亮瑞(1972), “말소리 記述의 方法과 限界”, 「明知大論文集」 5집, pp.77~98.

李應百(3), (1972), “國語 인터네이션에 관한 硏究 —國語의 韻律的 資質의 辨別的 機能에 대한 知覺實驗을 中心으로—”, 「문교부연구보고서(인문과학계 1)」, pp.1~70.

鄭 喆(2), (1972), “音聲의 感情表出 機能의 輪廓”, 「語文論叢」 7호, 경북문리대.

池浚模, (1972), “「國語長母音의 處理方案」—元來 tone language가 아니다—”, 「語文學」 26호, 한국어문학회, pp.1~20.

李炫馥(5), (1973), “국어의 억양 연구”, 「문교부연구보고서(어문학계 1)」, pp.1~20.

李炫馥(6), (1973), "현대 한국어의 액선트", 「서울文理大學報」 19호.
정인섭, (1973), 「국어 음성학 연구」, 휘문출판사.
南廣祐(8), (1973. 3), "國語辭典의 分析硏究—한글학회編 「큰사전」 長短音表示를 중심으로—", 「改訂 現代國語國字의 諸問題」, pp. 283~304, 一潮閣.
金成基, (1973. 5), "우리말의 長短實態攷", 「國民大論文集」
南廣祐(9), (1973. 12), "母音調和現象에 대한 硏究—現代語를 중심으로—", 「국어국문학」 62·63호, pp.97~109.
문한종, (1974), "발음상에 미치는 종성 'ㅈ, ㅊ, ㅋ, ㅌ'음의 오류조사 연구—종성 'ㅈ, ㅊ, ㅋ, ㅌ'음이 연모음에 비치는 연음 발음의 오류—", 「새 교육」 18·19·20 합병호, pp.56~65.
李康勳(2), (1974), "國語의 閉鎖音", 「서울女大論文集」 3호, pp.135~147.
崔泰榮(1974), "/n/添加考", 「國語文學」 16, 全北大 國語國文學會.
南廣祐(10), (1974. 1), "漢字音 表記問題—現實音尊重의 方向으로—", 「語文硏究」 제2호, pp.148~157, 一潮閣.
成煥甲, (1974. 1), "받침 使用實態考 —辭典의 標題語를 對象으로—", 「語文硏究」 2호.
李炫馥(7), (1974. 4), "국어의 말토막과 자음음가", 「한글」 154호, pp.1~4.
南廣祐(11), (1974. 5~1975. 12), "基礎漢字의 긴소리·된소리硏究", 「語文硏究」 3~10호, 一潮閣.
南廣祐(12), (1974. 6), "圓脣母音化現象에 관한 硏究", 「국어학」제2호, pp.31~38.
兪鎭衡, (1974. 6), "「複合 核音의 表記」 —高母音을 中心으로—", 「語文教育」 6권 1호, 서울대 語學硏究所.
金永萬, (1975), "語彙別·文法範疇別로 본 국어 Accent와 그 읽는 법", 「경복」 36호, 경복고교, pp.108~125.
金永松(2), (1975), "우리말 된소리 연구", 부산대 박사학위논문.
李秉根(1), (1975), "音韻規則과 非音韻論的 制約", 「國語學」 3호. (1979. 9), 「國語學硏究選書」 8, pp.59~95 再錄.
이한길, (1975), "복합어에 있어서의 중간소리 현상", 「계명교육대학원 논문」.
李漢晟, (1975), "「摩擦音論考」 —'사이 ㅅ'소리 및 'ㅎ받침' 表記法을 곁들여서—", 「國語教育硏究」 1집, 朝鮮大師大 국어교육학회.
南廣祐(13), (1975. 2), "韓國語의 發音硏究", 「人文科學硏究所 論文集」 第1輯, 仁荷大, pp.37~59.

南廣祐(14), (1975. 6), "單母音化・陰性母音化硏究" —韓國語發音硏究의 一環作業으로—", 「東洋學」 第5輯, 檀國大, pp.43~54.

南廣祐(15), (1975. 6), "外來語 表記法의 問題點" 「仁荷大新聞」 6. 23 일字 (1982. 3), 「國語國字論集」, pp.156~164 再錄, 일조각

李康勳(1), (1976), "國語의 複合語 및 漢字語 內部에서 일어나는 硬音化 現象" 「서울女大論文集」 5호, pp.161~196.

南廣祐(16), (1976. 2), "音의 同化・異化硏究—韓國語發音硏究의 一環作業으로—", 「人文科學硏究所論文集」 第2輯, 仁荷大, pp.5~21.

李炫馥(8), (1976. 4), "한국의 單音節語의 억양 연구", 「言語學」 1호, 한국언어학회, pp.131~143.

文敎部(3), (1976. 12), "국어순화자료 1".

兪萬根(1), (1977), "漢字音 長短의 辭典表記例—한글학회 「큰 사전」의 경우", 「同大論叢」 7輯, 同德女大.

兪萬根(2), (1977), "國語醇化를 위한 國語發音의 重要問題 硏究", 「應用言語學」 9권 1호, 서울大語學硏究所.

兪萬根(3), (1977), "표준한국어 발음독본", 서울 開沙書集.

李喆洙(1), (1977), "形態音素分析", 「韓國語文法論」, pp.68~89, 開文社.

文敎部(4), (1977. 5), "국어순화자료 2".

南廣祐(17), (1977. 8), "國語敎育問題 管見", 「發音硏究」 15・16호, pp.46~52. (1980. 2), 「國語國字論集」, pp.1~35 再錄, 一潮閣.

文敎部(5), (1977. 8), "장학자료 26(생활용어 순화자료)".

李秉根(2), (1978), "國語의 長母音化와 報償性", 「國語學」 6호, pp.1~28.

南廣祐(18), (1978. 10), 서울말의 發音傾向과 표준말의 問題點", 「語文硏究」 20호, pp.209~220.

文敎部(6), (1978. 12), "표준말 재사정 시안 보고".

文敎部(7), (1978. 12), "한글 맞춤법 개정 시안 보고서".

文敎部(8), (1978. 12), "외래어 표기법 개정 시안 보고서".

文敎部(9), (1978. 12), "국어의 로마자 표기법 개정 시안".

南廣祐(19), (1979. 6), "서울말의 發音傾向과 표준말 再査定試案의 問題點", 「國語의 醇化와 敎育」, 韓國精神文化硏究院, pp.205~283. (1980. 2), 「國語國字論集」, pp.62~128 再錄, 一潮閣.

兪萬根(4), (1980), "外來語 受容方式에 대한 考察 —英・佛・中・日의 例를 중심으로", 「語學硏究」 16권 1호, 서울大語學硏究所.

俞萬根(5), (1980), "外來語 歸化政策論—目下 外來語 原音 追從主義에 대한 評價와 代案", 「同大論叢」 10輯, 同德女大.

俞萬根(6), (1980), "새로운 「標準韓國語 基本音節表」案", 「語學研究」 8권 4호, 一潮閣.

南廣祐(20), (1980. 10), "標準發音의 檢討—지나친 規制를 止揚하고 現實發音을 尊重하는 方向으로—", 「語文研究」 27호, pp.290~307.

李喆洙 (2), (1980. 10), "표준말의 發音表示", 「語文研究」 27호, pp.320~330. 一潮閣.

俞萬根(7), (1981), "표준말 發音指導를 위한 表記—서울말 別途表記를 곁들여서", 「語文研究」 9권 3·4호, 一潮閣.

李炫馥(9), (1981), "/의/의 표준발음", 「말소리」 2호, 대한음성학회.

Samuel E. Martin(1), (1951), "Korean Phonemics", *Language* 27, pp.519~533.

John S. Kenyon, Thomas A. Knott, (1953), *A Pronouncing Dictionary of American English.*

Samuel E. Martin(2), (1954), *Korean Morphophonemics.*

Samuel E. Martin(3), (1963), *Korean Reference Grammar.*

Samuel E. Martin, Yang-Ha Lee, and Sung-Un Chang, (1967), *A Korean-English Dictionary*, New Haven.

Samuel E. Martin(4), (1968), "Korean Standardization: Problems, Observation, and Suggestion".

Hiroyuki Umeda, (1971), *A Classified Dictionary of Modern Korean*, Institute for the study of Languages and Cultures of Asia and Africa, Tokyo Gaikokugo Daigaku.

Ladislav Zgusta, (1971), Manual of Lexicography, Mouton.

Daniel Jones, (1972), *English Pronouncing Dictionary*, (Reprinted with correction, 13th).

Samuel Noory, (1974), *Dictionary of Pronounciation.*

〈『國語醇化와 語文政策에 관한 研究』語文研究室 研究結果 報告書, 精神文化研究院, 1981.〉

國語醇化의 具體的 實踐方案에 관한 研究[1)]

序

研究의 必要性

國語醇化문제는 民族精神과 直結되고 國民의 一體感을 갖게 하며 國民의 主體意識과 올바른 國民像 定立에 礎石이 되는 것으로 國籍 있는 教育을 함에 있어 중요한 몫을 차지하는 것이라고 생각한다.

日帝植民地의 殘滓와 外來風潮의 氾濫으로 사라져가는 民族精神을 바로잡고 바른 言語生活을 통하여 國民總和와 國力培養에 힘써야 하는 現時點에 가장 緊要한 일의 하나가 國語醇化라고 할 것이다.

研究의 目的

國語醇化를 가로막는 要因을 分析檢討함으로써 標準國語確立 및 外來語 濫用防止를 통한 國語醇化의 基本原則을 定立하고 實踐을 위한 具體的 方案을 提示하려 한다.

---

1) 이 논문은 南廣祐, 洪寶業, 尹明求가 共同研究한 것이다.

假說의 設定

國語醇化의 沮害要因은 言語內的 要因과 言語外的 要因이 있는 바, 兩者를 충분히 考慮한 具體的 實踐方案의 提示를 통해서만 國語醇化는 이루어질 수 있을 것이다. 먼저 言語內的 要因으로서 國語內的 要因(漢字語, 標準發音문제, 隱語, 卑俗語, 方言, 敬語法 등)과 國語外的 要因(日語殘滓, 西歐系外來語使用 및 代替 등)을 검토하고 資料分析을 통해 具體的 實踐方案 作成을 행하여 이를 實行한다면 國語는 醇化될 수 있으며 國民的 一體感을 造成하는데도 크게 寄與할 것으로 생각한다.

本 硏究는 1976년도 文敎部 學術硏究助成費(35萬원)와 그 補助인 仁荷大附設 人文科學 硏究所硏究費(12萬원)에 의한 硏究임을 밝혀 사의를 표하고 아울러 다음과 같이 分擔하여 硏究, 執筆하였음도 밝혀둔다.

總說, 國語의 發音問題, 國語의 造語問題, 結論
- 南廣祐(國語國文學科 敎授)

俗語, 卑語, 隱語의 流行, 尊待語, 謙讓語의 衰退
- 尹明求(國語敎育科 專講)

外來語表記 및 代替問題
- 洪寶業(外國語敎育科 專講)

結論

Ⅰ. 總說

우리말에 漢字語가 많은 것은 널리 알려진 事實이다. 한글학회編 큰사전을 통계를 일례로 들더라도 總 164,125語 중 漢字말이 85,527이요, 순우리말은 56,115로, 漢字말이 전체의 52%인데 比해 순우리말은 불과 34%요, 나머지는 方言·古語·吏讀

등으로 漢字말이 순우리말의 1.5培強에 해당하는 것이다. 그러나 큰사전에 漢字말의 전부가 收錄되어 있는 것이 아니요, 그 實數가 얼마나 될 것인지는 推想키 어려운 형편이다. 국어대사전(李熙昇 편)엔 總23萬 單語가 실려 있다 하는 바, 순우리말 增加에 比해 漢字말과 外來語가 두드러지게 많이 收錄되어 있으므로 漢字말은 13萬單語 以上으로 推算된다.

그것은 漢字 輸入의 역사가 2千年 이상임이 틀림없을 것임에 比해 한글創制는 5百餘年 前으로 한글 創制 以前에는 주로 漢字借用의 時代였으므로 더 말할 것도 없거니와 한글創制 후에도 여러 가지 與件으로 中國産 漢字말에 國産 漢字말이 계속 늘어났기 때문인 것이다.

그러면 여기서 말하는 여러 가지 與件이란 무엇인가. 하나는 漢字말을 써야 有識하다, 점잖다라는 意識이 작용된 一面이 있을 것이고(吾等・玆에・年齒・春秋・咸氏・阮丈・化粧室・大小便) 다른 하나는 漢字가 지니고 있는 長點, 즉 그 表意性에서 오는 造語力・縮約力(아우누이남진→妹夫, 아비동생누이남진→姑母夫, 어미계집동생의 남진→姨母夫, 어미오라비 계집→外叔母, 녀름지슬아비→農夫) 등을 이용한 점이라 하겠다. 또 概念의 分化(아ᄌᆞ미→아주머니, 叔母, 堂叔母, 再堂叔母, 姑母, 姨母, 兄嫂, 從嫂…, 아ᄉᆞᆷ・아ᄋᆞᆷ-親・族・戚・家族・堂內・一家・親族・親戚・宗親……, 큰 사람(大人・巨人・偉人・成人)에서 온 一面도 있다. 이것은 한글創制 後에도 계속 되었다.

그런데 日帝 下에 日本産 漢字말이나, 日語까지 침투하고 한편 日本을 통한 外來語가 들어왔는데 해방 후에는 西歐系 外來語(혹은 外國語)가 洪水처럼 밀어닥쳐 걷잡을 수 없는 형편이다.

거기에다 解放, 6・25동란, 잇단 데모 事態 등으로 우리말은 거칠어질 대로 거칠어졌을 뿐 아니라 恭待法은 무너져가고 漢字聲調에 대한 認識不足으로 發音이 문란해졌으며 한글 專用敎育이 半文盲을 量産했음은 周知의 事實이지만 漢字無識으로 엉뚱하게 漢字말이 誤用되는가 하면 辱說, 隱語, 卑俗語 등이 亂舞하게 되었다.

이러한 現況下에서 外來語 氾濫 등 國語醇化의 沮害要因을 分析해 보면 다음과 같다.

1. 과거 오랜 漢字借用의 歷史에서 어려운 漢字말을 써야 識者인 체 할 수 있다는 생각이 있었고, 해방 후에는 영어를 <아는 체>해야 知識人인 체 할 수 있다는 <지각없는> 層이 있다.

2. 해방 직후 국어 淨化운동으로 日語의 찌꺼기나 漢字말 몰아내기 운동이 전개되어 얼마간의 實效를 거둔 일이 있다.

그러나 억지造語에 의한 新語濫造는 오히려 言衆의 外面으로 共感을 얻지 못한 채 失敗했으며 그나마 西歐系 外來語에 대해서는 거의 放置狀態에 있었다.

3. 漢字말을 쓸 바에야 西歐系 外來語도 무방하다는 思考方式에서 새 漢字造語는 안 했으므로 西歐系 外來語가 불어났다고 볼 수 있다.

4. 적당한 우리말로 바꾸려 해도 우리말이 多音節語인 까닭에 音節이 늘어나고 傳統的 造語法을 모름으로 해서 新語 만들어내는 言衆의 힘은 微弱하다.

5. 外國語에 能한 젊은이들은 漢字知識이 모자라(?) 漢字에 의한 새 造語가 어려울 뿐 아니라 이것을 忌避하는 풍조마저 있어 學術用語 등 原語 그대로 쓰는 경향이 아닌가 한다.

6. 恭待語를 쓰는 것은 非民主的이거나 封建殘滓 정도로 생각하는 풍조, 즉 my나 you로 통하는 西歐的 思考方式의 보급으로 傳統的 恭待法이 무너져 가는 것이 아닌가 한다.

7. 政府기관 등에서 <綠地帶>를 <그린벨트>, <국제조사, 인구조사> 하던 것을 <센서스>, <전국 소년 체육대회>해도 될 것을 <전국 스포츠 소년대회>, 담배 이름을 <SUN>, <食堂車>하던 것을 <사롱카>로 하는 등이 外來語를 즐겨 쓰는 氣風을 助長(?)했다고 볼 수 있다.[2)]

以上 우리말의 現況이나 國語醇化의 沮害要因 등에서 國語醇化의 對象은 대체로 드러난 것으로 생각한다.
項目別로 槪論하면 다음과 같다.

1. 西歐系 外來語와 日語殘滓

1. 순우리말이나 漢字말이 있는데 굳이 西歐系 外來語나 日語를 쓸 까닭이 없다.

通俗劇(멜러 드라머) 製作陣(스타프) 出演陣(캐스트) 學術會議(심포지움) 娛樂(레크레이션) 後援者・廣告主(스폰서) 化粧・扮裝(메이크업) 論點・爭點(이슈) 資料・情報(데이타) 舞臺(스테이지) 접시(사라) 물수건(시보리) 생선膾(사시미) 洋服감(기지) 위아래, 上下(우에시다) 깃, 옷깃(에리) 모퉁이(가도) 쟁반(오봉) 이쑤시개(요우지) 洋파(다마네기)

2. 범람하는 西歐系 外來語, 특히 生硬한 外國語나 日語의 殘滓는 되도록 순우리말이나 漢字말로 바꾸는 작업을 해보는 것은 좋은 일이다.

이 경우 새말은 簡潔 正確해야 하는 바, 傳統的 造語法에 따른 우리말化(물뿌리개・電氣꽂이개)는 바람직하나 너무 길어지는 造語(머리받기-헤딩, 길게 이어주기-롱 패스, 달리며 쏘기-러닝슛, 그물 닿기 反則-네트 터치)는 피해야 하며 漢字말을 기피하는 편협성이 止揚되어야 한다.

나는 우리 固有의 造語法이 학자에 의해 硏究되고 일반 言衆에게 보급되어 오랜 漢字借用의 歷史, 日帝 下 40년 동안의 이지러졌던 語文生活에서 잊을 수밖에 없었던 우리의 傳統的 造語

2) 76. 4. 25. 韓國語文敎育硏究會・국어국문학회・國語學會・韓國國語敎育硏究會・韓國語文學會・韓國言語文學會・震檀學會・白山學會・韓國史學會 등 9個學術團體名義의 朴正熙大統領指示 國語醇化運動支持聲明書

法을 되찾아 外的 要素에 대처하는 새말을 만들어보는 노력을 해봄직하다고 생각한다.

그러나地域防衛(존디펜스) 主戰選手(베스트 멤버) 主競技(메인 이벤트) 練習競技(스파아링) 獨白(모놀로그) 狀況(시튜에이션) 女主人公(히로인) 調和(앙상블) 滿壘(풀베이스) 對人防禦(맨투맨 티펜스) 討論(디스커션) 指導(가이던스) 和解(데탕트) 要點(키이포인트) 國粹主義(쇼비니즘) 事前敎育(오리엔테이션) 道德心·道義心(모럴) 比率(퍼센티지) 敎科課程(커리큘럼) 禮拜(채플) 權威(오오도리티) 委員會(커미티) 世代(제네레이션) 등에서 볼 수 있듯이 과거 漢字말로써 오던 것들이 西歐系 外來語로 뒤바뀌어 가는 趨勢에 있는 것이 아닌가 하는데 國語醇化의 方向으로 지나친 西歐系 外來語의 범람을 막는 것을 생각하는 것이라면 漢字語를 더 親熟하게 생각해서 되찾아 쓰는 방향의 노력이 필요하다고 생각한다.

필자 個人의 생각으론 이미 西歐系 外來語 使用의 比率이 훨씬 높은 것으로 알려진[3] 救急車(앰브런스) 競爭者(라이벌) 構成員(멤버) 賞與金(보너스) 色彩(칼라) 暗示(힌트) 外販員(세일즈맨) 月給쟁이(샐러리맨) 運動競技(스포오츠) 衝擊(쇼크) 등도 漢字말 쪽을 쓰도록 권장했으면 하는 것이다.

뿐이 아니라 새로 늘어나는 西歐系 外來語를 다 막아낼 수는 없겠고 또 그렇게까지 폐쇄적일 것은 없을지 모르나 '슈우퍼마아켓'을 '(現代式)連鎖店', '바아겐세일'을 '大廉賣', '인터체이지'를 '立體交叉路', '라이트디렉터'를 '照明(擔當)者'와 같이 쓸 수 없을 것인지, 필자 개인의 所見으로는 이 경우에 있어서도 言衆이 西歐系 外來語보다는 漢字말을 더 친숙하게 생각해서 써 주었으면 좋겠다고 생각하는 것이다.

결국 漢字의 視覺性 造語力 縮約力 등, 그 長點을 이용하는 造語가 外來語(西歐系, 日語系)를 막아내는 힘이며, 이 힘은 앞

---

3) 韓國國語敎育硏究會編, 「國語醇化의 方案과 實踐資料」, 世運文化社刊, 1976. 6. 25. p.194.

으로도 外的 要素에 對處하는데 이용하는 것이 賢明하다고 생각한다.

2. 漢字말

우리의 太半이 漢字語요, 그리고도 脊椎와 같은 存在임은 엄연한 현실로 否認할 도리가 없다. 또한 漢字말은 使用의 歷史, 固有의 漢字音('人'은 우리나라에서만 '인', '學'은 우리나라에서만 '학'으로 읽힌다. 中國이나 日本에선 그 發音이 각각 다르다), 同化度로 보거나 國産漢字語(우리나라에서 만들어진 漢字말, 지금 우리나라에서 쓰이고 있는 것에는 古代로 치켜 올라갈수록 中國産漢字말이 많이 흘러 들어왔을 것이고 甲午更張 후 日本 세력의 침투와 더불어 日本産漢字말이 들어왔는데 이것은 현재도 계속되고 있는 實情이다. 통계자료를 가지고 있는 것은 아니나 두 系列의 漢字말보다는 우리나라에서 만들어진 漢字말, 즉 國産漢字語가 많은 것이 아닌가 한다)가 많은 점 등으로 보아 다른 外來語와는 달라 借用語 또는 歸化語로 부르고도 있지만 그 특수성을 몰각할 것이 아니다. 그런데 한글專用을 前提로 漢字말을 순우리말로 바꿔 쓰려는 노력은 해방 직후부터 있어온 터다. 하기야 순우리말을 써서 좋을 자리에 군이 漢字말을 써야 할 이유는 없다.

'싼값'이면 될 것을 '低廉한 價格', '봄철'을 '春季', '손금'을 '掌紋'할 것은 없다. 우리는 되도록 순우리말을 愛用하겠다는 정신을 가지는 것은 좋은 일이라 생각한다. 다만 너무 漢字말을 기피하는 나머지 억지를 부려서는 안된다고 생각한다.[4)]

'展示會'를 '널어보임회', '士氣'를 '군대기운', '胃'를 '밥통'으로 하려던 일의 再版은 있어서는 안되리라고 생각한다.

우리가 獨立宣言書의 '吾等은 玆에'와 같은 글과 오늘날의 각종 신문・잡지에 쓰이는 글을 비교해 보면 어려운 漢字말이 줄

---

4) 拙著, 「改訂版 現代國語國字의 諸問題」 Ⅷ 우리말 開發問題 ③우리말 造語와 漢字語 문제, 一潮閣刊, 1973. 3. 5. pp.187~188.

어든 것이 사실이다. 이것은 한글專用政策에서 온 一面도 있겠지마는 결국 言衆의 자각에 의한 一面도 있을 것으로 본다. 하여튼 어려운 漢字말이 줄어들게 되는 것은 자연의 趨勢이기도 하고 어려운 漢字말을 줄이는 노력이 필요하다고 생각되기도 하지만 오늘날의 語文生活에서 말이 늘어나게 마련이고 새로 늘어나는 말의 比率로 보면 순우리말이나 外來語에 比해서 漢字말이 더 늘어난 것이 엄연한 사실이다.

그것은 總23萬 單語가 실려 있다는 국어대사전(民衆書館)에 漢字말이 13萬 單語 以上으로 推算되는 바 한글학회의 큰 사전의 漢字말 數 8萬餘에 比해 約 5萬 單語가 늘어나 있다는 사실로 충분히 뒷받침된다.

開途國, 公傷者, 公害, 落塵, 冷戰, 錄畵, 微震, 反體制, 盛需品, 市販, 連覇, 重化學, 震度, 航進, 核家族 등이 모두 큰사전 이후의 所産인데 결국 漢字말일 수밖에 없는 것들이 아닌가 하여 필요한 漢字말은 앞으로도 生産해서 써야 할 것이다.

漢字말 문제에서 생각해야 될 것들이 더 있다. 순일본식 漢字말을 우리식 漢字말로 바꿔 쓰는 노력이 해방 직후 있었으나 오늘날 鈍化된 듯한 느낌을 받는데 이 노력이 뜻있는 人士나 단체에 의해 계속되어야 할 것이다.

船着場 → 着船場 賣出 → 特賣 行先地 → 目的地

한편 현저히 低下된 漢字知識으로 말의 뜻을 제대로 모른 채 漢字말이 誤用되는 事例가 많음에 비추어 漢字의 音이나 訓의 教育을 철저히 하여 漢字말(발음이나 뜻)을 옳게 쓰도록 노력하는 것도 醇化의 一面이라 하겠다.

多多益善 …모든 善한 것이란 모두 익혀라.
我田引水 …밭과 논을 인계받는 것.
자기 밭을 물 속에 넣는다.
事必歸正 …스승과 제자의 정.
사정할 수 없이 따라야 한다.
선비는 반드시 정치로 돌아와야 한다.
難兄難弟 …형제가 다 못 살아 사이가 좋지 않다.
헤어지 형과 헤어진 동생.
明若觀火 …쓴 약일수록 효과가 있다.
밝게 된 작약은 불과 같이 보인다.
一石二鳥 …이틀 아침과 하루 저녁. 아침과 저녁이 다르다.
사람의 마음이 잘 변한다는 것. 아침 저녁으로 바뀐다.

以上은 大學生의 國語(漢字語) 實力調査 報告書 (73.4.20 서울新聞會館報告會)에서 뽑은 것인데 全國大學生(12개 大學)을 상대로 시행한 '漢字말의 뜻풀이'에 나타난 奇答 몇을 들어 소개한 것이다.

大學豫試를 거쳐 各大學에 入學한 學生들의 漢字實力이 低調함은 다음의 實證으로 분명하다.

72年 4月 劉鳳榮 文公委員 主管下에 서울大, 延大, 高大, 慶北大 등 全國 12개 大學生의 國語(漢字語) 實力을 調査한 바 있다. 이 調査를 위해 그 出題와 監督, 採點, 統計, 分析 등에 20餘名의 敎授가 動員되었으며 1個月 餘의 시일이 所要되었다.

문제는 日常生活에 자주 쓰이는 漢字熟語를 비롯하여 敎育憲章, 倫理, 哲學, 經濟用語, 古典小說에 나타나는 말 등 25개와, 日刊新聞記事, 거리의 看板, 揭示物 또는 新聞廣告 등에 나타난 말 25개였다.

「1.多多益善(다다익선) 2.我田引水(아전인수) 3.事必歸正(사필귀정) 4.難兄難弟(난형난제) 5.明若觀火(명약관화) 11.古稀紀念(고희기념) 20.堂叔(당숙) 25.獨寡占(독과점)」 등이 前者(가紙)의

例이고,

「1.신석기시대 각화(刻畵)가 말하는 것 3.군원(軍援)차질 6.새마을 서정(庶政) 개혁령 7.건각(健脚) 총출전 팽팽한 대결 23.×× 여인숙(旅人宿) 25.신주(新株) 배정기준일 공고」 등은 後者(나紙)의 例이다.

이런 시험문제를 가지고 순한글紙(A)와 國漢混用紙(B)의 두 가지로 순한글紙는 漢字쓰기와 뜻풀이를, 國漢混用紙는 뜻풀이만을 요구하였다.

調査對象者인 大學 1學年은 국어교과서의 경우, 國4~國6<括弧안 漢字>, 中1~高1<漢字露出>, 高2·3 <순한글>교과서로 교육을 받았으며, 大學4年生은 國4~中3<括弧안 漢字>, 高1~高3<漢字露出>교과서로 교육을 받았으므로 한글專用 방향의 교육이라고는 하지만 절름발이式으로나마 漢字교육을 받은 것이라 하겠다.

試驗은 다음과 같은 統計分析 결과를 보였다.

1. 成績이 低調하다(괄호안 숫자는 점수)

A. 가紙 다다익선 ~ 독과점
漢字쓰기 (34) 뜻풀이 (33.8)

뜻풀이의 경우, 36점 以下(25問 中 9問 以下 正答)가 872名 中 517名, 80점 以上(25問 中 20問 中 正答)은 872名 中 16名이었다.

A. 나紙 각화 ~ 신주
漢字쓰기(21.6) 뜻풀이(15.8)

뜻풀이의 경우, 36점 以下가 849名 中 721名 특히 16점 以下가 504名, 80점 以上은 849名 中 7名이다. 過半數 맞은 것은 「선사문화」 1問뿐이요, 1/4未滿 맞춘 것이 25問 中 22問이다.

A. 가나紙
漢字쓰기(27.8) 뜻풀이(24.8)

2. 國漢混用紙(45.1)보다 순한글紙(24.8)가 더 低調하다.

3. 同學年끼리의 成績에 있어서 「國漢混用紙」의 경우는 나紙보다 가紙가 優勢하다.

	國漢混用紙	순한글紙
가紙(漢字熟語 등)	43.6	33.8
나紙(看板이름 등)	46.5	15.8

4. 같은 問題끼리의 成績은 上級班이 낫다. 그러나 1學年의 「國漢混用紙」의 成績(44.8)이 3·4學年의 「순한글 紙」(29.3) 보다 낫다.

5. 漢字쓰기 成績은 平均 27.8이다.

以上 統計가 보이는 低調한 成績은 漢字音의 母胎가 되는 漢字疎外의 한글專用方向 교육이 빚은 결과다.

이렇게 漢字語 理解度가 낮은 世代에 그 漢字語의 發音에 있어 長短구별의 正確을 요구하기는 어렵다.

같은 '가' 發音의 漢字말이라도 '家庭, 家族'의 '家'는 짧게 발음되고 '可決, 可能'의 '可'는 길게 발음된다는 사실이나 또 같은 '將'字라도 '將次, 將來'의 '將'은 짧게 발음이 되고 '將兵, 將校'의 '將'은 길게 발음이 된다. 즉 뜻에 따라 그 長短이 다르기도 하고 또 같은 뜻이라도 慣用에 따라 例컨대 '將軍'의 '將'은 '將兵, 將校'의 '將'과 같은 뜻이지마는 이들과는 달리 짧게 발음이 되는 것이다.

한편 같은 表記인 '대가'라도 '大家'의 '家'는 예사소리지마는

'代價'의 '價'는 된소리 발음이다. 즉 '喪家, 絕佳, 市街, 許可, 軍歌, 添加, 眞假, 書架, 休暇'의 '가'는 一切가 예사소리지마는 '高價, 米價, 安價, 物價, 減價, 定價'의 '價'는 모두가 된소리 發音이다.

이와 같은 發音문제에 대해서는 別論하겠으므로 줄이기로 하지마는 이 발음문제 또한 國語醇化의 對象으로 浮刻되어야 할 것임은 물론이다.

3. 表記法 語法

表記法 語法面에서 國語醇化의 對象을 찾아야 하겠다.
거리의 看板, 신문·잡지에 실리는 廣告文案, 그 밖의 公私文書 등에서 우리는 許多하게 틀리는 맞춤법이나 外來語표기를 볼 수 있고, 外國人名·地名의 表記에 있어서도 敎科書와 新聞雜誌가 다른가 하면 新聞마다 각각 다른 實態이므로 맞춤법이나 外來語 표기법에 문제점이 있다면 改定을 해서라도 모든 국민이 쉽고도 틀리지 않게 그리고도 合理的인 것으로 해서 올바른 語文生活을 할 수 있도록 해야 하겠다.

한편 우리가 신문·잡지를 읽거나 혹은 라디오나 텔레비전 放送을 視聽함에 있어 語法(敬語法 포함)에 어긋나는 文章이나 말을 듣기도 하고 보게도 되는데 具體 例는 略하기로 한다.
敬語法·語法, 表記法, 姓名問題 등 문제에 대해서는 別論[5]한 바 있으므로 그리 미룬다.

Ⅱ. 國語의 發音問題

國語의 發音問題에 대해서는 순우리말이나 漢字말에 관해 이미 몇 편의 論文을 쓴 바 있다.[6]

---

5) 拙稿, 「國語醇化運動의 實踐方案」, 民族文化硏究, 第11號(高大民硏).

오늘날 학교교육에서 이 발음문제가 소홀히 다루어지고 있는 것이 아닌가 하는데 그것은 매우 유감스러운 일이 아닐 수 없다.

학교교육에 있어 마땅히 올바른 發音教育의 노력이 있어야 되고 國語醇化라는 面에서도 이 문제는 크게 浮刻되어야 할 문제다.

本稿에서는 과거의 研究를 整理해서 국어醇化의 實踐資料를 제공하고자 한다.

1. 순 우리말의 長短音에 대하여

(1) 體言中 單音節語나 多音節語의 첫 音節이 中世語文獻에 上聲點(:)이 찍혔던 것으로 오늘날 長音으로 발음되는 것에는 다음과 같은 것들이 있다.

(-표는 語頭가 長母音임)

가(邊) 까치 거머리 거짓 게(蟹) 계집 곰(熊) 굴(堗) 굼벵이 길(身長大) 깁(絹) 낱(箇) 내(川) 너새(鴇) 널(板) 넷(四) 달(葮) 도끼(斧) 돈(錢) 돌(石) 되(戎) 둘(二) 뒤(後) 말 말씀(言) 밀(蠟) 박쥐 발(簾) 밤(栗) 벌(蜂) 범(虎) 벗(友) 비단(綵) 새(鳥) 샘(泉) 섣달 설(歲首) 섬(島) 제이레 셋(三) 조경 속(裏) 솔(刷子) 숨(息) 쉰(五十) 시내(溪) 실(絲) 안개(霧) 엄니(牙齒) 열쇠 옴(疥) 움(芽) 일(事) 임금 임자 잣(松實) 제비 종(奴) 주변(自由) 줄(鑪) 중(僧) 짓(行貌) 채(반찬의 하나) 헝겊 헌데(瘡)

---

6) 拙稿, 長短音攷, 국어국문학 12·13호, 「國語學論文集」, 再錄, 一潮閣, 1954. 11. 15. pp.255~276.

拙稿, 韓國에서의 漢字音聲調變遷研究 - 一常用漢字를 중심으로, 「現代國語國字의 諸問題」, 一潮閣, 1970. 5. 30. pp.191~322.

拙稿, 國語辭典의 分析研究 - 큰사전의 長短音表示를 중심으로, 「改訂現代國語國字의 諸問題」, 一潮閣, 1973. 3. 5. pp.283~304.

拙稿, 基礎漢字의 긴소리 된소리 研究, 「語文研究」 3~10輯, 1974. 5~1975. 12.

이들 體言(單音節)에 토가 붙어 添用(曲用)될 때에도 긴소리는 바뀌지 않는다. 즉 "-이, -은, -을, -으로, -에, -의"와 같은 母音으로 시작되는 토나 "-과, -도"와 같은 子音으로 시작되는 토나 간에 그 위에서 體言의 長母音은 유지된다는 것이다. 이 또한 中世語文獻에서부터 보여주는 사실이므로 이 또한 歷史的인 것이라 하겠다.

(2) 中世語文獻에서 用言語幹(1音節)에 上聲點이 찍힌 것으로 오늘날 그 語幹母音이 길게 발음되는 것에는 다음과 같은 것이 있다.

개다(晴) 꿰다(貫) 괴다(釘) 메다(擔, 塡) 새다(曙) 세다(强) 세다(白) 쐬다(熏) 쉬다(休, 饐) 재다(敏) 쥐다(握) 작다(小) 적다(少) 굵다(太) 신다(履) 안다(抱) 많다(多) 걷다(步) 긷다(汲) 눋다(焦) 묻다(問) 얻다(得) 갈다(耕) 걸다(掛,肥) 길다(長) 놀다(遊) 덜다(減) 떨다(拂) 떫다(澁) 돌다(廻) 말다(休) 멀다(遠,盲) 몰다(驅) 묻다(徵) 밀다(推) 벌다(列) 불다(吹, 吹奏) 빌다(祈) 살다(生) 설다(未熟) 섧다(哀) 알다(知) 얼다(氷) 열다(開) 엷다(薄) 울다(泣) 일다(淘) 일다(起) 절다(跛) 헐다(毁) 감다(捲) 검다(黑) 넘다(越) 담다(盛) 삼다(爲) 곱다(麗) 굽다(炙) 깁다(補) 덥다(暑) 돕다(助) 밟다(履) 쉽다(易) 없다(無) 웃다(笑) 잇다(繼) 젓다(攪) 짓다(作) 좋다(好)

(3) 音節이 縮約되어 長母音으로 된 것에는 다음과 같은 것들이 있다.

뱀(ᄇᆞ얌 蛇) 들(드르 野) 둘(途孛 두블) 개(가히 犬) 감(ᄀᆞᅀᆞᆷ 材料) 솜(소옴 綿) 쐐기(쇠야기 楔) 졸음(ᄌᆞ오롬 眠) 김(기ᅀᅳᆷ 耘) ……ㄱ

맘(ᄆᆞᅀᆞᆷ>마음心) 새(ᄉᆞᅀᅵ>사이間) 첨(처ᅀᅥᆷ>처음初) 갈(ᄀᆞᅀᆞᆯ>가을秋) 골(ᄀᆞ올>고을郡) 말(ᄆᆞᅀᆞᆯ>마을村) ……ㄴ

등에서 ㄱ은 縮約이 固定되어 표준말이 되어버린 것이고, ㄴ은 略

語로서 發音될 때에는 長音으로 되는 것들이다.

베다(버히다 伐) 괴다(고이다 溜) 대다(닿이다 接) 내다(나이다 出) 재다(자이다 寢) ……ㄱ

뇌다(놓이다 放念) 뉘다(누이다, 눕히다 臥) 뫼다(모이다 集) 뵈다(보이다 見) 쐬다(쏘이다 去風) 외다(오이다, 외우다 誦) ……ㄴ

등에서 ㄱ은 縮約이 固定化한 것이고 ㄴ은 略語로 쓰일 경우에 長音으로 되는 것이다

(4) 用言語幹의 終聲(받침소리)과 그 語幹母音의 長短의 相關관계는 다음과 같다.

① [k] 終聲을 가지는 語幹母音은 원칙적으로 短音이다.

ㄱ 녹다 눅다 막다 먹다 묵다(宿, 陳) 박다 삭다 속다(瞞) 숙다(垂頭) 식다 익다(熟) 죽다 찍다.
※적다 작다는 例外
ㄲ 깎다 꺾다 겪다 낚다 닦다 묶다 볶다 섞다 솎다 엮다
ㄺ 긁다 낡다 늙다 맑다 묽다 밝다 붉다 얽다 읽다
※"굵다"는 例外

② [t] [p] 終聲으로 발음되는 用言의 語幹(單音節) 母音은 變則用言을 제외하고 원칙적으로 短音으로 발음된다.

ㄷ 걷다(捲, 收) 곧다(直) 굳다(固) 닫다(閉) 돋다(昇) 묻다(染, 埋) 믿다(信) 받다(受) 벋다(延) 뻗다(伸) 쏟다(瀉)
ㅌ 같다(同) 맡다(任, 嗅) 붙다(附) 흩다(散)
ㅅ 벗다(脫) 빗다(梳) 솟다(湧) 씻다(洗)
ㅆ 있다 -았다 -었다 -겠다
ㅈ 꽂다(挿) 궂다(凶) 낮다(低) 늦다(遲) 맞다(適, 逢, 被打) 빚다

(釀) 잊다(忘) 잦다(頻, 涸) 젖다(濕) 찾다(尋)
ㅊ 좇다(從) 쫓다(逐)
ㅂ 곱다(屈曲) 꼽다(屈指 굽다(曲) 뽑다(選,拔) 씹다(咀) 업다(負) 입다(被) 잡다(捕) 접다(折) 좁다(狹) 집다(拾)
※"없다(無)"는 例外, 中世語文獻에 上聲點
ㅍ 갚다(報) 깊다(深) 높다(高) 덮다(覆) 짚다(杖)
ㄿ 읊다(詠)

이들 받침을 가진 規則用語 中 그 語幹母音이 길게 발음되는 것은 다음과 같다.

ㄷ 얻다(得)……中世語文獻에 上聲點
ㅅ 웃다(笑)……中世語文獻에 上聲點으로 變則活用하던 것
ㄼ 밟다(履)……中世語文獻에 上聲點으로 變則活用하던 것인데 오늘날 規則活用하는 것으로 子音語尾 위에서만 그 語幹이 긴소리로 발음된다.

ㄷ·ㅅ·ㅂ 變則用言의 語幹母音은 子音語尾 위에서 대체로 長音인 경향이 있는데 다음과 같다.

ㄷ 걷다(步) 겯다(編) 긷다(汲) 눋다(焦) 묻다(問) 붇다(殖) 싣다(載)
※ "닫다(走) 듣다(聞)" 例外
ㅅ 긋다(劃) 낫다(癒, 勝) 붓다(注, 脹) 잇다(繼) 잣다(紡) 젓다(攪拌) 짓다(作)
ㅂ 겹다(不勝) 곱다(麗) 굽다(炙) 깁다(補) 눕다(臥) 덥다(暑) 돕다(助) 쉽다(易) 줍다(拾)
※ "맵다(辛) 밉다(憎) 춥다(寒)" 例外

③ 〔m〕 終聲을 가진 用言의 語幹母音은 원칙적으로 子音語尾 위에서 長音으로 발음된다.

ㅁ 감다(黑・閉眼・洗髮・捲) 깜다, 검다. 껌다, 남다, 넘다, 담다, 뽐다, 삼다(爲, 編), 숨다, 참다, 품다
ㄻ 곪다, 굶다, 닮다, 옮다, 젊다, 짊다.

④ 〔l〕 終聲을 가진 用言의 語幹母音은 子音語尾 위에서 長短 두 가지로 발음되는 것이 각각 상당수 있으나 長音으로 발음되는 쪽이 많다.

長音例 : 갈다(耕, 磨, 替) 걸다(掛, 肥) 골다(鼾) 괄다(過激) 굴다(行勢) 끌다(牽) 길다(長) 널다(擴) 놀다 달다(焦念) 덜다(減) 떨다(顫) 돌다(廻) 말다(休) 멀다(遠, 眼盲) 몰다(驅) 물다(賠償) 밀다 벌다(取得) 불다 빌다 살다 설다 썰다 솔다 알다 얼다 열다 울다 일다 절다(跛) 졸다(眠) 줄다(縮) 털다 헐다(毁)

短音例 : 깔다 날다 늘다 달다(甘, 秤) 말다(捲·국에) 물다(嚙) 빨다 쓸다 잘다(細小) 질다 팔다 풀다.

但 "ㄾ, ㅀ" 받침을 가진 用言의 語幹母音은 모두 短音으로 발음된다.

ㄾ 핥다, 훑다
ㅀ 곯다 꿇다 끓다 닳다 뚫다 싫다 앓다 옳다 잃다

그러나"ㄼ"받침을 가진 用言의 語幹母音은 長短 두 가지로 발음되는 것이 있다.

長音例 : 떫다 섧다 엷다

"섧다, 엷다"는 中世語文獻에 上聲點으로 變則活用하던 것이다.

短音例 : 넓다 얇다 짧다

⑤ 〔n〕 終聲을 가진 用言의 語幹母音은 다음과 같이 발음된다.

ㄴ… 신다(履) 안다(抱) …長音

ㄵ… 앉다 얹다 … 短音

ㄶ… 끊다 끓다 … 短音

※ "많다"는 例外

⑥ 以上에서 보면 無聲子音인 〔k〕 〔t〕 〔p〕 終聲을 가진 用言의 語幹은 短音으로 발음되는 경향이 있는데 다만 變則活用(ㄷ,ㅅ,ㅂ)과 强調·誇張을 필요로 하는 말 (작다 적다<少> 굵다 없다 많다 등)의 語幹母音은 長音으로 발음되는 경향이 있는 듯하다.

有聲子音인 〔m〕 〔n〕 〔l〕 終聲을 가진 用言의 語幹母音은 子音語尾 위에서 長音으로 발음되는 傾向이 있는 듯하나 다만 代表音이 〔n〕 〔l〕 과 겹받침의 경우는 短音으로 발음되는 경향이 있는 듯하다.

ㄵ, ㄶ, ㄺ(맑게, 얽고…) ㄼ(넓다 얇다 짧다) ㄾ, ㄿ, ㅀ

⑦ 用言의 活用과 長短音 관계는 다음과 같다.

㉠ 돕다 말다(休) 멀다(遠 , 眼盲) 밀다 살다 쉽다 알다 열다 옮다 울다 잇다(←닛다, 繼) 짓다.

들은 中世語文獻에 있어서는 母音語尾 위에서도 각각 그 語幹母音이 長音으로 발음되던 것인 듯하여 모두 上聲點이 찍혀 있다(例省略)

그러나 이들은 오늘날에 와서는 子音語尾(-게, -고, -지, -더니, -세, -자, -니, -네, -는, -소 등) 위에서는 如前히 長音이지마는 母音語尾(-어(-아)라, -어(-아)서, -으니, -으면, -은, -을 등) 위에서는 短音化하며 被動·使動詞의 경우, 그 子音 接尾辭(-리다, -리면, -리더라도, -기다, -기면, -기더라도, -기지) 위에서도 短音化 한다.

말다(休)	말고	말더니	마는	……長
	말아서	말아라	말리다	……短
옮다(移)	옮고	옮더니	옮는	……長
	옮아서	옮아라	옮기다	……短

使動詞·被動詞의 경우, 그 原動詞 語幹母音이 長音일지라도 그 接尾辭 위에서 短音化하는 것은 中世語文獻에 이미 그런 實例를 보이고 있다.

사̊ᄅᆞ·샤(살리시어 龍歌 7章)
옮̊·길씨오(月釋序 23)

㉡ 用言의 語幹母音이 子音語尾 위에서는 長音이지마는 母音語尾 위에서나 被動·使動詞의 接尾辭(子音이나 母音이나를 가리지 않음) 위에서 短音化하는 것은 上例에 限하지 않는다.

신다(履) 안다(抱)
걷다(步) 겯다(編) 긷다(汲) 눋다(焦) 묻다(問) 붇다(殖) 싣다(載)
갈다(耕,磨,替) 걸다(掛,肥) 골다(鼾) 괄다(過激) 굴다(處身) 길다(長) 널다(擴) 놀다(遊) 달다(焦面) 덜다(減) 떨다(顫) 돌다(廻) 몰다(驅, 催促) 물다(賠償) 불다(吹) 빌다(乞) 설다(半熟) 솔다(狹)
얼다(凍) 일다(起) 절다(跛) 졸다(眠) 줄다(縮)
털다(拂) 헐다(毁)
곪다(化膿) 굶다(飢) 닮다(似) 삶다(窒) 밟다(踏)
감다(捲, 閉眼, 洗髮) 검다(黑) 남다(餘) 넘다(過) 담다(入器) 삼다(爲, 編) 심다(植) 품다(懷)
겹다(不勝) 곱다(麗) 굽다(炙) 깁다(補) 눕다(臥) 덥다(署) 쉽다(易) 줍다(拾)
긋다(劃) 낫다(癒,勝) 붓다(注) 잣다(紡)

안다(抱)	안고 안더니 안는	…長
	안아서 안아라 안기다	…短
걷다(步)	걷고 걷더니 걷는	…長
	걸어서 걸어라 걸리다	…短
넘다(過)	넘고 넘더니 넘는	…長
	넘어서 넘어라 넘기다	…短

㉢ 그러나母音語尾나 被動·使動詞의 接尾辭 위에서도 短音化하지 않는 例도 있다.

끌다(引) 벌다(生隙, 作錢) 웃다(笑) 굵다(太) 넣다(入) 얻다(得) 없다(無) 작다(小) 적다(少)

끌다 끌고 끌더니 끄는 끌어서 끌리다
웃다 웃고 웃더니 웃는 웃어서 웃기다
굵다 굵고 굵더니 굵은 굵어서
없다 없고 없더니 없는 없어서

2. 漢字말의 긴소리 된소리에 대하여

필자는 "韓國에서의 漢字音聲調變遷硏究 -文敎部制定 常用漢字 1,000字를 중심으로 標準發音確立을 위한 試圖"와 그 계속작업으로 300字에 대해 追加硏究, 다시 擴大改稿作業으로 "基礎漢字의 긴소리·된소리硏究"를 한 바, 基礎漢字 1,800字와 基礎漢字 外 漢字 970字의 資料提示와 아울러 특히 聲調變化를 보인 것 등 漢字를 들어 各論하였었다.

이 各論한 바, 漢字 및 漢字語의 긴소리·된소리를 綜合結論하면 다음과 같다.

(1) 入聲漢字音 [ㄱ ㄹ ㅂ] 은 東漢音에서나 二期音에서 去聲點을 찍어 처리하였고, 現代語辭典에서도 ㄱㄹㅂ 받침을 가

진 漢字는 모두 短母音으로 처리되어 있다. 따라서 本論에서는 특별히 따로 擧論하지 않았다.

(2) 東漢音聲調와 二期音聲調를 비교한 결과는 다음과 같다.

平→平	家 歌 于 看 등	662字
去→去	旣 忌 器 諒 등	139字
上→上	可 感 講 擧 등	261字
去→上	假 蓋 劍 見 등	393字
上→去	鼓 起 豈 黨 등	96字
平→上	肝 壬 등	7字
上→平	苦 像 등	16字
平→去	團 巡 등	20字
去→平	强 庫 등	21字

東漢音聲調가 당시의 現實聲調와는 逕庭이 있었음을 지적[7] 한 바 있거니와, 그러나, 이 聲調는 中國韻書에 의거한 것이요, 漢字를 받아들였을 당시에는 그대로 消化하려 했을 것임은 틀림없을 것이다. 이와 같은 노력에도 불구하고 漢字音이 韓國化하는 過程에서 그 聲調 또한 徐徐히 변화해 갔을 것임은 두말할 것도 없다.

위 結果를 분석하여 보기로 한다.

① 平→平이 662字임에 比하여 平→上 7字, 平→去 20字로 平→上·去는 27字뿐이다. 그 平→上 7字라 함도 그 中 6字가 二期音文獻에 平聲 例로 보이는 것으로 上聲 例만 보이는 것은 '壬'字 하나 뿐이요, 平→去 20字라 함도 그 中 17字가 二期音文獻에 平聲 例도 보이는 것이고 나머지 3字 中 '國'字는 東漢音聲調가 '平·去'이므로 去→去 例일 可能性이 있으며 '標'字는 東漢音聲調가 '平·上'이므로 上→

7) 拙著, 「朝鮮(李朝)漢字音硏究 - 壬亂前 現實漢字音을 중심으로」, pp.69~174.

去 例일 可能性이 있어 '團'字하나만이 平→去로 東漢音聲調로 二期音이 去聲인 唯一例이다.

② 去→去가 139字임에 比하여 去→上 393字, 去→上·平 21字로 去→上·平은 414字나 된다. 去→去 139字 中에도 거의가 二期音文獻에 平聲 例나 上聲 例도 보이는 것이어서 去聲만의 傳統聲調를 유지한 것은 드물다는 결론이 나온다.

③ 上→上이 261字임에 比해 上→去 96字, 上→平 16字로 上→平·去는 112字다. 上→平 16字 中에도 二期文獻에서 거의가 上·去聲 例도 있어 上聲이 平聲으로만 바뀐 例는 '像'뿐이 아닌가 한다.

④ 東漢音聲調를 그대로 二期音聲調에서 유지하는 比率을 따져보면 平聲 96%, 去聲 25%, 上聲 70%로 平聲字의 聲調變化가 極少함에 比하여 去聲의 聲調 변화가 가장 심히고 특히 去→上은 72%나 된다. 다음이 上→去로 26%의 聲調변화를 보이고 있다. 이것은 前硏究[8]의 결과와 비교하여 大同小異한 것이라 하겠다.

⑤ 특히 平→上, 上→平 例는 極小하므로 上·平聲間의 聲調변화는 거의 없다 하여도 좋다.

(3) 二期音聲調와 現代語長短을 비교한 결과는 다음과 같다.

平→短	家 歌 千 看 등	657字
平→長	攻 拳 練 苗 등	38字

8) 拙著, 「現代國語國字의 諸問題」 Ⅶ. 韓國에서의 漢字音聲 調變遷硏究 <文敎部制定 常用漢字 一千字를 중심으로 標準發音確立을 위한 試圖>.

④ 東漢音聲調를 그대로 二期音聲調에서 유지하는 比率을 따져보면 平聲 95%, 去聲 20%, 上聲 72%로 平聲字의 聲調變化가 極小함에 비하여 去聲의 聲調變化가 가장 심하고 특히 去→上은 78%나 된다. 다음이 上→去로 26% 聲調변화를 보이고 있다.

去→短	鼓 己 起 旣 등	142字
去→長	個 慨 孔 硯 등	75字
上→短	犬 絹 頃 顧 등	160字
上→長	可 假 感 敢 등	504字

① 平→短이 657字임에 比하여 平→長이 38字로 全平聲字의 5%다.

② 去→短이 142字임에 比하여 去→長이 75字로 全去聲字의 35%다. 이 통계로 보면 去→長의 35%도 상당한 高率이라 하겠으나 引用例에서 보듯이 거의가 二期音文獻에 上聲 例도 보이는 것으로 二期音에서 이미 去→上으로 聲調변화를 보인 것이 대부분이라 할 수 있을 듯하다. 따라서 二期音文獻에 去聲만의 例를 보이는 것으로 現辭에 長母音으로 나타나 있는 것은 極少數에 지나지 않는 셈이 되는 것이다.

③ 平·去→短이 799字임에 比하여 平·去→長이 113字로 全 平·去聲字의 12%다. 이상의 통계로 二期音聲調 平·去聲은 대체로 現代語에서 短母音 발음이라고 결론지을 수 있다.

④ 上→長이 503字임에 比하여 上→短이 160字로 上→長은 全 上聲의 76%요, 上→短은 全 上聲의 24%로 上→長이 원칙적이라 하겠으나, 上→短이 平·去→短에 비하면 優勢를 보이고 있다.

이들 聲調變化의 傾向이나 原因에 대해서는 前研究[9]에서 論及한 바 있으나 本 研究를 통해 擴大된 資料를 가지고 再檢討해 본 것이다.

---

9) 拙著, 「朝鮮(李朝)漢字音研究」, 六. 漢字音聲調, pp.169~174.
拙著, 「現代國語國字의 諸問題」, Ⅷ. 韓國에서의 漢字音聲調變遷研究, pp.321-322.

그 중 두드러진 聲調變化의 원인으로 생각되는 두어 가지를 지적해 두고자 한다.

1. 日語發音의 影響(漢字音聲調에 대한 認識不足에서 由來한 것)으로 보이는 것.

1) 短母音化

幹(幹部) 簡(簡單) 犬 絹 固(固體) 課 貫(貫徹) 可 狗 具(具體的) 段 檀 旅 露(露骨) 味 未 敏 射(射擊) 寺(寺院) 舍 社(社長) 詐 寫 試(試驗) 審(審查) 院(院長) 委(委任) 僞 忍 刄 派(派生) 播(播種) 判(判斷) 浦(浦項) 化(化學) 話(話術) 喜(喜怒哀樂)

2) 長母音化

攻 濃(濃厚) 童(童謠) 冬(冬期) 郞(郞君) 浪(浪費) 苗 逢(逢着) 評(評判) 包(包圍) 航

2. 類推作用에서 온 것으로 보이는 것.

1) 個別的인 것

練(←鍊) 培(←倍) 低(←底 抵) 村(←寸) 途中(←道中)

2) 集團的인 것

'技 寄 棄' 등 二期音文獻에 上聲點이 찍혔던 것인데, '己 記 起 其 期 氣(上聲 例도 있으나 平·去) 幾 旣 紀 忌 旗 奇 騎 寄 祈 幾 飢 器 機' 등이 平·去→短인 절대적인 傾向에서 이들도 短母音化한 것이 아닌가 하며, 다만 '妓生'의 '妓'만이 頻用되는 까닭은 傳統聲調를 유지한 것이 아닌가 한다.

'苗'가 平→長으로 된 것은 같은 漢字音 '廟 墓 妙 卯' 등 上→長에서 理解해야 할 듯하고 이러한 것에 '肥'가 平→長으로 된 것이나, '非, 悲'가 長母音傾向이 있음은 같은 漢字

音 '比 鼻 備 批 卑 費 秘' 등 上→長에서, 彈(←歎 炭) 包 胞(←抱 飽) 航(←巷 港 抗 項) 懸(←縣 顯 現) 등도 같은 例라 하겠으며 '吹'의 平→長, '臭'의 去→長은 '取 就 醉 趣' 등 上→長의 集團 長母音의 영향이 아닐까 한다.

二期音文獻에 上聲例를 보이는 '僞 委'가 現辭에서 短母音化한 것은 '位 危 爲 僞 威 偉 圍 衛 違 胃 謂 慰'등 平·去→短의 集團 短母音의 영향이 아닌가 하며 이와 같은 것에 '乳 誘 酉'의 上→短이 '由 油 唯 幼 遊 遺 柔 猶 惟 維 儒 悠'의 集團的인 平→短의 영향이 아닐까 한다. 다만 '有'만은 頻出字여서 끈질긴 傳統聲調를 유지한 것으로 본다.

私見에 의해 **큰**이나 **국**과 달리 長短音을 표시한 것에 다음과 같은 것들이 있다.

큰·국에 長母音 표시가 있는 것을 短母音 처리로 한 것.

管理 貫通 慣例 -用 -性 巧妙 苟且 卷頭 -數 技術 -能 短距離 -縮 露骨 -出 每양 -日 放學 負袋 社會 -說 寫生 -場 勝利 -戰 愛國 -情 映畵 -寫 引見 -用 資金 -格 暫間 帳幕 -內 靜觀 -肅 -脈 -養 淨化 -書 仲介 -秋 走力 症勢 -候 鎭南浦 -靜劑 聽講 - 衆 吐하다 -露 話題 戲曲 -弄

큰·국에 短母音으로 처리한 것을 長母音 표시를 한 것.

佳人 -景 -作 -約 街道 -頭進出 架空 -設 暇隙 姦夫 -婦 -通 歸國 -家 -屬 -依 濃厚 凡夫 -例 援助 -護 姿態 -色 昌盛 -德官 離別 -婚

같은 글자가 長短 두 가지로 發音되는 漢字말에는 다음과 같은 것이 있다.

街 가 -路燈 -路樹
가: -道 -頭進出
間 간 -隔 -隙 -數
간: -接 -或 -食 -諜
肝 간 -氣 -腸
간: -臟 -膽 -要
幹 간 -部 -事 -線
간: -能('간릉부리다, 간릉스럽다'의 원말
簡 간 -單 -略 -便 -潔
간: -紙 -牒 -易
强 강 -力 -風 -權 -大
강: -制 -盜 -奪 -姦
改 개 -札 -漆
개: -良 -正 -善 -憲
景 경 -致 -氣 -況
경: -福 -慕 -品 -武臺
故 고 -로 -鄕
고: -人 -山 -事 -障
固 고 -體 -執 -辭
고: -城
考 고 -察
고: -査 -試 -古
貫 관 -徹 -鄕 -通
관: -革 -珠
怪 괴 --罔測 -常 -異 -歎
괴: -物 -變 -疾
口 구 -錢 -子湯 -文
구: -頭 -熱 -舌
具 구 -體的 -備
구: -氏
卷 권 -頭 -數 -上 -下
권: -煙(궐련)
難 난 -關 -點
난: -語 -治 -色
短 단 -點 -距離
단: -杖 -簫 -靴
唐 당 -代 -人里
당: -突
大 대 -邱 -田 -斗 -宗會
대: -將 -人 -使 -事 -端 -盛況 -發展
帶 대 -狀 -率
대: -同 -妻
冬 동 -至
동: -期 -服
童 동 -蒙先習
동: -話 -謠 -心 -顔
兩 냥 -重
량:(양:)-班 -家 -者擇一
量 량(양) -地 -減
량:(양:) -이 많다
令 령(영) -愛 -名 -妹
령:(영:) -監
露 로(노) -梁津 -骨 -出 -店
로:(노:) -積
料 료(요)-理 -食 -量
료:(요:) -金
滿 만 -洲 -蒙 -期 -足 -

員
만: -堂 -面 -場
賣 매 -買
매: -家 -上 -約
每 매 -양 -日
매: -年 -事 -番
未 미 -安
미: -熟 -備 -決 -久 -納
美 미 -國 -人(美國人) -式
미: -觀 -術 -人(女) -貌
迷 미 -兒 -惑
미: -俗 -宮 -夢
放 방 -學
방: -送 -免 -値 -火
凡 범 -節
범: -夫 -例 -俗 -白
保 보 -서다 -證
보: -護 -全
附 부 -子
부: -近 -屬 -錄 -記
負 부 -袋
부: -擔 -債 -傷
符 부 -節
부: -號 -籍 -合
分 분 -家- 散 -數(數學)
분: -數(제 몸에 맞는) -福 -量
射 사 -擊 -殺
사: -場 -亭
思 사 -索 -考
사: -想
尙 상 -州 -宮
상: -古 -武
喪 상 -事 -家
상: -妻 -配
徐 서 -氏 -羅伐
서: -行 -步 -徐히
素 소 -質 -養 -材
소: -服 -饌 -症
燒 소 -却 -酒 -火
소: -紙
掃 소 -蕩 -滅
소: -除
孫 손 -子 -女
손: -보다
受 수 -驗 -諾 -理 -侮 -任
수: -苦
手 수 -帖 -法 -段
수: -巾
試 시 -驗
시: -食 -飮 -官
伸 신 -筋
신: -長 -救
雅 아 -淡
아: -俗 -趣
亞 아 -細亞 -鉛
아: -將 -獻 -流
樣 양 -式 -子

양: -樣
沿 연 -道 -海 -岸 -邊
연: -革
映 영 -畫 -寫
영: -窓
要 요 -領 -素
요 -人 -點 -求 -컨데
偶 우 -然
우: -像 -數 -發
怨 원 -讎
원: -恨 -聲 -心
爲 위 -人
위: -하다 -國
紫 자 -桃
자: -外線 -色
暫 잠 -間
잠: -時 -定
長 장 -短 -久 -距離
장: -官 -男 -老
將 장 -來 -次 -軍
장: -星 -校 -兵
占 점 -장이 -卦
점: -領 -據
點 점 -呼 -數
점: -心
正 정 -月 -二月 -初
정: -直 -義 -當
井 정 -間 -底蛙
정: -華水
操 조 -行 -縱
조: -心
種 종 -子 -犬
종: -類
從 종 -事 -屬
종: -兄 -祖
仲 중 -媒 -秋 -介
중: -氏 -兄
陳 진 -外家 -腐-久
진: -設 -列
鎭 진 -南浦 -靜劑
진: -壓 -痛
倉 창 -庫
창: -卒
吐 토 -하다 -露
토: -瀉 -血
討 토 -伐 -破
토: -論 -議
暴 포 -惡 -虐
포: -棄
布 포 -木 -袋
포: -告 -敎
韓 한 -氏 -山
한: -國 -服 -族
汗 한 -國 -黨
한: -蒸
行 행 -動 -列 -爲
행: -實
化 화 -粧 -學
화: -石 -身
火 화 -曜

	화:	-賊 -傷 -災	興	흥	-奮 -亡
還	환	-付 -次		흥:	-나다 -味 -趣
	환:	-甲			

둘째 音節 以下에서 된소리로 발음되는 것에는 다음과 같은 것이 있다.

價…		代- 單- 物- 廉- 音			小-
		- 聲- 定-呼- 米-		꽈	文- 理- 工- 商- 內
		市- 時- 評- 有- 證			- 外-
		券	句…		文- 語- 對- 名-
間	간	世- 離- 人-	權…		公- 政- 官- 人- 王
	깐	暫- 門- 庫- 車-			- 親-
講	강	受- 代-	券…		入場- 證- 割引- 商
	깡	門-(古制)			品- 株- 回收-
件	건	物- 事事--	級	급	上- 中- 下- 五- 階
	껀	事- 案- 月- 人- 費			- 等-
		-與條- 要-		끕	課長- 部長- 巨物-
格	격	價- 資- 規- 骨-			領官- 將星-
		體-	記	기	誤- 表- 日-
	껵	人- 性- 品- 缺- 昇		끼	帳- 掌-
		- 神-所有- 補- 呼-	氣	기	景- 空- 血- 士- 香
果	과	結- 實- 効- 成- 因			-
-				끼	潤- 人- 驚- 狂- 貧
	꽈	戰-			血-
課	과	日- 賦- 工- 第一課	技	기	妙- 球-
		(책)		끼	長-
	꽈	學務- 教務- 總務-	宅	댁	媤- 本-
		人事- 發行-		땍	先生- 三寸- 外家-
		第一課(事務單位)	德	덕	道- 不- 厚- 恩-
科	과	文- (科擧) 武- 大-			功-

떡 人-

房 방 茶- 煖- 冷- 厨- 文
-具

빵 金銀- 門間- 貰- 代
書-

法 법 司- 方- 無- 不- 違
- 依-

뻡 加- 減- 公- 私- 憲
- 文-語- 用- 遵-

病 병 重- 老- 大- 問- 疾
- 熱- 染-

뼝 心臟- 傳染- 肺- 風
- 流行-

步 보 初- 行- 緩-

뽀 散-

福 복 禍- 幸- 正- 飮-

뽁 人-

數 수 分-(분:수) 少- 運-
算-

쑤 分- 小- 倍- 點-

字 자 文-¹ 篆- 破- 數-
(두어字)

짜 文-²(글자) 漢- 英-

數-

帳 장 모기- 蚊- 記-

짱 日記- 課題- 雜記-

狀 장 行- 登 - 上-

짱 賞- 表彰- 感謝- 招
待-

的 적 快- 人間- 時間- 希
望- 道義-

쩍 人- 端- 內- 外- 詩
- 量- 心- 知-

點 점 二- 五-

쩜 零- 要-

調 조 音- 順- 低- 强- 聲
- 單-

쪼 長- 短- 弄- 是非-

罪 죄 謝- 大- 無- 有- 重
-

쬐 僞證- 詐欺

證 증 論- 僞- 保- 心- 傍
- 檢- 認-

쯩 外出- 許可- 檢査-

症 증 火- 滯- 痢-

쯩 狂- 厭- 冷- 失語-

다음으로 基礎漢字와 그 밖의 常用性 漢字 970字에 限해 漢字音別로 長短을 보이면 다음과 같다.

1. ㄱ ㄹ ㅂ 받침을 가진 漢字는 모두 短音으로 발음되므로 제외한다.
2. 長短 두 가지로 발음되는 것은 ★표를 한다. ★표 한 것

중 뜻에 따른 것이 있고 慣用音에 따른 것이 있는 바 流動的인 것은 公議에 부쳐 人爲的으로 統一을 期했으면 하는 것도 있다.

3. 긴소리로 발음되는 것에는 머릿줄—을 긋는다.

4. ‖표 左便은 基礎漢字, 右便은 基礎漢字 外 漢字다.

가	家★街(街路樹)歌加價 ‖ 伽嘉★駕(駕前)稼嫁	가	佳★街(街頭)可假架暇 ‖ 苛★駕(駕轎)賈
간	干★間(間隔)看刊★肝(肝氣)★幹★簡 ‖ ★癎(癎氣)奸竿艱墾	간	★間★肝★幹(幹能)★簡姦懇 ‖ 澗★癎(癎疾) 諫揀
감	甘監鑑 ‖ 柑紺堪瞰	감	減感敢 ‖ 憾
강	江★强康剛鋼綱 ‖ 姜薑疆腔襁	강	降講★强 ‖ 慷
개	★改皆開 ‖ 芥★箇	개	★改個慨槪介蓋 ‖ ★箇凱
갱	‖ 坑	갱	更 ‖ 羹
거	居車	거	去巨擧距拒據 ‖ 倨
건	乾件巾	건	建健 ‖ 虔
		검	儉劍檢
		게	憩 ‖ 偈揭
견	犬堅絹肩 ‖ 牽	견	見遣 ‖ 譴
겸	兼謙		
경	京★景輕經庚耕驚境頃傾硬徑卿 ‖ 莖頸梗鯨脛	경	★景(景武臺·景福)敬慶競竟鏡警
계	溪鷄階	계	癸季界系係戒械繼契桂啓 ‖ 繫稽届
고	★故(故鄕)★固苦★考高枯姑庫孤鼓顧 ‖ 叩膏股雇痼	고	古★故★固★考告稿 ‖ 袴
곤	坤 ‖ 棍	곤	困 ‖ 袞
공	工功空公恭 ‖ 鞏	공	共孔供攻恐貢 ‖ 拱控
과	課科戈瓜 ‖ ★菓	과	果過誇寡 ‖ ★菓(菓品)
관	官觀關館管★貫慣冠寬 ‖ 棺灌款	관	★貫(貫珠)
광	光 ‖ 狂筐	광	廣鑛 ‖ 曠壙
괘	掛 ‖ 卦		
괴	塊愧★怪(怪常) ‖ 魁乖槐拐	괴	★怪(怪變)壞
굉	‖ 宏		
교	交橋郊較巧 ‖ 膠喬咬狡絞攪	교	校敎矯
구	九★口求究句★具俱區軀鷗苟拘	구	★口久舊★具 ‖ 灸★嘔(嘔吐)

	狗丘懼龜構球 ‖ 謳軀寇矩溝舅 仇柩鳩購歐駒★嘔(嘔逆)毆垢臼		
군	君群	군	郡 ‖ 窘
궁	弓宮窮 ‖ 躬		
권	★卷權券 ‖ 圈	권	★卷(卷煙)勸拳 ‖ 眷倦
		궤	‖ 潰軌几詭
		귀	貴歸鬼
규	叫規閨 ‖ 糾圭奎窺葵		
균	均菌		
근	勤根斤僅 ‖ 筋	근	近謹 ‖ 槿
금	金今禽琴	금	禁錦 ‖ 襟衾
긍	‖ 矜	긍	肯 ‖ 兢
기	己記起其期基氣技幾旣紀忌旗 欺奇騎寄豈棄祈企畿飢器機 ‖ 冀肌饑岐箕朞杞麒碁譏綺崎嗜 羈畸	기	妓
긴	緊		
김	金		
		나	那
난	★難	난	暖★難 ‖ 煖
남	南男		
낭	娘 ‖ 囊		
내	奈	내	內乃
녀	女		
년	年		
		념	念
녕	寧		
노	奴努	노	怒
농	農	농	濃
뇌	腦惱		
뇨	‖ 尿		
뉴	‖ 紐		
능	能		
니	泥 ‖ 尼	님	‖ 賃
다	多茶		
단	丹單★短端旦段壇檀團 ‖ 簞鍛	단	但★短斷

담	談淡潭擔‖★毯(毯子)	담̅	‖膽痰★毯(毯요)澹
당	堂當★唐糖黨‖螳撞	당̅	★唐(唐突)
대	★大(大邱·大田)★帶臺隊	대̅	★大代待對★帶貸‖戴
도	刀島徒都圖挑跳逃渡陶稻盜挑‖蹈塗賭兜悼濤屠禱搗淘	도̅	到度道倒途導‖鍍
돈	豚敦	돈̅	‖頓
동	同★童(童蒙先習)★冬(冬至)東銅桐‖蝀棟	동̅	洞★童★冬動凍‖瞳疼憧
두	斗豆頭‖杜痘		
둔	‖屯臀	둔̅	鈍‖遁
등	等登燈‖謄騰★藤	등̅	★藤(藤채)
라	羅‖螺	라̅	‖癩裸懶
란	蘭欄	란̅	卵爛
람	覽藍‖籃	람̅	濫‖檻
		랑̅	浪郎朗‖狼
래	來		
		랭̅	冷
량	良兩(兩重)量凉梁糧諒‖亮樑	량̅	★兩
려	旅麗‖黎廬閭驪	려̅	慮勵‖呂濾礪
련	連憐聯蓮‖漣煉	련̅	練鍊戀
		렴̅	殮
령	★令領嶺零靈‖鈴玲囹	령̅	★令(令監)‖怜
례	禮	례̅	例‖醴
로	★露勞★爐‖盧櫓魯虜	로̅	路★露(露積)老‖鷺
론	論		
롱	‖聾	롱̅	弄‖籠壟
뢰	雷賴‖賂磊牢		
료	★料‖遼蓼僚燎寮	료̅	★料(料金)了
룡	龍		
루	樓	루̅	屢累淚漏‖陋
류	★柳留流‖劉硫謬琉溜	류̅	★柳類
륜	倫輪‖淪綸		
륭	隆		
름	凜		
릉	陵‖凌綾稜		
리	梨‖罹	리̅	里理利李吏離裏履‖裡鯉俚痢
린	隣‖燐		

림	林臨‖霖	림	‖淋
마	痲磨‖摩瑪魔	마	馬
만	★滿慢蠻‖蔓挽彎輓	만	萬晩★滿漫
망	亡忙忘茫罔‖芒網	망	望妄
매	★每(每日)妹梅埋媒‖邁魅煤	매	★每買賣‖罵
맹	盟盲萌	맹	孟猛
면	眠綿‖麵	면	免勉面‖冕緬
명	鳴明名冥銘‖螟	명	命
몌	袂		
모	毛模募謀貌矛‖茅冒牡帽摸	모	母暮慕某‖侮拇
몽	蒙‖濛	몽	夢
묘	‖渺	묘	卯妙苗廟‖猫
무	無‖撫毋	무	戊茂武務舞貿霧‖巫誣憮儛
문	門文‖吻紋蚊紊汶刎	문	問聞
미	★未(未安)味★尾米★迷微眉‖彌	미	★未★尾美★迷(迷界)
민	民敏憫‖閔悶		
반	飯般盤班‖頒攀絆磐	반	反半返叛‖伴
방	方防★放(放學)房妨傍芳邦‖紡幫坊膀幇彷龐棒魴髣	방	★放訪倣‖榜彷
배	杯排‖俳徘胚裵	배	拜倍培配輩背‖陪
번	番飜煩繁‖蕃		
범	★凡	범	★凡(凡夫)犯範汎‖梵泛范帆氾
변	邊	변	變辯辨(遍)卞弁
병	兵屛‖甁餠柄	병	丙病並‖秉
보	★保(保證)‖菩★褓	보	報步★保普譜補寶‖輔★褓(褓負商)堡
본	本		
봉	★逢峯蜂封‖縫鋒烽蓬	봉	奉★逢(逢着)鳳‖俸
부	夫扶父婦浮部★府★符膚‖斧埠阜芙★敷(敷地)蜉	부	富否付附★府(府君)腐★符(符籍)賦簿副負赴‖賻俯駙訃剖★敷鮒
분	★分紛粉墳奔‖盆糞焚噴扮吩	분	★分憤奮‖忿
붕	朋崩‖繃硼		
비	飛婢碑妃‖裨琵誹庇★緋痺	비	非悲比鼻備批卑費秘肥‖臂譬鄙匪脾翡砒秕★緋泌沸匕

빈	貧賓頻‖殯牝嬪嚬		
빙	氷聘‖憑		
사	仕★射師寺絲★思舍私社司詞蛇★捨邪斜詐沙査寫辭斯★祀‖紗嗣飼些奢★瀉娑祠斯	사	士史使★射(射亭)謝四死事★思(思想)巳★捨賜似★祀(祀天)‖赦麝★瀉泗獅
산	山酸‖傘珊	산	産散算‖繖
삼	三森‖蔘滲		
상	★尙常賞相霜商傷★喪償象像床狀祥詳桑嘗裳‖翔	상	★尙想上★喪(喪妻)‖爽
쌍	雙		
생	生‖甥		
서	西書★徐‖★犀胥	서	暑序署緖敍庶★徐恕‖★犀舒鼠逝黍壻瑞誓棲曙抒薯
선	仙線先鮮船旋宣禪‖扇煽騸璿	선	選善‖膳羨
섬	‖纖閃蟾殲陝		
성	成城誠星省聲‖醒	성	盛性姓聖
		세	稅世歲細勢洗‖貰
소	消★素召昭蘇燒訴★掃蔬疎騷‖★蕭沼紹巢逍塑梳霄搔遡甦疏	소	小少笑所★素(素饌)★掃(掃除)‖★蕭
손	★孫遜	손	★孫('孫'이 귀하다)損
송	松	송	送訟誦頌‖竦悚宋
		쇄	刷鎖‖灑碎曬
쇠	衰		
수	★受授誰愁水★手收守壽樹修首秀須雖獸睡輸殊帥需隨囚遂‖袖嫂酬粹瘦脩垂羞★繡狩蒐戍穗竪髓搜隋	수	★受(受苦)★手(手巾)數‖★繡
순	純旬殉盾循瞬巡脣‖醇馴淳筍荀舜	순	順
숭	崇		
승	勝乘承升昇僧‖繩丞		
시	時詩★試(試驗)‖媤猜	시	示視市始★試是施侍矢‖諡匙豺柴弑屍柿
씨	氏		
신	新身神臣辛申晨‖薪迅宸呻	신	信伸愼‖紳腎訊
심	心深尋★審	심	甚★審(審議)

아	兒牙芽★亞阿 ‖ 蛾衙俄★啞(啞然)	아	我雅★亞(亞獻)餓 ‖ ★啞(啞鈴)
안	安顔 ‖ ★按(按摩)	안	案眼岸雁 ‖ ★按(按舞)晏鞍
암	巖 ‖ 庵	암	暗 ‖ 癌黯
앙	央殃 ‖ 鴦怏	앙	仰 ‖ 秧
애	愛哀涯 ‖ 隘崖碍		
앵	‖ 櫻鸚鶯		
야	耶	야	野夜也 ‖ 冶惹揶椰
양	羊洋揚陽楊樣壤 ‖ 襄	양	讓養 ‖ 襄攘釀
어	魚漁於	어	語御 ‖ 禦瘀
언	言焉	언	‖ 諺
엄	嚴 ‖ 儼	엄	‖ 奄掩
여	余餘如予	여	汝與輿
연	煙然★沿鉛★燕燃延緣 ‖ ★捐淵鳶椽烟蜎	연	硏硯★沿(沿革)★燕演軟宴 ‖ ★捐姸
염	炎鹽 ‖ 閻焰	염	染 ‖ 厭艶髥
영	榮英迎★映營 ‖ 盈嬰	영	永泳詠★映(映窓)影
		예	藝豫譽銳 ‖ 曳睿穢隷濊詣
오	吾烏梧嗚 ‖ 吳寤	오	五悟午誤娛汚傲 ‖ 奧懊
온	溫 ‖ 穩	온	蘊
옹	翁	옹	擁壅甕
와	‖ 蝸渦	와	臥瓦 ‖ 訛
완	完 ‖ 豌宛頑	완	緩 ‖ 婉腕玩卍阮
왕	王	왕	往 ‖ 旺枉汪
왜	‖ 倭矮歪		
외	‖ 巍	외	外畏 ‖ 猥
요	★要搖謠遙腰 ‖ 僥邀堯擾★凹撓饒妖窯	요	★要(要件) ‖ 窈夭★凹
용	容庸 ‖ 溶鎔傭舂	용	用勇 ‖ 聳湧
우	于憂牛尤愚優郵★偶(偶然) ‖ 虞迂禹隅	우	宇右雨友又遇羽偶 ‖ 寓
운	云雲	운	運韻 ‖ 隕殞
웅	雄 ‖ 熊		
원	原圓園元★怨(怨讎)源員院 ‖ ★寃(寃痛)★猿	원	願遠★怨援 ‖ ★寃(寃鬼)★猿
위	位危★爲偉威緯圍衛違胃謂慰委僞 ‖ 萎魏	위	★爲(爲하다)

유	由油准幼遊遺柔酉猶惟維儒幽乳裕誘悠 ‖ 蹂愉鍮諭兪庾楡宥癒柚	유	有愈
윤	‖ 尹	윤	閏潤 ‖ 允
융	‖ 融戎絨		
은	恩銀隱 ‖ 慇殷		
음	音吟陰★飮(飮酒)淫 ‖ 蔭	음	★飮
응	‖ ★鷹	응	應 ‖ 膺凝★鷹
의	衣依議醫矣儀疑宜 ‖ 毅擬椅蟻	의	義意 ‖ 誼
이	移夷 ‖ 姨爾★伊弛	이	二貳以異耳已而★伊
인	忍認因人印引仁寅刃姻 ‖ 咽湮		
		임	壬任賃 ‖ 姙
		잉	孕剩
자	子字自者姉慈玆資雌 ‖ 滋仔	자	姿恣紫刺 ‖ 藉煮諮瓷
잔	殘盞棧		
잠	潛蠶★暫(暫間) ‖ 箴簪	잠	★暫(暫時)_
장	★長★將場章莊裝粧張帳障藏臟腸墻 ‖ ★杖薔匠	장	★長★將壯丈奬葬掌 ‖ ★杖醬
재	才材財哉災裁 ‖ ★齋	재	在裁再載 ‖ 宰★齋(齋戒)
쟁	爭		
저	‖ 箸	저	低貯著底抵 ‖ 沮這邸狙咀詛觝
전	前田全傳專★ ‖ 悛★煎(煎餠)★剪(剪燈新話)★纏★銓(銓衡)	전	典錢展戰電轉 ‖ 廛篆奠殿顚澱★悛★煎(前骨)★剪(剪枝)★纏氈癲★銓箭顫餞輾
점	★店(店員)★占(占術)★點(點數)★漸(漸漸)	점	★店(店舖)★占(占領)★點(點心)★漸(漸次)
정	★正(正月)政丁頂情精靜井貞庭停淨征訂亭程廷 ‖ 呈★靖(靖難)偵旌町★鼎錠	정	★正定整鄭★靖(靖國)★鼎碇
제	題諸除提堤齊 ‖ 梯啼悌	제	弟第製祭帝濟制際
조	祖朝鳥調兆祖組★操(操縱)燥潮條 ‖ 遭眺嘲曺稠	조	助造早★操(操心)照弔
존	存尊		
종	★種(種子)鍾終★從(從來)宗縱 ‖ 慫蹤綜	종	★種(種類)★從(從兄) ‖ 腫
		좌	坐左佐座 ‖ 挫
		죄	罪

주	主宙★酒朱晝走州洲柱舟株周‖珠★奏疇紬厨	주	注住★酒(酒酊)‖駐註誅★奏呪鑄疇
준	‖樽	준	準俊遵‖准浚峻蠢駿竣
중	中★仲(仲秋)	중	重衆★仲(仲氏)
증	曾增證憎贈症蒸		
지	支枝只地紙至知指志之止持池誌智遲‖肢脂咫芝		
진	辰眞陣★鎭(鎭靜)珍‖秦嗔陳診塵★津	진	盡進振★鎭(鎭壓)‖晋震★津趁
		짐	朕
징	徵懲‖澄		
차	此次差★遮(遮陽)蹉	차	借且‖★遮(遮斷)嗟
		찬	贊讚‖撰燦饌纂
참	參慘慚‖塹★斬懺塹讒★站譖嶄讖	참	僭★斬★站
창	★昌(昌寧)窓★倉滄蒼‖彰槍瘡菖★娼(娼家)猖廠	창	★昌(昌盛)唱★倉(倉卒)創暢‖悵★娼(娼妓)漲倡愴
		채	菜採彩債‖綵蔡
처	妻‖凄	처	處悽
천	千天川泉	천	淺賤踐薦遷‖擅穿闡喘
첨	尖添‖瞻★諂僉	첨	‖★諂
청	靑晴請淸聽廳		
체	體替‖滯涕逮諦締		
초	草初招超抄肖礎稍醋楚焦憔硝炒		
		촌	寸村‖忖
총	聰銃‖叢塚忽葱	총	總‖寵摠
최	催‖摧崔	최	最
추	秋追推抽醜‖墜趨樞楸酋鞦鄒錘椎雛鰍雛		
춘	春‖椿		
충	忠蟲充衝‖衷沖		
		췌	‖萃悴贅
		취	吹取就臭醉趣‖翠娶炊
층	層		
치	治齒値恥稚‖馳熾癡痔緻峙侈	치	致置
친	親		
침	浸侵沈枕‖鍼斟	침	針寢‖砧

칭	稱‖秤		
쾌	快		
타	他‖舵	타	打妥墮‖惰
탄	‖呑灘	탄	炭彈歎‖誕坦綻
탐	探貪‖耽		
		탕	湯‖蕩
태	泰太怠殆‖胎汰苔	태	態
		터	‖攄
토	土★吐(吐露)兎★討(討伐)	토	★吐(吐瀉)★討(討論)
통	通‖筒	통	統痛‖慟
퇴	‖★堆頹	퇴	退‖★堆腿
투	投透鬪‖妬		
파	波派★播(播多)頗‖把芭坡婆琶	파	破★播(播種)罷
판	★判板販版‖辦	판	★判(判官)
패	‖牌	패	貝敗‖稗覇沛佩悖
편	★片(片面)便篇編‖鞭扁偏	편	★片(片紙)
		폄	貶
평	平	평	評
		폐	閉弊幣蔽廢肺‖陛
포	★布(布木)★包(包裝)★胞(胞衣)浦暴‖鋪褒匍脯庖哺逋葡泡咆	포	抱★布(布告)★包(包括)★胞(胞胎)飽捕‖抛
표	表票標‖豹飄剽標		
		품	品‖稟
풍	豊風楓‖諷		
피	皮疲‖披	피	彼被避
하	何河荷‖瑕遐	하	下夏賀
한	寒★韓(韓山)閑★汗(汗黨)‖罕	한	恨限漢★韓(韓國)★汗(汗蒸)‖翰悍
함	咸‖鹼★檻涵銜緘	함	陷‖★檻喊
항	恒‖肛	항	巷港抗航項
해	亥該奚‖偕懈諧駭骸咳楷	해	海害解‖邂
행	★行	행	★行(行實)幸‖倖杏
향	香鄕	향	向響享‖饗嚮
허	許虛		
헌	軒	헌	獻憲
		험	險驗

현	賢玄絃	현	現顯縣懸 ‖ 絢眩衒
혐	嫌		
형	兄形型亨螢 ‖ 衡		
혜	兮	혜	惠慧
호	湖★虎(虎班)乎呼胡豪浩 ‖ 弧皓狐犒糊濠	호	戶號好★虎互護 ‖ 琥扈昊
혼	婚魂昏 ‖ 閽	혼	混渾
홍	紅洪弘鴻		
화	★化(化粧)花★火(火曜)華話和禾	화	★化(化石)貨★火(火災)畵禍
환	歡丸環★還(還都) ‖ 喚桓鰥	환	患換★還(還甲)幻宦
황	黃皇荒 ‖ 恍惶	황	況
회	回灰懷 ‖ 廻恢檜蛔淮	회	會悔 ‖ 繪膾賄
횡	橫		
효	‖ 爻酵	효	孝効曉 ‖ 嚆
후	侯喉	후	厚後 ‖ 朽后嗅
훈	‖ 薰勳	훈	訓
훤	‖ 萱喧		
		훼	毁
휘	揮輝 ‖ 徽彙麾諱		
휴	休携		
흉	凶胸 ‖ 兇		
흔	‖ 痕欣		
흠	‖ 歆欽	흠	欠
흥	★興(興亡)	흥	★興(興味)
희	喜希稀戱噫熙 ‖ 犧		

3. 순우리말이나 漢字말이나를 불관하고 語頭에서 長音으로 발음되는 것이 둘째 音節 以下에서 는 短音化하는 경향이 있다.

(1) 숨 목숨 감(柿) 곶감 새 참새 눈(雪) 함박눈
덥다 무덥다 없다 실없다
밟다 짓밟다 놀다 뛰놀다
밀다 내밀다 몰다 휘몰다

(2) 語學 國語 命令 生命 性質 男性 重大性

品質 上品 消耗品

4. 同音異義語의 경우, 긴소리나 된소리 발음은 明確히 구별하지 못하면 뜻의 混同을 가져올 염려가 있으므로 發音指導를 옳게 하여야 한다. 若干 例를 들어 보이면 다음과 같다.

(1)	눈싸움	눈싸움(雪戰)
	별세계(別世界)	별세계
	새집	새집
	걷다(收·捲)	걷다(步)
	곱다(曲)	곱다((麗)
	굽다(曲)	굽다(炙)
	깊다(深)	깁다(補)
	낮다(低)	낫다(勝, 癒)
	달다(甘, 懸)	달다(焦面)
	덮다(覆)	덥다(暑)
	말다(卷)	말다(休)
	묻다(埋,染)	묻다(問)
	물다(噛)	물다(賠償)
	버리다(捨)	벌이다(陳列)
	붙다(付)	붇다(殖) 붓다(注,脹)
	앉다(坐)	안다(抱)
	업다(負) 엎다(覆)	없다(無)
	있다(有)	잇다(繼)
	적다(記錄)	적다(小)
	젖다(濡)	젓다(攪抨)

(2)	成人	聖人	苦戰	古典
	高大	古代	他殺	打殺
	嶺東	永同·永東	靈泉	永川
	無學	舞鶴	無用	舞踊
	時調	始祖	身長	腎臟
	사적	寺跡 · 私敵 吏籍 · 史蹟 私的 史的		

시가　媤家·詩歌 市街 時價 市價
정가　丁哥 鄭哥 定價 正價
죄과　罪過 罪科
사법　司法 四法 私法
고가　高架 古家 高價

Ⅲ. 國語의 造語問題

필자는 國語造語의 문제에 관해 所見을 편 바 있다.[10)]

西歐系 外來語나 日語殘滓에 代替할만한 우리말을 만들거나 우리 國語의 語彙를 늘려 豊饒로운 國語生活을 營爲케 하려면 國語造語의 문제가 眞摯하게 연구되어야 한다고 생각한다.

1. 接尾辭를 붙여 名詞를 만드는 법

따개(센누끼, 오프너), 손톱까깨(쓰메끼리, 손톱깎이·손톱깎개), 조이개(네지마와시, 드라이버, 나사돌리개, 나사틀개), 신다깨·구두다깨, 신깔이개·신까래·신깔개, 물뿌리개(조로=如露), 종이 끼우개, 電氣 꽂이개(사시꼬미), 흙받개(흙받기), 턱받개(턱받이·턱받기), 털이개 느림보 놀보 국보(국을 유난히 잘 먹는 사람), 解放둥이, 戰爭둥이, 事變둥이 작은둥이, 큰둥이 잘난둥이 못난둥이 물렁둥이 늦둥이, 깔끔쟁이 앙큼쟁이 엉큼쟁이 알랑쟁이 고분고분쟁이 꾀쟁이 쌈쟁이, 꾀꾸레기 억지꾸레기 능청꾸레기 慾心꾸레기 비듬꾸레기 극성꾸레기 샘꾸레기, 契꾼 通譯꾼 校正꾼 아첨꾼 얌체꾼 싸움꾼 알랑꾼 능청꾼, 앙큼데기 엉큼데기 깔끔데기 고분고분데기.

---

10) 拙著, 「改訂版 現代國語國字의 諸問題」, Ⅷ. 우리말 開發問題. 2.古語再生의 可能性 3. 우리말 造語와 漢字語문제 一潮閣刊; 拙稿, 國語造語의 문제, 新東亞 76. 11월호; 拙著, 「國語學論文集」, 古語의 再生은 可能한가, 一潮閣, pp.347~444. ; 拙稿, 國語醇化運動의 實踐方案, Ⅳ.國語造語의 문제, 高大民硏 「民族文化硏究」 11號.

2. 接尾辭가 붙어 形容詞를 만드는 法

어른답다 大人답다 好人답다 英雄답다 豪傑답다 明洞답다 紳士답다 淑女답다 覇者답다, 病身스럽다 서울스럽다 망신스럽다 儀式스럽다 熱誠스럽다 無法스럽다, 예롭다 平和롭다 愛嬌롭다 慈愛롭다 虛虛롭다 近代롭다 天才롭다, 겨르롭다 머흐럽다 서느럽다 시드럽다, 가고프다 살고프다 만나고프다

3. 複合動·形容詞를 만드는 法

무르씹다 무르찧다 무르갈다 무르고다 무르끓이다, 잡들다 잡쥐다, 깁누비다 꺾꽂다 늦깨닫다 늦깨다 밉보이다 덮씌우다 섞모이다 누르시들다 높솟다 푸르높다

4. 動·形容詞의 語根을 名詞로 活用하는 法

"점잔 고요"를 名詞로 쓰듯이 '깨끗·컴컴·뿌유스름·반짝반짝·수멀수멀·침침·따뜻·쓸쓸·선선·조용·조촐·앙큼·어수선·말끔·엉뚱·섭섭·말쑥·얄팍·애틋·우쭐·시틋·든든·튼튼'을 名詞로 活用할 수 있지 않을까 한다.

5. 略語의 開發

순우리말에도 "오누이(오라비와 누이), 올케(오라비계집), 점잖다(←젊지 아니하다). 같잖다(←같지 아니하다)"와 같은 말이나 '아더메치'와 같은 流行語가 퍼진 일이 있고 최근 음식점에서 쓰이는 '불백(불고기 백반) 특곰(특별 곰탕) 비냉(비빔 냉면)' 등을 생각하면 앞으로 순우리말의 造語에 있어 이러한 造語의 可能性을 생각해 보는 것이다.

漢字말의 경우, 그 視覺性이나 造語力, 그리고 '建築資材'를 '建材', '軍事援助'를 '軍援' '市中販賣'를 '市販', '安全保障'을 '安

保' 등으로 줄여서도 그 뜻이 分明한 縮的性의 힘이 있는데 比해 순우리말의 경우는 그렇지 못한 흠은 있으나 우리말 開發을 위해 여러 가지 方途가 모색되었으면 한다. 古語의 再生, 方言의 發掘活用 등이 그것인데 우리말이 多音節語임에 비추어 그 縮的性을 硏究開發하는 것도 우리말 開發의 하나의 方途가 되지 않을까 한다.

'父母'를 '아버지 어머니'아닌 '어비이(←어버ᅀᅵ <어비+어ᅀᅵ>)'로 하듯이 '아버머니', '祖父母'를 '할아버지 할머니' 아닌 '할버머니'로 하는 式의 造語에 대해 言衆이 拒否反應을 일으킬 것으로 豫測되기도 하지마는 긴 眼目으로 생각하면 이런 말의 試用을 期待해 보는 것이다.

〈南廣祐, 洪寶業, 尹明求 共同著, 『인하대학교 인문과학연구소 논문집』 第3輯, 인하대학교 인문과학연구소, 1977. 2.〉

國語醇化運動의 實踐方案

Ⅰ. 西歐系 外來語와 日語殘滓

(1) 순우리말이나 漢字말이 있는데, 굳이 西歐系 外來語나 日語를 쓸 까닭이 없다.

(2) 범람하는 西歐系 外來語, 특히 生硬한 外國語나 日語의 殘滓는 되도록 순우리말이나 漢字말로 바꾸는 작업을 해 보는 것이 좋은 일이다.

이 경우, 새말은 簡潔 正確해야 하는바 傳統的 造語法에 따른 우리말化(구두다께, 電氣꽂이개)는 바람직하나 너무 길어지는 조어(머리받기-헤딩, 길게 이어주기-롱패스, 달리며 쏘기-러닝슛)는 피해야 하며 漢字말을 기피하는 편협성이 止揚되어야 한다.

> 콤비네이션-協同, 나이트게임·나이터-夜間競技·밤競技, 히로인-女主人公, 판타지-幻想曲·幻想, MBC-文化放送, TBC-東洋放送

나는 우리 固有의 造語法이 학자에 의해 硏究되고 일반 言衆에게 보급되어 오랜 漢字借用의 歷史, 日帝下 40년 동안의 이지러졌던 語文生活에서 잊을 수밖에 없었던 우리의 傳統的 造語法을 되찾아 外的 要素에 대처하는 새말을 만들어 보는 노력을 해 봄직하다고 생각한다.

Ⅱ. 漢字말

<公害・冷凍・安保・量産・輪禍・造景>이 큰사전 후에 생긴 말인데 큰사전 후 국어대사전까지에 5萬 안팎의 漢字말이 늘어난 사실을 알아야 하며 이들 중 얼마간 우리말化가 가능하겠지만 거의 그대로 쓸 수밖에 없는 말들임을 認識해야 한다.

한편 漢字無識으로 엉뚱하게 漢字말이 誤用되고 그 뜻도 제대로 모르는 채 쓰이고 있는 일이 있는데 이것을 바로잡는 것도 國語醇化의 하나가 된다.

科學과 운동, 잔무로부터 解放, 막연한 사이, 새마을 서정 개혁령・・・경찰서 행정, 독서 행정, 군원 차질, ・・・군인과 공무원

Ⅲ. 國語造語의 問題

○ 따개, 손톱까깨, 조이개, 電氣꽂이개

○ 느림보, 높보, 解放둥이(辭典에는-둥이), 戰爭둥이, 깔끔쟁이(辭典에는-장이), 앙큼쟁이, 愁心꾸레기(辭典에는-꾸러기), 알랑꾼, 아첨꾼, 앙큼데기, 고분고분데기

그러나 ‘글꾼, 환쟁이, 소리쟁이’라는 말보다 <作家, 小說家, 詩人, 評論家, 隨筆家, 詩伯, 詞伯, 學者, 畵家, 美術家, 畵伯, 音樂家, 聲樂家>가 더 대접하는 말로 쓰이고 ‘피아노쟁이’ 아닌 ‘피아니스트’, ‘打字手’보다는 ‘타이피스트’가 널리 쓰이고 있는 현실을 주목해야 한다.

六堂의 글에 <天地間 ‘깨끗’의 精華, ‘컴컴’의 外幕과 ‘뿌유스름’의 內幃>가 있다. ‘고요・점잔’이 名詞로도 쓰이므로 ‘-하다’가 붙어 形容詞로 쓰이는 말의 語根 “쓸쓸, 선선, 조용, 조촐, 앙큼, 어수선”등은 名詞로 쓰일 수 있지 않을까 한다. 이 語根만으

로 충분히 뜻을 지니고 있기 때문이다.

○ 알으키다, 재키다, 제키다, 길이키다, 줄이키다
○ 무르씹다, 무르쬫다, 무르갈다, 무르고다, 무르끓이다
○ 잡들다, 잡쥐다, 잡다루다
○ 깁누비다, 꺾꽂다, 늦깨다, 늦깨닫다, 밉보이다, 덮씌우다, 섞모이다, 누르시들다, 높솟다
○ 서울스럽다, 虛虛롭다, 서느럽다
○ 冷戰, 綠畵, 短信, 未婚母, 放映, 市販(市中販賣), 僞幣(僞造紙幣), 證市(證劵市場), 合纖(合成纖維)

등 造語에서 그 視覺性이나 造語力, 그리고 縮約性을 이용하는 것이 賢明함을 알게 된다.

우리는 순우리말 造語와 함께 漢字말 造語도 해야 되는데 우리가 앞으로 해야 될 일은 순 日本式漢字語(土取場, 酒場, 苦情, 賣出, 割增, 屆出, 割印)의 直輸入을 막아 보는 일이다. 다만 漢字無識에서 漢字말의 生産能力이 低下되어 있음이 문제다.

Ⅳ. 國語의 發音

긴소리(成人과 聖人, 古典과 苦戰, 他殺과 打殺, 高大와 古代, 永同·永東과 嶺東, 永川과 靈泉, 舞鶴과 無學)·된소리(高까道路·倉꼬·寫眞끼) 등 國語發音의 混濁現象은 ① 日帝下 國語教育의 不在로 日本漢字音의 影響, ② 해방 후, 北韓 同胞의 越南이나 6·25 事變 후 피난민의 移動 등으로 서울 發音의 混亂, ③ 한글專用 方向의 교육으로 漢字聲調에 대한 認識缺如, 發音教育不在 등에서 온 것이 아닌가 한다. 國語醇化對象으로서 크게 浮刻되어야 할 문제다.

Ⅴ. 敬語法 · 語法

敬語法의 발달은 국어의 特質의 하나로 東洋倫理에 바탕을 둔 忠孝의 思想이나 長幼有序의 精神 등에서 유래한 美風良俗의 하나로 傳統的 敬語法이나, 옛날 兩班 말씨의 長點, 즉 그 '점잔'을 되찾았으면 한다.

○ 被動詞에 -우 接尾辭를 쓰는 잘못 : 밟히우다, 쫓기우다, 뜯기우다 ……

○ 補助形容詞 語尾에 -는, -느냐 등을 쓰는 것은 잘못이다 : 깨끗하지 않는, 좋지 않느냐

Ⅵ. 表記法

○ 어름 맞춤 -겠아오니

○ 毛澤東과 미키, 北京과 홋카이도, 新華社通信과 산케이新聞

○ 셔어츠 · 검

○ 멋장이 · 지팡이

① 지나친 表意化로 받침이 28개가 되고, 形態素를 밝힌다 하여 <걸음걸이, 미닫이, 바치다 · 받히다 · 받치다 · 밭이다 · 밭치다 · 부딪히다 · 부딪치다>式 表記로 한 것은 漢字의 흉내요, <한 마리, 할 수 없이>式 띄어쓰기는 英語의 흉내인 바, 表音文字요 音節文字인 한글의 特性을 살리되 表意化의 長點을 얼마간 살리는 折衷的 노력으로 좀 쉽게 맞춤법을 고칠 것(어름, 거름거리, 바치다, 미다지, 노치다), ② 現實發音을 尊重하는 방향으로 표준말 再查定(곰팽이, 멋쟁이), ③ 外來語表記法에 있어선 지나친 原音主義, 혹은 英語식 발음 尊重主義를 지양하고 어디를 거쳐 들어왔건 익어진 대로(國語化한 대로) 적도록 하는 것이 좋겠다. 現實音을 존중하자는 것이다(샤쓰, 껌). 外來語는 外國語가 아니기 때문이다. ④ 外來語에 있어서 표준말(세멘트, 쎄멘트, 시멘트, 씨멘트, 세멘, 쎄멘, 洋灰)을 定할 것, ⑤ 외국의 國名 · 人名 · 地名 등 固有名詞도

원칙적으로 익어진 대로 적으면 된다(英·佛·瑞西·和·濠). 특히 中國과 日本은 함께 漢字使用의 同文化圈으로, 漢字로 적은 地名이나 人名 등 固有名詞를 각각 제나라 漢字音으로 읽어 제각기 國內人끼리 意思疏通이 되면 된다. 漢字의 視覺性을 살려 漢字의 記憶으로 그 人名이나 地名의 記憶이 오래 갈 것은 물론이다(毛澤東, 三木首相, 北京, 北海道, 新華社通信, 産經新聞).

Ⅶ. 姓名問題

國語醇化의 一環으로 순우리말식 人名을 생각하는 이들이 있다. 同名異人이 많은 現實에서(김정숙, 김영자 등 서울電話부에만 230名 안팎) 千年 계속된 傳統的 作名法을 크게 다치지 않는 범위 안에서 <慶金正直燮, 廣李正義洙, 金慶平和鉉, 李廣重厚鎬, 慶李깔끔順, 光金말끔姬, 密朴상냥淑>과 같이 두 字姓, 석 字 이름으로 同名異人을 줄일 수 있는 길이 되지 않을까 한다. 그러나 그 呼應이 가까운 將來에 있을 것으로 기대하지는 않으나 巨視的인 眼目으로서는 그렇게 一笑에 붙일 提案은 아닐 것이다.

끝맺이

(1) 우선 모든 국민이 文化民族이라는 矜持로 내 말을 즐겨 쓰는 風潮, 내 말을 소중히 생각하는 精神的 姿勢가 필요하다.

(2) 정부에서 大統領直屬, 아니면 國務總理 主管下에 恒久的인 국어연구소(假稱)을 세워 그 사업의 하나로 이 外來語(西歐系나 日語系, 순日本式 漢字語 포함)를 순우리말이나 漢字말로 바꾸는 작업을 하는 것이 바람직하다. 그러나 言衆에게 이미 익어진 外來語까지를 바꾸려는 것이어서는 안 된다.

(3) 外來語를 순우리말이나 漢字말로 바꿀 경우, 새말은 簡潔

正確해야 하는바 傳統的 造語에 따른 우리말化는 바람직하나 억지 造語는 피해야 한다.

(4) 무엇보다도 漢字나 漢字말을 기피하는 편협성을 止揚해야 한다. 2千年 以上의 使用의 歷史, 固有의 漢字音, 同化度로 보아 그 특수성을 몰각할 것이 아니라 오히려 漢字의 視覺性·造語力·縮約力 등 長點을 이용하여 造語하는 것이 西歐系·日本系 外來語의 범람을 막을 수 있는 唯一한 길임을 認識해야 하며 漢字말을 西歐系 外來語보다 親近하게 생각해야 한다.

(5) 국민 서로가 '남을 높이는' 精神을 가지고 '점잖은 말'(品位 있는 말)을 쓰는 일과 올바른 발음의 醇正한 말씨를 쓰도록 하는 방향의 學校 교육이나 社會 운동이 展開되어야겠다.

(6) 教員·俳優·放送員 등 被教育者나 大衆에게 미치는 영향이 큰 이들의 採用에 이 點이 고려되고 또 이들에 대한 再教育 등이 행해져야 하며 軍隊用語의 醇化도 硏究되어야 한다고 생각한다.

國語造語力(순우리말, 漢字말)을 되찾고 醇正한 발음과 올바른 말씨를 되찾아 우리말의 品位를 높이는 것이 國語醇化의 길이며, 이를 위해서는 國民常用漢字의 制定과 國民學校부터의 漢字教育 復活의 時急性을 강조하지 않을 수 없다.

〈『語文硏究』 第13號, 韓國語文教育硏究會, 1976.〉

放送言語와 語文敎育

1. 放送媒體와 言語公害

放送媒體에 TV(電視)와 라디오가 있다. 이 電視와 라디오는 전국적으로 보급이 되어 방방곡곡 퍼져 있는 실정이다. 따라서 이 방송매체에서 흘러나오는 말의 洪水는 전국을 휩쓸고 있다. 그런데 이 電視나 라디오의 放送員이나 出演者들이 言語公害적인 요소에 비판적인 世論이 꽤 높다.

그 미치는 영향이 매우 크기 때문이다. 外來語가 너무 남용되고 있다느니, 특정지역의 사투리가 많다느니, 敬語法을 제대로 모른다느니, 卑俗語를 쓰고 있다느니, 특히 長短발음의 구별을 못한다느니 구구한 評이 있다. 그중에서도 한글 世代에게 그런 평이 뒤따르고 있는 것이 아닌가 한다.

그런데 실상 따지고 보면 젊은 층의 放送員이나 出演者들의 이런 잘못은 가정이나 학교에서의 교육이 제대로 안되어 그런 것인데, 멀리는 日帝가 우리말 抹殺을 획책하여 우리 國語사용이나 그 교육을 억압하는 反面, 日語사용을 강요하고 그 교육에 힘썼던 데서도 원인을 찾을 수 있겠지 만은 해방 후에도 國語尊重政策, 올바른 방향의 語文政策을 定立하지 못한 데서 그 원인을 찾아야 할 것이다.

2. 國語尊重의 精神姿勢

'國語尊重'의 생각은 우리가 悠久한 역사를 가진 文化民族이라는 矜持에서도 그렇지마는 日帝 下에 푸대접받던 우리말이라는 점에서도 우리 민족 누구나가 깊이 간직해야 되리라고 생각한다.

우리 民族은 檀君 이래로 單一民族으로 單一한 言語를 써가면서 우리 固有의 傳統文化(韓國文化)를 이룩한 우수한 文化民族인 것이다. 英·蘇와 같은 多民族國家도 아니요, 미국과 같은 非民族國家도 아니요, 瑞西와 같이 작은 나라면서도 獨·佛·伊 세民族이 살고 있는 것도 아닌 單一 民族이다. 또한 慶尙·全羅·咸鏡·平安 濟州方言 등과 같은 차이가 있다고는 하나 意思소통에 지장을 줄 정도가 아닌 單一한 言語를 써내려온 민족이다.

檀君 이래의 敬天·崇祖·愛人思想의 바탕 위에 儒·佛·仙 三敎의 精神이 融和되어 우리 固有의 精神文化를 이룩하고 巨儒高僧을 배출하였으면 科學·藝術文化에서도 뛰어난 獨創性을 보인 민족임을 자각하게 되면 한국에 살고 있는 韓國사람이란 自尊意識을 잊어서는 안 될 것이다. 이런 自尊意識이 있다면 우리말을 소중히 생각하는 마음이 우러날 것이요, 文化民族으로서 부끄럽지 않은 品位있는 말씨, 醇正한 표준말, 전통적인 敬語法·語法·發音의 국어를 써야 되겠고 外來語의 남용을 삼가야 되겠다는 意志를 가져 스스로 그런 노력을 기울일 것으로 생각한다.

그런데 현실은 그렇지를 못하니 딱하다. 外來語의 범람은 참으로 한심할 정도인데 특히 英語를 즐겨 쓰는 풍조는 度가 지나치다.

거리에 나붙어 있는 看板(77.7%)과 새로 생산되어 나오는 商品名(82%)의 예를 들기도 하는데 일례로 직업야구단(프로팀이라고들 한다)의 이름이 꼭 "타이거스·슈퍼스타즈·베어스·자이언츠·라이온스"라야 하는가.

오림픽(사전에는 올림픽)에서 中共팀만이「中國」이라는 標識를 달고 있는 것은 그들의 自尊을 알 만한데 그들은 昇降機(에레베타, 사전에는 엘리베이터)를 '電梯', 자동계단(에스카레타, 사전에는 에스컬레이터)을 '電扶'라고 고쳐 쓰는 슬기를 보이고 있는 것이다. 그런데 우리는 昇降機·自動階段 보다 '에레베타·에스카레타'를 즐겨 쓰고 있다.

日本은 NIPPON, 우리는 KOREA(최근에 배구팀의 가슴에는 KOREA, 등에는 대한민국으로 한 것은 前進姿勢다)라 한 것은 '中國'만 못한 표지다. 日本의 NIPPON도 'JAPAN'보다는 高踏的이다. 모두가 大國意識의 발로다.

우리도 옛날에는 外國에서 文物이 들어왔을 때 胡(호콩·호떡·胡笳·호고추·胡樂·호밀·胡笛……) 倭(왜콩·왜떡·倭布·倭배추·倭무·왜간장·倭모시……) 洋(洋襪←襪은 버선의 뜻·洋灰·洋재기←磁氣·洋鐵·洋초·洋돼지·洋배추·洋파……)을 넣어 새 말을 만들어 쓰기도 하고 도마도(사전에는 토마토)를 '일년감', "風琴·留聲器·空冊·寫眞帖"등 말을 生産해서 써왔던 것이다.

뿐만 아니라, 中國이나 日本人名도 우리 漢字音으로 고쳐 장개서(蔣介石), 모택동(毛澤東), 이등박문(伊藤博文), 남차랑(南次郎), 中國이나 日本地名도 북경(北京), 상해(上海), 중경(重慶), 동경(東京), 대판(大阪), 하관(下關)으로 불러왔던 것이다.

이것이 國語尊重의 姿勢라고 생각한다.

3. 放送言語의 現場

우리말 發音에 대해 늘 관심을 가져오던 나로서는 자연 電視나 라디오 放送에 귀를 기울이게 된다. 최근에는 국어연구소에서 나오는 "국어생활" 창간호에 "잘못 發音되고 있는 우리말〔1〕"에서 "放送"에서 잘못 발음된 것을 지적한 일이 있고 지난번에는 文化放送에서 放送員들이나 出演者들에게 주로 발음의 잘못에 관해 얘기해 달라는 請으로 나가게 되어 韓國語의 發音

研究[1]을 가지고 우리말 발음에 대해 개괄적으로 얘기한 다음 그때는 주로 文化放送 TV出演者들의 잘못을 중심으로 얘기를 진행한 일이 있다.

물론 개중에는 거의 흠잡을 데 없는 이도 있지마는 발음뿐 만 아니라 敬語法·語法의 잘못이나 語彙의 誤用 등 좀 곤란하다고 느껴지는 이도 있었는데 이 원고청탁으로 더 메모된 것도 있어 誤用 例를 들고 해설을 붙여 볼까 한다.

解說에 쓰인 略號는 다음과 같다.

큰……한글 학회편 큰사전
국……李熙昇편 국어대사전
:……긴소리표 ▼……半長音표
×……不贊표시
壬亂前문헌 略號는 拙著 古語辭典에 따름
글자 왼편 : …… 上聲點 ·……去聲(漢字入聲同) 無點은 平聲

姓氏	誤用例 구봉서 〔gu〕	바른 發音 구:봉▼서 〔gu〕	현대어사전 구:具(큰) 구具(국)×	壬亂前문헌 :구六祖序12· 宣小2:4·3:20

"具備·具體的" 등 "具"가 짧은 소리로, 姓으로도 짧게 발음하는 경향이 있지마는 壬亂 前문헌에 上聲이요 老壯層 발음은 긴소리일 뿐 아니라 "丘氏"와의 구별을 위해서도 길게 발음하는 것이 좋을 것이다. 남의 姓氏를 잘못 發音하는 것은 缺禮가 될 뿐 아니라 心氣를 상하게도 되므로 각별히 조심해야 한다.

긴소리 姓	짧은 소리 姓
정 鄭°(夢周)	丁*(茶山)
조 趙°(炳玉)	曹*(操)
공 孔°(公子)	公*(眼科)

전	錢(鎭漢)	全(大統領)·田氏
진	晉氏	陳氏·秦氏
신	愼氏	申(崇謙)·辛氏
하	夏氏	河氏
변	卞(榮泰)	邊氏
여	呂氏	余氏

放送매체를 통해 잘못 발음된 姓氏 中에 특히 '鄭씨·丁씨'의 혼동이 가장 귀에 거슬린다. '丁茶山'의 '丁'을 '鄭'처럼 틀리게 발음한 일도 있고 '丁모 장관'을 역시 '鄭'처럼 발음한 일도 있다. '孔子'의 '孔'을 짧게 발음하면 '公子'와 混同이 되고 '呂선생·呂教授·呂記者'의 '呂'를 짧게 발음하면 '余氏'와의 混同도 문제겠지만 "女선생·女教授·女記者"와의 혼동이 더 문제가 된다.

그런데 이들 '姓'字가 壬亂前 문헌에는 다음과 같이 나타나 있다.

鄭 : 뎡 翻小9:3·宣論4:6	丁뎡 訓蒙中2·宣孟3:4
趙 : 됴 供養50· 宣論3:55	曹조 六祖中49
孔 : 공 小6:1 孔子	公공 六祖序6·翻小9:1
錢 : 젼 供養46·朴上19	全젼 救簡 1:2·宣大9
	田뎐 六祖中11·訓上7
晉 : 진 六祖中51·宣孟1:12 2:35	陣딘 六祖序16 宣中20·딘 宣小
	秦진 宣論4:53
愼 : 신 翻小8:16·宣大11	申신翻小9;2·宣中18
	辛신 六祖序11·訓蒙下14
夏 : 하 訓 上1·宣小3:17	河하 六祖上52·訓蒙上4
呂 : 려 翻小8:33·宣孟2:10	余여 宣孟6:25

以上 壬亂前 문헌에 上聲인 것이 오늘날 긴 소리, 平·去聲인 것이 짧은 소리여서 傳統性을 유지하고 있다.

地名	誤用例	바른 發音	현대어 사전	壬亂前文獻
鏡	경포대[gjʌŋ]	경:포대[gjə:ŋ]	경:포대(큰·국)	:경訓蒙中14
永	영동전화국[jʌŋ] 영등포전화국[jʌŋ]	영:동[jə:ŋ] 영:동[jə:ŋ]	영:구(큰·국)	:영救簡6:40 六祖中33
道	도봉산[do:]	도:봉산[do:]	도:봉산(큰·국)	:도六祖序3·訓蒙 中2

'鏡臺'의 '鏡', '永遠·永久'의 '永', '道德·道路·都廳·道義·道知事'의 '道'가 壬亂前 문헌에 上聲이요, 오늘날도 길므로 '鏡浦臺·永東電話局·永登浦·道峰山'의 '鏡·永·道'가 긴소리인 것이다.

이 地名에 있어서는 長短 발음을 제대로 하지 않으면 混同을 가져 오거나 混同의 우려가 없다고 하더라도 어색하게 들리거나 漢字素養 있는 사람의 귀에는 거슬리게 들리게도 되므로 역시 올바른 發音의 노력을 기울여야 될 것으로 생각한다.

긴소리 地名	짧은 소리 地名
광 廣州(경기)	光州(전남)
이 利川(경기)	伊川(강원도)
영 永同(충북)	嶺東(大關嶺 東쪽, 강원도)
永東(서울)	
永川(경북)	靈泉(서대문구)

이밖에도 '半月團地'의 '半'은 반:[b̥a:n]
慶州의 '慶'은 경:[gjə:ŋ]
濟州의 '濟'는 제:[ɉe:ˆ]
瑞草洞의 '瑞'는 서:[sə:ˆ]
晋州의 '晋'은 진:[ɉi:n]
馬山의 '馬'는 마:[ma:ˆ]

順天의 '順'은 순:[su:n]
富平의 '富'는 부:[b̥u:ˆ]
祭基洞의 '祭'는 제:[ɟe:ˆ]
漢南洞의 '漢'은 한:[ha:n]
裡里의 '裡'는 이:[i:ˆ]
二村洞의 '二'는 이:[i:ˆ]

도 제대로 발음이 되었으면 하는 것이다. 이들도 壬亂前 문헌에 上聲이어서 傳統的이다.

學校이름	긴소리	
景福高等	경:복고등[gjə:ŋ]	'景福宮·景武臺'의 '景'도 긴소리
慶尙大學	경:상대학[gjə:ŋ]	'經商大學'의 '경'은 [gjʌŋ]
瑞文女高	서:문여고[sə:]	'西門女高'의 '서'는 [sʌ]
舞鶴女高	무:학여고[mu:]	'無學'의 '무'는 [mu]
儆新高等	경:신고등[gjə:ŋ]	
信光女高	신:광여고[si:n]	信明女高 신: 명여고 [si:n]
聖心女高	성:심여고[sə:ŋ]	'誠信女大'의 '성'[sʌŋ]

등 誤用되는 事例가 있다. 이 중에서도 귀에 거슬리게 자주 들리는 말로 '高麗大學 高大'의 '高'를 고:[go:]로 잘못 발음하는 경향이 있다. 특히 운동중계의 경우, '고:대'와 '연대', '연대'와 '고:대'를 延發하는 것이다.

이것은 완전히 日本말 발음인 것이다. '高等學校·高級時計·高句麗'의 '高'는 제대로 발음하면서 '高速度路·高架道路·高大'의 '高'는 길게 발음하고들 있다. 조금만 정신 차리면 될 일을 등한히 생각하는 것은 유감이다. 제 母校이름이나 남의 학교 이름을 제대로 부를 수 있어야 한다.

人名

앞에서 例로 든「具鳳書」씨의 경우 이름만을 부를 때의「鳳」은「鳳凰새」의「鳳」이 길듯이 긴소리 발음이 바른 발음이다. 그런데 대개의 경우 姓名으로 부르게 되므로 이름 첫 글자를 짧게「具鳳書〔gu:boŋsʌ〕」처럼 「鳳」字를 짧게 발음하는 식으로 해도 그다지 귀에 거슬리지 않는다.

그러나 姓에서 일단 끊는 듯이 발음하고 이름 첫 글자를 半長길이로 발음을 하면 한글로 同名異音의 경우 발음으로 구별이 되어 좋다.

긴소리 이름		짧은 소리 이름
성	聖基, 盛基	成基, 星起
용	勇植, 用植	容植, 龍植
정	正淑	貞淑, 晶淑
경	敬姬, 慶姬	京姬, 庚姬
영	永宰	榮宰, 英載
광	廣賢	光鉉
중	重煥	中煥
상	上俊	商俊, 相俊
호	虎起	豪基

사람의 이름이란 뜻이 있게 마련이다. 우리나라의 경우, 漢字를 써서 이름을 지어온 역사가 오래고 대개의 경우 父祖가 子女나 孫子女들이 잘되기를, 옳게 자라기를, 오래 살기를, 健康하게 자라기를 바라는 愛情이나 所望을 담게 마련이다. 그래서 姓名三字를 얼마나 所重하게 생각하고들 있는가 이름 글자에 "正, 貞, 哲, 昇, 崇, 卓, 英, 榮, 德, 昌, 明, 聖, 賢, 俊, 慶, 惠……" 등 뜻 좋은 글자가 쓰여 온 것이 그런 데에 까닭이 있는 것이다.

따라서 제 이름을 父祖가 지어준 대로 옳게 쓰고 불러야 되고 남의 이름을 옳게 쓰고 불러야 하는 것이다. 남의 이름을 틀리게 쓰거나 틀린 발음으로 부른다며 크게 缺禮가 되는 것이다.

그러므로 例컨대 '金上俊'과 '金商俊'은 한글로는 같은 '김상준' 이지마는 混同을 피하기 위해 '金上俊'은 김상▼준[ġimsa▼ŋɟun]으로 '상'을 半長길이로 부르자는 것이다. '李敬姬'도 '이경희'와의 혼동을 막기 위해 '이:경▼희'/이:경▼히[i:gjə▼ŋhi]로 부르는 것이 좋겠다고 생각한다.

물론 混同만을 피하자는 뜻은 아니다. 漢子말의 경우, 'ㄱ,ㄹ,ㅂ' 받침 붙는 한자는 모두 짧은 소리발음이지만 'ㄴ,ㅁ,ㅇ'받침 붙는 漢字나 母音으로 끝나는 漢字의 경우는 거의가 長短 두 가지 발음이 있으므로 그것을 옳게 구분해서 발음했으면 좋겠다. '具鳳書'를 구:봉▼서[ġubo▼ŋsʌ]처럼 발음 하자는 것이다.

순 우리말이나 漢字말의 발음 잘못

첫 音節의 긴소리를 짧은 소리로(長→短例)

다음 事例들은 순 우리말이거나 漢字말이거나간에 壬亂前 문헌에 上聲點이 찍혀 나오는 것들로 현대어 사전에 긴소리 표시가 되어 있는 것이다. 그런데 이것들을 짧게 잘못 발음하고 있다.

> 感動, 個別통지, 改編, 擧論, 距離表示, 거짓, 거짓말, 建設계획, 建設위원회, 檢査, 競技, 競走, 警備員, 繼續, 季節, 古典무대, 古風, 困辱 舊式자동차, 口演대회, 冷靜하게, 넉字, 老母, 陋名, 눈 오면, 대장問, 道路網 道理, 道場, 童話, 凍土의 王國, 두 刑事, 많이, 賣官賣職, 모자라고, 某種, 問題, 뱀, 벌어도, 벌어졌읍니다, 벌려놓고(일을), 犯人 벗(友) 病이라도, 併算制, 報告, 寶物섬, 保社部, 否決, 否定的, 負擔, 副總理, 事理판단, 事前분산, 史上, 死藏, 使節, 四十萬, 上行線, 選擧, 性品, 世上에는, 所管, 쉽게, 施設, 市民, 市中銀行, 兩陣營, 어른料金, 語學교육, 얻어내다, 없어요, 없고, 與件, 演劇, 演技, 演藝人, 演奏, 演出家, 研究室, 練習, 染織工場, 永郎湖, 豫算, 運動경기, 有利하거나, 작게 보여도, (對話가)적어, 電熱효과, 電話, 展望臺, 正刻, 正答, 正修직업훈련원, 正直한, 정말이니, 정말

> 로, 젊고, 祭壇, 弔問, 賤德꾸러기, 態度, 下人, 好條件, 虎돌이, 貨物열차, 畵家, 畵面, 畵筆, 火葬, 換節期, 換算, 換率, 效果.

등에서 첫소리를 긴 소리로 발음하는 것이 전통적이요, 바람직한 발음이다. '거짓'의 '거'는 거̄:[gə:]가 서울의 표준발음이요, 거[gʌ]나 거:[gʌ]가 아니며 '어른'이나 '얻어내다' '없다'의 '어'도[ə:]발음이 표준발음이고 [ʌ]나[ʌ:]가 아니다. 漢字말의 "擧, 距, 建, 檢, 犯, 選, 性, 語, 電, 展, 正, 賤"발음도 'ə:'로 하고 "競, 警, 併, 與, 硏, 演, 練, 染, 永"발음은 [jʌ:]아닌 [jə:]로 하는 것이 표준발음이다.

첫音節의 짧은 소리를 긴 소리로(短→長例)

> 價格 · 歌詞 · 家電製品 · 甘言利說 · 强化 · 居住 · 居處 · 高度 · 高調 · 高氣壓 · 交通 · 方案의 하나 · 防衛태세 · 繁昌 · 思考 · 心臟病 · 알려진(曲) · 將軍 · 長點 · 長時間 · 傳함으로써 · 停車場 · 停年 · 줄여 · 撮影 · 派遣 · 寒波가 · 賢明 · 賢母

등에서 첫소리를 짧은 소리로 발음하는 것이 전통적이요, 표준발음이다. 그런데 이것들을 길게 잘못 발음하고 있다.

'强'字의 겨우, '强'하다 · 세다의 뜻인 "强國 · 强大 · 强弱 · 强力 · 强風 · 强權"의 '强'은 짧게 [gaŋ]으로 발음하고 '억지로'의 뜻인 "强制 · 强盜 · 强要 · 强奪 · 强勸"의 '强'은 길게[ga:ŋ]으로 구별하는 것이 전통적이요, 현대어 사전에도 그렇게 되어 있다. 따라서 '强化'의 '强'은 짧다.

'將軍'의 '將'은 '장수(將帥)'의 뜻으로 길어 "將帥 · 將兵 · 將校 · 將材"의 '將'은 장:[ɟa:ŋ]이고 '장차'의 뜻으로는 짧아 "將次 · 將來"의 '將'은 장[ɟaŋ]이다. 그러나 '將軍'이 宣小 6:22 · 宣孟12:24에 '쟝군'으로 '將'이 平聲이어서 오늘날 짧은 소리의 연원이 壬亂前부터임을 보이고 있다.

"長點 · 長時間"의 '長', 즉 '길다'의 뜻으로는 짧고, '어른 · 맏 · 자라다'의 뜻으로는 긴소리여서 "長官 · 長幼 · 長男 · 長成"

등 '장'은[ʒaːŋ]발음인데 이 뜻에 따른 구별사용도 전통적인 것이다.

예사소리를 된소리로(平→硬例)

簡單 간딴·效果 효꽈·冷氣 냉끼·딲아온·쪼려내고·뿕아내고 등이 있고 반대로 '물꼬기'발음이 옳은데 물고기[mulgogi]발음도 있다. '簡單'의 '單'과 '效果'의 '果'를 되게 발음하는 것은 日本말 발음의 영향이다. "名單·傳單"이나 "結果·成果"의 '單·果'가 예사소리임을 연상하면 그 잘못을 알 수 있다.

'冷氣'의 표준발음은 냉:기[nɛːŋgi]이다. '人氣'는 이미 救簡(1489년刊)1:4·6:39에 각각 '싄·끠'로 된소리요, "驚氣·狂氣·潤氣·貧血氣"의 氣는 된소리지마는 "景氣·空氣·血氣·士氣·勇氣"의 氣는 예사소리다. 이밖에도 '營養'을 '영냥'으로 잘못 발음하는 事例 등 허다하나 줄인다.

語法이나 敬語法의 잘못

'불리우고'는 '불리고'가 바른 말

우리말에서 '-우-' 接尾辭는 역사적으로 그렇고 오늘날에 있어서도 使動詞를 만드는데 專用된 것이다. 따라서

> 밟히우다·잘리우다·갈리우다·막히우다·쫓기우다·뜯기우다·빨리우다·불리우다……

와 같이 被動詞로 쓰고 있는 것은 잘못이다.

'좋지 않는'은 '좋지 않은'이 바른말

보조형용사라는 이름으로 불리는 것을 잘못 쓴 경우다.

> 깨끗하지 않는　　조용하지 않는
> 만족하지 않느냐　부족하지 않느냐

등, 이것은 모두 '-은', '-으냐'라야 옳다.

誤用事例	바른 말	쓰인 경우
生日	生辰	손위 어른
네妻	자네 부인	친구 부인
그이	걔, 애비	시어머니에게 남편을
어머니한테	어머님께	시어머니에게
너의 아버지 저 모양으로 하고 있더라도	계시더라도	어머니가 아들에게
너의 아버지 저 모양되지 않았어도	않으셨어도	"
고쳐 주고 있는데	고쳐 드리고 있는데	對民관계

語彙의 誤用

誤用事例	바른 말
運柩를 멘 체	靈柩를 멘 채
저기	제기
1시간 남짓여	1시간 남짓
봉욕을 당했던	욕을 봤던, 逢辱했던
반말짓거리	반말지거리

以上 姓氏·姓名·학교이름·人名에 있어서의 漢字音이나 그 밖의 漢字말의 경우, 連綿한 전통발음이 繼承되어 왔음을 인식할 필요가 있다. 자세한 것을 拙著로 미루거니와 그것은 순 우리말의 경우도 한가지다.

그런데 이 전통성이 語文敎育의 잘못, 특히 한글전용 방향의 교육에 의해 무너져가고 있음을 가슴 아프게 생각하는 것이다.

拙著 : 韓國語의 發音硏究[Ⅰ],一潮閣, 84,10.
韓國語의 發音硏究[Ⅱ], 仁荷大出版部, 84,12.
한국어표준어발음사전, 南廣祐 ·李喆洙 ·兪萬根, 韓國精神文化硏究院, 84.11.

4. 語文教育

-國語教育의 正常化를 위해 생각해 본다-

2.에서 나는 "國語尊重"이란 말을 썼다.

"國語尊重"이라고 해서 한글만을 쓰자거나 순 우리말偏向의 생각을 가지라는 뜻은 아니다.

근원적으로 "漢字는 중국글자, 漢字말은 外來語(또는 中國말)다"로 생각하는 것은 잘못된 생각이다.

우리가 예로부터 固有한 우리말을 생산해서 써오다가 漢字를 받아들여 우리 固有의 漢字音을 形成하고 숱한 우리 漢字말도 만들어 써왔는데 한편 옛날에는 中國에서 만들어진 漢字말, 19세기 말엽쯤서부터는 日本에서 만들어진 漢字말을 받아들여 우리 漢字音으로 고쳐 國語化해서 써온 것이다.

그러니까 韓國·中國·日本에서 각각 만들어진 漢字말이라도 그것이 漢字文化圈에서 통용될 수 있는 말이면 같은 漢字말이라도 中國漢字音으로 발음하면 中國말, 日本 漢字音으로 발음하면 日本말, 韓國漢字音으로 발음하면 韓國말인 것이다.

즉, "韓國·父母"를 漢字로 써놓으면 韓·中·日 등 같은 文化圈 사람이 바로 그 뜻을 알아차릴 수 있는 利點이 있어 좋고, 그것을 "한국·부모"로 읽으면 국어, "Kaŋk'ok'u·hubo" 읽으면 日本말, 'hank'uo·fumu'[1] 읽으면 中國말이 되는 것이다. 그러니까 漢字말은 어엿한 國語일뿐 아니라 漢字는 한글과 함께 國語를 표기하는 國字의 하나인 것이다.

한글은 獨創的이요 科學的이어서 훌륭한 글자의 一面을 가지고 있다. 그러나 한글은 表音文字여서 表意性이 없음이 흠이다. 漢字말이 우리말의 70%에 이르고 (不正·不定·不貞·不淨·父情·夫情……)·사채(社債·私債)·대사(大使·大師·大事…

1) 'hank'uo·fumu' → 현재는 'han guo'로 쓰이고 있음.

…)・학력(學歷・學力)등 同音異義語나, 성인(成人・聖人)・죄과(罪過・罪科)・단가(團歌・短歌・單價) 등 同綴異音語나 "사감・사고・사기・사도・사대・사시・사장・사적・사훈・사석・사상……", "가사・간사・객사・거사・고사・교사・내사・다사・도사・독사・동사・면사……" 등 한글一哥 한글兄弟가 十數萬單語에 이른다. 이 現況을 생각해 보아도 그렇고 將來(비슷한 것으로 豫想)를 생각해 보아도 한글전용으로 文字의 기능을 다할 수 없음이 분명하다. 그중 一例로 "사기"라는 표기로 "士氣・四氣・史記・死期・沙器・邪氣・社氣・詐欺……" 등 23개가 있고 그것도 長短으로 구별되어 발음되는 말들이 있음을 생각하면 理解를 할 수 있을 것이다.

그러면 漢字는 어떠한가. 漢字는 한 字 한 字에 뜻이 있는 만큼 자연히 글자 數가 많아지고 글자의 劃數가 많아져 배우기 어렵고 쓰기 어려운 흠이 있고 인쇄나 機械化에 있어 한글에 比해 어려움이 있음이 사실이다.

그러나 漢字에는 反面, 그 장점으로 視覺性・造語力・縮約力이 한글에 비해 월등한 것임을 認識해야 한다. 視覺性이란 漢字는 表意文字인 만큼 바로 뜻을 알아차릴 수 있고 그 긴소리나 사이된소리 즉 發音교육을 받기만 하면 바로 그 發音까지도 알아차릴 수 있는 특성을 가리킨다. "가정과 교육"이 "家庭과 敎育"인지 "家政科 敎育"인지 "정씨"가 "鄭氏"인지 "丁氏"인지, "조씨"가 "趙氏"인지 "曺氏"인지는 漢字라야 분명하지 않느냐는 것이다.

한글表記만으로는 발음과 달리 왜 "국어(구거), 직업(지겁), 학력(항녁)"으로 적느냐, 같은 發音인 "문리"와 "물리", "국리"와 "궁리"를 왜 달리 적느냐는 것도 漢字 知識 없는 초학자로선 큰 부담일 것이 틀림없다.

이런 우리말의 實狀을 두고도 한글전용정책이나 한글 전용 교육정책에 문제가 없다고 생각한다면 이것은 아무래도 억지의 주장이다.

문교부가 정한 基礎漢字에만도 "사"字는 32字(士·仕·史·使·射·謝·四·師·寺·死·絲·事·思·舍·巳·私·社·祠·蛇·捨·邪·賜·斜·詐·沙·査·寫·辭·斯·似·祀)요, "정"字는 19字(正·政·丁·頂·情·精·靜·井·定·貞·庭·停·淨·征·整·訂·亭·程·廷)다. 이들 "사"字가 앞뒤에 이루어지는 말은 漢韓大辭典에만도 1,617개요, "정"字는 1,249개다. 그런데 이들 글자 中 "士·仕·史·使·謝·四·死·巳·賜·似", "正·定·整"들은 말 첫머리에서 길게 발음되고 다른 글자들은 짧게 발음되는 것이다.

事情-査定·私情, 正常-頂上이 발음이 다르고 뜻이 다른 말들이므로 이들을 漢字로 써서 가르치고 배워야 視覺을 통해 뜻 파악이 빠르고 바른 發音도 익힐 수 있으며 듣는 쪽도 바른 發音으로 해야 뜻 傳達이 옳게 되는 것이다.

以上에서 밝혀진 바, 한글만의 表記에 여러 가지 短點이 있는데, 漢字가 이것을 補完해 주는 여러 長點이 있어 國字의 하나라고 주장하는 論據가 있다.

西歐의 여러 나라에 있어 로마字가 共用文字이듯이 漢字는 東洋文化圈의 共用文字로서 한글과 함께 國語인 순 우리말과 漢字말을 적는 國字다. 한글은 表音文字로서의 長點과 短點, 漢字는 表意文字로서의 短點과 長點을 가지고 있는 것이다.

國漢混用政策과 國漢混用教育政策의 當爲性

그러므로 한글과 漢字는 각각 短點을 버리고 長點을 취하는 採長補短으로 共存해야 하는 것이다. 晩時之歎이 있으나 한글專用이 愛國이라는 妄想에서 벗어나 우리말의 實態와 우리 文化의 實狀을 正視해서 國漢混用政策을 확립할 때가 됐다.

최근 中共·日本勢의 浮刻은 先進祖國을 指向하는 우리로서는 그들과의 文化交流·交易을 念頭에 두지 않을 수 없다. 또한 86년의 아시안게임, 88년의 올림픽을 생각할 때 20億 漢字文化圈의 人口가 있음을 감안하면 그런 현실적인 목전의 大行事를 생각해서도 同文化圈의 一員인 우리로선 漢字에 대한 再認識내지는 配慮가 강조되어야 할 것이다. 그것이 名分論으로나 國益面으로나 正論일 것이다. 뿐인가, 최근 KBS放映에 의하면 한글 전용으로 一貫하던 北韓의 國語·國史교과서나 美術교과서에까지 漢字가 괄호 없이 露出되는가 하면 略字까지도 登場을 하고 있는 것이다.

日本은 小學校부터 각급 학교 교과서가 모두 漢字 가나 混用이다. 幼稚園에서의 漢字敎育이 확대되었으며 小學校에서 1,000字, 中學校까지에 1,945字의 常用漢字를 읽도록 하고 高校까지에 그 쓰기의 완성을 목표로 하고 있는 것이다. 그래서 그들은 世界 第一의 讀書國임을 자랑하고 그들이 經濟大國으로의 成長의 배경이 바로 漢字거나 混用敎育으로 極大敎育·蓄積敎育을 한 덕분으로 分析하는 이도 있다. 필자는 그들의 常用漢字 1,945字라는 數字에 그들이 內在的으로 숨긴 意志를 읽는다. 그 數字는 바로 그들의 敗戰의 해인 數字인 것이다.

우리가 옛날에 있어서 漢字文化를 日本에 傳受한 스승의 나라로 先進文化國이었는데 통계에 의하면 그들 讀書量의 22%라는 것이다. 우리의 基礎漢字가 1,800字인데 그 造語力은 10萬 단어다. 최소한 이 정도의 漢字만이라도 初·中學校에서 익히면 우리나라 청소년들은 발로 신문도 읽고 책도 읽을 수 있는 힘이 생길 것은 明若觀火하다.

勝日의 길은 知力에 있고 知力은 讀書로 얻을 수 있으며 讀書力은 國語의 뼈대를 이루고 있는 漢字말 習得에서 생기고 漢字말 習得은 母胎가 되는 漢字 공부에 달려 있는 것이다.

〈『방송언어연구논총』, KBS 한국어연구회, 1988.〉

韓國語의 標準發音에 대하여

1953年 「傍點巧」·「長短音巧」를 시작으로 써모으기 시작한 國語發音의 有關論文은 22편이었다. 이것을 정리하여,

韓國語의 發音硏究[Ⅰ] -순우리말과 漢字말 표준발음을 중심으로-
1984. 10. 一潮閣.
권두 X, 本文 222, 索引5, 국판 238面
韓國語의 發音硏究[Ⅱ] 常用漢字 및 漢字말의 표준발음 硏究
- 긴소리·사이된소리를 중심으로 -
1984. 12. 仁荷大學校出版部,
권두 Ⅳ, 本文 481, 국판 448面.

의 두 권의 책으로 묶었다.

1973년 1월부터 「한국어표준발음사전」의 편찬을 위하여 본격적인 작업에 착수해서 標題語를 選定하고 한글 발음표시를 하는 등 辭典編纂을 위한 原稿作成의 일을 끝마친 것이 1978년 9월이었다.

이러던 중, 韓國精神文化硏究院의 硏究費 지원을 받아 '國語發音辭典 編纂을 위한 調査硏究'에 착수했다. 1979년 1월부터 1981년 12월까지의 3개년 계획으로 硏究가 추진되었다.

필자를 代表硏究者 李喆洙·兪萬根을 硏究者로 하여 調査·硏究가 진행되었다. 標題語를 늘리고 國際音聲記號(IPA)를 새로

달았으며 標準發音을 재검토했다.

이렇게 해서 나온 것이

韓國語標準發音辭典

1984. 11 韓國精神文化研究院 권두XⅧ, 本文 1,017 四六培版 1,035面이다.

내 發音研究는

"표준말은 敎養있는 사람들이 두루 쓰는 現代 서울말로 정함을 원칙으로 한다"는 趣意에 따라 標準發音의 定立을 위한 노력의 一端이다.

1. 長短發音은 壬亂前 諺解文獻 등에 나타난 傍點表示와 대체로 脈絡이 이어져 連綿한 傳統性이 있다. 例:

現代語 ＼ 區分	標 準 發 音 右:표 긴소리	中 世 語 文 憲 左:표 上聲 左·표 去聲 無 點 平聲
굵고	굴:꼬/굴:꾸	:굵·고(釋譜 6:32)
- 은	굴:근	:굴·근(釋譜 6:31)
- 으면	굴:그면	:굴그·면(釋譜 13:38)
적고	젹:꼬/적:꾸	:젹·고(釋譜 9:26)
- 은	저:근	:져·근(法華 3:83)
- 을	저:글	:져글·씨·라(月釋 1:6)
안고	안:꼬/안:꾸	:안·고(圓覺下一之一23)
- 아	아나/아너	아·나(初杜解 8:32)
살더니	살:더니	:사더·니(釋譜 6:37)
- 아	사라/사러	사·라(釋譜 9:35)
- 리다	살리다	살·이·다(月釋 2:77)
감동(感動)	감:동	:감·동(飜小 8:26)

단명(短命)		단:명		:단 · 명(宣小 5:26)
도리(道理)		도:리		:도 · 리(飜小 8:1)
상급(賞給)		상 급		· 샹 · 급(飜朴上 60)
군사(軍士)		군 사		군 · ᄉᆞ(訓蒙中 2)
수고(受苦)		수:고		:슈 · 고(初杜解 20:27)
수건(手巾)		수:건		:슈 · 건(訓蒙中 23)
장군(將軍)		장 군		쟝군(宣孟 12:24)
섬[斛]	섬[島]	섬[sʌm]	섬̄[sə:m]	셤(訓蒙下34):셤(龍歌53章)
매(鞭)	매[鷹]	매	매:	· 매(釋譜9:8):매(月釋10:77)
눈[眼]	눈[雪]	눈	눈:	· 눈(訓蒙上25):눈(訓蒙上2)
밤[夜]	밤[栗]	밤	밤:	· 밤(月釋序17):밤(訓蒙上
걷다[捲]	걷다[步]	걷다[ġʌ̀ɖtà]		11)
		걷̄:다[ġə:dtà]		걷 · 다(金三5:32)
				:걷 · 다(月釋8:94)
물다[嚙]	물다[徵]	물다	물다	믈 · 다(訓蒙下7)
				:물다(老朴集 · 單字解6)
곱다[屈]	곱다[炙]	곱다	곱:따	곱 · 다(初杜解 9:14)
				:곱 · 다(月釋 2:9)
家	江	가	강	가(訓蒙中4) 강(訓蒙上4)
膏	鼓	고	고	고(訓蒙中25) · 고(訓蒙中28)
可	講	가:	강:	:가(六朝序4):강(呂約40)

基礎漢字 1,800字 中 壬亂前의 現實聲調와 現代語의 長短音을 比較하면;

平 → 短 家歌干看 등 686字
去 → 短 鼓己起旣 등 145字
上 → 長 可假感敢 등 530字
入(ㄱ · ㄹ · ㅂ받침) → 短 334字 등이며, 平 → 長(攻苗) 등
去 → 長(慨孔 등) 上 →短(絹顧 등)의 例도 있으나,

以上 例에서 平 · 去 → 短, 上 → 長의 경향이 있음을 알 수 있다.

2. 같은 漢字가 뜻에 따라, 혹은 慣用에 따라 長短 두 가지로 發音되는 漢字말이 있다. 例:

簡	간	-單	-略	-便	-潔
	간:	-紙-	-牒-	-易	
强	강	-力	-權	-大	-風
	강:	-勸	-盜	-制	-奪
景	경	-致	-氣	-況	
	경:	-福	-慕	-品	-武臺
長	장	-短	-久	-點	-距離
	장	-官	-男	-老	-成
將	장	-來	-次	-軍	
	장	-校	-兵	-星	-帥

3. 現代語에서는 둘째 音節 以下에서 短音化하는 경향이 있다. 例;

목숨 참말 거짓말 참새 표범 함박눈 國語 標準語 生命 男性 重大性 姿勢

4. 音節이 縮約되어 長母音으로 된 것이 있다. 例;

개(가히, 犬)　　　　들(드르, 野)
재다(자히다, 計尺)　　졸다(ᄌᆞ올다, 眼)

5. ㄷ·ㅅ·ㅂ· 變則用言과 ㅁ·ㄻ·ㄴ·ㄹ 받침을 가진 用言의 語幹母音은 子音語尾 위에서 길게 발음되는 경향이 있으며 强調·誇張이 수반되는 말(작다, 적다<少>), 굵다, 없다, 많다 등)의 語幹母音도 길게 발음되는 경향이 있는 듯하다.

6. 사이된소리에도 傳統性은 連綿하다.

·긼·거리 (初杜解 23:11)　　　·누ᇇ·살(法華 2:13)

믌고기 (救簡 6:1)	밦둥(月釋 2:40)
숤가락 (月釋 18:44)	:잟국 (救簡 1:12)
싄긔 人氣(救簡 1:4)	:잠깐(月釋 9:29)

등은 現代語로도 사이된 소리 發音이요,

:돌그・ᄅᆞᆺ(三綱・孝 28)		돌:다리, 돌:담, 돌:부처
:돌・달고石杵(飜朴上 10)	→	돌:절구, 돌:집
:밤소이(救急下 42)	→	밤:송이

등이 現代語로도 사이된 소리 아닌 예사소리 發音이다.

7. 둘째音節 以下에서 된소리로 발음되는 것. 例:

價까……代-	單-	音-	定-	市-
間간……世-	離-	人-		
깐……暫-	門-	車-		
格격……價-	資-	規-	體-	
껵……人-	性-	昇-	呼-	
氣기……景-	空-	士-	血-	香-
끼……潤-	人-	警-	狂-	貧血-
法법……司-	方-	不-	違-	依-
뻡……加-	公-	私-	憲-	文-
的적……快-	人間-	希望-	道義-	
쩍……人-	內-	詩-	心-	知-
症증……火-	滯-	痢-		
쯩……狂-	厭-	冷-	失語-	

8. 긴소리나 사이된소리 發音을 명백히 구별하지 못하면 뜻의 混同의 염려가 있는 말들. 例;

밤밥[夜食] (밤빱) 밤밥[栗食](밤:밥)

산[買]짐승 산[生]짐승 (산:짐승) 산(山) 짐승(-찜-)
별세계(別世界) 별:세계(星)
새집[新家] 새:집[鳥巢]
成人 聖人, 私情 査定 事情, 他殺, 打殺, 嶺東 永東 永同, 光州 廣州, 丁氏 鄭氏, 曺氏 趙氏, 貞淑 正淑, 京淑 敬淑 慶淑.
단가 團歌 短歌 單價(단까)
성가 成家 聖歌 聲價(성까)
정적 政敵 靜寂 定積 靜的(정쩍)

9. 母音調和現象이 지켜진다는 擬聲·擬態語나 語尾 아/어, 過去時制 았/었에 있어서도 그 현상이 무너지고 있다.

(1) 擬聲·擬態語

깡총깡총→깡충깡충　　싹독싹독→싹둑싹둑
잘록하다→잘룩하다　　오뚝이→오뚝이

(2) 語尾 아/어, 過去時制 았/었 語幹의 끝音節母音이 '아'로 받침이 있는 語幹(ㅎ받침語와 ㅅ變則用言 제외)에는 '아·았' 보다 '어·었'쪽이 優勢한 듯하다.

(3) 2音節 以上의 ㅂ變則用言語幹의 끝音節母音이 '오·아'일 경우, 學校文法의 規制와는 달리 '와'아닌 '워'가 이어지는 것이 現實이 아닌가 한다.

다만, '아니꼬와' '반자와' '듣자와' '있사와' '없사와'의 경우는 '와'가 이어진다.

10. 單母音化現象

(1) ㅢ→ㅣ

<순우리말>

의뭉하다 · 의젓하다→으뭉하다 · 으젓하다
거의→거이 나의집→나에집
희끄무레하다 · 희끗희끗 · 희다 · 희떱다→히끄무레하다 · 히끗히끗 · 히다 · 히떱다

<漢字말>
衣服 依賴 倚子 義理 儀禮 疑問 擬人化 意味 醫師 毅然→의
歸依 便宜 好意 正義 質疑 禮儀 友誼 模擬 漢醫 建議 民主主義 → 이
希望 喜劇 稀貴 戱弄 犧牲 美姬 光熙門 遊戱 伏羲→히

(2) ㅖ→ㅔ

<순우리말>
계시다 계집 핑계 비계→게
예(昔, 여기), 예닐곱, 옛날, 예쁘다.
<漢字말>
계 計 界 系 係 溪 鷄 季 癸→게
례→예 禮儀 例外
→녜 敬禮 用例
례→레 虛禮 異例的
몌→메 連袂
폐→페 廢物 肺病 閉鎖 陛下 弊習 全廢 開閉 舊弊
혜→헤 惠澤 慧眼 恩惠 知慧
예 藝 曳 裔 預 銳

11. 圓唇母音化現象

현행 맞춤법에서 '-쁘다 · -프다'로 적고 있는 말들도 現實發音으로는 '-뿌다 · -푸다'인 것으로 본다. 이미 옛 文獻에

깃부다 밋부다 밧부다 어엿부다 골푸다 아푸다

가 있으며 朝鮮總督府辭典(1910年刊)에도 '-부다' 表記例를 보인다.

12. 겹받침語의 發音傾向

(1)ㄺ받침

맑고[말꼬] 맑게[말께] 맑던[막떤]

(2)ㄼ받침

'넓 떫 짧 섧'은 子音語尾위에서 '널 떨 짤 설'로 되나, '밟'만은 '밟고[밥꼬]·밟지[밥찌]'로 發音된다.

13. 'ㄴ,ㄹ[ɲ]' 소리의 介入傾向(ㅇ표)

(1) '藥'의 경우

丸藥 散藥 生藥 漢藥 洋藥 良藥
◦물藥 알藥 貼藥 驅蟲藥 消毒藥 蛔蟲藥

(2) '油'의 경우

石油 原油 肝油 輕油 重油
◦揮發油 潤滑油

(3) '炎'의 경우

酷炎 劇炎 肝炎 腦炎
◦肝臟炎 盲腸炎 肺炎(~렴)

(4) '用'의 경우

公用 共用 混用 援用 常用 濫用
。公共用 非常用 營業用

(5) '浴'의 경우

沐浴 混浴
。日光浴

以上을 보면 三音節語인 경우 ㄴ,ㄹ[ɲ] 소리가 介入하는 傾向이 있는 듯하다. '알・물・貼'은 名詞요, 藥도 名詞이므로 絶音法則에 의해 'ㄴ,ㄹ[ɲ]이 介入한 경우로 볼 수 있다.'

14. 舌側音化의 拒否現象

신라[실라] 전라도[절라도] 찬란[찰란] 단련[달련]
광한루[광:할루] 건립[걸:립] 군림[굴림] 신선로[신설로]
민란[밀란] 문란[물란]
곤란(困難) →곤란[골:란]
논난(論難) →논란[놀란]
한난계(寒暖計)→한란계[할란계]
한나산(漢拏山)→한라산[할:라산]

以上은 누구나 舌側音化해서 發音한다. 그러나
壬辰亂 意見欄 發電量 決斷力 相見禮 등 三音節語에서는 舌側音化를 拒否하는 現象이 一般化하려는 傾向이 아닌가 한다.
筆者 個人으로는,

관념(觀念)→관렴[괄렴]
권농동(勸農洞)→권롱동[궐:롱동]
김원룡(金元龍)→[김월룡]
당인리(唐人里)→[당일리]
태전리(胎田里, 경기도 廣州邑)→[태절리]

변난(辯難)→변란[별:란]
보관료(保管料)→[보:괄료]
보안림(保安林)→[보:알림]
분노(憤怒)→분로[불:로]
서소문로[西小門路]→[서소물로]
선납(先納)→선랍[설랍]
신념(信念)→신렴[실:렴]
완납(完納)→완랍[왈랍]
이원론(二元論)→[이:월론]
진노(震怒)→진로[진:로]

등의 發音인데, 특히 젊은層의 발음은 舌側音化 拒否反應인 것으로 보아 새로운 發音傾向이 아닌가 한다. <以下略>

하나의 念願

醇正한 國語, 우리 民族이 統一된 國語生活을 할 수 있기 위해서

(1) 家庭에서 어린이들에게 바른 發音指導를 할 수 있도록 主婦나 未婚女性들이,
(2) 學校에서 學生들에게 바른 發音指導를 할 수 있도록 敎員들이,
(3) 社會에서 온 國民에게 올바른 發音을 자연스럽게 귀를 통해 익힐 수 있도록 放送媒體에 종사하는 放送人이나 出演人事들이,

自體硏修와 아울러 어린이들에게, 學生들에게, 다른 이들에게 바른 發音에 대한 關心을 喚起시키고, 모든 國民이 呼應해서, 文化民族으로서 連綿히 이어져 온 傳承發音을 지켜나가 올바른 國語生活을 할 수 있었으면 하는 것이다.

〈『인문과학연구소 논문집』 제11집, 인하대학교, 1985.9〉

標準發音의 檢討

-지나친 規制를 止揚하고 現實發音을 尊重하는 方向으로-

필자는 현재 發音辭典 편찬을 추진 중인 바, 지금까지의 研究는 다음 拙稿에 피력되어 있다.

1. <長短音攷>「國語國文學」12・13號 54.11.15 「國語學論文集」 pp.265~276 再錄 一潮閣
2. <韓國에서의 漢字音聲調研究-常用漢字를 중심으로>「現代國語國字의 諸問題」pp.196~322, 70. 5.30 一潮閣
3. <國語辭典의 分析研究-「큰사전」의 長短音 표시를 중심으로>「改訂 現代國語國字의 諸問題」p.283~304, 73. 3. 5 一潮閣
4. <基礎漢字의 긴소리, 된소리 研究>「語文研究」3~10號, 74. 5~75.12, 一潮閣
5. <國語教育問題 管見>「語文研究」15・16號 發音教育 pp.46~52, 77. 8
6. <서울말의 發音傾向과 표준말의 問題點>「語文研究」20號, pp. 209~220, 78. 10
7. <서울말의 發音傾向과 표준말 再査定試案의 問題點-國語의 醇化와 教育> pp.205~283, 79. 6.30, 韓國精神文化研究院

등이 그것이다.

本稿는 국어발음사전(假稱) 편찬을 위한 協議會의 主題發表 원고 가운데 本誌에 이미 소개된 부분은 생략하고 싣기로 한다.

오늘날 학교교육에서 發音問題가 소홀히 다루어지고 있음은 유감이 아닐 수 없다. 학교교육에 있어 마땅히 올바른 發音教育의 노력이 있어야 하고 國語醇化라는 面에서도 이 문제는 크게 浮刻되어야 한다.

오늘날 우리말, 특히 漢字말 발음의 混濁現象의 要因은 다음과 같다.[1)]

① 日帝下 國語教育의 不在(이른바 朝鮮語教育이 행해지기도 했으나 日語教育에 比해 時間數가 적었고 그나마도 1938년에는 隨意科目<오늘날의 選擇科目으로 1941년에 폐지됨>으로 日本漢字音의 영향을 받았다.

② 해방과 6·25事變으로 인한 越南同胞나 피난민의 移動 등이 있어 서울發音의 混亂이 일어났다.

③ 한글專用 방향의 教育으로 漢字聲調에 대한 認識이 缺如되어 있고 따라서 發音教育이 있을 수가 없었다.

④ 혹 發音教育에 뜻이 있는 이가 있었다 하더라도 國語辭典에 따라 긴소리·된소리 表示가 다른 것이 있고 辭典에 통일되어 있는 것도 문제점이 적지 않아 표준발음이 定立되어 있지 않았다.

⑤ 학교 教師도 教師려니와 라디오·TV 등 放送員이나 出演人士들의 잘못된 發音에 의한 汚染이 또한 크다.

그러나 그 要因이야 어디에 있건 多數言衆(서울地域의 教養있는 壯年層)의 現實發音을 존중하는 방향으로 표준發音이 確立되어야 할 것이다.

---

1) 拙稿, <國語教育問題 管見>, 「語文研究」15·16號, 發音教育, pp.46~52, 1977. 8.

1. 긴소리(말의 長短)

① 「큰사전」(한글학회), 「국어대사전」(李熙昇編)에 긴소리인 것을 예사소리로

映畵 症勢 以下 略(「語文硏究」 15·16 참조)

② 「큰사전」, 「국어대사전」에 예사소리로 處理한 것을 긴소리고

佳人 歸國 以下 略(「어문연구」 15·16 참조)

③ 특히 靑少年層에서 긴소리 傾向이지만 예사소리로

加擔 居住所 階級 高架道路 痲浦 繁榮 沿道 沿邊 沿岸 資格 資本 傳統 侵略
※ 沿革

④ 국어심의회 한글分科委 審議 표준말 再査定試案에 긴소리로 되어 있는 것을 예사소리로

글짓:기 꽃구:경 별말:씀 새사:람 생담:배 잔사:설 큰마:누라 호배:추
긴소리→×
연:감 꽃게: 쌀광:(-꽝) 볏단: 낟:돈: 낟:말: 황:새: 속:셈: 들:일:(-릴) 배탈:
둘째音節의 긴소리→×
※개장국(-꾹) →개:장국(-꾹)
대:종가(大宗家)→대종가
「큰사전」대종손 대종중
정전:기(靜電氣)→정전기

다음 둘째音節의 긴소리→×
고성:능 무의:미 법의:식 복모:음 생화:학 여점:원

시외:가 원자:재 초단:파

십사:도 엄시:하 향고:양(←香供養) 사:동:사 사:화:산

상:반:기 연:분:홍 중:모:음 중:시:하 최:하:품

피:동:사 하:반:기 광:범:위 근:거:리 재:검:토

멋없:이 악세:다 억세:다 감돌:다 꺼:내:다 꿰:매:다

열:없:다 열:없:이

※「큰사전」에 값없다 실없다 열없다

다음에 쓰인 略號는

總-「總督府辭典」 文-「文世榮辭典」 큰-「큰사전」 국-「국어대사전」

▲표는 새로운(前辭典과 다른) 태도를 취한 것, 私見欄中 ( )는 같은 意見인 辭典 中 최초의 것.

긴소리표　總-・文-: 큰-간 대・私見-:

參考欄　(긴)-긴소리 (上)-上聲 (去)-去聲 (平)-平聲

漢字말	總	文	큰	대	私見	參考
街道	-	가	가도	가도	▲가:도	「金敏洙국어사
街頭	-	가	가두	가두	▲가:두(진:출)	전」(긴)
街路燈	-	가	가로등	가로등	가로등	
街路樹	-	가	가로수	가로수	가로수	
架空	-	가	가공	가공	▲가:공	訓蒙-(上)
架設	-	가	가설	가설	▲가:설	金敏-(긴)
暇隙	・가	:가	▲가극	가극	가:극(總)	宣論・宣小(上)
暇日	・가	▲가	가일	가일	가:일(總)	宣小諺解文閒
						한 暇・가
簡單明瞭	-	-	간단명료	▲간:단명료	간단명료(큰)	飜小・訓蒙 宣
簡單明瞭히	-	-	간단명료히	-히	간단명료히	小(上)
簡單히	-	-	간단히	-히	간단히	
簡牘	・간	:간	간독	간:독	간:독	
簡略	・간	:간	간략	간:략	▲간략	
簡明	-	:간	▲간명	간:명	간명(큰)	
簡素	-	-	간소	간:소	▲간소	
簡易	・간	:간	간이	간:이	간:이	
簡紙	간	▲:간	간지	간:지	간:지(文)	
簡便	・간	:간	간편	간:편	▲간편	
强勸	・강	:강	강권	강:권	강:권	類合
强迫	・강	:강	▲강박	강:박	강:박(總)	셀강(平)
强辯	-	-	-	강변:	▲강:변	힘쁠강(上)

强制	・강	:강	강제	강:제	강:제	
强行	・강	:강	강행	강:행	강:행	
故國	・고	:고	고국	고:국	고:국	'舊'의 뜻은
故山	–	–	고산	▲고:산	고:산(국)	(上), '故로'
故鄉	・고	▲고	고향	고:향	고향(文)	는 (去)
考古	–	고	▲고고	고고:	고:고(큰)	六祖・訓蒙
考究	–	고	▲고구	고구	고구(文)	尊經閣本(上)
考慮	–	고	고려	고려	고려	訓蒙東國本
考査	–	고	고사	▲고:사	고:사(국)	宣小(去)
考試	고	고	고시	고시	▲고:시	
考案	–	고	▲고안	고안:	고안(文)	
考證	–	고	고증	고증:	고증	
考察	고	고	고찰	고찰	고찰	
犬馬	견	▲:견	견마	견마	견마(總)	訓蒙・宣小
犬貓	–	:견	견묘	견:묘	▲견묘	(上)
犬猿	–	–	견원	견원	견원	
景概	경	경	경개	경개:	경개	飜朴上67
景慕	・경	:경	▲경모	경:모	경:모(總)	・경티
景武臺	–	–	경무대	경:무대	경:무대	訓蒙
景福宮	–	–	경복궁	▲경복궁	경:복궁(큰)	볃・경
景仰	・경	:경	경앙	경:앙	경:앙	宣小 3:1
景致	경	경	경치	경치	경치	景賢範(上)
景品	–	:경	경품	▲경품	경:품(文)	
掛冠	괘	괘	▲괘관	괘:관	괘관(總)	東漢音(上)
掛念	괘	괘	괘념	▲괘:념	괘념(總)	類合・三韻
掛圖	–	–	괘도	괘:도	▲괘도	奎章(去)
掛心	–	–	괘심	▲괘:심	괘심(큰)	
卦鐘	괘	괘	▲괘종	괘:종	괘종(總)	
怪怪罔測	・괴	:괴	▲괴괴망측	괴:괴망측	괴괴망칙(文)	東漢音・類合
怪物	・괴	:괴	괴물	괴:물	괴:물	・三韻 奎章
怪變	괴	▲:괴	괴변	괴:변:	괴:변(文)	(去)
怪狀(常)	・괴	:괴	怪常▲괴상	괴:상	괴상(큰)	:괴・벽혼
怪異	・괴	:괴	▲괴이쩍다	괴:이	괴이(큰)	宣小3:7(上)
怪疾	・괴	:괴	괴질	괴:질	괴:질	괴이히 宣
怪歎	・괴	:괴	괴탄	괴:탄	▲괴탄	小6:72(平)
愧赧	・괴	▲괴	괴난・▲괴란	괴:난・괴:란	괴란(文)	宣中・宣孟(上)
						塊・訓蒙(上)
						→短
						槐・魁(平)
壞亂	・괴	:괴	▲괴란	괴:란:	괴:란(總)	飜小8:22
壞損	・괴	:괴	괴손	괴:손:	괴:손	宣孟6:26
壞裂	・괴	:괴	▲괴렬	괴:열	괴:열(總)	괴(去) 宣小5:
壞證	・괴	壞症괴	▲괴증	괴:증[-쯩]	괴:증[-쯩](總)	2괴(上) 飜小

壞敗	·괴	:괴	괴̅패	괴:패	괴:패(總)	8:38 훼(上)
矯角殺牛	–	–	–	교각살우	▲교:각살우	宣大26(上)
矯導所	–	–	–	교:도소	교:도소	類合·石千
矯正	교	교	교정̅	교정:	▲교:정	三韻·奎章
矯弊	교	교	교폐̅	교폐	▲교:폐	(上)
口文	·구	▲구	구̅문	구:문	구문(文)	六祖·訓蒙
口味	·구	:구	구̅미	구:미	▲구미	宣小(上)
口算	구	▲:구	구̅산	구:산	구:산(文)	
口舌	·구	:구	구̅설	구:설	구:설	
口熱	구	▲:구	구̅열	구:열	구:열(文)	
口子湯	구	구	▲구̅자탕	구:자탕	구자탕(總)	
口傳	·구	:구	구̅전	구:전	구:전	
口錢	구	구	▲구̅전	구:전	구전(總)	
口臭	·구	:구	구̅취	구:취	구:취	
具(姓)		구	▲구̅	구	구:(큰)	'丘'(姓)
具備	구	구	구비̅	구비:	구비	
具體而微	·구	:구	–	▲구체이미	구체이미(국)	
具體的	–	:구	▲구체적	구체적	구체적(큰)	
具稟	·구	▲구	구품	구품	구품(文)	
難堪	난	난	난감	▲난:감	난:감(국)	三韻·奎章
難件	–	–	–	난:건[-껀]	난:건[-껀]	(平)···不易
難關	–	난	난관	난관	난관	(去)···患· 阻也·責也· 憂也
難局	–	난	난국	난구	난국	
難産	난	난	난산	난산	▲난:산	宣小2:43·
難色	–	–	난색	난색	▲난:색	宣論2:8
難語	–	–	난̅어	▲난어:	난:어(큰)	(平)····不 易
難處	난	난	난처	난처	▲난:처	六祖·宣中
難治	난	▲:난	난치	난치	난:치(文)	13(上)
難解	–	–	난해	난해:	▲난:해	
短距離	–	:단	단̅거리	단:거리	▲단거리	六祖·宣論(上)
短期	–	:단	단̅기	단:기	▲단기	
短命	·단	:단	단̅명	단:명	단:명	
短簫	·단	:단	단̅소	단:소	단:소	
短時日	·단	:단	단̅시일	단:시일	▲단시일	
短音	–	:단	단̅음	단:음	▲단음	
短杖	·단	:단	단̅장	단:장	단:장	
短縮	·단	:단	단̅축	단:축	▲단축	
短靴	–	:단	단̅화	단:화	단:화	
淡淡	·담	淡淡하 다	담̅담하다	담:담하다	▲담담	飜小8:17

淡泊	·담	:담 淡泊하다 :담	담박하다	담:박	▲담박	諺解文 淡 薄: 담 ·박
淡水	–	:담	담수	담:수	▲담수	訓蒙·宣中(上)
大斗	대	대	대두	▲대:두	대두(總)	救簡·飜小
大宗家	대	▲:대	대종가	대:종가	대종가(總)	宣小·宣大(上)
大宗孫	대	▲:대	대종손	대:종손	대종손(總)	
大宗中	–	–	대종중	대:종중	대종중(큰)	
帶氣音	–	–	–	대기음	▲대:기음	飜小·訓蒙·
帶同	·대	:대	대동	대:동	대:동	宣小·宣論
帶狀	–	–	대상	대상	대상	(上)
帶小數	–	대	대소수	대소수	▲대:소수[-쑤]	
帶率	대	대	대솔	대솔	대솔	
帶妻	대	:대	대처	대:처	대:처	
帶下	·대	:대	대하	대:하	대:하	
童蒙	동	▲:동	동몽	동몽	동몽(總)	六祖·訓蒙·
童蒙先習	동	–	동몽선습	동몽선습	동몽선습	宣小·宣論
童心	동	▲:동	동심	동:심	동:심(文)	(平)
童謠	·동	:동	동요	동:요	동:요	
露骨	–	:노	노골	노:골	▲노골	訓蒙·宣小
露宿	·로	·노	노숙	노:숙	▲노숙	(上)
露積	·로	·노	노적	노:적	노:적	宣中50(去)
露天	–	:노	노천	노:천	노천	
露出	·로	:노	노출	노:출	▲노출	
柳(姓)	–	유	▲유	유	유(文)	六祖·宣小
柳綠	·유	:유	유록	유:록	유:록	宣論(上)
柳成龍	–	–	유성룡	유:성룡	▲유성룡	訓蒙東國本
柳僖	–	–	유희	유:희	▲유희	(去)
離間	리	이	이간	이간	▲이:간	東漢音(平)(去)
離陸	–	–	이륙	이륙	▲이:륙	三韻·奎章
離別	리	이	이별	이별	▲이:별	(平)陳也·麗也
離散	–	–	–	이산	▲이:산	(去)去也六祖中
離脫	–	–	–	이탈	▲이:탈	31·宣孟1:14
離合	리	이	이합	이합	▲이:합	(平)宣論論
離婚	리	이	이혼	이혼	▲이:혼	4:12·宣中1(上)
裏面	리	:이	裡이면	이:면	이:면	供養·訓蒙·
裏書	–	:이	▲이서	이서	이:서(文)	宣大(上)
裏作	–	–	–	이:작	이:작	
晩到	·만	:만	▲만도	만:도	만:도(總)	訓蒙·宣小
晩得	·만	:만	만득	만:득	만:득	(上)
晩成	만	▲:만	만성	만:성	만:성(文)	

晩時之歎	만	▲:만	만시지탄	만:시지탄	만:시지탄(文)	
晩餐	·만	▲:만	만찬	만:찬	만:찬	
滿期	–	만	만기	만기	만기	六祖(上)
滿喫	–	–	만끽	만끽	만끽	
滿堂	–	:만	▲만당	만:당	만:당(文)	
滿面	·만	:만	만면	만:면	만:면	
滿發	·만	:만	만발	만:발	만:발	
滿腹	·만	:만	만복	만:복	만:복	
滿朔	·만	:만	▲만삭	만:삭	만삭(큰)	
滿員	–	만	만원	▲만:원	만원(文)	
滿人	만	:만	만인	만:인	만인(總)	
滿點	–	만	만점	▲만:점(-쩜)	만점[-쩜](文)	
滿足	·만	▲만	만족	만:족	만족(文)	
滿座	·만	:만	만좌	만:좌	만:좌	
賣家	·매	:매	매가	매:가	매:가	訓蒙(上)
賣買	매	매	매매	매매	매매	
賣文	·매	:매	▲매문매필	매:문	매:문(總)	
賣上高	–	:매	매상고	매:상고	매:상고	
賣惜	–	매	–	▲매:석	매:석	
賣約	–	:매	매약	매:약	매:약	
每年	▲ᄆᆡ	:매	매년	매:년	매:년	
每番	–	:매	매번	매:번	매:번	
每事	·ᄆᆡ	:매	매사	매:사	매:사	
每양	–	每樣매	每-매양	每-매:양	▲매양	
每日	·ᄆᆡ	:매	매일	매:일	▲매일	
聞見	·문	:문	문견	문:견	문:견	六祖・救簡・飜小・訓蒙・宣大(平)宣小3:10(上)
聞慶	–	–	문경	문:경	▲문경	
聞一知十	·문	:문	문일지십	문:일지십	문:일지십	
迷宮	–	:미	미궁	미궁	미:궁(文)	六祖・訓蒙(平)
迷夢	–	:미	미몽	미몽	미:몽(文)	
迷信	–	:미	미신	미신	미:신(文)	
迷兒	미	▲:미	미아	미아	미아(總)	
迷惑	미	미	미혹	미혹	미혹	
放免	·방	:방	방면	방:면	방:면	飜小・宣大(上)
放送	·방	:방	방송	방:송	방:송	
放置	–	:방	방치	방:치	방:치	
放學	·방	▲방	방학	방:학	방학(文)	
放火	·방	:방	방화	방:화	방:화	
凡例	범	범	범례	범례	▲범:례	六祖・宣大(平)金敏모두(긴)
凡百	범	범	범백	범백	▲범:백	
凡夫	–	범	범부	범부	▲범:부	
凡俗	–	범	범속	범속	▲범:속	

凡節	범	범	범절	범절	범절	
射擊	샤	사	사격	사격	사격	訓蒙 · 뽈샤 ·
射殺	· 샤	:샤	▲사살	사살	사살(큰)	(上)
射手	· 샤	:사	사수	▲사수	사수(국)	
射場	· 샤	:사	사장	사:장	사:장	
射亭	· 사	:사	사정	사:정	사:정	
射精	–	:사	사정	사:정	▲사정	
射倖	–	:사	▲사행	사행	사행(큰)	
社交	–	사	사교	사교	사교	三綱 · 內訓
私設	–	사	▲사설	사:설	사설(文)	'社稷'의 '社'
社員	–	사	사원	▲사:원	사원(文)	(去)飜小 · 宣中
社長	–	사	사장	▲사:장	사장(文)	(上)飜朴上17
社稷	· 샤	:사	사직	사:직	▲사직	에 '·샤신(社
社債	–	사	사채	사:채	사채(文)	神)' (去)
社會	–	:사	사회	사:회	▲사회	
寫生	–	:사	사생	사:생	▲사생	訓蒙 · 宣小(上)
寫手	:샤	:사	▲사수	사수	사수(큰)	
寫實	–	:사	▲사실	사:실	사실(큰)	
寫場	–	–	사장	사:장	▲사장	
寫眞	· 샤	:사	▲사진	사진	사진(큰)	
素국	–	–	소국	소:국	소:국	訓蒙(去)
素朴	–	:소	▲소박	소:박	소박(큰)	飜小 · 宣中 ·
素밥	–	:소	소밥	소:밥	소:밥	宣小(上)
素服	· 소	:소	소복	소:복	소:복	
素數	–	:소	▲소수	소수	소수[-쑤](큰)	
素養	–	소	소양	▲소:양	소양(文)	
素因	–	:소	▲소인	소인	소인(큰)	
素材	–	:소	소:재	▲소재	소재(국)	
素症	· 소	:소	소증	소:증	소:증[-쯩]	
素質	–	소	▲소질	소질	소질(文)	
素饌	· 소	:소	소찬	▲소찬	소:찬(總)	
試食	–	:시	시식	시:식	시:식	供養 · 宣中(上)
試用	· 시	:시	시용	시:용	시:용	
試合	–	:시	–	시:합	▲시합	
試驗	· 시	:시	▲시험	시험:	시험(큰)	
伸開線	–	–	–	신개선	신개선	三施 · 訓蒙(平)
伸救	신	신	▲신구	신:구	신구(總)	
伸筋	–	–	–	신근	신근	
伸圖	–	–	신도	신도	신도	
伸冤	신	신	▲신원	신원:	신원(總)	
伸長	신	신	▲신장	신:장	신장(總)	
伸縮	신	신	▲신축	신:축	신축(總)	
審理	심	심	심리	심리	심리	宣小 · 宣中(上)

審査	심	심	심사	심사	심사	
審藥	· 심	:심	심약	심:약	심:약	
審議	–	:심	심의	▲심의	심:의(文)	
審判	심	▲:심	심판	심:판	심:판(文)	
審判官	–	:심	심판관	심:판관	심:판관	
雅淡(澹)	雅澹 · 아	雅澹 ▲아	아담	아:담	아담(文)	宣小 · 宣論(上)
雅俗	· 아	:아	아속	아:속	아:속	
雅樂	· 아	:아	▲아악	아악	아악(큰)	
雅趣	· 아	:아	아취	아:취	아:취	
亞流	–	:아	▲아류	아:류	아:류(文)	六祖 · 宣論(上)
亞聖	–	:아	▲아성	아:성	아:성(文)	'次'의 뜻으론
亞細亞	–	–	아세아	아세아	아세아	긴소리 取音
亞鉛	아	아	아연	아연	아연	인 것은 예사
亞將	· 아	:아	아장	아:장	아:장	소리
亞洲	아	–	아주	아주	아주	
亞獻	· 아	:아	아 헌	아:헌:	아:헌	
愛國	· ᄋᆡ	:애	애국	애:국	▲애국	六祖 · 訓蒙(上)
愛用	· ᄋᆡ	:애	애용	애:용	▲애용	
愛人	愛人如己 · ᄋᆡ	:애	애인	애:인	▲애인	
愛情	· ᄋᆡ	:애	애정	애:정	▲애정	
愛酒	· ᄋᆡ	:애	애주	애:주	▲애주	
燕	–	연(姓)	연(姓 · 國名)	연(姓)▲연:(國名)	연(큰)	奎章
燕居	· 연	:연	▲연거	연:거	연거(큰)	召公所封(平)
燕京	–	–	연경	▲연:경	연경(큰)	鷰玄鳥 同
燕麥	· 연	:연	▲연맥	연:맥	연맥(큰)	醼合飮 同
燕子	· 연	:연	연자	연:자	연:자	宣孟2:29 '燕
燕雀	· 연	:연	연작	연:작	연:작	民' '燕'은(平)
燕行	연	연	연행	▲연:행	연행(總)	飜小 · 宣中
炎涼	염	염	염량	염량	염량	訓蒙(平)
炎魃	–	–	염발	염:발	▲염발	
炎熱	염	염	염열	염열	염열	
炎天	염	염	염천	염천	염천	
瓦家	와	와	▲와가	와:가	와:가(큰)	六祖 · 訓蒙(上)
瓦屋	와	와	▲와옥	와:옥	와:옥(큰)	
瓦匠	· 와	:와	와장	와:장	와:장	
瓦解	와	와	와해	와해	▲와:해	
要綱	–	요	요강	요강	▲요:강	類合 · 石千
要求	요	요	요구	요구	▲요:구	종요요(去)
要緊	요	요	요긴	요긴	요긴	奎章
要談	–	:요	▲요담	요담	요:담(文)	求也 · 察也 ·

要領	요	요	요령	요령	요령	勅也(平)
要素	–	요	요소	요소	요소	約也・樞也・
要所	–	–	–	요소	요소	欲也(去)
要約	–	요	요약	요약	요약	飜小・宣論(平)
要人	–	요	요인	요:인	요:인(국)	
要點	요	요	요점	요점[–쩜]	▲요:점[–쩜]	
要컨데	–	요	▲요컨데	요:컨데	요:컨대(큰)	
雨備	・우	:우	▲우비	우:비	우:비(總)	飜小・訓蒙(上)
雨傘	・우	▲우	우산	우:산	우:산(總)	
雨天	–	우	▲우천	우:천	우:천(큰)	
又況	・우	:우	▲우황	우:황	우:황(總)	飜小・宣大(上)
遇賊歌	–	–	–	–	우:적가	供養・宣論(上)
遇害	・우	:우	▲우해	우해:	우:해(總)	
偶發	–	–	우발	우발	▲우:발	宣小(上)
偶數	우	우	우수	우수	▲우:수[–쑤]	
偶然	・우	:우	우연	우:연	▲우연	
偶然性	–	:우	▲우연성[–썽]	우:연성:[–썽]	우연성[–썽] (큰)	
偶合	・우	:우	▲우합	우:합	우:합(總)	
怨咎	원	▲:원	원구	원구	원:구(文)	奎章 讐也(平)
怨望	・원	:원	원망	원:망	원:망	恨也(去) 飜小
怨聲	・원	:원	원성	원:성	원:성	・宣中(上)
怨讐	원	원	원수	원수	원수	宣小 '讐'의 뜻
怨恨	・원	:원	원:한	원:한	원:한	으로 (平)
援軍	–	:원	▲원군	원군	원:군(文)	奎章
援兵	원	▲:원	원병	원병	원:병(文)	引也拔也(去)
援用	–	–	–	원용	▲원:용	助也(去)
援助	원	▲:원	원조	원조	원:조(文)	
援護	–	:원	▲원호	원호	원:호(文)	
爲國	–	위	위국하다	위국	▲위:국	釋譜6:24 :위
爲始	–	위	위시	위시	위시	ᄒᆞᅀᆞᄫᅡ 六祖・
爲人	–	위	위인	위인	위인	宣論(上) 六祖
爲하다	・위	▲위	위하다	위하다	위:하다(總)	宣大(平) 되다・하다(平) '위하다'(上)
飮毒	–	음	▲음독	음:독	음독(文)	訓蒙(上)(去)
飮料	–	음	▲음료	음:료	음료(文)	飜小・宣中(上)
飮福	・음	▲음	음복	음:복	음복(文)	
飮食	・음	:음	음식	음:식	음:식	
飮酒	–	음	▲음주	음:주	음주(文)	
應當	・응	:응	▲응당	응:당	응당(큰)	類合
應募	・응	:응	응모	응:모	응:모	ᄃᆡ답응(去)
應用	응	▲:응	응용	응:용	응:용(文)	일뎡응(平)

應援	–	:응	응원	응:원	응:원	
應接	·응	:응	응접	응:접	응:접	
議事	의	의	의사	의사	의사	六祖·呂約·宣小(上)
議長	의	의	의장	의장	의장	
議政府	·의	·의	의정부	▲의정부	의:정부(總)	
耳聾	이	이	▲이롱	이:롱	이:롱(큰)	六祖·飜小·訓蒙(上)
耳目	이	이	▲이목	이:목	이:목(큰)	
忍苦	–	–	–	인고	인고	六祖·宣小(上)
忍耐	·인	·인	▲인내	인내	인내(큰)	
忍冬	인	▲:인	인동	인동	인동(總)	
引見	·인	:인	인견	인:견	▲인견	訓蒙·宣孟(去)
引繼	–	:인	인계	인:계	▲인계	
引導	인	인	▲인도	인:도	인도(總)	
引渡	–	인	▲인도	인:도	인도(文)	
引力	–	인	인력	인력	인력	
引上	–	:인	▲인상	인상	인상(큰)	
引率	–	–	–	인솔	인솔	
引用	·인	:인	인용	인:용	▲인용	
引飮症	인	인	▲인음증	인:음증[-쯩]	인음증[-쯩](總)	
恣意	ᄌᆞ	자	자의	자의:	▲자:의	宣孟(平)
恣行	ᄌᆞ	자	▲자행	자:행	자:행(큰)	
占	졈	점	점	점	점	奎章 視兆·問也·候也·瞻也(平) 擅據·著位 口授(上) 訓蒙졈복졈(平) 供養(上)
占據	·졈	:점	▲점거	점거	점:거(總)	
占卦	졈	점	점괘	점괘	점괘[-꽤]	
占領	–	:점	▲점령	점령	점:령(文)	
占術	졈	점	점술	점술	점술	
占有	–	:점	▲점유	점류	점:유(文)	
淨書	·정	▲정	정서	정서	정서(文)	六祖(上)
淨化	–	정	▲정화	정:화	정화(文)	
種類	·종	:종	종류	종:류	종:류	六祖·宣孟(上) 訓蒙시믈종 又上聲ᄡᅵ:종
種目	·종	:종	종목	종:목	종:목	
種子	종	종	종자	▲종:자	종자(總)	
種族	–	종	종족	▲종:족	종족(文)	
鎭南浦	–	–	진남포	진:남포	▲진남포	龍歌3:15 '鎭浦딘개'
鎭壓	진	▲:진	진압	진:압	진:압(文)	
鎭靜劑	鎭靜·진	鎭靜·진	진정제	진:정:제	▲진정제	
鎭痛	–	:진	진통	진:통:	진:통(文)	六祖(去)
吐露	–	:토	토로	토:로	▲토로	訓蒙·토흘·토救簡·宣論(去)
吐瀉	·토	:토	토사	토:사	토:사	
吐하다	–	:토	토하다	토:하다	▲토하다	
討論	토	토	▲토론	토:론	토:론(큰)	宣論3:53

討伐 討議	토 –	토 토	토벌 ▲토의	토벌 토의	토벌 토:의(큰)	'討論 · 토론'
話頭 話術 話題	·화 – –	:화 – :화	화두 – 화제	화:두 화:술 화:제	▲화두 ▲화술 ▲화제	飜小 · 訓蒙(上)

순우리말	總	文	큰	국	私見	古語辭典
낳다	· 나ㅅ타	:낳다	▲낳다	낳다	낳:다(總)	나 · 티
넣다	· 넛타	:넣다	▲넣다	넣다	넣:다(總)	너 · 코
놓다	놋타	놓다	놓다	놓다	놓다	노:솝고
닿다	· 닷다	:닿다	닿다	닿:다	닿:다	다 · 케
땋다	· ᄊᆞᆺ타	▲땋다	땋다	땋다	땋:다(總)	다 · 하
빻다	–	빻다	빻다	▲빻:다	빻:다(국)	–
쌓다	· 싸타	▲쌓다	쌓다	쌓다	쌓:다(總)	· ᄉᆞ리
좋다	· 좃타	:좋다	좋다	좋:다	좋:다	:됴 · 코
찧다	· 찟다	▲찧다	찧다	찧다	찧:다(總)	디 · 코
곪다	· 곪짜	▲곪다	곪다	곪다	곪:다(總)	
굶다	· 굶다	▲굶다	굶다	굶다	굶:다(總)	
남다	· 남짜	▲남다	남다	남다	남:다(總)	:남디(過)
닮다	· 닮다	▲닮다	닮다	닮다	닮:다(總)	:닮디
뿜다	· 쑴다	:뿜다	▲뿜다	뿜다	뿜:다(總)	
심다	· 심ㅅ다	'쉼다' 에 보다	▲심다	심:다	심:다(總)	시므 · 고, 시므 · 게
옮다	· 옮다	:옮다	▲옮다	옮:다	옮:다(總)	:옮 · ᄃᆞᆺ
품다	· 품짜	▲품다	품다	품다	품:다(總)	
끌어내다	–	–	끌어내다	▲끌어내:다	끌:어내:다(큰)	
끌어넣다	–	–	끌어넣다	끌어넣다	▲끌:어넣:다	
끌어대다	–	–	끌어대다	▲끌어대:다	끌:어대:다(큰)	
끌어매다	–	–	끌어매다	끌어매:다	▲끌:어매:다	
끌어안다	ᄭᅳᆯ어안ㅅ다	▲:껼어안다	끌어안다	끌어▲안:다	끌:어안:다(文, 국)	
끌어올리다	–	–	끌어올리다	끌어올리다	▲끌:어올리다	
끌리다	· ᄭᅧᆯ리다	:껼리다	▲끌리다	끌리다	끌:리다(總)	

2. 된소리

① 일찍이 生産된 말로 이미 굳어져 通用되는 말은 그대로 예사소리로

同價紅裳 成果 效果 文科(옛 科擧) 武科 大科 小科 敎科書 乾卦 坤卦 八卦 六十四卦 文字(漢文으로 된 어려운 말) 大字 小字 細字 篆字 行狀 二點 痢症 滯症 火症

※ 定價 戰果 理科 商科 敎科科程 占卦 漢字 英字 賞狀 盲點 終點 冷症 素症

② 現實音을 尊重해서 된소리로

課題帳 單語帳 日記帳→짱

※ 모기帳

③ 다음 된소리化의 傾向이 있으나 예사소리로

김:밥 양담배 돌:다리 돌:담

④ 辭典에 따라 異見이 있는 것에 대한 處理

	總	文	큰	국	私見
加數 (數의 增加)	가수	가수	가수	가수	가수
加數(+)	–	–	갓수	▲가수	가수[-쑤](큰)
減數(-)	–	–	감수[-쑤]	감:수[-쑤]	감:수[-쑤]
公倍數	–	공배:수[-쑤]	▲공배수	공배:수	공배수[-쑤](文)
奇數	긔ㅅ·수	기:수[-쑤]	▲기수	기수	기수[-쑤](總)
大數	–	:대:수	대수	대:수	대:수
代數(世代數)	됫수	대:수[-쑤]	–	대:수[-쑤]	대:수[-쑤]
代數	–	:대:수[-쑤]	▲대수	대:수	대:수[-쑤](文)
對數	–	:대:수[-쑤]	▲대수	대:수	대:수[-쑤](文)
負數(-)	–	:부:수[-쑤]	부수	부:수:	부:수[-쑤](文)
分數(分別)	·분·수	:분:수	분수	분:수	분:수
分數	–	분수[-쑤]	분수[-쑤]	분수[-쑤]	분수[-쑤]
少數	·쇼·수	:소:수	소수	소:수	소:수

小數	-	:소:수[-쑤]	▲조수	소:수	소:수[-쑤](文)
素數	-	소:수[-쑤]	▲소수	소수	소수[-쑤](文)
偶數	우ㅅ·수	우:수[-쑤]	▲우수	우수	우:수[-쑤](總)
整數	-	:정:수[-쑤]	▲정주	정:수:	정:수[-쑤](文)

3. 母音調和

무너진 것은 무너진대로

작어 깍어 가까워 고마워(以下略 「語文硏究」20號 참조)

<母音調和現象에 대한 硏究-現代語를 중심으로>
(「國語國文學」62·63號 pp.97~109, 73.12. 1참조)

4. 單母音化

① 띄우 씌우→띠우 씨우
의뭉 의젓하다 거의→으뭉 으젓하다 거이
희다 희끗희끗 희떱다→히다 히끗히끗 히떱다
希望 喜劇 稀貴 戲弄 犧牲 美姬 歡喜 光熙門 遊戲 伏羲 희→히

② 계시다 계집 핑계 비계→게
溪鷄季界計癸系係桂
계→게
(憩偈揭···게)
차례(←次第)→차레('겨레 치레 으레' 처럼)
허례허식→허레허식
이:례적→이:레적
※ '答禮 敬禮 實例'의 '禮, 例'는 '녜·례'로
連袂 袂別 몌→메
弊幣廢肺陛蔽 폐→페
惠慧兮彗 혜→헤
(「語文硏究」20호 P.214 참조)

5. 圓脣母音化

가쁘다 기쁘다 나쁘다 미쁘다 바쁘다 고프다 슬프다 아프다→뿌・푸
그믐→그뭄
(「語文硏究」20호 pp.215~216 참조)

6. 口蓋母音化

측량 관측 우측 측은→칙(測側惻) 측문(仄聞) 층계(層階) 증조(曾祖)
→칙・칭・징
(「語文硏究」20호 p.216 참조)

7. 겹반침語

ㄺ・・・늙 맑 밝 얽・・・ㄱ으로 시작되는 語尾 '-고 -게 -기' 위
에서는 'ㄹ', 그 以外의 子音語尾 위에서는 'ㄱ'
ㄼ・・・여덟→여덜
여덜이 여덜은 여덜에 여덜과
여덜도 여덜모 여덜사람
다만 '여덜패(←여덟해)'에만 ㅂ소리 介在

넓떫짧섧・・・첫소리가 子音인 語尾가 뒤따르면 'ㄹ'로 발음
되고 다음 子音은 된소리로 발음된다.
'밟'만은 'ㅂ'
그러나 '히' 接尾辭 위에서는 'ㄹ'
'넓적, 넓적다리'는 'ㅂ'
(拙稿 서울말의 發音傾向과 표준말 再査定試案의 問題點 참조, 以下 8~11項도 같음)

8. 받침소리의 流動傾向

ㅋ-ㄱ 부엌-부억 東녘-東녁 西녘-西녁
ㅍ-ㅂ 무릎-무릅 헝겊-헝겁
ㅈ-ㅅ 빚-빗 젖-젓
ㅊ-ㅅ 꽃-꼿 숯-숫 돛-돗 덫-덧 옻-옷 윷-윳
ㅌ-ㅅ(ㅊ) 팥-팟(팣) 끝-끗(끚) 솥-솟(솣) 밭-밧(밫)

줍다-줏다, 닿다-닷다

9. 側音化

견인력[견일력] 판단력[판달력]
음운론[음울론] 이원론[이월론]
보관료[보:괄료] 광한루[광:할루]
관념[괄렴] 신념[실렴] 권농동[궐:롱동]
당인리[당일리] 대천리[대:철리] 삼천리[삼철리]
신선로[신설로] 서대문로[서대물로]

10. 'ㄴ, ㄹ' 소리의 介入

태평양[태평냥] 일광욕[일광뇩]
균열 분열→녈
군율 선율 운율 전율 백분율 생산율→뉼

11. ㅣ母音同化

정강이(정갱이) 바스라기(바스래기)
싸라기(싸래기) 아지랑이(아지랭이)
잠방이(잠뱅이) 앞잡이(앞재비)
잦히다(재치다) 곰팡이(곰팽이)
지팡이(지팽이) 구더기(구데기)
웅덩이(웅뎅이) 젖히다(제치다)

"오래기 지푸래기 방맹이 갓쟁이"의 경우와 一貫性이 없다는 印象
左→右(괄호안)로

12. 舌側音化 · 舌顫音化 · 同音省略

① 舌側音化

困難 · 論難 곤난-곤란[골-]
논난-논란[놀-]
寒暖 한난-한란[할-]
漢拏山 한나산-한라산[할-]

溫暖 辯難 患難 先納 完納 憤怒 震怒 勸農洞 典農洞
'ㄴ→ㄹ'로

【參 考】

全燁(젼렵 東新續三 孝 5:5) 不遷怒(불쳔로 飜小 8:3)
嗔怒(진로 三施 39) 勸農(퀄롱 松江 星州本)
成勸農(셩권롱 松江 星州本) 煙濃(연롱 供養 9)

② 舌顫音化

保寧 宣寧 載寧 會寧 녕→령
許諾 낙→락 大怒 喜怒哀樂 노→로
未納 滯納 掛念 留念 'ㄴ→ㄹ'로

【參 考】

素那(소라 東新續三 忠 1:10) 許諾(허락 類合下 36)
疑難處(의란쳐 飜小 8:34) 自念(ᄌᆞ렴 飜小 8:26)
次拈香(ᄎᆞ렴향 供養 31) 開寧(ᄀᆡ령 東新續三 孝 8:57)
無寧(무령 宣論 2:43) 富寧(부령 東續三 忠 1)
載寧(ᄌᆡ령 東新續三 孝 7:2) 宜寧(의령 東新續三 孝 1:89)
會寧(회령 東續三 忠 1) 大怒(대로 東三 忠 4)
私怒(ᄉᆞ로 東新續三 孝 3:31)

③ 同音省略

艱難 간난→가난 殺戮 살륙→살육
失戀 실련→실연 出斂 출렴→추렴
雲泥洞 '운니동→운이동'으로
隱匿 '은닉→은익'으로

13. 그 밖에

'맛있다, 멋있다'의 경우는 '마딨어, 머딨어' 發音보다 '맛이 있다, 멋이 있다'가 준 形態로 '마싰어, 머싰어' 發音이 더 優勢한 듯하다. (以下略 「語文硏究」20號 pp.219~220 참조)

〈『語文硏究』 第27號 韓國語文敎育硏究會, 1980.〉

現代國語의 發音樣相과 標準國語發音

發音辭典의 目的

-序를 대신해서-

우리는 單一民族으로 單一言語를 쓰면서 살아온, 文化民族이다. 그럼에도 불구하고 國土가 分斷된 채, 37년에 南北간에 국어의 異質化가 深化되는 현상은 심각한 문제라고 아니할 수 없다.

우리는 암흑의 日帝時代, 우리말과 글의 교육이나, 연구가 제대로 행해질 수 없었던 그 시대는 말할 것도 없거니와, 조국이 光復되고도 수 십 년에 아직 확고하고도 科學的이요, 合理的인 語文政策의 定着 없이 오늘에 이르러 發音辭典 하나 없는 현실이다.

國民總和가 절실히 요청되는 現時點에서 국어의 統一醇化에 힘써야 함은 당연한 일이요, 그를 위해서는, 표준발음의 보급으로, 全國民이 같은 말을 쓰도록 해야 될 것이다. 地方色을 돋보이게 하는 사투리 발음으로 불필요한 지역 간의 편견과, 違和感이 생기는 것은 현대 국가발전에 막대한 지장을 招來한다.

이렇게 國家統治, 특히 國民總和에 國語統一醇化가 지대한 影響力을 가진다는 사실을 일찍이 看破한 유럽 각국은 翰林院을 통하여 그 나라의 국어를 통일・정리・醇化시켜 왔다.

最高의 역사를 가진. 伊 翰林院(1588년)은 1612년에 사전을 내어, 自國語 정리를 해왔고, 佛 翰林院(1635년)은 1694년에 사전을 내기 시작한 以來로 佛語의 순화·정리에 정성을 다해 오고 있으며, 英의 王立學會(1662년)도 일찍이 英語 정리에 나섰다.

佛 P.Fouché의 「발음사전」, 英 D.Jones의 「영어 발음사전」(1917년 초판, 1967년13판), 日의 神保 格, 平山輝男의 「악센트사전」 등이 각각 제나라 국어발음의 規範을 보이고 있다.

우리도 일찍이 集賢殿 諺文廳(正音廳)·刊經都監등, 국가기관에서 訓民正音 창제, 東國正韻편찬, 龍飛御天歌·月印千江之曲·釋譜詳節·月印釋譜 편찬간행이나 佛經諺解 간행 등으로, 典範的인 국어(正音표기)의 보급이나 漢字音의 통일보급을 꾀한 일이 있고, 舊韓末에는 國文研究所의 設立도 있었다.

最近 우리 政府가 표준말 審議를 한 것도 매우 다행한 일이요, 進一步의 대 사업이었다.

이제 때늦은 感은 있으나, 우리는 표준발음의 準據가 될 표준國語發音辭典을 편찬함으로써, 표준발음의 보급으로 言語統一을 이룩하여 國民精神統一·國民總和에 寄與코자 하며, 祖國統一에 대비코자 한다.

I. 中世語文獻에 나타난 聲調와 現代國語

-傳統性 連綿-

訓民正音이 제정되기 이전 文獻에서 漢字를 借用表記한 시기에 이미 發音에 대한 意識이 있어, 그에 대한 배려가 있었던 것이 아닌가 하는 흔적을 발견한다. 그것은 鄕藥採取月令(世宗13年, 1431年)에,

黃芩(裏腐叱 :솝서근·플, 鄕藥救急方엔 所邑朽斤草)

水蛭(巨末里, 거머·리)
酸漿(叱科阿里, :ᄭᅪ·리)
熊膽(古音矣余老,:고·ᄆᆡ열)
羊蹄根(所乙串, :솔옷)
※(　　)안 한글표기는 中世語文獻 표기例.

등, 漢字借用 표기例가 나오는데, 이들에서 “裏, 小邑, 巨, 叱科阿, 古音, 所乙”은 분명 “:솝, :거, :ᄭᅪ, :곰, :솔”(左二點은 上聲表示로 오늘날의 긴소리 해당)音의 표기로 되어 있어, 그렇게 보는 것이다.

訓民正音에 “左加 一點則去聲, 二則上聲, 無則平聲, 入聲加點同而促急”이란 傍點規定이 있고, 中世語文獻에 순우리말이나 漢字語나 간에 발음표시를 위한 聲點이 찍혀 있음은 알려진 사실이다.

다만, 東國正韻에 의거한(漢字音은 물론) 聲調는 당시 現實聲調와 거리가 있다. 당시의 聲調는 “上·去無別(東國正韻序文)”의 混亂임에도 聲點은 完全히 中國韻書와 일치하게 의도적으로 돼 있기 때문이다.

그러나 순우리말의 경우는, 당시의 현실음 聲調를 반영한 것이며, 한편 漢字音聲調에 있어서도 東國正韻식 漢字音이 폐지된 후, 六祖法寶壇經諺解·訓蒙字會 등을 비롯해 壬亂以前까지의 각종 諺解文獻 등에는 上·去表示에 있어 여전히 얼마간 傳承韻書의 영향이 계속된 것으로 보이는 一面도 있으나, 대체로 現實聲調가 반영된 것으로 보아 좋다.

즉, 순우리말의 경우는 訓正制定 후의 中世語文獻, 漢字音의 경우는 東國正韻式 漢字音文獻外, 中世語文獻의 聲調가 現代國語의 발음과 대체로 일치한다.

結論的으로, 中世語文獻聲調는 連綿히 이어져 現代語에 이르렀다고 할만하여 傳統性이 유지되어 있다고 할 수 있다.

즉, 中世語文獻에 上聲인 것은, 오늘날 순우리말이나 漢字音이나 간에 대체로 긴소리요, 平·去聲인 것은 대체로 짧은소리라 할 수 있고, 入聲漢字音(ㄱ·ㄹ·ㅂ·받침)은 모두 짧은소리다.

약간 例는 다음과 같다. (　)안의 한글표기는 中世語文獻 표기例, :는 上聲, ·는 去聲, 無點은 平聲, -표는 긴소리 표시

짧은소리	긴소리
걷다(卷, 걷·다)	걷̄다(步, :걷·다)
곱다(曲, 곱·다)	곱̄다(麗, :곱·다)
굴(蠣, ·굴)	굴̄(堗, :굴)
굽다(枉, 굽·다)	굽̄다(燒, :굽·다)
길(道, ·길)	길̄(身長大, :길)
깊다(深, 깁·다)	깁̄다(補, :깁·다)
낫(鎌, ·낟)	낟̄(穀, :낟)
낮(晝, ·낫)	낱̄(箇, :낫:낟:낱)
내(臭, ·내)	내̄(川, :내)
눈(眼, ·눈)	눈̄(雪, :눈)
덮다(覆, 덥·다)	덥̄다(署, :덥·다)
말(斗, ·말, 馬, ᄆᆞᆯ)	말̄(言, :말)
말다(물에, ᄆᆞᆯ·다)	말̄다(止, :말·다)
매(鞭, ·매)	매̄(鷹, :매)
묻다(埋, 묻·다)	묻̄다(問, :묻·다)
물다(嚙, 믈·다)	물̄다(徵, :물·다)
밀(小麥, ·밀)	밀̄(蠟, :밀)
발(足, ·발)	발̄(簾·托, :발)
밤(夜, ·밤)	밤̄(栗, :밤)
버리다(捨, ᄇᆞ·리·다)	벌̄이다(設, :버리·다)
새(新·새)	새̄(鳥, :새)
섬(斛, 셤)	섬̄(島, :셤)
솔(松, ·솔)	솔̄(刷, :솔)
앉다(坐, 앉·다)	안̄다(抱, :안·다)
업다(負, 업·다)	없̄다(無, :업·다)
있다(有, 잇·다)	잇̄다(續, :닛·다)
잊다(忘, 닞·다)	

以 下 略

加(가)	歌(가)	可(:가)	架(:가)
嘉(가)	家(가)	駕(:가)	賈(:가)
干(간)	奸(간)	諫(:간)	揀(:간)
艱(간)	看(간)	懇(:ᄀᆞᆫ)	*肝(:간)
甘(감)	監(감)	感(:감)	敢(:감)
姜(강)	綱(강)	講(:강)	降(:강)
江(강)	康(강)	*肝은 訓蒙에 “:가ᇇ간”	
皆(ᄀᆡ)	開(ᄀᆡ)	改(:ᄀᆡ)	蓋(:개)
車(거)		去(・거→:거)	距(:거)
件(건)	乾(건)	建(:건)	
		儉(:검)	檢(:검)
		劍(:검)	
		揭(:게)	
堅(견)	肩(견)	見(:견)	譴(:견)
兼(겸)	謙(겸)		
經(경)	耕(경)	敬(:경)	慶(:경)
庚(경)	京(경)	警(:경)	競(:경)
鷄(계)	階(계)	桂(:계)	契(:계)
溪(계)		戒(:계)	啓(:계)
		繼(:계)	季(:계)
		計(:계)	系(:계)
		係(:계)	繫(:계)
庫(・고)	叩(・고)	古(:고)	故(:고, ・고)
膏(고)	高(고)	告(:고, ・고)	
苦(・고)	孤(고)		
鼓(고)	枯(고)		
姑(고)			

以下略

Ⅱ. 現代國語의 發音樣相

- 傳承發音의 심각한 混亂 -

1. 傳承된 긴 소리

中世語 文獻에 上聲點이 찍힌 것으로, 오늘날 긴소리로 발음되는 것을 추려 보이면 다음과 같다. (　)안은 현대어. 1에서 擧例한 것은 중복을 피하는 뜻에서 除外.

:ᄀᆞᆺ(邊, 가)　:가치(까치)　:감(柿)　:거머・리　:거즛(거짓)　:게(蟹)　:겨집(계집)　:곰(熊)　:굼벙(굼벵이)　:기지・게(伸)　:깁(絹)　:널(板)　:네(四,넷)　:다(皆)　:도ᄎᆡ, :돗귀(斧, 도끼)　:돈(錢)　:돌(石)　:둘(二)　:뒤(後)　:ᄇᆞᆰ쥐(蝙)　:벌(蜂)　:범(虎)　:벋(友)　:ᄉᆡᆷ(泉)　:ᄉᆞᆺᄃᆞᆯ(섣달)　:설(歲首)　:세(三, 셋)　:쇼경(眼盲, 소경)　:속, :속(裏)　:숨(息)　:쉰(五十)　:시:내(溪)　:실(絲)　:안・개(霧)　:열・쇠(鍉)　:옴(疥)　:움(芽)　:일(事)　:님・금, 님・굼(王,임금)　:님・자(主, 임자)　:잣(栢)　:전나모(桧)　:져비(燕, 제비)　:죵(奴, 종)　:줄(鑪)　:즁(僧, 중)　:즛(貌→行貌 짓)　:헌것(片帛, 헝겊)　:헌ᄃᆡ(瘡, 헌데)　:개・다(晴)　:ᄭᅥ리・다(忌,꺼리다)　:ᄢᅦ・다(貫, 꿰다)　:겨시・다(在,계시다)　:괴・다(飦)　:더럽・다　:데・다　:디나・다(지나다)　:메・다(擔, 塡)　:모딜・다(모질다)　:조・ᄌᆞ라・다(不足)　:버리・다(設, 벌이다)　:뷔・틀・다(비틀다)　:비:웃・다(譏)　:새・다(曙)　:세・다(强)　:셰・다(白, 세다)　:쐬다, :ᄢᅬ・다(熏)　:쉬・다(휴,饐)　:재・다(敏)　:쥐・다(握)　:쟉・다(小, 작다)　:적・다(少, 적다)　:굵다(太)　:신・다(履)　:안・다(抱)　:만・타(多)　:걷・너・다, :건나다, :건・너・다(渡, 건너다)　:긷・다(汲)　:눋・다(焦)　:싣・다(載)　:얻・다(得)　:엳・ᄌᆞᆸ・다(啓, 여쭙다)　:갈・다(耕)　:걸・다(掛, 肥)　:걸티・다(걸치다)　:길・다(長)　:놀・리・다　:놀・다(遊)　:덜・다(減)　:ᄠᅥᆯ・다(拂,떨다)　:ᄧᅥᆲ・다(澁)　:돌・다(廻)　:멀・다(遠,盲)　:몰・다(驅)　:밀・다(推)　:벌・다(列)　:불・다(吹, 吹奏)　:빌・다(祈)　:살다(生)　:설・다(未熟)　:셟・다(哀, 줄다)　:알・다(知)　:얼・다(凍)　:열・다(開, 結實)　:엷・다(薄)　:울・다(泣)　:일・다

(淘) :닐 · 다(起, 일다) :졸 · 다(縮, 줄다) :절 · 다(跛) :헐 · 다(毁) :감 · 다(捲) :감프 · ᄅ · 다(黑, 감푸르다) :검 · 다(黑) :남 · 다(餘,越) :넘 · 다(越,過) :넚디 · 다(溢, 넘치다) :닮 · 다(染→似) :담다(盛) :삼 · 다(爲) :옮 · 다(遷) :졈 · 다(幼 · 少→젊다) :눕 · 다(臣) :돕 · 다(助) :볿 · 다(履,밟다) :쉽 · 다(易) :엿 · 보 · 다(窺) :웃 · 다(笑) :젓 · 다(攪) :짓 · 다(作) :됴 · 타(好,좋다)

이와 같은 긴소리의 傳承은 다음의 文獻 例에서도 볼 수 있다.

:나 · 디(釋譜 6:19) ……:낟(穀)
:도ᄂ · 로(釋譜 6:8) :도 · ᄂᆞᆯ(楞解10:30) ……:돈(錢)
:돌ᄒ · 로(釋譜 19:31) :돌 · 해(月釋 7:51) ……:돌(石)
:마ᄅᆞᆯ(初杜解 25:37)
:버디라 · 니(釋譜 6:19) …… · :벋(友)
:버 · 리(圓覺上一之二178) :버 · 뢰(楞解 7:91) …… · :벌(蜂)
:범 · 과(釋譜9:24) …… · :범(虎)
:ᄉᆡ · 미(龍歌2장) …… · :ᄉᆡᆷ(泉)
:소 · 개(月釋1:13) …… · :속(裏)
:소 · 배(月釋1:10) …… · :솝(裏)
:시 · ᄅᆞᆯ(楞解1:5) …… · :실(絲)
:자 · 시(楞解7:88) …… · :잣(栢)

등, 體言의 曲用(添用)때에 어떠한 토가 오더라도 긴소리가 유지되는 것은 古今이 같아 이것 또한 옛 聲調가 傳承된 것이다.

또한, 用言의 活用에 있어서도

:굵 · 고(釋譜6:32) :굴 · 근(釋譜6:31) :굴그 · 면(釋譜13:38)
:젹 · 고(釋譜 9:26) :져 · 그시 · 고(月釋 18:71) :져글 · 씨 · 다(月釋1:6) :져그 · 락 · ᄒ · 야(月釋1:4) :져근(法華3:83)
:쟈가(永嘉上20) :쟈ᄀᆞᆫ(觀音13)
:만 · 코(月釋10:23) :만타 · 라(月釋10:23) :만ᄒ · 고(釋譜6:23)
:만ᄒ · 며(月釋1:16)
:언 · 긔(釋譜9:30) :언 · 게(楞解 1:21) :어드샤 · 몬(釋譜6:7)

:어·더보·고·려(釋譜6:3) :어·두리·라(釋譜 6:13)
:어드·리로·다(釋譜23:17) :어드·니(釋譜6:23)

:곱거·늘(釋譜6:13) :고ᄫᆞᆫ·ᄯᆞᆯ(釋譜 6:13) :고ᄫᆞ·샤(月釋21:211) :고오·ᄃᆡ(飜朴上63) :고을(訓蒙下33) :고온(法華2:111)

:쉽·고(釋譜6:5) :셔ᄫᅳᆫ(釋譜6:5) :셔ᄫᅳᆯ(月釋1:29) :셔·ᄫᅥ(月釋1:29)

:업거·늘(龍歌20章) :업·게(龍歌 64章) :업스·니(釋譜6:6) :업·서(釋譜13:56)

:ᄩᅥᆯᄫᅳᆯ(月釋17:67) :ᄩᅥᆯ·운(法華6:51)

:됴커·나(釋譜19:20) :됴·코(龍歌2章) :됴ᄒᆞ·녀(飜朴上39) :됴ᄒᆞ·니잇·가(釋譜6:35)

들과 같이 어떠한 語尾 위에서도 語幹母音의 긴소리가 유지되는 것도 그대로 오늘날에 傳承되어 있다.

다음의 例도 그렇다.

시·넛노·니ᄂᆞᆫ(飜朴上 26) ←:신·다(履)
아·나(初杜解 7:3) ←:안·다(抱)
거·르·며(釋譜 6:33) ←:걷·다(步)
기·르·라(初杜解 8:32) ←:긷·다(汲)
누·러(金三 5:45) ←:눋·다(焦)
무·러(龍歌 62章) ←:묻·다(問)
시·러(釋譜 6:5) ←:싣·다(載)
거·러(楞解 8:93) ←:걸·다(掛)
니·러(釋譜 6:7) ←:닐·다(超)
더·러(釋譜 13:22) ←:덜·다(除)
도·라·오·샤(釋譜6:42) ←:돌·다(廻)
미·러(楞解 8:9) ←:밀·다(推)
사·라(釋譜 9:35) 사·로·ᄃᆡ(釋譜6:5) ←:살·다(生)
아·로·미(釋譜13:43) ←:알·다(知)
여·러(金三 5:45) ←:열·다(開)
우·룸ᄊᆞ·ᄅᆡ(月釋 1:21) ←:울·다(泣)

저·러(初杜解25:42) ←:절·다(跛)
허·러·도(釋譜9:13) ←:헐·다(毁)
거·므·며(楞解 10:9) 거·므·니(楞解 10:9) ←:검·다(黑)
나·마(釋譜6:4) ←:남·다(餘)
너·므리·니(楞解6:79) ←:넘·다(餘)
다·ᄆᆞᆯ(金三 4:54) ←:담·다(盛)
사·ᄆᆞ려(釋譜6:) ←:삼·다(爲)
구·을(訓蒙下 13) ←:굽·다(炙)
더·ᄫᅳᆯ(釋譜 6:40) ←:덥·다(暑)
ᄇᆞᆯ·보·ᄃᆡ(釋譜 6:34) ᄇᆞᆯᄫᆞᆫ(月釋 1:28) ←:ᄇᆞᆲ·다(履)
쉬오ᄃᆡ(法華 1:223) ←:쉽·다(易)
니·스리(釋譜 6:7) 니·ᅀᅥ(初杜解 8:30) ←:닛·다(繼)
조·라(法華 1:190) ←:졸·다(縮)
지ᅀᅳ·니(釋譜6:30) 지·ᅀᅥ(釋譜 6:31) ←:짓·다(作)

의 例는 用言活用에 있어 子音語尾 위에서 語幹母音이 길게 발음되는 것이 母音語尾 위에서 語幹母音이 平聲(←上聲)化한 것들이오,

걸·이·다←:걸·다 넘·구·다←:넘·다
담·기·다←:담·다 몰·이·다←:몰·다
말·이·다←:말·다 몰·이·다←몰·다
물·이·다←:물·다 ᄇᆞᆯ·이·다←ᄇᆞᆲ·다
불·이·다←:불·다 빌·이·다←빌·다
살·이·다←:살·다 옮·기·다←옮·다
울·이·다←:울·다 조·리·다←졸·다(縮)
헐·이·다, 헐·우·다←:헐다

의 例는 派生動詞 (使動詞·被動詞)의 本語幹은 派生接尾辭 위에서 平聲(←上聲)化한 것 들이다. 이들도 中世語文獻에 나타난 聲調가 그대로 오늘날 傳承되어 短母音發音이다.

漢字말 語頭에 있어서 傳承된 긴소리 例를 들어 보이면 다음

과 같다.

假使	:가・ᄉᆞ(飜朴上 10)
簡易	:간・이(宣小 1:5)
感動	:감・동(飜小 8:26・宣小 5:57)
擧動	:거・동(飜小 8:14・訓蒙下 26・宣小 2:27)
	:거동(蓬佐本內訓 2上 5)
倨慢	:거・만(宣小 2:29・宣小 3:9)
儉素	:검・소(宣小 5:2)
檢屍	:검・시(飜老上 28)
慶事	:경・ᄉᆞ(飜朴上 15)
教化	:교・화(宣小 6:15)
短命	:단・명(宣小 5:62)
道理	:도・리(飜小 8:1・宣小 6:12)
等處	:등・쳐(飜朴上 8)
病勢	:병・셰(宣小 6:67)
保命丹	:보・명단(救簡 1:1)
分外	:분・외(飜老上24)
四面	:ᄉᆞ・면(救簡 3:36・ 飜朴上 68)
性命	:셩・명(飜老上 30)
有勢	:유・셰(宣小 5:25・6:116)
義理	:의・리(飜小 8:30)
制度	:제・도(宣小 3:22)
夏店	:하・뎜(飜老上 59)
風著	:현・뎌(宣小 2:29)
孝道	:효・도(訓蒙下 25)
後世	:후・셰(飜朴上50・宣小 4:53)

以上 例의 첫音節이 上聲→長音인 것이 傳承일 뿐이 아니라, 둘째音節 漢字가 그 당시 上聲이던 것인데, 둘째音節에 놓임으로 해서 去・平聲化한 것은 일찍부터 우리말에 있어서 긴소리가 둘째音節에서는 짧아지는 경향, 즉, 現實聲調를 보인 것으로 오늘에 이어지는 傳承音이라 하겠다.

2. 傳承된 짧은 소리

앞에서 中世語文獻에 平·去聲인 것은 오늘날 대체로 짧은소리로 발음된다고 한 바 있다. 例를 들면 다음과 같다.

가난(貧) 가ᄅᆞᆺ톳(가래톳) 가·마(釜)
가마·괴(烏) 가모·티(가물치) 가·ᄉᆞᆷ(가슴)
가·ᄉᆡ(가시) 가온·ᄃᆡ(中) ·가·지(枝)
가지(茄) ᄀᆞᄅᆞ(粉, 가루) ·ᄀᆞ·래(楸, 가래)
·ᄀᆞ·ᄆᆞᆯ(가물) ᄀᆞᅀᆞᆯ(秋, 가을) ·ᄀᆞ·ᅀᆡ(鋏, 가위)
ᄀᆞ·장(가장) ·ᄀᆞᆫ·슈(滷, 간수) ·갇(笠,갓)
·갈(刀, 칼) ᄀᆞᆯ(蘆, 갈대) ᄀᆞᆯ가마·괴(갈가마귀)
·ᄀᆞᆯ·며기(鷗, 갈매기) 갓블(膠, 갖풀) 갓옷(裘, 갖옷)
ᄀᆞᆺ(겨우, 갓) 거·리(街) 거·믄·고(琴)
거·믜(蛛, 거미) 거·붑(龜, 거북) 거·ᅀᅴ(거의)
거·우·로, 거우루(거울) 거웃 겁질(껍질)
겨·ᅀᅳᆯ(겨울) 겯(傍, 곁) ·고(鼻,코)
고·기(肉, 魚) 以下略

·가·다(行) 가·도·다(가두다) 가·ᄇᆡ·얍·다(가볍다)
가·ᄉᆡ·다(改) 가·지·다 가티·다(갇히다)
·ᄀᆞ·ᄂᆞᆯ·다(가늘다) ᄀᆞ다ᄃᆞᆷ·다(가다듬다)
ᄀᆞᄃᆞᆨᄒᆞ·다(가득하다) ᄀᆞᄅᆞ치·다(가르치다)
ᄀᆞ리·씨·다(가리키다) ᄀᆞ·리·다(蔽)
·ᄀᆞ·ᄆᆞᆯ·다(가물다) 간슈ᄒᆞ·다(護) ᄀᆞᆮ·다(같다)
ᄀᆞᆯ·히·다(別,가리다) ᄭᆞᆯ·다(깔다) ᄀᆞᆰ·다(갉다)
갓갑·다(近,가깝다) 갓·다(削,깎다) 갑·다(報)
거·느·리·다(率) 거·두·다 거르다(隔)
거·스·리·다(逆, 거슬리다) 건·디·다(濟,건지다)
것·다(折,꺾다) 게으르·다(怠) 견·ᄃᆡ·다, 견·듸다(忍)
견·주·다 겻·다(겪다) 고ᄅᆞ다(均) 곳·다(揷, 꽂다)
괴외ᄒᆞ·다(고요ᄒᆞ다) ·ᄭᅬᄒᆞ·다(꾀하다)
·ᄭᅮ다(夢) 구르·다(頓足) 以下略
경·갌병(←:병 驚癎病 救簡 1:94)

경・묘(←:묘 輕妙 飜朴上 15)
공효(←:효 功效 飜小 8:1)
교・딕(←:딕 交代 宣小 5:78)
・긔・운(←:운 氣運 救簡 6:48・ 訓蒙上33)
긔・이(←이 奇異 飜朴上 68・宣小 6:58)
당・샹(←샹 堂上 飜朴上 8)
됴・리(←:리 調理 救簡 3:27)
됴・ᄉᆞ(←ᄉᆞ 朝士 訓蒙中 1)
방졍(←:졍 方正 宣小 6:89)
방・소(←:소 方所 宣小 1:8)
・본・셩(←:셩 本性 飜小 8:11)
・부・모(←:모 父母 飜朴上 50)
・일뎡(←:뎡 一定 救簡 3:19・飜朴上23)
종・뎐(←:뎐 綜殿 飜朴上 59)
ᄎᆞ셔(←:셔 次序 宣小 6:10)
・칠・보(←:보 七寶 飜朴上 20)
・혹・댱(←:댱 學長 飜朴上 49)
・혹・문(←:문 學問 宣小 1:16)

以上에서 순우리말의 첫音節이 平·去聲이던 것이 오늘날 짧은 소리로, 漢字音 첫音節이 平·去·入聲이던 것이 오늘날 짧은소리인 것의 例를 얼마간 들었다. 漢字말의 例에서 둘째音節(또는 셋째 음절)에 놓인 漢字는 본디 上聲이던 것인데, 둘째音節 이하에서 平·去聲化한 것으로 오늘날도 짧은 소리다. 이들이 모두 傳承된 짧은 소리다.

3. 變化된 聲調

앞에서 傳承된 긴소리(1) 傳承된 짧은 소리(2)의 例를 들어 中世語文獻에 나타난 聲調와 現代國語 사이에 傳統性이 連綿한 것임을 부연해서 말한 셈이다.

東漢音→壬亂前 現實音→現代漢字音

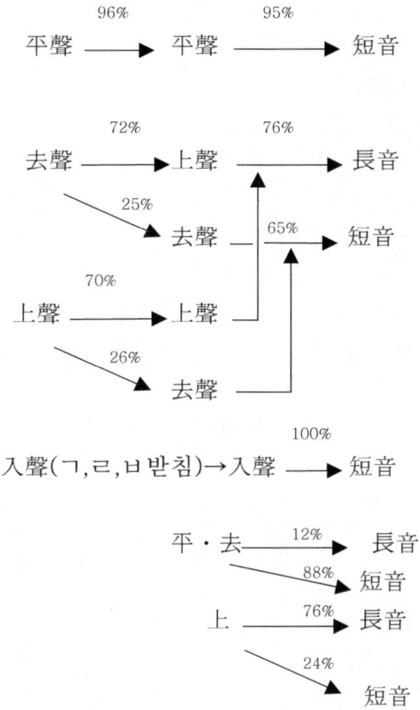

이 통계는 基礎漢字 1,800字와 基礎漢字外 漢字 970字의 資料에 의한 것이다.

그러나 漢字音에 있어서 이미 15C중엽 東國正韻 편찬시기에 上去無別이랄 정도의 聲調變化(실상 우리말을 長短 구별만으로 意味辨別이 충분한데 訓正制定때는 中國의 四聲辨別의 영향으로 平·上·去(入) 四聲表示를 導入했던 것이 아닌가 한다)를 보였는데, 이 漢字音은 우리말에 同化되는 과정에서 長短으로 갈린 것으로 본다.

變化된 聲調例는 다음과 같다.

·움을 (穴, 龍歌 5章) ·움무·더(龍歌11장) →훔(큰)
·ᄑᆞᆯ(蠅,訓正解例·用字例) ·ᄑᆞ·리(訓蒙上 21) →파리(큰)
ᄀᆞ·디(替, 楞解 1:93) →갈다(큰) →갈다(私見)
ᄀᆞᆯ·며(替, 楞解 2:118)
·ᄀᆞᆯ연:(訓蒙下 12) →갈다(큰)
·ᄀᆞᆷ·고(洗髮, 飜朴上:53) →감다(總·文) →감다(큰)
·ᄀᆞᆷ·게(閉眼, 楞解 4:118) ·ᄀᆞᆷ·ᄂᆞ니·라(金三5:25)→감다(總)
·ᄭᆡ·다(覺·悟,訓蒙上 30) →깨다(큰)
·끎·디(滑 救簡 6:32)→곪다(큰) →곪다(私見)
·그·려(寫,龍歌 43장) ·그려·ᅀᅥ(畫, 龍歌 43) →그리다(큰)
·그리·샤(思,龍歌 50장) ·그·리ᅀᆞᄫᆞ니(思, 龍歌 56章)
→그리다(큰) →그리다(私見)
녀·코(月釋 1:29) →·넛타(總) :넣다(文)
아기 ᄇᆡᆫ(法華 6:47) ᄇᆡᆯ:잉(孕, 訓蒙上 33) →배다(큰)
붇거든(霈,救簡 6:10) →붇다(큰)
·ᄡᆞᆷᄂᆞᆫ(初杜解8:26) →뿜다(總, 私見)
뿜다(큰)
븟·디(腫, 救簡 6:32) →붓다(큰)
·ᄎᆞᆷ·디(初杜解 25:37) →참다(總)
:가·ᄆᆞ시·고(月釋18:31) →감으시고
:거르·샤(釋譜 6:17) →걸으셔
:니·ᅀᆞ샤·도(龍歌 125章) →이으셔도
:도·ᄫᆞ시·니이·다(龍歌 96章) →도우신 것입니다.
:사·ᄆᆞ신·대(釋譜 13:35) →삼으신 즉
:올·ᄆᆞ삼·도(龍歌 4章) →옮으심도

總……총독부사전 文……文世榮辭典
큰……한글학회 큰사전 私……私見

幹	:간(訓蒙下 3)	간부	간사(큰)
慨	·개(宣小 4:23)	개연	개탄(큰)
犬	:견(訓蒙上 19·宣小 3:46)	견마	견아(犬牙)(큰)
絹	:견(訓蒙中 31·宣小 6:96)	견직	견사
顧	:고(訓蒙下 27·宣小 3:12)	고문	고명(顧命)(큰)
供	공(眞勸 5·宣小 6:18)	공양	공출(큰)

攻 공(飜小 8:14·宣論 3:8) 공격 공방(큰)
構 :구(訓蒙上 10·宣孟 1:27) 구내 구조(큰)
拳 권(訓蒙上 25·宣中 5) 권투 권법(拳法)(큰)
腦 노(訓蒙上 25) 뇌염 뇌수(腦髓)(큰)
惱 : (六朝上 59·六朝中 27) 뇌쇄 뇌신(惱神)(큰)
段 단(飜小 8:2·訓蒙中 30) 단계 단락(큰)
擔 :담(訓蒙下 23·宣小 6:65) 담당 담임(큰)
以 下 略

4. 傳承發音의 심각한 混亂, 그 實態와 原因

中世語文獻에 傍點表示가 되어 있음은 우리 발음의 典範을 보인 것인데, 壬亂(1592~1598), 丙亂(1637)등으로 우리말 표기의 規範性은 무너지고 그에 따라 傍點表示가 없어졌음은 傳承發音의 混亂의 遠因으로 볼 수 있을 것이다.

池錫永의 字典釋要(1906)에 三韻聲彙나 奎章全韻과는 달리, 당시의 현실발음을 반영한 듯한 발음표시가 있고, 總督府辭典(1920) 이래의 현대어 사전에 발음 표시가 없는바 아니나, 이 辭典들 자체가 混亂狀態의 발음을 반영해서인지 不一致를 보이고, 또한 앞 사전을 그대로 따른 것, 편찬자의 출신지의 발음 영향을 받은 듯이 보이는 것 등 문제점이 적지 않다.

1) 辭典上의 混亂

1934년 標準말 査定을 할 때에 發音의 長音이나, 된소리에 대한 審議가 없었음은 (당시 상황으로서는 무리한 요구가 되는 것이지만)유감이다.

年來의 표준말査定에서 이 긴소리 된소리 査定을 한 것은 큰 수확이요, 一大進展이라 할만하다.

그러나 査定機構의 문제점 등으로 허다한 문제점을 안고 있음이 또한 사실이다.

辭典上 발음표시의 混亂相은 다음과 같다. (古語辭典의 ·는 去聲, :는 上聲, 總의 ·는 긴소리표)

古語辭典	總	文	큰	私見
·ᄀᆞᆷ·고	감ㅅ다	감다	감다	감다(洗髮)
	·깜ㅅ다	깜다	깜다	깜다(黑)
	·깜어타	껌다	껌다	껌다(黑)
곪·디	·곪다	곪다	곪다	곪다(膿)
	·굶다	굶다	굶다	굶다(飢)
:남·디(過)	·남ㅅ다	남다	남다	남다(餘)
:닮·디	·닮다	닮다	닮다	닮다(似)
·ᄲᅮᆷᄂᆞᆫ	·ᄲᅮᆷ다	뿜다	뿜다	뿜다(噴)
시므·고, 시므·게	·심ㅅ다	'싦다'에	심다	심다(植)
옮·ᄃᆞᆺ	·옮다	:옮다	옮다	옮다(遼)
	·품ㅅ다	품다	품다	품다(懷)
나·티	·나ㅅ타	:낳다	낳다	낳다(生)
녀·코	·넛타	넣다	넣다	넣다(入)
다·하	·땃타	땋다	땋다	땋다(編髮)
·싸코	·싸타	쌓다	쌓다	쌓다(積)
·거머ᄒᆞ·다	–	거멓다	거멓다	거멓다(黑)
:디:내·다	지내·다	지내다	지내다	지내다
:무덥·다	·무더웁다		무더웁다	무덥다 무덥다
	·무·덥다	무:덥다		
:비:웃·다	비·웃다	비웃다	비웃다	비웃다
間隔	·간	간	간격	간격
間隙	·간	:간	간극	간극
簡明	–	:간명	간명	간명
故鄕	·고	고	고향	고향
考古	–	고고	고고	고고
考案	–	고안	고안	고안
管見	·관	:관	관견	관견
管內	·관	:관	관내	관내

管理	·관	:관	관리	관리
管下	·관	:관	관하	관하
慣習	·관	:관	관습	관습
貫徹	·관	:관	관철	관철
貫通	·관	:관	관통	관통
口文	·구	구	구문	구문
冬期	동	동	동기	동기
冬服	동	동	동복	동복
閣下	각·하	각:하	각하	각하
激動	격동	격:동	격동	격동
力薦	력천	역:천	역천	역천
急報	급·보	급:보	급보	급보

以下略

以上은 각 사전에 長短音 表示가 달리 되어 있는 일부 例를 든 것인데, 된소리 표시 또한 辭典에 따라 다른 게 있다.

	큰	국
同價紅裳	동가홍상	동까홍상
事件	사건	사껀
事事件件	사사건건	사사껀껀
條件	조건	조껀
成果	성과	성꽈
效果	효과	효꽈
教科書	교과서	교꽈서
棄權	기권	기꿘
人權	인권	인꿘
文法	문법	문뻡
憲法	헌법	헌뻡
美術史	미술사	미술싸
人間性	인간성	인간썽
印稅	인세	인쎄
分數	분수	분쑤(數學用語)

滿點　　만점　　만쩜
눈사람　　눈사람　　눈싸람

같은 辭典에 같은 條件임에도 긴소리표의 混亂을 보인 것도 있다.(큰사전)

값없다　　맥없다　　신없다　　열없다
뒤놀다　　뛰놀다
휘감다　　휘돌다　　휘몰다　　휘젓다
假頭-進出　　家庭-敎育　　農民-運動
國內-貿易　　收支-計算　　新陳-代謝
基督敎　　個人性　　運動會　　放火罪
天主敎　　國民性　　講演會　　未遂罪

以下略

2) 青少年層 發音의 混亂

中世語文獻의 聲調와 오늘날의 發音樣相의 비교에서 4~5백년 동안 얼마간의 聲調變化가 있을 것임은 당연하다. (3.變化된 聲調)그러나連綿한 傳承發音의 實在는

1. 傳承된 긴소리, 2. 傳承된 짧은 소리로 實證된다.

그런데 오늘날이 傳承發音의 심각한 混亂은 文化民族으로서의 긍지에 금이 가게 한다. 그러면 이러한 傳承發音의 심각한 混亂의 要因은 어디에 있는가.

1) 訓民正音 제정 후, 壬亂에 이르기까지는 聲點表示를 하여 발음의 典範을 보인 것인데 壬亂·兵亂 등으로 우리말 표기의 規範性이 무너지고 傍點表示가 없어졌다.

2) 三韻聲彙·奎章全韻 등이 있으나, 中國韻書의 四聲 그대로여서 上·去聲은 現實發音과 距離가 있다.

3) 池錫永의 字典釋要나 總督府辭典 이래의 現代語辭典에 발음표시가 있으나, 각 사전 사이에 통일성이 없다.

4) 1934년 표준말 査定때, 긴소리·된소리 등 표준발음 査定을 하지 못했다.

5) 日帝下 國語敎育의 不在(이른바 조선어교육이 행해지기는 했으나, 日語敎育에 比해 시간 수가 적었고, 그나마도 1938년에는 隨意科目<오늘날의 選擇科目>으로 되었었으며, 1941년에는 폐지됨)으로 傳承發音敎育의 기회가 없었고, 한편, 日本漢字音의 영향을 받았다.

6) 해방과 6.25사변으로 인한 越南동포나 피난민의 移動 등이 있어 서울발음의 混亂이 빚어졌다.

7) 해방 6.25, 4.19, 5.16, 10.26등 해방 후 오늘날에 이르는 사이의 연달은 混亂狀態나, 데모事態 등으로 人心은 메마르고 각박해 질대로 각박해져서인지 이것은 사람의 心性에도 적잖이 영향이 미쳤을 것으로 보인다. 특히, 된소리化 경향에서 그 점을 느낀다.

8) 지금까지의 국어교육에 있어 읽기 · 쓰기 중심의 교육으로, 듣기 · 말하기의 교육이 소홀해서 發音敎育은 不毛地帶였다.

9) 한글전용 방향의 교육으로 漢字長短音에 대한 認識이 缺如되어 있었다.

10) 표준발음이 定立되어 있지 않아 準據가 없다고 해도 過言이 아니다.

11) 敎師나 軍의 指揮官에 의한 발음의 오염도 크거니와, 라디오 · TV 放送員이나 出演人士들의 잘못된 발음에 의한 오염이 또한 크다.

以上의 發音混亂의 要因으로 해서 傳承된 긴소리(1)를 무분별하게 짧은소리로, 傳承된 짧은소리(2)는 逆으로 긴소리로 하는 등 한마디로 長短分別을 못하는 老壯層도 있고, 특히 靑少年層 발음의 混亂은 극심한 형편이다.

長短發音의 混亂뿐이 아니라, 된소리化의 경향이 심하며, 그 밖에도 여러 가지 발음의 混亂이 있는 바, 자세한 것은 필자의 前硏究(1~20)로 미루기로 하고 本稿에서는 長短發音과 된소리 발음의 混亂相만을 중점적으로 다루기로 하겠다.

옛 文獻에 平聲이요, 지금도 교양 있는 老壯年層 發音으로 단음인 것이, 青少年層에 선 긴소리로 발음되는 경향이 있다.

家　家具店　家長　家內
歌　歌手　歌謠　歌曲　歌詞　歌舞
加　加勢　加法 加擔
居　居室　居住所　居處
階　階級　階段　階層 (※표준말 試案에선 긴소리 處理)
高　高速道路　高架道路　高麗大學　高氣壓
麻　麻浦 (※표준말 試案에선 긴소리 處理)
繁　繁榮
煩　煩惱
思　思考 (※思想의 思는 긴소리)
沿　沿道　沿路　沿線　沿岸

※ 필자 個人의 발음으로 '沿岸'의 沿만이 길고 나머지 '沿'은 짧다. 그러나 표준말 試案에서는 '沿邊 沿線 沿岸'의 '沿'을 모두 긴소리로 處理했다.

資　資格　資本　資産 (※각 사전에는 긴소리)
傳　傳統　傳說
侵　侵略　侵犯
坡　坡州
湖　湖南　湖水

반대로 壬亂前 現實聲調는 上聲이요, 老壯年層 발음으로 長音인 것이 짧은소리로 발음되는 경향이 있다. 例를 들면

大　大路　大概
短　短髮　短杖
道　道廳　道德　道知事　道峰山
馬　馬車　馬夫　馬山
分　分數에 맞게,　分量
事　事前　事故　事情

死	死後　死亡　死藏
上	上道洞　上品　上官
永	永久　永遠　永同　永東　永登浦
有	有力　有效　有名
電	電氣　電燈　電力　電線　電話
整	整理　整頓　整地
祭	祭壇
最	最新　最高
解	解釋　解雇
現	現實　現在　現住所　現職
好	好感　好意　好人　好調
火	火葬　火災

특히, 青少年層에 있어서 語頭, 또는 語中에서 된소리化의 경향이 심하다.

표준발음	된소리化 경향
개구리	깨구리
거꾸러지다	꺼구러지다
고추	꼬추
곶감	꽂감
닦다	딲다
번데기	뻔데기
볶다	뽂다
본때	뽄때
새끼	쌔끼
성나다	썽나다
세다	쎄다
시원하다	씨원하다
작다	짝다
장구(←長鼓)	짱구
조끼	쪼끼, 쬐끼
조금	쪼끔, 쬐끔

좁다	쫍다
진하다	찐하다
집게	찝게, 찍게
김밥	김빱
눈사람	눈싸람
돌담	돌땀
돌집	돌찝
마루방	마루빵
양담배	양땀배
세련(洗練)	쎄련
소주(燒酒)	쏘주, 쐬주
숙맥(菽麥)	쑥맥
졸병(卒兵)	쫄병
간단(簡單)	간딴
고가도로(高架道路)	고까도로
창고(倉庫)	창꼬
등기(登記)	등끼
사진기(寫眞機)	사진끼
방법(方法)	방뻡
불법(不法)	불뻡
객관적(客觀的)	객관쩍
인간적(人間的)	인간쩍
인지(印紙)	인찌
고지(高地)	고찌
진지(陣地)	진찌

Ⅲ. 標準國語發音의 確立

- 더 以上의 混亂防止 時急-

1. 이 발음사전은 서울을 중심으로 한 地域의 理想的 原話者

의 대부분이 일상생활에서 사용하는 발음을 가능한 限 정확하게 기록한다.

2. 대체로 현재 서울地域에서 사는 理想的 原話者의 발음경향과 事實의 기록인 동시에 어느 정도의 規範的 성격을 지닌 發音辭典이다.

3. 어떠한 原理나 個人的 嗜好發音의 기록이 아니며, 어디까지나 어떤 사람이 발음할 경우, 信賴할 만한 기록을 제시함에 목적이 있다.

문교부의 표준말案, 각 辭典, 設問에 대한 應答紙(국어국문학·言語學者 및 國語科敎師), 國語發音辭典 편찬을 위한 세미나 참석자의 助言을 크게 참고하고, 세 硏究者의 協議를 거쳐 표준국어 發音을 확립함으로써 더 以上의 混亂을 防止하는데 指針이 되었으면 한다.

1) 1에 擧例된 傳承音은, 그대로 한다.
2) 2 (1)傳承된 긴소리, 그대로 한다.
3) 2 (2)傳承된 짧은소리, 그대로 한다.
4) 2 (3)變化된 聲調, 變化된 그대로 한다.
5) 2 (4)傳承發音의 심각한 混亂項은
 가) 사전상의 긴소리·된소리 混亂은 硏究者의 합의로 한다.
 나) 같은 辭典, 같은 條件임에도 긴소리표가 다른 것은 통일한다.
  값없▼다 맥없▼다 뒤놀▼다 뛰놀▼다
  휘감▼다 휘돌▼다 휘몰▼다 휘젓▼다
  家庭敎▼育 國內貿▼易 個人性 國民性
 다) 2 (4) 靑少年層의 긴소리·된소리 발음은 認定하지 않기로 한다.
6) 사전에 따라 ㅁ, ㄻ받침의 用言語幹에 長·短 둘로 발음표시가 되어 있는데. 子音語尾 위해서는 모두 긴소리로 한다.
7) 이른바 母音調和現象이 지켜진다는 擬聲擬態語나 副詞形語尾 아/어, 過去時制 았/었에 있어서도 그 현상이 일부 무너지고 있다.
8) 單母音化現象
9) 圓唇母音化現象
10) 有聲音 사이에서 ㅎ脫落

11) ㅁ蓋音化화 (前舌母音化)
12) 겹받침語의 發音傾向
13) ㅅ소리의 介入傾向은 認定 않기로 한다.
14) ㄹ소리의 介入傾向도 認定 않기로 한다.
15) 받침소리의 流動傾向은 選別的으로 한다.
16) 助辭 語尾 등에서 오→우 現象
17) ㅓ→ㅡ 의 傾向 選別的으로 한다.
18) "-셔요, -여요, -이어요 > -세요, -예요, -이예요"의 경향
19) 側音化 拒否現象 選別的으로 한다.
20) "ㄴ,ㄹ"소리의 介入傾向 選別的으로 한다.
21) 그 밖의 一束

以上7)~21)은 研究者 합의에 의해 표준발음으로 認定할 것과, 그렇지 않은 것을 選別하고 표기방법도 定했다.

장황해지므로 줄이기로 하고 자세한 것은 前研究(1~20)로 미룬다.

("서울말의 發音傾向과 표준말 再査定試案의 問題點"-拙著『國語國字論集』pp.62~128, 國語醇化와 語文政策에 관한 研究, 本研究院 81年度 研究結果報告書參照)

<『標準國語發音辭典』見本組版>

ㄱ

ㄱ <한글 자모(字母)> 기역[gjiʌk]

ㄲ <ㄱ의 된소리> 쌍기역[s`aŋgijʌk]

ㄱㄴ(~順) 기영 니은[gijʌŋniɯn]

 —순(順) 기영 니음 순`[—su`n]

 —차례 기영 니은 차례[—c^h^are]

ㄱ자(~字) 기역짜[gijʌke'a]

 —집 기역짜집[—ɟip]

가<1.음계의 라(la), 2.준'가아'의 준말> [ga]

가<1.가장자리(邊)2.「갈다(磨)」의 변칙어간> 가:[ga]

 1. **—없는**(하늘)가:업▲는[ga:ə`n]

 강(江)— 강까[gaŋk`a]

 2. (녹두를)**—시오** 가:시요[ga:ʃijo],

 —니 가:니[ga:ɲi]

가<加, 家, 哥, 街, 가, 價, 嫁, 稼 [ga]>

 1.街<거리>

 가[ga] **—路燈** 가로등[garodɯŋ]

 —路樹 가로수[garosu]

 가:[ga:] **—道** 가:도[ga:do]

 —頭 가:두[ga:du]

 2.價<값>

 가[ga] —격 가격[gagjʌk]

 가[ga]無—値 무가치[mugac^h^i]

 까[k'a]代— 대:까[dɛk'a], 定—정 :까[ɟə:ŋk'a]

 가(可, 苛, 架, 賈, 假, 暇, *街, 佳) 가:[ga]

 가:[ga:] —空 가:공[ga:go] —橋 가:교[—gjo]

 가(:)[ga(:)] —構 가(:)구[ga(:)gu]

 —臺 가(:)대[—dɛ]

가가(家家) [gaga]

 —례(禮) 가가례[—re]

 —호호(戶戶) 가가호▲호[ho▲ho]

 —호호이(戶戶~)뭬가가호▲호이[—ho▲hoi]

가가(呵呵) 가:가[ga:ga]

 —대소(大笑) 가:가대▲소[—dɛs▲o]

가가(假家) 가:가[ga:ga]

까까머리[k'ak'aɯʌri]

 —중 까까머리중▲[—u▲ŋ]

가각(芽刻) 가각뽄[gagakp'on]

가간사(家間事)[gagansa]

가감(加減)[gagam]

 —하다[—hada]

 —승제(乘除)[sɯŋɟe]

 —형(刑)[—hiʌŋ]

가감(可塡) 가:감[ga:gam]

 —하다 가:감하다[—hada]

가깝다㉥가깝다[gak`apt`a]

 —고 —꼬| —꾸[—k`o|—k`u]

 —지 —찌[c`i]

가까와 가까워|—워[gak'awa|—wʌ]

 —운[—un]

가깝디-가깝다 가깝띠(:) 가깝따 [gak`apt`i(:) gak`apt`a]

가강(加强)[gagaŋ]

가객(歌客)[gagɛk]

가객(佳客) 가:객[ga:gɛk]

가거(家居)[gagʌ]

 —하다 [—hada]

가거(街渠) 가(:)거[ga(:)gʌ]

가거지역(可居地域) 가:거지역[g̊a:gʌɟijʌk]
가거지지(可居之地) 가:거지지[g̊a:gʌɟiɟi]
가건물(假建物) 가:건물[g̊a:gənmul]
가게(←가가(假家)) 가:게[g̊a:ge]
—채 가:게채[—cʰɛ]
—터 —:게터[—tʰʌ]
가겟방(~房) 가:게빵[—p`aŋ]
가겟세(~稅) 가:게쎄[g̊a:gess`e]
가겟집 가:게찝[—c`ip]
가격(價格)[g̊agjʌk]
—제(制) 가격쩨[—c`e]
가결(加結)[g̊agjʌl]
가결(可決) 가결:[g̊a:gjʌl]
—안(案) 가:겨란[g̊a:gjʌran]
—의(議) 가:겨릐|—리[a:gʌr*m*i]
가경(家慶)[g̊agjʌŋ]
가경(嘉慶)[g̊agjʌŋ]
—절(節)[—ɟʌl]
가경(加耕)[g̊agjʌŋ]
전(田)[—ɟʌn]
가경(可慶) 가:경[g̊a:gjʌŋ]
—지(地) 기:경지[—ɟi]
가계(加計) 가게[g̊age]
—하다 가게하다[—hada]
가계(家系) 가게 [g̊age]
—도(圖) 가게도[agedo]
가계(家計) 가게[g̊age]
—부(簿) 가게부[g̊agebu]
가계약(假契約) 가:계약[g̊a:gejak]
가계정(假計定) 가:게▲정[g̊a:gɟʌŋ]
가고(家故)[g̊ago]
가고(家考) 가:고[g̊a:go]

〈『한국정신문화연구의 현황과 진로』 한국정신문화연구원 보고논총 84-1, 1982, 12.〉

國語의 長短音 硏究

한글학회 편 큰사전에서 長母音으로 소리나는 音節 위에 머릿줄을 그어 표시한 것은 朝鮮總督府辭典의 左點(·)이나 文世榮辭典의 左點(:) 표시와 같은 性格의 것이라 하겠다. 한편 된소리 표시는 '감̄다[-따]'와 같이 하여 있는데 總督府辭典은 사이ㅅ을 써서 「감ㅅ다」와 같이 적었고 文世榮辭典은 ':감다{-따}'와 같이 적어 있다. 결국 한글학회 큰사전의 된소리 표시는 文世榮辭典을 본받은 것이라 하겠다.

큰사전이 이들 總督府辭典이나 文世榮辭典을 참고로 했을 것은 틀림없는 듯하고 長短音이나 된소리 등 發音表示 문제에 있어서 이들보다 더 現實化한 자취가 보이기도 하나 여전히 그 影響圈에서 벗어나지 못하고 保守性을 보이는 面과 一貫性을 缺해 規則性이 없는 결함도 아울러 가지고 있는 듯이 보인다.

물론 큰사전이 刊行된 뒤로도 상당한 세월이 흘렀으므로 그동안 長短音이나 된소리 自體에도 다소의 변화가 있었을 것은 계산에 넣어야 할 것이다.

우선 本論에서는 國語의 長短音에 관하여 순 우리말의 경우와 漢字말의 경우로 갈라 論하려 한다.

1. 순우리말의 長短音에 대하여

1. 1. 中世語文獻에 上聲點(:)이 찍혔던 것으로 오늘날 長母音으로 발음되는 것에는 다음과 같은 것들이 있다.

1. 1. 1. (¯표는 語頭가 長母音임)

가(邊:ᄀᆞᆺ) 까치(:가치) 거머리(:거머·리) 거짓(:거즛) 게(蟹:게) 계집(:겨집) 곰(熊:곰) 굴(堗:굴) 굼벵이(:굼벙) 길(身長大:길) 깁(絹:깁) 낱(箇:낯) 내(川:내) 너새(鴇:너ᅀᅵ) 널(板:널) 넷(四:네) 달(葮:달) 도끼(斧:도치, :돗귀) 돈(錢:돈) 돌(石:돌) 되(戎:되) 둘(二:둘) 뒤(後:뒤) 말, 말씀(:말, :말ᄊᆞᆷ) 매(鷹:매) 밀(蠟:밀) 박쥐(蝙:ᄇᆞᆰ·쥐) 발(簾:발) 밤(栗:밤) 벌(蜂:벌) 범(虎:범) 벗(友:벋) 비단(綵:비·단) 새(鳥:새) 샘(泉:ᄉᆡᆷ) 섣달(臘月:섯ᄃᆞᆯ) 설(歲初:설) 섬(島:셤) 세이레(三七日 세닐·웨) 셋(三:세) 소경(眼盲:쇼·경) 속(裏:속, :솝) 솔(刷子:솔) 숨(息:숨) 쉰(五十:쉰) 시내(溪:시:내) 실(絲:실) 안개(霧:안·개) 엄니(牙齒:엄니) 열쇠(鍉:열·쇠) 옴(疥:옴) 움(芽:움) 일(事:일) 임금(王:님·금, :님·굼) 임자(主:님·자) 잣(松實:잣) 제비(燕:져비) 종(奴:죵) 주변(自由:쥬·변) 줄(鑢:줄) 중(僧:즁) 짓(行貌:즛) 채(반찬의 하나 :ᄎᆡ) 헝겊(片帛:헌것) 헌데(瘡:헌·ᄃᆡ)

이상 資料는 古語辭典1)에서 單音節語 또는 二音節語(語頭에) 中 上聲點이 찍힌 名詞(體言)로서 큰사전에도 長母音 부호가 되어 있는 것들이다.

이들 長母音은 歷史的인 것이라 하겠는데 長短音攷2)에서 言及한 바 있다. 이들 긴소리의 處理는 全的으로 한국학회편 큰사전이 옳다.

---

1) 拙稿, 古語辭典, 東亞出版社, 1960(一潮閣, 補訂版 1971.)
劉昌惇, 李朝語辭典, 延大出版部, 1964. .

2) 拙稿, 「國語學論文集」, 一宇社, 1962(三版, 1969, 春潮社)

1. 1. 1. 1.

이 資料 중 總督府辭典 文世榮辭典의 어느 하나, 또는 兩辭典과 달리되어 있는 것만을 추려 一覽表로 보이면 다음과 같다.

古語辭典	總	文	큰	부호 설명
:낮	·낫	낱	낱̅	古語辭典의 :는 上聲點, ·는 去聲點. 總의 ·는 長母音 부호, 文의 :도 長母音 부호임.
:볽·쥐	·박·쥐	:박:쥐	박̅쥐	
:시:내	시내	시내	시̅내	
:열·쇠	·열ㅅ쇠	열쇠	열̅쇠	
:주·변	·주·변	:주:변	주̅변	

1. 1. 1. 2.

이들 體言에 토가 붙어 添用(曲用)될 때에도 긴소리는 바뀌지 않는다. 즉

………………(松實)잣 (蜂)벌 (柿)감 (雪)눈

………………과도에 으로 을은 이

와 같아서 子音으로 시작되는 토나 母音으로 시작되는 토나 간에 그 위에서 體言의 長母音은 유지된다는 것이다.

이것은 中世語文獻에서부터 보여 주는 사실이므로 이 또한 歷史的인 것이라 하겠다.

:버·디라·니(釋譜 6:19) ……………………… :벋(友)
:소·배(月釋 1 : 10)………………………… :솝(裏)
:도ᄂᆞ·로(釋譜 6:8) :도·늘(楞解 10:90) …… :돈(錢)
:마·른(楞解 1 : 17)………………………… :말(言)
:범·과(釋譜 9 : 24)………………………… :범(虎)

따라서 이 體言의 긴소리 발음 표시는 標題語에 限해서, 큰사전을 포함한 종래의 사전이 취한 조치에 부족은 없다고 본다.

1. 1. 2

개다(晴:개다) 꿰다(貫:ᄢᅦ게다) 괴다(飣:괴다) 메다(擔, 塡:메다) 새다(曙:새다) 세다(强:세다) 세다(白:세다) 쐬다(熏:쐬다, ᄡᅬ다) 쉬다(休, 饐:쉬다) 재다(敏:재다) 쥐다(握:쥐다)

작다(小:쟉다) 적다(少:젹다) 굵다(:굵다) 신다(履:신다) 안다(抱:안다) 많다(多:만타)

걷다(步:걷다) 긷다(汲:긷다) 눋다(焦:눋다) 묻다(問:묻다) 싣다(載:싣다) 얻다(得:얻다)

갈다(耕:갈다) 걸다(掛, 肥:걸다) 길다(長:길다) 놀다(遊:놀다) 덜다(減:덜다) 떨다(拂:ᄠᅥᆯ다)

떫다(澁:ᄠᅥᆲ다) 돌다(廻:돌다) 말다(休:달다) 멀다(遠, 盲:멀다) 몰다(驅:몰다) 물다(徵:물디)

밀다(推:밀다) 벌다(列:벌다) 불다(吹, 吹奏:불다) 빌다(祈:빌다) 살다(生:살다) 설다(未熟:설다) 섧다(哀:셟다) 알다(知:알다) 얼다(氷:얼다) 열다(開:열다) 엷다(薄:엷다) 울다(泣:울다)

일다(淘:일다) 일다(起:닐다) 절다(跛:절다) 헐다(毁:헐다)

감다(捲:감다) 검다(黑:검다) 넘다(越:넘다) 담다(盛:담다) 삼다(爲:삼다)

곱다(麗:곱다) 굽다(炙:굽다) 깁다(補:깁·다) 덥다(暑:덥다) 돕다(助:돕다) 밟다(履:ᄇᆞᆲ다)

쉽다(易:쉽다) 없다(無:업다)

웃다(笑:웃다) 잇다(繼:닛다) 젓다(攪:젓다) 짓다(作:짓다) 좋다(好:됴타)

이상 資料는 古語辭典에서 用言語幹(一音節)에 上聲點이 찍힌 것으로 큰사전에도 長母音부호가 되어 있는 것들이다. 큰사전의 이들 긴소리 處理는 옳다.

1. 1. 2. 1.

필자는 [m]終聲을 가진 用言의 語幹母音은 원칙적으로 子音語尾 위에서 長音으로 발음된다[3)]고 한 바 있다.

큰사전에 있어 '곪다 굶다 남다 닮다 뿜다 심다 옮다 품다'의 語幹에 긴소리 표시가 되어 있지 않은데 이들은 이미 **總**에도 긴소리 표시가 되어 있는 것으로 필자는 **總**에 贊意를 표한다.

古語辭典	總	文	큰	私見
:감ᄑᆞ·ᄅᆞ·다	·감ㅅ다	:감다	감다	감다(黑)
·ᄀᆞᆷ·고	감ㅅ다	감다	감다	감다(洗髮)
:감·고, :가·ᄆᆞ시·고	·감ㅅ다	:감다	감다	감다(捲)
·ᄀᆞᆷ·게, ·ᄀᆞᆷ·ᄂᆞ니·라	·감ㅅ다	:감다	감다	감다(閉眼)
	·깜ㅅ다	깜다	깜다	깜다(黑)
:검·디	·검ㅅ다	:검다	검다	검다(黑)
	·썸어타	껌다	껌다	껌다(黑)
	·곪ㅅ다	곪다	곪다	곪다(膿)
	·굶다	굶다	굶다	굶다(飢)
:남·디(過)	·남ㅅ다	남다	남다	남다(餘)
:넘·디	·넘ㅅ다	:넘다	넘다	넘다(越)
:담·고	·담ㅅ다	:담다	담다	담다(盛)
:닮다	·닮다	닮다	닮다	닮다(似)
·ᄲᅮᆷᄂᆞᆫ	·ᄲᅮᆷ다	:뿜다	뿜다	뿜다(噴)
:삼·고, :삼·ᄂᆞ니·라	·삼ㅅ다	:삼다	삼다	삼다(爲作)
	·삶다	:삶다	삶다	삶다(煮)
	·숨ㅅ다	:숨다	숨다	숨다(隱)
시므·고, 시므·게	·심ㅅ다	'싊다'에 보라	심다	심다(植)
:옮·ᄃᆞᆺ	·옮다	:옮다	옮다	옮다(遷)
	·참ㅅ다	:참다	참다	참다(忍)
	·품ㅅ다	품다	품다	품다(懷)

---

3) 拙稿, 「國語學論文集」, 長短音攷, p.267.

큰에서 '감다(洗髮)'의 경우, **總**·**文**보다 새 태도를 보였으면서 '곪다 굶다 남다 닮다 심다 품다'의 경우는 **文**을 답습한 듯이 보이며 '뿜다 옮다'의 경우는 **文**에서 다시 한걸음 물러선 꼴이다.

필자는 일체의 [m] 終聲 'ㅁ ㄻ' 받침 붙는 用言語幹母音은 子音語尾 위에서 긴소리로 발음되는 것으로 본다.

'·ᄀᆞᆷ다(洗髮, 閉眼) ·ᄲᅳᆷ다(噴)'의 語幹母音이 긴소리로 된 것은 類推作用이라 하겠으며 '심다'는 '시므고, 시므·게'의 語幹 '시므'의 縮約에 의한 '심'의 長母音化다.

1. 1. 2. 2.

1. 1. 2에서 보인 例 등 用言語幹에 語尾가 붙어 活用될 때에 그 語幹母音이 길게 소리나는 것은 원칙적으로 子音語尾 위에서의 일이고 母音語尾 위에서는 짧아진다고 한 바 있다.4)

……… 짓 잇 덥 곱 삼 넘 멀 갈 묻 걷 안 신 꿰 개
……… 소 는 네 니 자 세 더(니) 지 게 고 다

……… 지 이 더 고 삼 넘 멀 갈 물 걸 안 신 꿰 개
……… 울 운 우면 우니 (와라) 워라 (와서) 워서 (와) 워 을 은 으면 으니 (아라) 어라 (아서) 어서 (어) 어

이와 같은 일은 中世語文獻에서 이미 그런 實例를 보인다.

시·넛·노·니·ᄂᆞᆫ(飜朴上 26)……………………… :신다(履)
아·나(初杜解 7 : 3) ……………………………… :안다(抱)
거·르·며(釋譜 6 : 33) ………………………… :걷다(步)
기·르라(初杜解 8 : 32)………………………… :긷다(汲)
누·러(金三 5 : 45)……………………………… :눋다(焦)
무·러(龍歌 62章)………………………………… :묻다(問)

4) 拙稿, 「國語學論文集」, pp.263~264.

미・러(楞解 8 : 9) ……………………………… :밀다(推)
시・러(釋譜 6 : 5) ……………………………… :싣다(載)
거・러(楞解 8 : 93)……………………………… :걸다(掛)
니・러(釋譜 6 : 7)…………………………………:닐다(起)
더・러(釋譜 13 : 22)……………………………:덜다(除)
도・라・오・샤(釋譜 6 : 42)………………………:돌다(廻)
사・라(釋譜 9 : 35) 사・로・딕(釋譜 6 : 5)… :살다(生)
아・로・미(釋譜 13 : 43)……………………… :알다(知)
여・러(金三 5 : 45) ……………………………:열다(開)
허・러・도(釋譜 9 : 13)…………………………:헐다(毁)
거・므・며(楞解 10 : 9) 거・므・니(楞解 10 : 9)…:검다(黑)
나・마(釋譜 6 : 4)………………………………:남다(餘)
다・뭄(金三 4 : 54)…………………………… :담다(盛)
사・모려(釋譜 6 : 2)……………………………:삼다(爲)
구・을(訓蒙下 13)……………………………… :굽다(炙)
더・본(釋譜 6 : 40) ……………………………:덥다(暑)
도・봃(月釋 10 : 32) ………………………… :돕다(助)
불・보・딕(釋譜 6 : 34) 불・본(月釋 1 : 28)…:붋다(履)
쉬오・딕(法華 1 : 223) ……………………… :쉽다(易)
니・스리(釋譜 6 : 7) 니・서(初杜解 8 : 30)…:닛다(繼)
지・스・니(釋譜 6 : 30) 지・서(釋譜 6 : 31)…:짓다(作)

그러나 반드시 그렇지만도 않은 例를 보여 주는 것도 있으니 그것은 다음과 같은 것들이다.

:가・ᄆ시・고(月釋 18 : 31) …… :감다(捲)
:거르・샤(釋譜 6 : 17) ………… :걷다(步)
:니・ᅀ샤・도(龍歌 125章) ……… :닛다(繼)
:사・ᄆ신・대(釋譜 13 : 35) …… :삼다(爲)
:올・ᄆ샤・도(龍歌 4章) ………… :옮다(遷)
:도・ᄫ시・니이・다(龍歌 96章) … :돕다(助)

이들은 母音語尾 위에서 上聲點이 찍힌 것들이지만 오늘날은 다른 用言의 語幹母音의 경우와 같이 母音語尾 위에서는 短母音化하여 발음되는 것들이다.

돕 옮 삼 잇 걷 감
……………… 소 는 네 니 자 세 더니 지 게 고 다

도 옮 삼 이 걸 감
……………… (어라) 아라(와라) (어서) 아서(와서) (우면) 으면 (어) 아(와) (울) 을 (운) 은 (우니) 으니

:니르・샤(釋譜 13 : 33) ………………:닐・다(起)
:마・ᄅᆞ쇼・셔(釋譜 6 : 25) ……………:말다(休)
:미・르시・리(龍歌 99章) ………………:밀다(推)
:사ᄅᆞ・샤(龍歌 3章) ……………………:살다(生)
:아・ᄅᆞ실・씨(釋譜 6 : 18) :아ᄅᆞ・시ᄂᆞ・니잇・가(釋譜 6 : 14)… 알다(知)
:여・르시・니(龍歌 3章) ……………… :열다(開)
:머・르시・니이・다(龍歌 81章) ……… :멀다(遠)

이들은 각각 오늘날 '르'가 줄어진 상태에서 語幹母音이 길게 소리나는 것들이다.

$\overline{\text{이}}$시어(←일으시어) $\overline{\text{마}}$소서(←말으소서) $\overline{\text{머}}$십니다(←멀으십니다) $\overline{\text{미}}$시리(←멀으시리) $\overline{\text{사}}$시어(←살으셔) $\overline{\text{아}}$시므로(←알으시므로) $\overline{\text{아}}$십니까(←알으십니까) $\overline{\text{여}}$시니(←열으시니)

이들 ㄹ 받침 붙는 用言語幹으로서 子音語尾 위에서 長母音으로 소리나는 것은 '으 오'토 위에서 'ㄹ'가 줄어들 적에도 그 長母音만은 그대로 유지된다.

.... 얼 알 살 멀 말(休) 덜 놀 걸(掛) 갈

... ... 자 세 더니 지 게 고 다

.... 어 아 사 머 마 더 노 거 가

오

한편 中世語文獻에 ':덜·오(楞解 2 : 45) :마·오(釋譜 13 : 58) :마오·져(法華 5 : 155) :마와·더(楞解 9 : 113) :마오·려(飜朴上 38) :말오·져(月釋 17 : 18) :멀어·늘(法華 6 : 5) :불오(初杜解 7 : 36) :살오·져(楞解 9 : 74) :알·에(釋譜 13 : 17) :열·에(法華 1 : 133) :울어든(釋譜 9 : 30) :헐·에(楞解 1 : 77)' 등은 外見上 母音語尾 위에서 語幹母音의 긴소리(上聲點)가 유지된 것으로 보이나 이 語尾는 語幹末音 ㄹ소리 밑에서 ㄱ소리가 탈락된 것으로 다른 母音語尾와는 구별되어 傍點이 찍혀 있음은 흥미롭다.

1. 1. 2. 3.

中世語文獻에 모든 語尾 위에서 上聲點이 찍힌 用言語幹으로 오늘날에 있어서도 모든 語尾 위에서 길게 소리나는 것으로는 다음과 같은 것이 있다.

:굵고(釋譜 6 : 32) :굴·근(釋譜 6 : 31) :굴그·면(釋譜 13 : 38)

:적고(釋譜 9 : 26) :져·그시·고(月釋 18 : 71) :져글·씨·라(月釋 1 : 6) :져그·락·ᄒᆞ·야(月釋 1 : 14) :져근(法華 3 : 83) :쟈가(永嘉上 20) : 쟈ᄀᆞᆫ(觀音 13)

:만·코(月釋 10 : 23) :만타·라(月釋 10 : 23) :만ᄒᆞ·고(釋譜 6 : 33) :만ᄒᆞ·며(月釋 2 : 11) :만·ᄒᆞ·야(月釋 1 : 16)

:얻·긔(釋譜 9 : 10) :얻·게(楞解 1 : 21) :어·드샤·ᄆᆞᆫ(釋譜 6 : 7) :어·더보·고·려(釋譜 6 : 3) :어·두리·라(釋譜 6 : 13) :어드·리로·라(釋譜 23 : 17) :어드·니(釋譜 6 : 23)

:곱거·늘(釋譜 6 : 13) :고ᄫᆞᆫ·ᄯᆞᆯ(釋譜 6 : 13) :고ᄫᆞ·샤(月釋 21 : 211) 고오ᄃᆡ(飜朴上 63) 고을(訓蒙下 33) 고온(法華 2 : 111)

:쉽고(釋譜 6 :4) :설븐(釋譜 6 : 5) :설블(月釋 1 : 29) :설·버(月釋 1 : 29)

:업거·늘(龍歌 20章) :업·게(龍歌 64章) :업스·니(釋譜 6 : 6) :업·서(釋譜 13 : 56)

:떨블(月釋 17 : 67) :떨·운(法華 6 : 51)

:됴커·나(釋譜 19 : 20) :됴·코(龍歌 2章) :됴ᄒᆞ·녀(飜朴上 39) :됴ᄒᆞ·니잇·가(釋譜 6 : 35)

中世語文獻에 있어선 用言語幹이 子音語尾 위에서만 上聲點이 찍혔던 것이 오늘날에 있어선 母音語尾 위에서도 긴소리로 발음되는 것에는 다음과 같은 것이 있다.

:벌·씨·라(月釋 18 : 35) 버·러(月釋 1 : 28)

:엶·디(釋譜 19 : 7) 열·본(龍歌 30章)

:웃게(初杜解 8 : 4) :웃고(金三 4 : 45) 우·스·며(釋譜 6 : 24) :웃ᄂᆞ·니이·다(月印上 61) 우·숨(釋譜 13 : 22) 우·슴(訓蒙上 29)

:젓·고(三綱·孝 32) 저·서도(金三 3 : 29)

以上 1. 1. 2. 2와 1. 1. 2. 3에서 본 바와 같이 用言活用에 있어서는 體言添用(1. 1. 1. 2)의 경우, 즉 모든 助辭 위에서 그 長母音이 유지되는 것과는 달리 母音語尾 위에서 語幹母音의 긴소리가 유지되는 것과 短音化하는 것이 있다.

따라서 큰사전을 前後한 모든 辭典이 一律的으로 基本形에만 긴소리표를 한 것은 再考되어야 하며 그 어떠한 새로운 조처가 필요하다고 생각한다.

좋 떫 쉽 곱 얻 많 작 적 굵

……자 세 더 지 게 고 다
니

…좋 떫 설 고 얻 많 작 적 굵

…… (어라)(워라) 아라 (어서)(워서) 아서 (우면) 으면 (어)(위) 아 (울) 을 (운) 은 (우니) 으니

……젓 웃 옮 벌

… 자 세 더니 지 게 고 다

……저 웃 옮 벌

… 어라 어서 으면 어 을 은 으니

1. 1. 2. 4

中世語文獻에 語幹이 二音節이던 것이 一音節로 縮約되어 오늘날 長母音으로 소리나는 것이 있다.

ᄭᅳ스・고(飜朴上 40) ᄭᅳ스・니(飜朴上 42)
버・힐(訓蒙下 5) 버・히・게(初杜解 8 : 34)
ᄌᆞ오・라셔(初杜解 8 : 47) ᄌᆞ오다・가(月釋 21 : 91) 조으ᄂᆞᆫ(飜朴上 40)

이들이 큰사전에는 '끌다 베다 졸다'와 같이 긴소리표가 되어 있는데 '끌다'만은 모든 語尾 위에서 긴소리 발음이 되는 것이고 後二者는 子音語尾 위에서와 '오'語尾 위에서만 긴소리 발음이 되는 것이 아닌가 한다.

1. 1. 2. 5

큰사전에 '벌이다 벌리다 졸리다'와 같이 긴소리표를 한 것은 贊成, **總・文**도 같다.

필자는 使動詞・被動詞를 만드는 派生接尾辭 위에서는 原動詞

語幹母音이 長音이던 것도 短音化한다는 것을 지적한 바 있다.[5)]

이것은 이미 中世語文獻에서 그 例를 보이고 있다.

넘·구·다 …………	:넘·다	살·이·다………………	:살다
돌·이다 …………	:돌·다	옮·기다………………	:옮다
말·이·다 …………	:말·다	울·이·다………………	:울다
·몰·이·다 …………	:몰·다	웃·이다………………	:웃다
블·이·다 …………	:붊다	헐·이다, 헐우다 ……	:헐다

그러나 原動詞가 母音語尾 위에서도 그 語幹母音이 긴소리를 유지하는 것은 派生動詞(使動詞·被動詞)의 本語幹母音의 긴소리도 그대로 유지되는 듯이 보인다. 앞에 보인 '벌이다 벌리다'의 경우가 그것이다. '졸리다'는 '졸아 졸아서'의 '졸'은 短母音 발음이나 '졸음'의 '졸'은 분명 긴소리다. 이것은 큰사전 뿐 아니라 **總**·**文**도 한가지다.

큰사전에 '끌리다'의 '끌'에 긴소리표가 없는 것은 잘못으로 본다. **總**에는 '·썰리다' **文**에는 ':껄리다'를 基本形으로 잡아 긴소리표를 하여 있다. 基本形은 큰이 옳고 긴소리표는 **總**이나 **文**이 옳다고 본다.

하나 더 지적할 것은 **큰**에

끌어내다 끌어대다 끌어내리다 끌어당기다 끌어들이다.
끌어넣다 끌어매다 끌어안다 끌어올리다.

와 같이 두 가지 태도를 보인 점이다. 이것은 매우 主觀的인 處理가 아닌가 한다. 이것은 한값으로 처리해야 할 것이다.

---

5) 拙著, 「國語學論文集」, 長短音攷, pp.263~264.

1. 1. 2. 6

필자가 본 바로 **큰**에 있어 두드러지게 긴소리 표시에 있어 特定人士의 영향을 받았거나 아니면 中世語文獻(?)의 영향을 받은 듯이 보이는 것으로 ㅎ받침語가 있다. 一覽表로 보이면 다음과 같다.

古語辭典	**總**	**文**	큰	私見
나·티	·나ㅅ타	:낳다	낳다	낳다
녀·코	·넛타	:넣다	넣다	넣다
노:솝고	놋타	놓다	놓다	놓다
다·케	:닷다	:닿다	닿다	닿다
다·하	·싿타	땋다	땋다	땋다
–	–	빻다	빻다	빻다
·ᄉᆞ리	·싸타	쌓다	쌓다	쌓다
:됴·코	·좃타	:좋다	좋다	좋다
디·허	·찟다	찧다	찧다	찧다

필자의 발음으로는 「놓다」의 발음만이 분명한 短母音 발음이고 '빻다 찧다'는 長音化의 경향이 있지 않은가 한다.

1. 1. 2. 7

語幹이 二音節인 것으로 中世語文獻에 그 첫音節에 上聲點이 찍힌 것이 **큰**에는 다음과 같이 長母音으로 처리되어 있다.

감파르다(:감ᄑᆞ·ᄅᆞ·다) 꺼리다(:꺼리·다) 건너다(:건·나·다, :건·너·다, :걷·나·다, :걷·너·다)
걸치다(:걸티·다) 계시·다(:겨시·다) 놀라다(:놀·라·다) 넘치다(:넚디·다)
더럽다(:더럽·다) 모질다(:모딜·다) 모자라다(:모·ᄌᆞ라·다) 벌리다(버리·다)
벌이다(:버리·다) 엿보다(:엿·다, :엿·보·다) 비틀다(:뷔·틀·다) 지나다(:디·나·다)

이들에 대해서는 하등의 異論이 없으며 모든 語尾 위에서 첫音節의 長母音이 유지되는 것이다.

그러나 다음과 같이 中世語文獻과 다르게 되어 있는 것도 있다.

古語辭典	**總**	**文**	**큰**	私見
·거머ᄒᆞ·다	–	거멓다	거멓다	거멓다
·그·리·다	·그리다	:그리다	그리다	그리다(畵)
:디:내:다	·지·내·다	지내다	지내다	지내다
			지내듣다	
			지내보다	
:무덥·다	·무더웁다	무더웁다	무덥다	무덥다
	·무·덥다	무:덥다		
:비:웃다	비·웃다	비웃다	비웃다	비웃다

위 五者中 '거멓다 그리다 무덥다 비웃다'의 四者는 **큰**에 同調하나 '지내다'와 같은 긴소리가 연거푸 발음되는 일은 없으므로 '지내다'로 하였으면 한다. '비웃다'나 '무덥다'의 '웃다'나 '덥다'가 본디 그 語幹母音이 긴소리지마는 '뭏다(熏鬱)' 動詞語幹 '뭏'이나 '비(接頭辭)'가 長母音이기 때문에 긴소리를 연거푸 발음하기 어려운데서 短音化한 것과 同類의 것이다.

':무덥·다'의 '무'가 上聲點이던 것이 **文**에서부터 短音으로 처리된 것은 '뭏다'라는 語源이 멀어진데서 言衆이 語源意識없이 발음하는 데서 短音化한 것이라 하겠다.

'거멓다'는 **큰**에서 처음으로 長母音으로 처리된 것이고 '그리다'는 **總** 以來 긴소리로 처리되어 있다.

1. 1. 2. 8

前項에서 '지내다 무덥다 비웃다'의 '내다 덥다 웃다'의 語幹母音이 긴소리지마는 短音化한 것임을 말한 바 있다.

비슷한 類의 若干例를 큰사전에서 들어 보이면 다음과 같다.

갌없다 맥없다 실없다 열없다
뒤돌다 뛰놀다
감돌다

드세다 뒹굴다 싯누렇다
짓밟다 짓밟히다
휘감다 휘돌다 휘몰다 휘젓다

以上을 보면 그 無原則을 곧 알 수 있다. '갌(갑)'이나 '맥'이 同一條件인데 하나는 '없'에 긴소리표를 하고 하나는 그것이 없는 것이라든지 '뒤'나 '뛰'가 同一條件('뛰'가 硬音이라고는 하나 '뒤'나 '뛰'가 같은 短母音이므로)이므로 다음의 '놀'이 또한 같게 다루어져야 하는데 각각 다르게 처리된 것이 그것을 立證한다.

'드세다, 뒹굴다 싯누렇다'의 처리는 옳다. '세다 굴다 누렇다'의 長母音이 둘째音節에 놓일 때는 短音化하는 것이 우리말의 버릇이므로 그렇다는 것이다.

따라서 '짓밟다'의 '밟다'도 單獨으로는 그 語幹母音이 긴소리 발음이지만 '짓'이란 接頭辭 다음에선 短音化하는 것으로 처리해도 좋다고 생각한다. 더구나 '짓밟히다'의 긴소리표는 '밟히다'는 제대로 처리해 있으면서 '밟다'의 '밟'이 長母音이라는 觀念에 사로잡혀 저지른 잘못이다.

'휘감다 휘돌다 휘몰다 휘젓다'의 경우도 한가지다.

'감다, 돌다, 몰다, 젓다'의 語幹母音이 각각 子音語尾 위에서는 긴소리 발음이지만 '휘'라는 接頭辭 다음에 올 경우는 앞의 '짓밟다'의 경우처럼 短音化하는 것으로 처리해도 좋다고 생각한다.

'휘감다 휘돌다'의 '감, 돌'을 短母音으로 처리하고 '휘몰다, 휘젓다'의 '몰, 젓'만을 長母音으로 처리하는 그 無原則은 是正되어야 할 것이다.

큰에 '휘감다'의 '감'이 短母音으로 처리된 것은 **總 文** 以來 一貫된 처리요, '휘돌다'는 **總 文**에는 없는 標題語고 **큰**에서 처음 登場한 것이다.

큰에 '휘몰다, 휘젓다'의 '몰, 젓'을 긴소리로 처리한 것은 觀念의 所産이라 하겠는데 '휘몰다'의 '몰'이 긴소리로 처리된 것은 **總**에 淵源이 있는 듯하고 '휘젓다'의 '젓'은 **總**에 短母音으로 되어 있던 것이 **文**에 긴소리로 處理되어 **큰**에 이어진 듯하다.

이와 같은 觀念의 所産으로 '감돌다'가 있다. '감다' '돌다'의 複合이라는 觀念에서 '감, 돌'을 모두 긴소리표를 한 것이라 보인다. 이것은 中世語文獻에는 '감:돌·다'였고 **文**에서는 ':감돌다'로 제대로 되었던 것인데 **큰**에서 오히려 後退한 셈이다.

2. 漢字語의 長短音에 대하여

漢字語의 長短音 내지 漢字音聲調 문제에 대해선 私見을 펴온 바 있다.

2. 1.

漢字音에 관한 限 中世語文獻[6]은 두 가지로 갈린다. 하나는 東國正韻式 漢字音實用文獻이요, 다른 하나는 現實漢字音 實用文獻이다. 前者는 주로 15世紀 佛經諺解 등이요, 後者는 成宗 20년(1489年) 刊 救急簡易方을 비롯해 眞言勤供 訓蒙字會 등 壬亂前 文獻이다. 後者에는 다시 漢字音에 따라 그 聲調까지 現實化한 것과 新增類合이나 石峰千字文처럼 漢字音만 現實化했을 뿐 聲調表示는 韻書를 따른 것도 있다.

오늘날 漢字語의 長短音이 두말할 것도 없이 漢字音이 韓國化하는 過程에서 굳어져 온 것으로 본다.

---

6) 拙著, 「國語學論文集」, 長短音攷, pp.263~264.
拙著, 朝鮮(李朝)漢字音研究, 六 漢字音聲調, pp.167~182.
拙著, 現代國語國字의 諸問題 Ⅷ. 韓國에서의 漢字音聲調 變遷研究, pp.191~322.

2. 2. 1

그러나 순우리말에 있어서는 'ㄱ, ㄹ, ㅂ' 받침이 붙는 말에 體言 用言을 가리지 않고 긴소리 발음이 있음에 비하여

ㄱ……족 박쥐 적섬 넉되 작다 적다 굵다……
ㄹ……길 널 돌 둘 말 밀 발 벌…… 갈다 걸다 골다 길다 널다
ㅂ……깁 곱다 굽다 깁다 눕다 덥다 돕다 밟다……

漢字音에 경우에 있어선 入聲漢字音〔ㄱ　ㄹ　ㅂ〕은 東漢音에서나 二期音에서 去聲點을 찍어 처리하였고 現代語辭典에서도 큰사전을 前後한 모든 사전에 모두 單母音으로 처리하여 잘못이 없지만 끈질긴 入聲音聲調의 그 促急性의 유지를 보이는 것이라 하겠다[7].

2. 2. 2

15世紀末 救急簡易方 以後 文獻의 現實漢字音聲調와 現代語長短(큰사전)을 비교한 바 있는데 당시의 平·去聲은 오늘날 대체로 短母音으로 발음되고 上聲은 長母音으로 발음되는 것이 原則的이나 上→短이 平·去→長에 비하면 優勢를 보이고 있다.

큰의 긴소리 표시는 **總 文**에 비해 革新的으로 現實化한 것이 있는가 하면 그 테두리에서 벗어나지 못해 保守性을 보인 것이 있을 뿐 아니라 오히려 옛 聲調에 얽매여 觀念的으로 긴소리 표시를 한 것도 상당수 눈에 띈다. 특히 둘째 音節에 놓이는 경우에 그 경향이 두드러진 듯하고 一貫性도 없어 보인다.

또한 큰 以後 相當歲月이 흘렀으므로 이제는 표준발음의 確立을 위해 긴소리의 現實化作業이 필요하다고 하겠다.

---

7) 拙著, 現代國語國字의 諸問題 Ⅷ. 韓國에서의 漢字音聲調 變遷硏究, p.322.

2. 2. 2. 1

한자어	총	문	큰	사견
間隔	간	▲간	간격	간격
間隙	· 간	: 간	▲간극	간극
間數	간	간	간수	간수
間接	· 간	: 간	간̅접	간̅접
簡單	· 간	: 간	간̅단	▲간단
簡單히	–	–	간단히	간단히
簡單明瞭	–	–	간단명료	간단명료
簡單明瞭히	–	–	간단명료히	간단명료히
簡明	–	: 간	▲간명	간명
簡略	· 간	: 간	간̅략	▲간략
簡便	· 간	: 간	간̅편	▲간편
簡易	· 간	: 간	간̅이	간̅이
簡牘	· 간	: 간	간̅독	간̅독
簡紙	간	: 간	간̅지	간̅지
故國	· 고	: 고	고̅국	고̅국
故鄕	· 고	▲고	고̅향	고향(文)
故山	–	–	고산	▲고̅산
考試	고	고	고시	▲고̅시
考察	고	고	고찰	고찰
考古	–	고	▲고̅고̅	고̅고
考究	–	고	▲고̅구	고구(文)
考査	–	고	고사	▲고̅사
考案	–	고	▲고̅안	고안(文)
管見	· 관	: 관	▲관견	관견
管內	· 관	: 관	▲관내	관내
管理	· 관	: 관	관̅리	▲관리
管理權	–	–	관리권	관리권
管理農	–	–	관리농	관리농
管理法	–	–	관리법	관리법
管下	· 관	: 관	▲관하	관하
慣例	· 관	: 관	관례	▲관례
慣習	· 관	: 관	▲관습	관습
慣用	· 관	: 관	관̅용	▲관용
慣習都鑑	–	–	관습도감	관습도감
慣習法	–	–	관습법	관습법
貫	관	관	관	관

貫膿	관	관	관농	관농
貫子	관	관	관자	관자
貫珠	· 관	: 관	관주	관주
貫徹	· 관	: 관	▲관철	관철
貫通	· 관	: 관	관통	▲관통
貫鄕	· 관	: 관	▲관향	관향
貫革	· 관	: 관	관혁	관혁
口頭	· 구	: 구	구두	구두
口文	· 구	▲구	구문	구문(文)
口味	· 구	: 구	구미	▲구미
口辯	· 구	: 구	구변	구변
口舌	· 구	: 구	구설	구설
口子湯	구	구	▲구자탕	구자탕(總)
口錢	구	구	▲구전	구전(總)
技巧	· 기	: 기	기교	▲기교
技能	· 기	: 기	기능	▲기능
技師	· 기	: 기	기사	▲기사
技術	· 기	: 기	기술	▲기술
企及	· 기	▲기	기급	기급
企待	· 기	▲기	기대	기대
企望	· 기	▲기	기망	기망
企仰	· 기	–	기앙	▲기앙
企圖	–	기	기도	기도
企業	–	기	기업	기업
企業家	–	–	기업가	▲기업가
企業熱	–	–	기업열	▲기업열
企業形態	–	–	기업형태	▲기업형태
冬期	동	동	▲동기	동기
冬服	동	▲: 동	동복	동복
冬節	동	▲: 동	동절	동절
冬至	동	동	동지	동지
冬眠	–	동	▲동면	동면

▲표는 앞의 辭典과 긴소리표가 달라진 것. 私見欄의 (文)은 文世榮辭典을, (總)은 總督府辭典의 긴소리표를 따르겠다는 것.

以上 ㄴ 漢字語中 **總 文 큰**에 첫 音節 긴소리표 이동 若干 例에 私見의 一端을 붙여 본 것이다[8].

큰에서 '間隙 簡明 管見 管內 管下 慣習 貫徹 貫鄕'의 첫 漢字에 긴소리표를 하지 않은 것과 '考古 冬期 冬眠'의 첫 漢字에 긴소리표를 한 것은 각각 現實發音을 尊重한 革新的 태도로 보인다.

그러나 '簡單明瞭, 簡單明瞭히, 簡單히'와 '簡明'의 '簡'까지를 긴소리표를 하지 않으면서 '簡單'의 '簡'에 긴소리표를 한 것은 理解가 되지 않으며 '故鄕'의 '故'가 文에 이미 短母音이던 것을 긴소리로 處理하면서 '故山'의 '故'는 短母音으로 處理한 것은 오히려 거꾸로 처리된 느낌이다.

'管理權, 管理農, 管理法, 管見, 管內'의 '管'을 모두 單母音으로 처리하면서 유독 '管理'의 '管'만을 긴소리로 처리한 것도 一貫性이 없지만 總 文에 '口子湯, 口錢'의 '口'가 짧은소리요, 문에 '口文'의 '口'가 짧은 소릴 뿐 아니라 現實發音으로도 짧은소리가 분명하다가 보는데 이것을 무리해서 一貫性 있게 一律的으로 처리하려는 데서 긴소리로 처리한 것이 아닌가 한다.

'企及 企待 企望 企圖 企業'의 '企'에 一切 긴소리표를 하지 않으면서 '企仰 企業熱 企業形態'의 '企'에만 긴소리표를 한 것은 一貫性을 缺한 처리요, '技巧 技能 技師 技術'의 '技'는 그 이유야 어디에 있던 이제는 單母音化한 것으로 본다. 絶對多數의 서울의 中流 知識層의 現實發音은 尊重되어 표준발음이 확립되었으면 한다.

2. 2. 2. 2

다음은 二音節 漢字語에서 둘째 音節에 오는 긴소리漢字(語頭에서 긴소리로 발음되는 것, 救急簡易方 이후의 現實漢字音, 필자가 말하는 第2期 漢字音으로는 上聲字)는 **總 文 큰**에 각각 어떻게 처리되었는가를 보이면 다음과 같다.

---

8) 拙著, 現代國語國字의 諸問題 Ⅷ. 韓國에서의 漢字音聲調 變遷硏究, pp.247~265.

한자어	총	문	큰
閣下	각·하	각:하	▲각하
激怒	격·노	격:노	격노
激戰	격·젼	격:전	격전
德望	덕·망	덕:망	덕망
德性	덕·셩	덕:성	덕성
激動	격동	▲격:동	격동
力薦	력천	▲역:천	역천
白鏡	ᄇᆡᆨ경	백경	백경
碩士	석ᄉᆞ	석사	석사
甲富	갑·부	갑:부	▲갑부
急報	급·보	급:보	▲급보
急死	급·ᄉᆞ	급:사	▲급사
答電	답·뎐	답:전	답전
合勢	합·셰	합:세	합세
急錢	급젼	급전	급전
法度	법도	▲법:도	법도(總)
押送	압송	▲압:송	압송(總)
葉錢	엽젼	엽전	엽전
吉事	길·ᄉᆞ	길:사	▲길사
突變	돌·변	돌:변	돌변
末尾	말·미	▲말미	말미
發動	발ㅅ·동	발:동	발동
殺害	살·해	살:해	▲살해
末世	말ㅅ세	말:세	말세(總)
發願	발원	▲발:원	발원
室內	실ᄂᆡ	실:내	실내(總)
八寸	팔촌	▲팔:촌	팔촌
裁可	ᄌᆡ·가	재:가	재가
眞假	진·가	진:가	▲진가
書簡	셔·간	서:간	▲서간
除去	제·거	제:거	제거
封建	봉·건	봉:건	봉건
本病	본·병	본:병	본병
三代	삼·ᄃᆡ	삼:대	▲삼대
前例	젼·례	전:례	▲전례
加減	가감	▲가:감	가감(總)
高等	고등	고등	고등
談笑	담쇼	담:소	담소(總)

前面	전면	▲전:면	전면(總)
過去	·과·거	:과:거	▲과거
大將	·대·장	▲:대장	대장
代用	·딕·용	:대:용	▲대용
創建	·창·건	:창:건	창건
炭鑛	·탄·광	:탄:광	▲탄광
警護	·경·호	▲:경호	경호(總)
內簡	·닉간	:내:간	내간(總)
大孝	·대효	:대효	▲대효
御命	·어명	:어:명	어명(總)
性理	·셩리	:성:리	성리(總)

以上에서

① 'ㄱ ㅂ ㄹ' 받침 漢字 즉 入聲漢字 다음에 긴소리 漢字가 왔을 때

② 그 밖의 短母音(ㄴ ㅁ ㅇ 받침소리나 母音)으로 발음되는 漢字 다음에 긴소리 漢字가 왔을 때

③ 긴소리 漢字音 다음에 거푸 긴소리 漢字가 왔을 때 **總 文 큰**이 보인 그 恣意性이 指摘된 셈이다.

① ② ③이 각각 同質的인 것이므로 最小限, 이 3個項이 각각이라도 同一히 處理되었어야 할 터인데 그렇지를 못하다.

오늘날 현실발음으로는 ①②③의 경우, 모두 둘째音節에 놓일 때는 單母音化하는 것이다. 이것은 이미 中世語文獻에 그러한 聲調變動의 例가 많이 보이는 것이다.

그런데 **總 文** 큰 세 辭典 가운데에서는 그래도 큰이 가장 革新的이긴 하다. 앞에 들어 보인 例中 둘째音節이 긴소리표로 되어 있는 것이 **總**이 29, **文**이 40, **큰**이 19다.

文이 가장 觀念的인 태도를 취한 것이라 하겠다.

위에서 **總 文 큰** 세 辭典의 例를 들어 그 恣意性을 指摘한 바 있거니와 中世語文獻에 있어서도 그러한 恣意性은 이미 드러나 있다.

즉 둘째음절에 놓인 上聲字가 ①②③의 경우 각각 上聲點을 그대로 維持한 것과 去聲 平聲으로 變動한 것이 있다.

둘째음절의 上聲點이 그대로 維持되어 있는 것.

① 各散 ·각:산(飜朴上 7) 月俸 ·월:봉(飜朴上 11)
八寶 ·팔:보(飜朴上 29) 吉事 ·길:ᄉᆞ(宣小 5:8)
② 强健 강:건(宣小 2:48) 强果 강:과(宣小 5:32) 謙遜 겸:손(宣小 6:69)
供養 공:양(宣小 2:34) 經典 경:뎐(宣小 6:95) 謙讓 겸:양(宣小 5:13)
家內 가:ᄂᆡ(飜朴上 47) 思慮 ᄉᆞ:려(宣小 5:91)
③ 擧薦 :거:쳔(宣小 1:10) 見解 :견:ᄒᆡ(野雲 46) 謹愼 :근:신(宣小 5:13)
上等 :샹:둥(飜朴上 27) 餞送 :전:송(訓蒙下 10) 厚重 :후:듕(宣小 6:1)

둘째音節의 上聲點이어야 할 것이 平聲 혹은 去聲으로 변동된 것.[9)]

① 決斷 ·결·단(飜小 8:36 · 宣小 2:24) 七寶 ·칠·보(飜朴上 20)
十里 ·십·리(飜朴上 10) 學問 ·혹·문(宣小 1:16) 學長 ·혹·댱(飜朴上 49)
② 輕妙 경·묘(飜朴上 15) 功效 공효(飜小 8:1) 交代 교·ᄃᆡ(宣小 5:78)
氣運 ·긔·운(救簡 6:48 · 訓蒙上 33) 奇異 긔·이((飜朴上 68 宣小 6:58)
端正 단·졍(飜朴上 19 · 宣小書題 4) 堂上 당·샹(飜朴上 8)
盟誓 밍·셔(訓蒙下 32) 方所 방·소(宣小 1:8) 方正 ·방졍(宣小 6:89)
本性 ·본·셩(飜小 8:11) 父母 ·부·모(飜朴上 50) 嚴正 엄·졍(飜朴上 8)
一定 일·뎡(救簡 3:19 飜朴上 23) 調理 됴리(救簡 3:27)

9) 拙著, 朝鮮(李朝) 漢字音硏究, 六 漢字音聲調, pp.181~182.

朝士 됴・ᄉᆞ(訓蒙中 1) 次序 ᄎᆞ셔(宣小 6:10)

③ 假使 :가・ᄉᆞ(飜朴上 10) 簡易 :간・이(宣小 1:5) 感動 :감동(飜小 8:26 宣小 5:57)

擧動 :거・동(飜小 8:14・訓蒙上 26・宣小 2:27) 거동 :(蓬左本內訓 2 上 5)

倨慢 :거・만(宣小 2:29 宣小 3:9) 儉素 :검・소(宣小 5:2)

檢屍 :검・시(飜朴上 28) 慶事 :경・ᄉᆞ(飜朴上 15) 敎化 :교・화(宣小 6:15)

短命 :단・명(宣小 5:62) 道理 :도・리(飜小 8:1・宣小 6:12) 等處 :둥・쳐(飜朴上 8)

病勢 :병・셰(宣小 6:67) 保命丹 :보・명단(救簡 1:1) 分外 :분・외(飜朴上 24)

四面 :ᄉᆞ・면(救簡 3:36・飜朴上 68) 性命 :셩・명(飜朴上 30)

有勢 :유・셰(宣小 5:25・6:116) 義理 :의・리(飜小 8:33) 制度 :졔・도(宣小 3:22)

夏店 :하・뎜(飜老上 59) 顯著 :현・뎌(宣小 2:29) 孝道 :효・도(訓蒙下 25)

後世 :후・셰(飜朴上 50・宣小 4:53)

以上에서 보면 前者의 경우는 漢字 한 字 한 字의 聲調에 얽매인 상태를 보인 것이요, 後者는 일찍부터 우리말에 있어선 긴소리가 둘째 音節에서는 짧아진다는 傾向 즉 現實 聲調를 그대로 보인 것이라 하겠다.

그런데 後者의 경우(이미 中世語文獻에 둘째 音節에서 上聲點이어야 할 것이 平・去聲으로 聲調의 變動을 보여 現實聲調化한 것)가 **總 文 큰** 중 가장 革新的인 태도를 취한 **큰**에는 어떻게 나타나 있는가를 보면 다음과 같다.

本性 病勢 次序 七寶 學問 學長 孝道 後世

의 '성, 세, 서, 보, 문 장 도 세'에 긴소리표를 하여 있다. 더구나 '病勢, 孝道, 後世'의 '病 孝 後'가 각각 긴소리인데 거푸 둘째

音節까지를 긴소리표를 한 것은 지나친 觀念의 所産이라 하겠다.

2. 2. 2. 3

다음은 큰사전에서 두 個 以上의 複合語의 경우, 後接漢字語 첫 音節의 긴소리 處理를 보인 것이다.

1) 街頭-進出 家庭-敎育 監理-敎會 甘言-利設 農民-運動 都市-計劃 同文-電報
2) 間接-選擧 減速-運動 個別-槪念 大慈-大悲 大衆-小說 對抗-演習 救濟-施食
3) 大家族-制度 總同盟-罷業 石刺胞-動物 老乞大-諺解 斷言的-命令
   大學-栗谷-諺解 禪宗-永嘉集-諺解

以上 처리는 옳게 된 것으로 본다. 그러나 위 1) 2)의 경우와 완전히 같은 條件임에도 긴소리표를 하지 않은 다음의 例는 一貫性을 缺한 것으로 볼 수밖에 없다.

1) 國內-貿易 新陳-代謝 收支-計算
2) 可能-制約 救靈-事業 兩棲-動物

2. 2. 2. 4

다음은 接頭辭 또는 冠形詞·名詞로 處理되어 있는 一音節語 다음에 오는 單語 첫 音節의 긴소리 處理를 보인 것이다.

1) 假-建物　　新-大陸
　　-契約　　　-思想
　　-免許　　　-世界
　　-處分　　　-事件
　大-槪念　　　-理想主義
　　-演習　　超-事實主義

-宇宙
2) 舊-大陸
-未納
-未收
-正典
-世界
3) 곁-假量
-面
-四柱
初-揀擇
-見本
-對面

-現實主義
各-郡
-姓
-村
-戶
-道

이상 1)의 ‘假, 大, 新, 超’는 接頭辭로 2)의 ‘舊, 各’은 冠形詞로, 3)의 ‘곁’은 名詞로, ‘超’는 不完全名詞로 다루어 있다. 여기서는 品詞에 관한 것은 論할 자리가 아니므로 別論키로 하고 略한다.

다만 긴소리표에 대해서만 논한다.

1. 이들 一音節로 된 접두사 또는 接頭辭的인 것 다음에 오는 單語가 二音節語 以上일 경우에 그 첫 音節을 긴소리로 處理한 것은 옳다고 본다.

2. 다만, ‘新-理想主義 · 舊-世界’의 ‘理, 世’ 字 위에 긴소리표를 하지 않은 것은 누락이거나 잘못으로 볼 수밖에 없다.

3. 後接 單語가 1音節語일 경우라 할지라도 ‘各-郡, 各-姓, 各-村, 各-戶’처럼 ‘各’을 떼어서 발음할 경우에는 긴소리 발음이 되는 것이 분명하고, ‘곁 面’과 같이 ‘곁’을 떼지 않고 붙여서 발음할 경우에는 긴소리 발음이 아니더라도 어색하게 들리지 않는다.

큰이 다만 ‘各-道’의 ‘道’에만 긴소리표를 하지 않은 것은 ‘各-郡, 各-姓, 各-村, 各-戶’의 경우보다 비교적 使用頻度가 잦아 ‘各’을 떼지 않고 발음하더라도 어색하지 않은 관계가 아닌가 한다.

그런데다 바로 밑의 單語가 '角度'인데 실인 즉 '度'字도 본디 '긴소리' 漢字인데 둘째 音節에 놓인 관계로 긴소리가 짧아진 것이므로 '各道'도 '角度'처럼 익어진 말로 다루어 一括處理한 것인지도 모르겠다.

큰이 '겉-面' 의 '面̅'에 긴소리표를 한 것은 '겉-假̅量', '겉-四̅柱'와 一括處理의 面에서 보면 잘된 듯도 하나 앞에서 지적한 바 '겉'을 떼지 않고 발음할 경우는 굳이 긴소리를 내지 않아도 어색하지 않다.

2. 2. 2. 5

다음은 接尾辭가 一音節일 경우, 긴소리의 처리를 어떻게 하여 있느냐를 보인 것이다.

1) 敎
   監理-敎̅
   基督-敎̅
   天道-敎̅
   天主-敎̅

2) 署
   監理-署
   昭格-署
   稅̅務-署̅
   警̅察-署̅
   消防-署̅

3) 史
   美術-史
   建̅築-史
   文化-史
   文學-史
   敎̅育-史

4) 長
   看護-長
   學校̅-長
   檢̅事-長̅
   銀行-長̅

5) 性
   個人-性
   可̅動-性
   大̅衆-性
   人間-性̅
   國民-性̅
   遺傳-性̅
   大̅陸-性̅
   賭博-性̅

6) 會
   講̅演-會̅
   校̅友-會̅

後援-會
敎育-會
獨唱-會
學藝-會
展覽-會
運動-會

7) 罪
國交-罪
未遂-罪
詐欺-罪
强姦-罪
內亂-罪
放火-罪

8) 界
美術-界
政治-界
文學-界
敎育-界
言論-界

9) 膾
肝-膾
生鮮-膾
肉-膾
강-膾

以上을 보면 같은 條件임에도 불구하고 同一히 처리된 것은 例로 뽑은 것 中 에서는 3)과 9)뿐이다.

결론하면 다음과 같다.

① 같은 條件일 경우, 一貫性 있게 처리되어야 할 것임은 물론이다. 필자의 생각으론 1) ~ 8)의 긴소리표는 필요하지 않다고 본다.

② 다만 9)만은 同音異義語(蛔)와의 辨別도 있겠지만 뜻의 重點이 後接單語에 놓이는지, 분명 긴소리 발음이다. **큰**의 긴소리 처리는 옳다고 본다.

③ 특히 3) 史 5) 性 같은 것은 獨立性이 엷어져 接尾辭的으로 쓰이는 것이어서 긴소리로 발음하지 않아도 조금도 어색하지는 않다.

④ 8) '界'는 **큰**에 처음으로 표제어로 登場, 接尾辭로 처리되어 있는데, '계'와 같이 긴소리표를 해 있고 뜻풀이 끝에 '財界, 學界, 實業界, 色界'의 例를 들어 있은즉 이들 '界'를 각각 길게 읽어라는 것일게다.

그러면서 실제 標題語로서는 '實業界'는 실려 있지 않고, '財

界, 學界, 色界'만이 실려 있는데 그 중 '財界'의 '界'에는 긴소리표가 없다.

결국 8)에 들어 보인 例와 함께 살펴볼 때 一貫性이 없는 처리를 해 있다. 긴소리표는 불필요하다.

〈『국어사전의 어학적 분석연구(I)』 중앙대학교 국어연구소, 1973.〉

轉成動詞 語幹母音의 긴소리에 관한 硏究

聲調變化(母音의 長短音化)에 대해서는

1) (1973. 3)國語辭典의 分析硏究-한글학회編 ≪큰사전≫ 長短音表示를 중심으로 - 拙著, ≪改訂 現代國語國字의 諸問題≫, 一潮閣, pp.283~304.
2) (1974. 5~1975. 12)基礎漢字의 긴소리·된소리硏究, 「語文硏究」 3~10호, 一潮閣, (1984) 拙著, ≪常用漢字 및 漢字말 표준발음 硏究 -긴소리·된소리를 중심으로-≫, 仁荷大 出版部.
3) (1983. 2)현대 國語의 發音 양상과 표준國語發音, 「語文硏究」36·37合倂號.

등에 詳論하였으므로 중복을 피하고 다만 轉成動詞 語幹母音의 긴소리化에 限하여 論하려 한다.

꾀 → 꾀:다 :는 긴소리

쇠한(龍歌 19章) 쇠ᄒᆞ리오(杜解 5:34)

쇠를(龍歌 31章) ·쇠·노라(月印上 18) · 는 去聲點

總은 總督府 ≪朝鮮語辭典≫ **文**은 ≪文世榮辭典≫

큰은 한글학회編≪큰사전≫ **국**은 이희승編≪국어대사전≫

南은 私見을 보인 것

總 ᄭᅬ이다 誘ふ '·ᄭᅬ다' 'ᄭᅩ이다'の略 ·는 긴소리
文 꾀이다 : 꾀다 '꾀이다'의 준말 :는 긴소리표
큰 꾀다 - 는 긴소리표
국 꾀:다 :는 긴소리표

名詞로선 「ᄭᅬ」로 平聲, 「·ᄭᅬ노·라」는 去聲이던 것인데 **總**·**文** 이래로 긴소리化

·깃 → :깃·다
·깃爲巢(訓正解例 用字例) ·깃 소:巢(訓蒙下 7)
·깃기·ᄉᆡᆺ도·다:棲(初杜解 9:20)
새 ·깃:깃·디 아니ᄒᆞ놋다:不栖(金三 2:21)
남ᄀᆡ·깃깃·고:巢(法華)

현대어로는 「:깃·다」는 「깃들이다」로 쓰이지만 中世語로는 子音語尾 위에서는 上聲點으로 變則活用(깃기ᅀᅳᆫ, 깃기ᅀᅥ……)하던 말이다. ≪法華≫에 「·깃깃·고」의 例가 보여 平聲으로 되어 있으나「:닛·다(니ᅀᅳᆫ, 니ᅀᅥ……), :짓·다(지ᅀᅳᆫ, 지ᅀᅥ……)」 등 上聲語例로 보아 이 「:깃·다」도 上聲語로 推斷한다.

내 → 내:다
·ᄂᆡ(月釋 9:7) ·ᄂᆡ연:烟(訓蒙下 35)

總 내웁다 煙臭し 煙し 냅다 '내웁다'に 同じ
文 내:다 냅다
큰 내다 냅다
국 내:다 냅다

「냅다」는 形容詞, 「내:다」는 動詞로 「내」는 긴소리化

누리 → 누:리다

누・리:세 :世(訓蒙中 1)

누・리싫・제(龍歌 110章) 누・릴씨(月釋7:63) 누・리・고(宣小 5:80)

總 ・누리다 福德を亨く　　**文** :누리다

큰 누리다　　**국** 누리다

南 누:리다

中世語 문헌에 일관해서 平聲이던 「누」가 **總**에 이르러 긴소리化하여 **文**에 이어졌는데 **큰**・**국**에서 短音처리하였으나 필자 個人의 발음으론 긴소리다.

띠 → 띠:다

・띄:듸 : 帶(訓蒙比叡中11, 東中中23) ・띄신:紳(訓蒙比叡中11,東中中23)

띄・샤(龍歌 112장) 띄・여(法華 2:39) ・띄띄・며(宣小 2:2) ・띄띄・디(宣小 6:97) ・띄띄・고(宣小 6:97) ・띄띄・이・고(宣小 2:46)

釋要 띄대`상 36 씰대`帶 釋要上 36 釋要는 ≪字典釋要≫ `는 긴소리

總 띄帶　　띄다 帶を結ぶ

文 띄 '띠'에 보다　　띄다 '띠다'에 보라

띠　　:띠다

큰 띠　　띠다　　**국** 띠　　띠:다

總 冠帶・관듸

冠帶 관・듸관

冠관듸 冠帶の轉

「띄」가 「常듸>듸 (갓띄, 허리띄)」로 轉한 것이 아닌가 推斷해

본다. 「冠帶 관ᄃᆡ>관듸」에서「ᄃᆡ>듸」를 알 수 있는데, 이러한 「ᄃᆡ>듸」는 이미

년듸(釋譜 11:29 · 釋譜 23:3 · 救急方上 7:헌 · 듸)
먼듸(月釋 2:69) 어듸(龍歌 47章)

등 中世語文獻에 나타나며「갓씌, 허리씌」등 複合語에서「듸>씌」를 推理할 수 있다.

「띠-:띠다」로의 긴소리化는 文에서부터 나타난다.

발 → ᄇᆞᆲ:다
·발(月印上 43)
·발 · 쪽:足 ·발 · 각:脚(訓蒙上 29)
ᄇᆞᆯ · 바(月釋 1:16) ᄇᆞᆯ · 보 · ᄃᆡ(釋譜 6:34) ᄇᆞᆯ · ᄇᆞᆫ(月釋 1:28)
:ᄇᆞᆲᄃᆞᆺ(釋譜 6:34) :ᄇᆞᆲ · 디(月釋 21:119)

總 이래 각 사전에「밞다」의 「밞」이 긴소리

ᄇᆞᆯ(팔) → 밞:다
ᄇᆞᆯ爲臂(訓正解例 用字例)
ᄇᆞᆯ · ᄒᆞᆯ(楞解 1:8) ᄇᆞᆯ히(楞解 2:14) ᄇᆞᆯ · 히(法華 2:12)
발 · 마:보 · 마(飜老下 29) 발마보자(老解下 26)
닐 · 굽:발 托 ᄒᆞᆫ:발托(飜老下 29)

文 : 밞다 「팔로 재다」 以來 **큰 · 국**에도 긴소리

이상「발-:ᄇᆞᆲ다」, 「ᄇᆞᆯ(팔)-밞:다」에서 「·」와 「ㅏ」의 관계는 마치 「·자·다(月釋10:24)」와 「·ᄌᆞᆷ · 자싫 · 제(月印上43), ·ᄌᆞᆷ:자ᄆᆞᆯ(初杜解23:15)」의 「자다」의 「자」의 「ㅏ」와 「ᄌᆞᆷ」의 「·」와의 관계와 같아서 「ᄌᆞᆷ」이 「자다」에서 派生된 名詞임과 같이 「ᄇᆞᆲ다」는 「발(足)」에서, 「밞다」는 「ᄇᆞᆯ(팔)」에서 派生된 動詞임이 틀림없다고 본다.

배(腹) → 배:다(孕)
·빅(楞解 9:61) ·빅두:肚(訓蒙上 28) ·빅복:腹(訓蒙上 28)
빌:심:姙 빌신:娠 빌:잉:孕(訓蒙上 33)
:빅·여실·제(宣小 1:2)
釋要 아해밸임`:孕 上 29b
아해밸임`:妊 上 26a 姙仝
아해밸신:娠 上 27a

總 ·배다(孕む)이래 각 사전에 긴소리.

삼(麻)-:삼·다(績)
·삼마:麻(訓蒙上 9)
·삼사·몰·적:績(訓蒙下 19) ·삼사·몰·즙:緝(訓蒙下 19) 삼삼·다:績(四解下 52) 사·믈 방紡(訓蒙下 19) ·삼:삼더·니:績(宣小 4:44)

總 ·삼ㅅ다 編む(草履等にいふ)
文·큰·국에도 「삼:다」 긴소리인데 「紡·績·緝」과 「編」은 관계가 있다고 본다.

·신(鞋) → :신·다(履)
·신爲履(訓正解例 用字例) ·신혜:鞋(訓蒙中 12) ·신:리:履(訓蒙中 2)
·신:신·고(初杜解 7:21) :신·고(初杜解9:2) ·신:신고(宣小 2:2) 시ᄂᆞ·니(南明上 53) 시·녓노·니·는(飜朴上 26)

總「신ㅅ다」 **文**「신다」로 短音인데, **큰**에 「신다」로 긴소리, **국**에도 「신:다」로 긴소리다. 필자는 **큰·국**에 同調한다.

·안(內) →:안·다(抱)
·안:니(訓蒙下 34) :안ᄉᆞ·바(月印上 9·月釋 2:39) ·안(月釋 10:9) 아·나(初杜解 7:3) ·안·홀(月印上 18) 안·아(月印上 21)

・안히・라(月釋 1:20) :안고(圓覺下一之一23・三綱 孝 17)

總「・안ㅅ(抱く負ふ<責任>)」이래 各 사전에 긴소리.

・알(卵・精・核) → :알다(知)
・알:란:卵(訓蒙下7) :아・디(釋譜13:40)
・알히・라(圓覺下一之一 22) : 아・ᄂᆞ니・라(釋譜 13:40)
・알・히(蒙法 44) : 알오・ᅀᅡ(蒙法 10)
:알・에ᄒᆞ・다(月釋序 12)
:알・의(釋譜序 1)
知・ᄂᆞᆫ:알・씨・라(釋譜序 2)
:아더・든(金三 4:41)
:안・젼ᄎᆞ・로(楞解 9:13)
:안・다(飜朴上 58)[1]

總에 「・아다 知る・알다 '아다'に同じ」로 「알」이 긴소리요, **文・큰・국**에서도 각각 긴소리다.

고(鼻, 코)→고다→골:다(鼾)
・곳그・텟……고・햇:수・미(楞解 5:56) ・고히(金三2:11) ・고:비:鼻(訓蒙上 26)
・고코을:한:鼾(訓蒙上 30) 코고오고(時調全書 2531 瓶歌 995)
釋要 코고`을`한:鼾下119

瓶歌에 고오고, 釋要에 고`을, **文**:골다 以來 각 사전에 긴소리・ ㄹ添着은 8. 子音의 介入・添着(4)用言 語幹 끝소리에 ㄹ添着 참조.[2]

품 → 품:다
・품(初杜解 10:42) 품회:懷(類合下 32)

---

1) 拙著, 「國語學論文集」, p.235참조.
2) 拙著, 「韓國語의 發音硏究(1)」, pp.218~219.

·프·머(楞解 8:88) 프·멧ᄂᆞᆫ:懷(楞解 8:116)

總 ·픎ㅅ다 抱く懷中す 心た懷ふ

文 픎다 **큰** 픎다 **국** 픎다 **南** 픎:다

中世語文獻에서 「픎다」의 「픎」의 上聲例를 찾지 못했으나, 總에 긴소린데 **文·큰·국**에는 短音처리로 돼 있다. 필자는 **總**에 同調하며 「ㅁ·ㄻ」받침語는 子音語尾「-고, -게, -지, -더니, -는」 등 위에서는 모두 긴소리라고 본다.

이밖에도 名詞에서 파생된 動詞는 더 있다.

·ᄀᆞ·ᄆᆞᆯ:한:旱(訓蒙上3) ·ᄀᆞᄆᆞ·니(月釋 2:50)
·ᄀᆞᄆᆞᆯ어늘(宣賜 內訓上 2:49)
·낛爲鉤(訓正解例 合字解) ·낛·ᄂᆞᆫ(初杜解 21:16)
·낛구:鉤(訓蒙中 15) ·낛·노·라(初杜解 22:13)
·낛·구믈:釣(初杜解 24:22)
·낛ᄀᆞᆯ(金三 3:60)
·낛·가:釣(金三 5:26)
·낫대:竿竹(杜解 6:52) ·낫·ᄂᆞᆫ 낛주ᄅᆞᆯ:釣縉(杜解 6:31)
·낫ᄀᆞᆯ 낙ᄉᆞᆯ:釣釣(初杜解 7:4)

이상에서 「낛」에서 「낛다」가, 「낫」에서 「낫다」파생되었음을 알 수 있다. 「낛-낛다」의 유래가 오래인 것을 알 수 있으나 아무래도 숱한 ㅅ+ㄱ>ㄱ+ㄱ[3] 例 즉 ㄲ받침(깎·꺾·겪·닦·묶·볶·섞·솎·엮·밖)의 生成過程과 軌를 같이하는 것으로 보는 것이 옳지 않을까 한다. 다만 그 生成年代가 다른 것에 비해 훨씬 古해서 先例를 보인 것으로 보려한다.

누·비·즁(龍歌 21章) 누비다:衲(同文解上 56)
누비엿도다(重杜解 1:6)

---

3) 拙著, 「音의 同化·異化研究」, 1975. 12. 10. ; 拙著, 「韓國語의 發音研究(1)」, 一潮閣, p.199.

·되승:升(訓蒙中 11) ·되·ᄂᆞᆫ(月釋 9:7)
·되·면(飜朴上 12)
·되더·니(釋譜 6:35) ·되어·늘(釋譜 6:35)

비븨찬:鑽(訓蒙中 14·類合下 46·倭解下 16)
鑽ᄋᆞᆫ 비·뷜·씨니(法華 2:173)
비븨디옷 더 구드시다(法華 2:173)

빗 빗다
얼·에·빗·즐:櫛(訓蒙中 14) 빗ᄂᆞᆫ(初杜解 7:12)
얼·에·빗소:梳(訓蒙中 14) 빗·다니(初杜解 16:32)
·ᄎᆞᆷ·빗비:篦(訓蒙中 14) 비·서·라(飜朴上 44)

입(口) - 입(잎)다(吟) > 읍(읖)다 > 읇는(읇다)
입구:口(訓蒙上 26) 입거나:吟(圓覺上一之一 94)
입ᄂᆞ니:吟(初杜解 8:20)
이플음:吟(訓蒙下 32)

갑(값) 갑(갚)다
갑시(月釋 18:28) 가ᄑᆞ려뇨:酬(初杜解 23:15)
값(法華 2:187) 가ᄑᆞᆯ슈:酬(訓蒙下 15)
갑슬 갑디 말라(飜老上 63) 가ᄑᆞᆯ보:報(類合上 10)
갑 받디 말오(飜朴上 10) 살에 ᄒᆞ샴을 갑호ᄃᆡ:報(宣小 2:93)
갑새(三綱·효21) 원슈 갑ᄒᆞ려(東新續三 孝 6:51)
빋 갑게(三綱 孝11)

「갑슬 갑디 말라(飜老上63)」에서 쉽게 「갚다(報)」動詞가 「값(價)」名詞에서 파생된 것임을 알 수 있다.

·자·쳑:尺(訓蒙比叡中7)
·자ᄒᆞ·로(龍歌 83章)
·자ᄒᆞ·로 자·히놋·다(初杜解 25:50)

「**總**·재다 物差たて量る」이래 각 사전에 긴소리.

그러나 이 例들 즉「ᄀᆞᄆᆞᆯ→ᄀᆞᄆᆞᆯ다, 낛→낛다, 낫→낫다, 누비→누비다, 되→되다, 비븨(鑽)→비븨다, 빗→빗다, 입→입(잎)다, 자

→자히다」의 轉成動詞 語幹은 長音化하지 않은 例다.

그러나 앞에서 例로 든 「꾀→꾀:다, 깃→:깃·다, 내→내:다, 누리→누:리다, 띠→띠:다, 발→:ᄇᆞᆲ·다(밟:다), ᄇᆞᆯ(팔)→밟:다, ·ᄇᆡ→:ᄇᆡ다(배:다), ·삼→:삼다(績), 신→:신·다, ·안→:안·다(抱), 알(卵)→:알·다(知), 고(鼻)→골:다(鼾), 품→품:다(懷)」는 名詞가 動詞로 轉成될 때 그 語幹 母音의 긴소리化 例라 하겠으며「:길·다(長)」가 「·길(道)」에서 파생된 動詞라면 이 또한 轉成動詞 語幹母音의 긴소리化라 하겠다. 현대어 「갈:다(耕)」의 同音異議語로 「갈:다」動詞에 「麻·硏」의 뜻과 「가루를 만들다」의 뜻이 있는 바 中世語文獻에「가루」는 「ᄀᆞᆯ(→ᄀᆞᄅᆞ)」,「갈다」는 「·ᄀᆞᆯ·다」였으므로 이 또한「ᄀᆞᆯ」에서 「ᄀᆞᆯ다」가 派生된 것으로 볼 수 있지 않을까 하며 오늘날 「갈다」는 긴소리이므로 이 目錄에 넣어 두려 한다.

中世語文獻에 「:돌·며:廻(月釋 2:74)」가 있는 바

ᄃᆞᆯ시어든(三綱 孝 19)	ᄃᆞᆯ새:期(宣賜 內訓 1:65)
첫ᄃᆞᆯ시어든(飜朴上 57)	ᄒᆞᆫᄃᆞᆯ새:周年(飜朴上 34)
ᄃᆞᆯᄉᆞᆯ : 期(宣小 4:22)	ᄃᆞᆯ새:期(宣小 5:44)
ᄃᆞᆯᄉᆞᆯ : 周(女四書 2:15)	ᄃᆞᆯ긔:期 ᄃᆞᆯ슈:晬(兒學編下 1)

의 「ᄃᆞᆯ(朞)」名詞에서 파생된 動詞가 아닌가 한다.「돌:다」 動詞는 현대어로도 子音語尾 위에서 긴소리로 발음되고 있다.

以上 例와는 다르지만 「:ᄉᆡᆷ(泉)→:ᄉᆡᆷ다(湧泉)」의 例도 있다.

그런데 이런 예는 漢字에서도 찾아볼 수 있어 흥미롭다.

「間」字가 ≪救簡 1:31≫·≪六組上 10≫·≪六組中 64≫에 平聲例가 보이는데, ≪類合下 47≫에 「ᄉᆞ이 간」으로 平聲, ≪訓蒙下 34≫에도 「·ᄉᆞᆺ 간又去聲 離-諜-厠」으로 되어 있어 「ᄉᆞᆺ」 즉 「사이」의 뜻으로는 平聲임을 보여준다.

그런데 ≪宣小 4:49≫에는 「:먼이 親ᄒᆞᆫ ·이·를 리:간ᄒᆞ·며 ·새:녜·치·를 리:간ᄒᆞ며 :遠間:간親ᄒᆞ며 新間:간舊ᄒᆞ며」로「離

間하다」의 뜻으로는 上聲이다. ≪釋要下 93b≫에도 「隙也사이 간, 反-반'간할간'」으로 「사이(名詞)」는 短音, 「反間하다(動詞)」는 긴소리표를 해 있다.

「景」字가 ≪訓蒙下 1≫ 「볃경」, ≪飜朴上 67≫에도 「·경·티」로 去聲이요, 오늘날도 短音인데 ≪宣小 3:1≫ 「현인의 법을 의방ᄒᆞ야:景賢範」, ≪宣小 3:19≫ 「네 큰 福을 크게ᄒᆞ리라:介爾景福」과 같이 「의방ᄒᆞ다·크게ᄒᆞ다」 動詞로 쓰인 「景」字는 上聲이다. 현대어 「景福宮·景武臺」의 「景」이 긴소리임은 「慕」의 뜻으로 動詞인 것이다.

「過」字가 ≪類合下 19≫에 「허믈과」로 平聲이요, 「디날과」로 去聲인데 ≪石千 8≫에도 「디날과」로 去聲이다. 이 傳統聲調 문헌인 ≪類合≫·≪石千≫의 去聲 은 現實聲調 문헌인 三施 24·宣小 1:2·宣論 2:41등에는 「디나다」의 뜻으로 上聲인 데 ≪飜小 8:3≫·≪宣論 1:33, 1:52, 3:34≫ 등에는 「허믈」의 뜻으로 去聲 例가 보인다.

즉 「허물」의 뜻으로는 平→去, 「지나다」의 뜻으로는 去→上으로 구별 사용되던 것인데 이미 ≪宣論 4:68≫에 「百姓有過 '허믈'의 뜻」으로 上聲 例가 보임을 보면 오늘날 「지나다·허물」의 兩義가 모두 긴소리로 발음되는 淵源이 오래임을 알 수 있다.

「冠」字가 ≪類合上 30≫·≪石千 22≫에 「곳갈관」이라 하여 平聲, ≪訓蒙中 22≫에는 「곳·갈관 又去聲如-於首曰-」으로 平·去聲이다.

그러나 ≪飜小9:2≫ 「冠帶관:ᄃᆡ」, ≪宣小 1:5≫ 「가관」의 「관」은 平聲으로 「곳갈」의 뜻으로 名詞임에 대해, ≪宣小 1:5≫에 二十而「冠:관·ᄒᆞ야」, ≪宣小 3:19≫에 「冠:관禮·례: :관ᄒᆞᄂᆞᆫ禮」, 宣孟6:6에 「丈夫의 冠:관ᄒᆞ욤」과 같이 「관ᄒᆞ다」의 「:관」은 上聲으로 動詞다

현대어로는 「冠禮·冠婚喪祭·冠名·冠帶·冠形詞」 一切의 冠이 短音이다.

「王」字가 ≪類合上19≫·≪石千6≫에 각각 「님굼왕」, 「님금왕」으로 平聲이요, ≪訓蒙中 1≫에는 「:님·굼왕 又去聲王天下」라 하여

平・去다. 傳統聲調로 名詞(임금)로는 平聲, 動詞(王하다・다스리다)로는 去聲인 것이다.

그런데 ≪宣中 20≫에는

追王 大王王季ᄒᆞ시고:大王과王季를 조초 王:왕ᄒᆞ시고

≪宣孟 2:6≫에는

王矣시리이다:王:왕ᄒᆞ시리이다

≪宣孟 3:9≫에는

不王者ㅣ:王:왕티 몯홇者ㅣ

라 있어 「王ᄒᆞ다」의 뜻으로는 上聲이어서 去→上으로 결국 動詞로는 上聲이었던 것이다.

總・文에까지도 「王天下」의 王만은 긴소리로 되어 있으나 **큰・국**에서는 단모음 처리를 해 있다.

「怨」字가 奎章에 의하면

平聲 讐也　　　　去聲 恨也

로 되어 있다. ≪類合下 3≫에는 「원망원」으로 去聲인데 ≪宣小 2:21≫에

無怨ᄒᆞ며::원・망:홈・이 업스며

≪宣中 13≫에

不求於人이면 則無怨이니 上不怨天ᄒᆞ며:사ᄅᆞᆷ의게 求티 아니ᄒᆞ면 怨:원이 업ᄉᆞ리니 우흐로 하늘을 怨:원티 아니ᄒᆞ며

로 上聲點이어서 去→上의 例로 動詞로는 上聲임을 보인다.

釋要에도

恨也 원`망할원`讎也 원수원

이요, 現辭에서도 **總**以來 「怨讎」의 「怨」은 短音이요, 「怨望하다」의 「怨」은 긴소리여서 傳統性을 유지하고 있다.

「衣」字가 ≪類合上 30≫·≪石千 4≫에는 「옷의」로 平聲이나 ≪訓蒙下 18≫에는

옷의又去聲着一也

로 「옷」의 뜻으로 平聲, 着衣 즉 「옷입다」의 뜻으로는 去聲임을 보여 傳統的이다.

≪宣中 52≫에

·衣錦尙絅이라ᄒᆞ나:錦을 ·衣:의ᄒᆞ고 絅을 尙ᄒᆞ다ᄒᆞ니

≪宣論 1:51≫에

·衣輕裘를 :輕裘를 衣:의:홈을

로 上聲임을 보면 결구 名詞(옷)로는 平聲, 動詞(옷입다)로는 去→上聲임을 보이고 있으나 오늘날은 **總**以來 모두 短音 처리를 해 있다.

「占」字가 ≪類合下 40≫에 「졈과졈」으로 平聲인데, ≪訓蒙下 22≫에는 「졈·복졈 卜也候也又去聲擅據也 自占」으로 뜻에 딸라 平·去聲으로 갈려 있는데, ≪供養 41≫에 上聲例가 있으므로 去→上의 例다. 현대어로도 「占치다 占쟁이 占術 占卜」의 「占」은 短音이고, 「占據·占領」의 「占」이 필자 개인 발음으로 긴소

리다.

「中」字가 ≪類合上 2≫·≪石千 29≫에는 각각 「가온댓듕·가온대듕」으로 平聲인데 ≪訓蒙下 34≫에는 「가·온ᄃᆡᆺ듕又 去聲 注的也-興·治-」으로 平·去로 傳統的이다.

그러나 ≪宣大 16≫에 「中:듕·티:몯ᄒᆞ야」, ≪宣論 3:9≫ 「中:듕ᄒᆞ·ᄂᆞ니·라」는 動詞(맞히다)로는 上聲이어서 去→上例요, 「釋要」에도 「內也 가군대중 矢至的마칠중」으로, 名詞(가운데)로는 短音, 動詞(맞히다)로는 긴소리로 되어 있다.

현대어로는 「中」字가 가운데의 뜻으로 主로 쓰인 까닭에 平聲으로 이끌려 上聲발음은 잊힌 것으로 보인다.

「妻」字가 ≪訓蒙上 31≫에 「:계·집쳐」, ≪類合上 19≫에 「겨집쳐」는 각각 平聲으로만 되어 있으나

≪宣論 1:38≫에

妻:쳐之지ᄒᆞ시다:妻:쳐ᄒᆞ시다

≪宣孟 9:3~4≫에

妻:쳐 帝之二女ᄒᆞ샤ᄃᆡ:帝二女를 妻:ᄒᆞ샤·ᄃᆡ

≪宣孟 9:6≫에

帝之妻舜而……不得妻:쳐也……:帝의 舜을 「妻:쳐ᄒᆞ샤·ᄃᆡ」……「妻쳐:홈·을」得디 몯홀쭈를

≪宣小 4:42≫에

妻:쳐 之지 ᄒᆞ시다:안·해 삼·으시·다

로 「안해 삼다」의 뜻 즉 動詞로는 「妻」字가 上聲으로 쓰였음을 보인다.

≪釋要上 26≫에도 「婦也 안해처 以女嫁人시집보낼`처`」로 名詞로는 短音, 動詞로는 긴소리임을 보인다.

「針」字가 ≪奎章≫에

平聲 縫具・刺病 鍼仝 去聲 刺也・縫也

로 名詞로는 平聲, 動詞로는 去聲임을 보인다.

≪釋要≫에도

縫具 바늘침 刺病침침 鍼箴通
縫也 바느질할침`刺也 침줄침

라 있으며 현대어로도 「바늘」의 뜻으로 「針」이 短音이면서 「바늘질하다」의 뜻으로 쓰이는 「針母・針線」 등 「針」이 긴소리임은 傳統的이라 하겠다.

「荷」字가 ≪類合上 8≫에 「년닙하 平聲, 멜하上聲」 ≪石千 32≫에 「년하」, ≪訓蒙上 7≫ 「련하」로 平聲인데 ≪宣論 3:69≫에 「蕢를 荷:하ᄒᆞ・고」로 「메다」의 뜻으로는 上聲 例를 보이고 ≪宣小 6:43~4≫에도 「荷:하:닙소왓거니와」로 動詞로는 上聲임을 보인다.

「橫」字가 ≪訓蒙下 17≫에 「빗・글횡 縱-又去聲不順也」으로 「縱」의 對로는 平聲, 「不順」의 뜻으로는 去聲이라 하여 傳統的이요, ≪飜小 8:12≫에 「橫渠先生」의 「橫」이 「횡」으로 平聲, ≪宣孟 5:22≫에 「橫流」의 「橫」이 「횡」으로 平聲이다. ≪類合下 62≫에는 「ᄀᆞᄅᆞ횡」으로 平聲, ≪石千 25≫에는 「빗찔횡」으로 平聲인데, ≪註千 25≫에는 「빗길횡 縱之對 又 거스릴횡不順一逆衡仝 又音형 秤也」으로 되어 있다. ≪三韻下 24≫에는 「횡 平聲 縱一」 「횡 去聲 一逆」이다.

이상에서 보면 결국 「縱」의 對 즉 「ᄀᆞᄅᆞ(名詞)」의 뜻으로는 平聲, 「不順」 즉 「거스리다」의 뜻으로는 去聲임을 보인다.

그런데 ≪宣孟 6:29≫에는「處士, 橫:횡議・:의 ᄒᆞ야:處士, 議:

의·를 橫:횡·히·ᄒᆞ·야」라 하여 「거스리다(動詞)」의 뜻으로는 上聲으로 되어 있어 去→上의 모습을 보인다.

「咽」字가 ≪訓蒙上 26≫에 「목ᄭᅮ무연呑物至胃之道 又去聲嚥也 又音噎憂甚氣窒曰哽-」이라 있다. 「목ᄭᅮ무(名詞)」의 뜻으로 平聲, 「嚥(動詞)」의 뜻으로는 去聲임을 보여 傳統的이다.

「목구멍」의 뜻으로는 ≪供養 9≫·≪施食文 21≫·≪宣小 5:55≫ 등에 平聲, ≪宣孟 6:33≫에 「三咽:연然後에ᅀᅡ:세번 咽:연ᄒᆞᆫ 然後에ᅀᅡ」로 「삼키다(動詞)」의 뜻으로는 上聲點을 보여 去→上이다.

「沮」字가 ≪訓蒙上 5≫에 「즌퍼리져又水名」으로 「져」가 平聲인데 ≪類合下 31≫에는 「그치누를져」로 上聲이요, ≪宣孟 1:1≫에도 「君을 沮:져ᄒᆞᆫ디라」로 「沮ᄒᆞ다」 즉 「그치누르다(動詞)」의 뜻으로 上聲이다.

逆의 例도 있다.

「譽」字가 ≪訓蒙下 29≫에는 「기·릴:예美稱也名-又平聲稱美之也」로 되어 있어 「美稱 즉 名譽」의 뜻으로는 上聲이요 「기리다」의 뜻으로는 平聲임을 보인다. ≪類合下 45≫·≪石千 26≫에 각각 「기릴예」로 平聲, ≪宣孟 11:35≫에 「廣ᄒᆞᆫ 譽:예」라 하여 名譽의 뜻으로 上聲이다. 「動詞」로는 平聲, 名詞로는 上聲인 例다

「傳」字가 ≪類合下 26≫에 「뎐홀뎐」, ≪石千 10≫에 「옴길뎐」으로 각각 平聲인데 ≪類合下 26≫에는 「경주뎐」으로 去聲으로도 나온다. ≪宣小書題 2≫·≪宣小 5:1≫에 「傳記」, ≪宣小 1:1≫에 「例女傳」의 「傳」에 각각 「:뎐」임은 去→上의 例로 이것 또한 名詞로는 上聲, 動詞로는 平聲 例다.

「從」字가 ≪類合下 19≫에 「조촐종」으로 平聲인데 ≪宣論 1:29≫에는 「從者」의 「從」이 上聲點이다. ≪奎章≫에 의하면 「隨行僕一·侍一·同宗」이라 註해 있는데 去聲이다. 去→上→長의 例로 현대어로도 「:종(從)」이다 「從祖·從兄·從嫂」의 「從」이 긴소리인 것은 傳統音의 유지인 것이다.

「治」字가 ≪類合下 10≫·≪石千 28≫에 각각 「다ᄉᆞ릴티」로

平聲인데, ≪類合下 10≫에는 「다손것티」라 하여 去聲으로 돼 있다. ≪宣大 3≫에 「國治티ᄒᆞ고」의 「治」는 平聲, 「治:티者」의 「治」를 上聲으로 한 것을 보면 「다스리는」의 뜻으로 平聲이요 「다스리는 사람」의 뜻으로는 上聲임을 보이는 것으로 ≪類合≫의 「다손것」이 去聲임에서 去→上의 例다.

「行」字가 ≪訓蒙下 31≫ :힝·덕:힝

訓蒙下 27 녈힝 訓蒙中 8 져제항

으로 「힝덕(名詞)」의 뜻으로는 上聲, 「녈(가다)」(動詞)의 뜻으로는 平聲이다.

≪類合下 1≫·≪石千 9≫에 각각 「녈힝」으로 平聲, ≪類合≫에는 「힝실힝」으로 去聲으로도 되어 있는데 「:힝·실」의 「:힝」은 ≪飜小 8:17≫·≪宣小 5:64≫등에 上聲 例가 보이므로 去→上의 예다.

「號」字가 ≪類合上 7≫에 「별명호」, ≪石千 3≫에 「일훔호」로 去聲인데 ≪訓蒙上 32≫에는「일·훔:호 又一命又召也 又平聲一泣又大呼也」라 하여 「일훔(名詞)」의 뜻으로 上聲이므로 去→上例다.

그런데 ≪宣孟 9:1≫에 「號泣」 세 군데, ≪宣小4:7≫에 「號泣」의 「號」가 平聲이요, ≪釋要≫에도 「부르지즐호·일훔호」로 名詞로는 긴소리, 動詞로는 短音 처리를 해 있다.

이밖에도 「正」字가 「正初·正月」처럼 歲首의 뜻, 즉 名詞로는 「平→短」, 「正直·正義」처럼 「바르다」의 뜻 形容詞로는 「去→長」으로 長短 두 가지로 되는 것도 있고 「重」字가 본디 「여러볼듕平(類合下 48)」「므거울듕去(類合下 48·石千 3)」으로 名詞로는 平聲, 動詞로는 去聲이었던 것으로 ≪六祖中 48≫·≪宣小 2:32≫에 上聲 例가 보이는 것은 去→上의 例인데 오늘날은 모두 긴소리 處理를 해 있지마는 ≪釋要下88≫에 「곕중」의 「중」만은 短音으로 전통성을 보이고 있는 것도 있으며 「長」字가 「어른·맏」의 뜻으로는 「長男·長官」처럼 긴소리, 「길다」의 「長短·長距離」의 뜻으로는 短音이어서 名詞로는 긴소리, 形容詞로는 短音인 것도 있다.

이상의 例에서 보면 같은 漢字로서 聲調에 따라 다른 뜻으로 쓰이는 실태의 일단을 살핀 셈인데 名詞로는 上聲이요, 動詞로는 平聲이었던 譽(名譽-上聲, 기리다-平聲), 傳(傳記-上聲, 뎐ᄒᆞ다-平聲), 從(從者-上聲, 조촐종-平聲), 治(治者-上聲, 다ᄉᆞ릴티-平聲), 行(行實-上聲, 녈힝:平聲), 號(일홈:호-上聲, 號泣→平聲) 등이나, 名詞로는 平聲이요, 形容詞로는 上聲인 正(歲初-平聲, 바ᄅᆞ다-上聲), 重(겹-平聲, 므겁다-上聲)이 있고 名詞로는 上聲이요, 形容詞로는 平聲인 長(長子-上聲, 긴댱-平聲)도 있지만 名詞로는 平聲인데 動詞로는 上聲이던 例가 두드러지게 많은듯이 보인다. 즉 間(ᄉᆞ이-平聲, 리:간ᄒᆞ며-上聲), 景(변·경 去聲→短音, 景:경福-上聲), 過(허믈-平聲, 디나다-上聲), 冠(곳갈-平聲, :관ᄒᆞ야-上聲), 王(님굼-平聲, 王:왕ᄒᆞ시고-上聲), 怨(원수-平聲, :원·망:홈-上聲), 衣(옷-平聲, 着衣 衣:의ᄒᆞ고-上聲), 占(占-平聲, 擅據-上聲), 中(가운데-平聲, 中:듕·티-動詞), 妻(겨집-平聲, 妻之삼으시다-上聲), 針(바ᄂᆞᆯ-平聲, 刺也·縫也 去聲>上聲), 荷(년닙-平聲, 메다-上聲), 橫(「縱」의 對-平聲, 거스리다-去>上聲), 咽(목ᄭᅮ무-平聲, 嚥-去>上聲 咽:연ᄒᆞᆫ 然後), 沮(즌퍼리-平聲, 그치누르다-上聲) 등이 그것이다.

〈『虛堂 李東林 博士 停年退任紀念 國語學論叢』 집문당, 1988.〉

잘못 發音되고 있는 우리말(1)

訓民正音 제정 후로부터 임진왜란까지는 諺解 문헌 등에 순우리말이나 漢字音에 傍點을 찍어 聲調의 구별을 하였던 것이다. 순 우리말에 있어서는 대체로 당시의 上聲點이 오늘날 긴소리요, 平·去聲이 짧은 소리다. 漢字音에 있어서는 訓正제정 후 초기 문헌의 東國正韻式 漢字音聲調는 인위적이어서 그 上·去聲은 당시의 현실 성조와는 逕庭이 있었으나, 15세기 말 문헌에 이르러서는 東漢音聲調에서 탈피하여 현실화했는데, 이 현실 성조의 上聲은 오늘날 대체로 긴소리, 平·去聲은 대체로 짧은소리요, 入聲(ㄱ·ㄷ·ㅂ 받침소리)은 짧은소리인 것이다.

이 傳統性은 면면히 이어져 오늘에 이르렀는데 오늘날 청소년층에서 볼 수 있는 傳承 발음의 심각한 혼란은 文化民族으로서의 긍지에 금이 가게 한다.

그러면 이러한 傳承 발음의 심각한 혼란의 要因은 어디에 있는가.

1) 訓正제정 후 壬亂에 이르기까지는 聲調 표시를 하여 발음의 典範을 보인 것인데 壬亂·丙亂 등으로 우리말 표기의 規範性이 무너지고 방점 표시가 없어졌다.

2) 英·正祖 때의 三韻聲彙, 奎章全韻 등이 있으나 중국 韻書의 四聲 그대로여서 上去聲은 현실 성조와 距離가 있어 참고가 되지 않는다.

3) 池錫永의 字典釋要나 총독부사전 이래의 현대어 사전에 발음 표시가 있으나, 각 사전 사이에 통일성이 없다.

4) 1934년 표준말 査定 때 긴소리·된소리 등 표준 발음 査定을 하지 못했다.

5) 日帝 下 국어 교육의 不在(이른바 조선어 교육이 행해지기는 했으나 日語 교육에 비해 시간 수가 적었고 그나마도 1938년에는 隨意科目<오늘날의 선택 과목>으로 되었었으며 1941년에는 폐지됨)로 傳承 발음 교육의 기회가 없었고 한편, 일본한자음의 영향을 받았다.

6) 해방과 6·25 사변으로 越南한 동포나 피란민의 이동 등이 있어 서울 발음의 혼란이 빚어졌다.

7) 해방, 6·25, 4·19, 5·16, 10·26 등 오늘날에 이르는 사이에 연달은 혼란 상태나 데모 事態 등으로 인심은 메마르고 각박해질 대로 각박해져서인지 이것은 사람의 心性에도 적잖이 영향이 미쳤을 것으로 보인다. 특히 된소리化 경향에서 그 점을 느낀다.

8) 지금까지의 국어 교육에 있어 읽기·쓰기 중심의 敎育으로 말하기·듣기의 교육이 소홀해서 發音 敎育은 불모지대였다.

9) 한글전용 방향의 교육으로 漢字音 長短에 대한 인식이 缺如되어 있었다.

10) 표준 발음이 定立되어 있지 않아 準據가 없다고 해도 과언이 아니다.

11) 敎師나 軍의 지휘관에 의한 발음의 오염도 크거니와 라디오·TV 放送員이나 출연 인사들의 잘못된 발음에 의한 오염이 또한 크다.

이상의 發音 혼란의 要因으로 해서 傳承된 긴소리를 무분별하게 짧은소리로, 傳承된 짧은소리는 逆으로 긴소리로 하는 등 長短 분별을 못하는 老壯層도 있고 특히 청소년층 발음의 혼란은 극심한 형편이다.

長短 발음의 혼란뿐이 아니라 된소리化의 경향이 심하며 그

밖에도 여러 가지 발음의 혼란이 있는 바 자세한 것은 필자의 연구1)로 미루기로 한다.

放送(라디오 및 TV)말의 誤用 實態와 표준 발음

오늘날 라디오나 TV 방송원들의 표준 발음 實態는 대체로 차차 좋아져가는 것이 아닌가 한다. 放送 당국에서도 신경을 쓰고 무엇보다도 당사자들의 노력의 결과가 아닌가 한다. 고마운 일이다. 사실상 電波를 타고 나가는 방송원들의 발음이 온 국민에게 미칠 영향들이 자라나는 二世國民에게 미칠 영향을 생각하면 표준 발음으로의 노력은 倍加되어야 할 것으로 생각한다.

本稿에서 지적하는 誤用 實態는 결코 어느 개인의 잘못을 들추어내는 데 그 목적이 있는 것은 아니요, 어떻게 하면 우리가 문화 국민으로서 醇正한 국어를 쓰느냐에 피차 노력을 해보자는 善意의 채찍질로 생각해 주면 幸이겠다.

이 誤用 實態는 8월 7일부터 8월 14일까지의 사이에 라디오나 TV에서 흘러나온 방송원이나 출연 인사의 誤用 實態의 일부다.

誤用例	잘못된 발음	표준 발음
전시회(展示會)	전시훼[ɟʌɲʃihwe]	전:시회[ɟəːɲʃihwe]
전망(展望)	전망[ɟʌnmaŋ]	전:망[ɟəːnmaŋ]

각 사전에 '展開, 展覽, 展示' 등 '展'은 긴소리.

1) 拙著, 韓國語의 發音硏究 <I>—순우리말과 漢字말의 발음을 중심으로—, 一潮閣, 1984. 10.
拙著, 韓國語의 發音硏究 <II> 常用漢字 및 漢字말 표준발음 硏究—긴소리·사이 된소리를 중심으로—, 仁荷大 出版部 出刊예정, 1984. 12.

誤用例	잘못된 발음	표준 발음	옛 文獻例
사전(事前)	사전	사:전	六祖中 38・飜小 9:1 訓蒙下 31[2] 事……上聲

각 사전에

事件, -故, -大, -例, -理, -物, -變, -實, -業, -情 등의 '事'는 긴소리

事故(사:고)와 思考(사고),

事情(사:정)과 私情(사정)의 구별

以上과 같이 語頭에서 길게 발음해야 할 것을 짧게 잘못 발음한 예는 다음과 같다.

誤用例	잘못된 발음	표준 발음	옛 文獻 例
보답(報答)	보답	보:답	六祖中 36, 宣中 6 報…上聲

報告, -復, -償, -酬, -恩의 報…긴소리

報酬(보:수)와 保手(보수)의 구별

誤用例	잘못된 발음	표준 발음	옛 文獻 例
호조(好調)	호조	호:조	供養 63, 飜小 8:13 訓蒙下 31, 宣大 13, 14 好…上聲

好機會, -時節, -意, -衣, -食, -人의 好…긴소리

好人(호:인)과 胡人(호인)의 구별

誤用例	잘못된 발음	표준 발음	옛 文獻 例
화면(畵面)	화면	화:면	訓蒙中 2 畵…上聲
화백(畵伯)	화백	화:백	

2) 옛 文獻 略號는 拙編『古語 辭典』참조. 中・下는 中卷・下卷, 38은 張 38, 9:1은 卷 9 張 1 以下 같음.

畵家, -廊, -法, -像, -帖, -幅의 畵…긴소리

畵廊(화:랑)과 花郞(화랑),

畵法(화:뻡)과 話法(화뻡)의 구별

誤用例	잘못된 발음	표준 발음	옛 文獻 例
거래(去來)	거래[gʌrɛ]	거:래[g̊ə:rɛ]	飜小 8:18 宣小凡例 1·5:3 去…上聲

去年, -冷, -聲, -處, -就의 去…긴소리

去處(거:처)([g̊ə:c^{h}ʌ]와 居處(거처)[g̊ʌc^{h}ʌ]의 구별

誤用例	잘못된 발음	표준 발음	옛 文獻 例
선전(善戰)	선전[sʌɲɟʌn]	선:전[sə:ɲɟʌn]	六祖中 1 訓蒙下 31 善…上聲

善導, -良, -心, -惡, -人, -行의 善…긴소리

善導(선:도)[sə:ndo]와 先導(선도)[sʌndo],

善人(서:닌)[sə:ɲin]과 先人(서닌)[sʌɲin],

善戰(선:전)[sə:ɲɟʌn]과 宣傳(선전)[sʌɲɟʌn],

善行(선:행)[sə:nhɛŋ]과 先行(선행)[sʌnhɛŋ]의 구별

誤用例	잘못된 발음	표준 발음	옛 文獻 例
주사(注射)	주사	주:사	訓蒙下 11·宣孟 5:22 注…上聲

注目, -文, -視, -意, -入의 注…긴소리

注文(주:문)과 主文(주문)

注意(주:의/주:이)와 主義·主意(주의/주에)

誤用例	잘못된 발음	표준 발음	옛 文獻 例
정석모 (鄭石謨)	정성모 [ɟʌŋsʌŋmo]	정:성모 [ɟə:ŋsʌŋmo]	飜小 9:3·宣論 4:6 鄭…上聲

鄭瓜亭, 鄭氏, 鄭重의 鄭…긴소리

鄭氏 정:씨[ɟə:ŋʃ'i]와 丁氏 정씨[ɟʌŋʃ'i]의 구별

다음은 반대로 語頭에서 짧게 발음해야 되는 것을 잘못 길게 발음하는 誤用實態의 일부다.

誤用例	잘못된 발음	표준 발음	옛 文獻 例
도표(圖表)	도:표	도표	六祖上 14・訓蒙下 20 圖…平聲(전통적으로)

圖面, -謀, -書, -章, -形, -畵의 圖…짧은소리

誤用例	잘못된 발음	표준 발음	옛 文獻 例
가중(加重)	가:중	가중	加…전통적으로 平聲[3]

加減, -擔, -味, -法, -勢의 加…짧은소리

誤用例	잘못된 발음	표준 발음	옛 文獻 例
가장(家長)	가:장	가장	家…전통적으로 平聲
가축(家畜)	가:축	가축	

家計, -具, -內, -庭, -門, -事, -産, -屋, -用, -政, -族, -親, -宅, -風, -訓의 家…짧은소리

家庭・家政(가정)과 假定(가:정), 家長(가장)과 假裝(가:장)의 구별

誤用例	잘못된 발음	표준 발음	옛 文獻 例
고가(高架)	고:까	고가	高…전통적으로 平聲

高價, -見, -句麗, -貴, -等, -麗, -齡, -名, -尙, -速, -位, -低, -祖의 高…짧은소리

'架'는 '書架[sʌga] 十字架[ʃib̥c'aga]' 등 '까' 아닌 '가'

高大(고대)와 古代(고:대)의 구별

3) 전통적이라 함은 東國正韻・新增類合・石峰千字文・三韻聲彙・奎章全韻 뿐 아니라 壬亂前 諺解文獻을 一貫해서의 뜻.

순우리말 誤用 實態의 일부는 다음과 같다.

誤用例	잘못된 발음	표준 발음
어른〔丈〕	어:른[ʌ:rɯn]	어:른[ə:rɯn]

어머니 어버이 업고〔負〕…어[ʌ]

어:른 언:제 얻어〔어:더〕 얼:고〔凍〕…어:[ə:]

誤用例 아무리 덥다덥다 하더라도

誤用例	잘못된 발음	표준 발음
덥다〔暑〕	덥따[d̥ʌd̥t'a]	덥따[d̥ə:d̥t'a]

(文獻例) :덥·다(月釋 1:18) :덥·고(月釋 1:26) :덥·게(法華 2:242)

:덥거·든(救簡 1:53) :덥·디(救簡 1:73)

더·ᄫᅳᆫ(釋譜 6:46) > 더운(救簡 1:2)

더·ᄫᅥ(月釋 1:48) > 더·워(初杜解 8:9)

더·우·ᄆᆞᆯ(法華 3:64) 더·울(訓蒙上 1)

더·ᄫᅱ(釋譜 9:9) > 더·위(救急方上 11)[4)]

以上 文獻例는 현대어

덥고(덥:꼬)[d̥ə:k'o] 덥게(덥:께)

덥지(덥:찌)[d̥ə:b̥c'i] 덥다(덥:따)

더운[đʌun] 더울[đʌul] 더워[đʌwə] 더위[đʌwi]

의 長短발음과 一致한다.

---

4) 옛 문헌에 보이는 左點 : 는 上聲, · 는 去聲, 無點은 平聲.

덥다[d̥əːb̥t'a]와 덮다[ḋʌb̥t'a]의 구별.

<1984. 8. 16>

〈『국어생활』 제1호, 국어연구소, 1985.〉

잘못 發音되고 있는 우리말 (II)

放送(라디오 및 TV)말의 誤用實態와 표준발음

이 誤用實態는 3월 21일부터 4월 19일까지의 사이에 라디오나 TV에서 흘러나온 방송원이나 출연인사의 誤用實態의 일부다.

誤用例	誤用날짜 라디오 · TV 이름	잘못된 발음	표준발음	옛 文獻例
건물(建物)	4.18 라 서울 '라'는 라디오	건물[gʌnmul]	건:물[gəːnmul] :는 긴소리표	六祖序 13 · 宣中 46…上聲

각 사전에 '建國 · 建設 · 建議 · 建築' 등 '建'이 긴소리.

建物(건:물)과 乾物(건물),

建材(건:재)와 乾材(건재)의 구별

誤用例	誤用날짜 라디오 · TV 이름	잘못된 발음	표준발음	옛 文獻例
경기장(競技場)	4.11 라 mbc 4.18 라 서울	경기장 [giʌːngijan]	경:기장 [giəːngijan]	飜小 7:40 · 8 · 41 宣小 5:72…上聲

각 사전에 '競馬 · 競賣 · 競走 · 競表 · 競合' 등 '競'이 긴소리.

競試(경:시)와 輕視(경시)의 구별

誤用例	誤用날짜 라디오・TV 이름	잘못된 발음	표준발음	옛 文獻例
대웅제약 (大熊製藥) 대치동 (大峙洞)	4.18 T kbs 2 4.11 라 mbc T는 TV	대웅제약 [d̥ɛuŋɟeiʌg̊] 대치동 [d̥ɛc^h idoŋ]	대:웅제▼약 [d̥ɛ:uŋɟeiʌg̊]	救簡 3:2 飜小7:18…上聲 東漢音[1] 去聲. 飜小7:17 去聲

각 사전에 '大家・大國・大君・大都市・大量・大領・大望・大門・大使・大義・大將・大衆・大地・大學' 등 '大'가 긴소리.

그러나 '大邱・大田・大口(魚名)' 등의 '大'는 짧은소리. 이것은 東漢音聲調가 去聲임에 비추어 '大'字는 去(東漢音)→上(壬亂前現實音)→長(현대어)으로 되었으나 이들은 去→去→短으로 남은 것이 아닌가 한다.

大將(대:장)과 隊長(대장),
大地(대:지)와 垈地(대지)의 구별.

誤用例	誤用날짜 라디오・TV 이름	잘못된 발음	표준발음	옛 文獻例
도봉동 (道峰洞) 도림일동 (道林一洞)	4.18 라 kbs 1 4.18 라 서울	도봉동 [d̥oboŋdoŋ] 도림일똥 [d̥orimilt'oŋ]	도:봉동 [d̥o:boŋdoŋ] 도:림일똥 [d̥o:rimilt'oŋ]	六祖序 3・飜小 9:10…上聲

각 사전에 '道德・道路・道理・道民・道義・道知事・都廳' 등 '道'가 긴소리.

道民(도:민)과 島民(도민),
道內(도:내)와 島內(도내),
道廳事件(도:청사▼껀)과 盜聽事件(도청사▼껀)의 구별.

1) 東漢音…東國正韻式漢字音

誤用例	誤用날짜 라디오 · TV 이름	잘못된 발음	표준발음	옛 文獻例
도산(倒産) 도착(到着)	4.18 라 kbs 1 4.19 라 서울 4.18 라 서울	도산 [d̥osan] 도착 [d̥oc^h åg]	도:산 [d̥o:san] 도:착 [d̥o:c^h åg]	宣孟 3:7…上聲 六祖序 50 · 飜小 8:13…上聲

각 사전에 '倒錯 · 倒置', '到達 · 到底히 · 到處' 등 '倒 · 到'가 긴소리.

誤用例	誤用날짜 라디오 · TV 이름	잘못된 발음	표준발음	옛 文獻例
사병(士兵)	4.18 라 서울	사병 [sabjʌŋ]	사 : 병 [sa:bjʌŋ]	六祖 4 · 宣中 19…上聲

각 사전에 '士官學校 · 士氣 · 士農工商 · 士大夫' 등 '士'는 긴소리.

이 '士兵' 발음이 短音으로 굳어져 가는 듯하나 '私兵[sabjʌŋ]'과의 구별을 위해서도 '사:병' 발음이 바람직하다.

誤用例	誤用날짜 라디오 · TV 이름	잘못된 발음	표준발음	옛 文獻例
성수대교 (聖水大橋) 성화(聖化)	4.18 라 kbs 1 4.19 라 서울 4.18 라 서울	성수대▼교 [sʌŋsudɛ▼gjo] 성화[sʌŋhwa]	정:수대▼교 [sə:ŋsudɛ▼gjo] ▼는 中長 정화[sə:ŋhwa]	六祖中 92 · 訓蒙下 25…上聲

각 사전에 '聖歌 · 聖君 · 聖人 · 聖主' 등 '聖'이 긴소리.

聖人(성:인)과 成人(성인),

聖蹟(성:적)과 成績(성적)과 性的(성:쩍),

聖主(성:주)와 城主(성주)의 구별.

誤用例	誤用날짜 라디오・TV 이름	잘못된 발음	표준발음	옛 文獻例
수고(受苦)	4.18 라 서울	수고[sugo]	수:고[su:go]	・슈六祖中 10 ・訓蒙 2, ・는 去聲點 :슈 眞勸 3・供養 17 受苦, :는 上聲點

각 사전에 '受難・受納・受動・受諾・受領・受侮・受賞・受驗・受話器' 등 '受'가 짧은소리.

다만 '수고'만은 總이래 각 사전에 '수'가 긴소리다. 그런데 月釋1:21・楞解4:71・供養17 등에 '受苦' 표기가 있고 이 '受'字는 東國正韻式漢字音 聲調가 上聲이요, 眞勸3・供養12에도 上聲例가 나올 뿐 아니라 供養17에는 '受苦'가 '슈・고'로 '受'字가 上聲點이어서 傳統性을 보이고 있다. 한편, ':슈・고'가 初杜解20:27・飜朴上72・宣小6:24 등에 나온다.

'受'字가 六祖・三施・訓蒙 등에 上聲點으로 되어 漢字音으로선 일찍이 上→去로 바뀌었음에도 ':슈・고'는 上聲을 유지, 현대어로도 긴소리를 堅持한 셈이다.

誤用例	誤用날짜 라디오・TV 이름	잘못된 발음	표준발음	옛 文獻例
영등포 (永登浦) 영동(永東)	4.18 라 kbs 2 4.18 라 서울	영 등 포 [jʌŋdɯŋp^{h}o] 영동[jʌŋdoŋ]	영 : 등 포 [jə:ŋdɯŋp^{h}o] 영:동[jə:ŋdoŋ]	救簡 6:40・六祖 中 33…上聲

각 사전에 '永久・永同・永眠・永生・永遠・永住・永川' 등 '永'은 긴소리.

永久(영:구)와 靈柩(영구),

永東・永同(영:동)과 嶺東(영동),

永川(영:천)과 靈泉(영천)의 구별

誤用例	誤用날짜 라디오 · TV 이름	잘못된 발음	표준발음	옛 文獻例
화산(火山) 화성(火星)	4.18 라 서울 4.18 T kbs 2	화산 [hwasan] 화성 [hwasʌŋ]	화:산 [hwa:san] 화:성 [hwa:sʌŋ]	六祖中 71 · 訓蒙下 35 · 宣論 4:41… 上聲

각 사전에 '火氣 · 火毒 · 火力 · 火爐 · 火夫 · 火傷 · 火藥 · 火葬 · 火災 · 火田 · 火刑' 등 '火'는 긴소리.

火氣(화:기)와 和氣(화기),
火神(화:신)과 花神(화신),
火葬(화:장)과 化粧(화장),
火風(화:풍)과 和風(화풍)의 구별.

誤用例	誤用날짜 라디오 · TV 이름	잘못된 발음	표준발음	옛 文獻例
걷기[步]를	4.16 라 서울	걷끼 [gʌd̥k'i]	걷:끼 [gə:d̥k'i]	:걷·고 月印上 47 거·러 月印上 46

'걷' 語幹母音이 '-고, -게, -지, -더니, -는' 등 子音語尾 위에서는 긴소리. '-으니, -으면, -에' 등 母音語尾 위에서는 語幹母音이 短音化하는데 이것은 傳統的이다.

걷다[步](걷:다)와 걷따[捲](걷따)의 구별.

誤用例	誤用날짜 라디오 · TV 이름	잘못된 발음	표준발음	옛 文獻例
돕 는 일	4.11 라 mbc	돕 는 일 [d̥omnɯrril]	돕 : 는닐 [d̥o:mnɯrril]	:돕ᄉᆞᄫᆞ니…龍歌 29章 도바··釋譜 9:18

'돕' 語幹母音이 '-고, -개, -지, -더니, -는' 등 子音語尾 위에서는 긴소리. 母音 위에서는 短音化하는데 '도바' 例는 上→平

例를 보인 것이다.

誤用例	誤用날짜 라디오・TV 이름	잘못된 발음	표준발음	옛 文獻例
두발自轉車 두時 두사람 두刑事	4.6 라 서울 4.18 라 서울 4.18 라 kbs 1 3. 21 T mbc	두발[ḍubal] 두시[ḍuʃi] 두사람 [ḍusaram] 두형사 [ḍuhjʌŋsa]	두:발[ḍu:bal] 두:시[ḍu:ʃi] 두:사람 [ḍu:saram] 두:형사 [ḍu:hjʌŋsa]	:둘(月釋2:9) :두・발(釋譜 19:2)

두발(두:발)과 頭髮(두발)

두선생(두:선생)과 杜先生(두선생)

두형사(두:형사)와 杜刑事의 구별.

誤用例	誤用날짜 라디오・TV 이름	잘못된 발음	표준발음	옛 文獻例
매[鷹] 한마리	4.10 T kbs 2	매[mɛ]	매: [mɛ:]	:매…月釋 10:78

매[鷹 매:]와 매[鞭 매]의 구별

'매[鞭]'는 釋譜 9:8에 '・매'로 去聲

이 '매[鷹]'와 '매[鞭]'의 발음이 다 傳統性을 유지하고 있다.

以上은 漢字말이나 순우리말이나 간에 傳統的으로 上聲이던 것으로 오늘날 각 辭典2)에도 긴소리로 되어 있는데 짧은 소리로 잘못 발음되고 있는 例로 든 것이다.

誤用例	誤用날짜 라디오・TV 이름	잘못된 발음	표준발음	옛 文獻例
거상(居喪) 거주(居住)	4.16 라 mbc 4.18 라 서울	거:상[g̥ə:saŋ] 거:주[g̥ə:ɟu]	거상[g̥ʌsaŋ] 거주[g̥ʌɟu]	:거 六祖序 4 거 六祖中 5

2) 漢字音聲調는 東漢音聲調 아닌 任亂前 現實聲調를 뜻한다.

거주소(居住所)	4.10 T kbs 2	거:주소[gə:ɟuso]	거주소[gʌɟuso]	1・飜小 8:2・訓蒙下 18・宣小 1:4 無點…平聲

'居'字가 東[3]에 平居聲이요, 六祖序[4]에 上聲例가 있어 去→上의 例를 보이나 類合・石千・三韻・奎章 등 傳統聲調 문헌에는 平聲만이요, 二期音문헌은 平聲例가 절대적이다.

각 사전에도 '居留民・居室・居昌・居處' 등 '居'가 짧은소리.

誤用例	誤用날짜 라디오・TV 이름	잘못된 발음	표준발음	옛 文獻例
보증(保證)	4.11 라 mbc	보:증 [bo:ɟɯŋ]	보증 [bojɯŋ]	:보…救簡 1:1 宣大 6 보…飜朴上 61 保人보・인

'保'字가 東・類合・三韻・奎章 등 傳統聲調문헌이나 救簡1:1・宣大6 등 二期音문헌이나 모두 上聲으로 나타나는데 飜朴上 61・62에 '保人'만은 '보・인'으로 '保'가 平聲이다.

각 사전에도 '保健・保管・保菌・保留・保釋・保守・保身・保安・保溫・保有・報障・保全・保存・保合・保險・保護' 등 '保'가 긴소리.

그러나 '保・保證'만은 각 사전에 짧은소리 처리다. 飜朴에 나타나는 '保人'의 '保'가 平聲임과 脈을 같이 하는 것이다.

---

3) 東…東國正韻

4) 東漢音 아닌 任亂前 現實聲調로 된 문헌을 뜻함.

誤用例	誤用날짜 라디오 · TV 이름	잘못된 발음	표준발음	옛 文獻例
장기(長期)	4.16 라 mbc 4.18 라 kbs 2	장:기[ɟa:ŋgi]	장기[ɟaŋgi]	댱… 六祖中 79 飜小 8:33 :댱·飜小 8:19·宣大 15·宣孟 1:12 長 :댱子ᄌᆞ ·댱…飜老上 44·샤·댱

각 사전에 '長距離 · 長劍 · 長久 · 長期 · 長短 · 長文 · 長髮 · 長時間 · 長身 · 長音 · 長點 · 長篇' 등 '長'은 '길다 · 오라다'의 뜻으로 짧은소리.

'長官 · 長男 · 長女 · 長老 · 長成 · 長孫 · 長幼 · 長者 · 長兄' 등 '長'은 '맏 · 어른 · 자라다'의 뜻으로 긴소린데 이 長短 구별은 전통적인 것이다.

誤用例	誤用날짜 라디오 · TV 이름	잘못된 발음	표준발음	옛 文獻例
장군(將軍)	4.17 T mbc	장:군 [ɟa:ŋgun]	장군 [ɟaŋgun]	쟝 六祖上 29·宣中 36·宣孟 12:24 將쟝군·宣小 6:22 將쟝군:쟝 飜小 8:19·訓蒙中 1 :쟝·슈:쟝 又平聲 쟝·ᄎᆞ쟝

'將'字가 '將來 · 將差' 등 '장차'의 뜻으로 짧고 '將校 · 將兵 · 將師' 등 '將帥'의 뜻으로는 긴소린데 다만 '將軍'의 '將'만은 宣孟 · 宣小 등에 平聲이요, 오늘날 각 사전에 짧은소리여서 전통성의 끈질긴 一面을 보이고 있다.

誤用例	誤用날짜 라디오 · TV 이름	잘못된 발음	표준발음	옛 文獻例
한식(寒食)	4.6 라 kbs 1 4.10 T mbc 4.11 라 서울	한:식 [ha:nʃig]	한식 [ha:nʃig]	모든 문헌에 平聲으로 一貫

각 사전에 '寒氣 · 寒暖計 · 寒帶 · 寒流 · 寒微 · 寒心 · 寒波' 등 '寒'이 짧은소리.

寒食(한식)과 韓食(한:식)의 구별.

以上은 漢字말 中 전통적으로 平聲이어서 짧은소리로 발음할 것을 긴소리로 잘못 발음한 例에서 얼마간을 들어 보인 것이다. 이밖에 순우리말에 있어서도

거리[街] (4.13 T mbc) 대견하다 (4.13 kbs 2)
밤[夜] (4.11 라 mbc) 버리고 (4.18 라 kbs 2)
시장하실텐데 (4.10 T kbs 2) 어렵게 (4.8 T kbs 2)

등을 길게(· 부분) 잘못 발음한 例다.

이밖에

物件(물껀 4. 18 라 서울) 懸隔(현:껵 4.18 라 서울)
새마을 金庫(금꼬 4. 12 T kbs 2) 窓口(창꾸 3. 25 라 kbs 2 4. 18 라 서울)
登記(등끼 4. 11 라 mbc) 時間帶(시간때 4. 13 라 mbc)
煉炭代(연탄때 4. 13 T mbc) 不法(불뻡 4. 10 T kbs 2 4. 11 라 mbc)
方法(방뻡 4. 8 라 mbc) 蠶室方向(잠실빵향 4. 16 라 서울)
돌담(돌땀 4. 13 라 mbc 4. 16 라 mbc) 김밥(김:빱 4.10 T kbs 2)
農藥(농냑 4. 14 라 kbs 1) 節略(절략 4. 10 T mbc)
活用(활룡 4. 18 라 서울) 鎖國(쇄국 4. 16 라 mbc)
劍道[g̊ʌ:mdo 4.11 라 mbc] 貯水池[ɟʌ:suɟi 4.17 T mbc] 貯蓄[ɟʌ:cʰůg 4.17 T mbc]

등·부분이 잘못된 부분이다. '創·貯'의 긴소리는 'ʌ:' 아닌 'ə:'가 표준발음이다.

<85. 4. 21>

〈『국어생활』 제2호, 국어연구소, 1985〉

漢字音 表記問題

-現實音 尊重의 方向으로

1

筆者는 71년 7월에 「國語正書法案」을 제시한 바 있다.[1]

그 「제4장 漢字말」에서

> 「漢字音은 現在의 標準發音을 조차서[2]表記함으로써 原則을 삼는다.」

라고 하였다.

朝鮮(李朝)朝에 들어와서의 漢字音의 變化에 대해서는 拙著[3]에서 初聲·中聲으로 갈라 論한 바 있거니와, 純우리말의 音韻變化와 不可分의 關係가 있음은 물론이다.

그런데 수년 전 文敎部 傘下에 「국어조사연구위원회」라는 것이 한글학회 中心으로 組織이 되어 「맞춤법」의 改定作業을 進行한 일이 있다.

現行 맞춤법이 1933년에 制定된 것으로, 그 후 몇 차례의 修正을 거친 바 있다고는 하지만, 眞善眞美한 것이 아니어서 필자

---

1) 拙著, 改訂版 「現代國語國字의 諸問題」, 一潮閣, 1973. 3. 5. pp.249~282. 再收錄,

2) 引用文 중 上點 部分은 필자의 <國語正書法案>에 따른 表記임.

3) 拙著, 「朝鮮(李朝)漢字音硏究」, 一潮閣(再版), 1969. 3. 30. p.190.

의 私見으로는 좀 더 果敢한 修正이 加해져야 된다고 보는 것이다.

이 문제에 대해서는 私案을 발표한 바 있고, 誌·紙나 放送을 통해서도 私見을 편 바 있는데, 이에서는 그 중 漢字音에 한해서만 좀 더 敷衍을 해서 論及하려 한다.

漢字音에 관해서는 1933년 現行 맞춤법통일안 制定 당시, 그 당시의 現實音을 따라 표기하기로 된 것이 사실일 것이다.

그러나 그 후로 40년이라는 세월이 흐르는 사이에 漢字音에 있어서도 적잖은 變化를 가져온 것이 사실일 것이어서 앞에서 提示한 바

「漢字音은 현재의 표준 발음을 좇아서 표기함으로써 원칙을 삼는다.」

라고 했던 것이다.

2

「계, 례, 예」는 本音대로 적고, 「몌, 폐, 혜」의 「ㅖ」는 「ㅔ」로 적는다.

현행 맞춤법통일안 制定 당시에 이미 종래의 「셰, 졔, 쳬」漢字音을 「세, 제, 체」로 바꾸어 標準音으로 삼은 바 있는데, 당시로서는 革新的 主張이었을 것이나 現實音을 尊重하자는 주장이 받아들여져 그렇게 정해진 것일 것이다. 그런데 오늘날 하등의 抵抗없이 그렇게 굳어져 異議가 없는 것으로 안다.

그러면 「계, 몌, 폐, 혜」의 경우는 어떠한가.

現實漢字音을 尊重하는 面으로 생각하면 「게, 메, 페, 헤」로 한자음을 現實化하는 것이 낫지 않을까 생각한다.

첫째, 現行 맞춤법에 의하면

계···溪·鷄·季·界·計·癸·系·係·戒·械·啓·契·繼·階·桂······

게···憩·偈·揭······

로 구별 표기하기로 되어 있는데, 과연 이 「계, 게」 한자음은 구별이 있는가. 필자의 생각으로는 이미 이 「계, 게」 구별은 없는 것이 아닌가 한다. 발음 자체만을 생각하면 「셰, 졔, 쳬>세, 제, 체」의 경우처럼 「ㅖ>ㅔ」로 바뀐 것으로 處理해도 좋을 듯하다. 다만 副詞形語尾 「게」와의 混同에서 오는 視覺上의 문제가 약간 있다. 이에 대해서는 拙案4)에서 언급한 바 있다.

즉 「계」도 현실적으로 「게」로 發音되고 있으나, 한글만의 글에서는 許多한 副詞形語尾 「게」와 混同될 염려가 있어 本音을 살려 쓰는 것이 낫지 않을까 한 것이다.

그러나 그런 混同은 前後文脈으로 克服할 수 있다 한다면, 現實音化해도 무방하다고 생각한다는 게 필자의 見解다.

둘째, 古文獻에서 「ㅖ」母音表記로 된 純우리말들이 오늘날은 다음과 같이 表記하기로 되어 있다는 點을 考慮에 넣어야 할 것이다.

계…계다, 계우다, 계오다('겹다, 이기지 못하다'의 뜻)

* 現代語로는 「겹다」(힘에-, 흥에-), 게우다('吐하다'의 뜻)로 쓰인다. 계오, 계요, 계우, 계유('겨우'의 뜻), 계로기(植物이름, 게로기), 계시다(<겨시다), 계집(<겨집), 핑계

녜…녜, 녯, 녯날('옛, 옛날'의 뜻), 녜다(<녀다, '가다 行'의 뜻

뎨…뎨('저기'의 뜻).

몌…몌다, 몌오다, 몌우다, 몟귀다('메다, 메우다'의 뜻), 몌조('메주'의 뜻)

볘…볘다('베다'의 뜻), 쎼다('뼈'의 뜻)

셰…셰다('세다, 髮白'의 뜻), 셰시다('세시다'의 뜻), 셰다, 셰우다(세우다, 使立), 셰('세로'의 뜻)

---

4) 前揭, <國語正書法案>, p.35. ; 改訂版 「現代國語國字의 諸問題」, p.281.

몌…몌(여기), 몌닐굽(예닐곱, 六七), 몌다(<녜다<녀다, '가다'의 뜻), 몟말, 몌엿브다, 몟비(예쁘다)

졔…졔(져기), 졔(自), 졔비(>져비, 제비), 졔졔(저자)

쳬…쳬('……ㄴ체'의 뜻)

켸…켸이다('키다'의 뜻)

폐…폐디다('펴지다'의 뜻)

혜…혜다('생각하다, 세다'의 뜻), 혜아리다(헤아리다), 혬(셈)

이상 擧例한 것 중 現代語로 남아 쓰이는 것은

계…계시다, 계집, 핑계

예…예(昔, 여기의 준말), 예닐곱(六七), 옛말, 예쁘다

뿐이 아닌가 한다.

「녜」는 이른바 頭音法則으로 「예」로 바뀌어 남아 있고, 「뎨」는 口蓋音化로 「졔」, 다시 單母音化로 「제」, 「혜다, 혬」은 구개음화로 「셰다, 셈」을 거쳐 다시 단모음화로 「세다, 셈」이 되었고, 그 밖의 「몌, 볘, 셰, 졔, 쳬, 켸, 폐, 혜」는 純우리말 表記로는 쓰이지 않게 되어 이들 글자로 表記되던 말들은 대부분 단모음화된 것을 標準말로 삼은 것이었다.

몌→메 메다(擔), 메우다, 메주

볘→베 베다(枕)

셰→세 세다(髮白), 세시다(지내시다), 세우다, 세로

졔→제 제(저기), 제비(燕)

쳬→체 체(-ㄴ체)

혜→헤 헤아리다

등이 그것이다.

그러함에도 불구하고 현행 맞춤법통일안에서는 漢字音의 경우 「몌, 혜」와 純우리말 표기에 쓰이지 않았던 「폐」를 써왔던 것이다.

메…袂
폐…閉・弊・幣・蔽・廢・肺・陛……
혜…惠・慧・兮

등이 그것이다.
이들을 「메・페・헤」와 같이 現實化하자는 것이다.

漢字音 「례・예」의 경우는 어떠한가.

례…禮・例・醴……
예…藝・曳・芮・裔・豫・穢・銳

前者의 경우, 이른바 頭音法則에 의해 語頭에서는

예…禮儀・禮節・禮法
例規・例示
醴泉

과 같이 쓰이고, 後者의 경우

예…藝術・藝能
曳光彈・曳履聲
後裔
豫習・豫科・豫備
銳利・銳角

과 같이 그 發音이 살아있으므로 문제 삼을 것이 없을 듯하다.
다만 「례」音이 둘째 音節 이하에 올 경우는 現實音이 두 갈래로 갈리는 것이 아닌가 한다. 즉,

례→레…虛禮・無禮・非禮・賀禮・拜禮……
異例的・類例・比例……

례……… 敬禮 · 參禮 · 缺禮 · 失禮……
　　　　實例 · 慣例 · 通例 · 前例……

가 現實音이 아닌가 하는 것이다. 받침 없는 漢字音 밑에서는 「례」, 받침 있는 한자음 밑에서는 「례」(실제로는 「녜」)라는 것이다.

따라서 漢字音 「례 · 예」는 「계 · 메 · 폐 · 혜」의 경우와 同一히 논할 수는 없다고 생각한다.

3

「ㅅ, ㅈ, ㅊ」을 첫소리로 삼은 「ㅡ」를 가진 字音은 그 本音대로 내는 것을 原則으로 삼고, 「ㅣ」音으로 구더진 것은 「ㅣ」로 적는다.

예:
슬하 · 습관 · 승리 · 즉시 · 승인 · 증조
「ㅣ」音으로 구더진것
칙량(測量) · 관칙(觀測) · 우칙(右側) · 칙은(惻隱) · 칙문(仄聞) · 칭계(層階)

純우리말에서 「스 · 즈 · 츠>시 · 지 · 치」의 音韻變化, 이른바 口蓋母音化가 이루어지는 傾向이 있음은 널리 알려진 사실이다.

스ᄀᆞ볼>스ᄀᆞ을>스골 · 스굴>싀골>시골
슬타>싫다
슷다>씻다
슴겁다>승겁다>싱겁다
즈르잡다>지르잡다
즈름ᄭᅵᆯ>지름길
즈츼다>지치다(洗瀉하다)
즌훍>진흙

즁ᄉᆡᆼ>즘ᄉᆡᆼ>즘승>짐승
즛므르다>짓무르다
즛다>짖다
ᄧᅳᆽ다>찢다
츠다>치다
츩>칡

등이 그것이다.

필자는 이 口蓋母音化 현상에 대해 拙著5)에서 論及한 바 있거니와, 앞에 擧例한 것들을 아주 굳어진 것으로 보아 現實化하자는 것이다.

하나는 「則」은 「規則・校則・法則」과 같이 「칙」音을 쓰면서 과연 「測」은 「觀測・測量・測候所」처럼 「측」을 써야 되고 「側」은 「右側・左側・側根」처럼 「측」을 써야 되며 「惻」 또한 「惻隱」의 경우 「측」音을 固守해야 되는 것인가.

다른 하나는 「惻隱」이 이미 독립신문(1896)에서 「칙은히」로 表記되었음을 지적한 바 있는 것이다.6)

이미 1933년 제정된 맞춤법통일안에서

금실(琴瑟)・질책(叱責)・편집(編輯)・법칙(法則)・친의(襯衣)

등을 現實化한 前例가 있고, 오늘날 아무런 抵抗이 없이 쓰이고 있음을 우리는 안다. 다만 그 범위를 擴大하자는 것뿐이다.

4

「의・회」는 本音대로 적는다.

옛 文獻에서 純우리말 表記에 「ㅢ」母音이 쓰인 實態는 다음과

5) 前揭, 「朝鮮(李朝)漢字音研究」, pp.125~126.
6) 前揭書, p.125.

같다.

ᄀᆡ…ᄀᆡ(그것이, 그가 其), ᄀᆡ결ᄒᆞ다(명령하다, 制御하다의 뜻), ᄀᆡ다(기다), ᄀᆡ이다(속이다, 기이다), ᄢᆡ(때, 때에, -께), ᄢᆡ니(끼니), ᄭᆡ다(꺼리다), ᄀᆡᆺᄀᆡᆺᄒᆞ다(끼끗하다), 이ᄀᆡ다(이기다)……

ᄂᆡ…무ᄂᆡ(延, 계속하여), ᄂᆡᆺ근ᄒᆞ다(可膩)

ᄃᆡ…년ᄃᆡ(다른데), 헌ᄃᆡ(헌데), ᄯᆡ(帶), ᄯᆡ다(帶), ᄠᆡ우다(띄우다), 드ᄃᆡ다(디디다), 드ᄃᆡ여(드디어), 어ᄃᆡ(어디)

ᄅᆡ…기ᄅᆡ(長, 길이), 굽구ᄅᆡ다(구부러지다)

ᄆᆡ…ᄆᆡ다(미워하다), ᄆᆡᆸ다(밉다), ᄆᆡᆺ구리(미꾸라지), ᄆᆡᆺ그럽다(미끄럽다), ᄆᆡᆺᄆᆡᆺᄒᆞ다(밋밋하다), 거ᄆᆡ(거미), 거ᄆᆡ영(검정), 기ᄆᆡ(기미, 瑕), 보ᄆᆡ(보늬, 裏皮), 이ᄆᆡ(이미, 旣)

ᄇᆡ…ᄇᆡ다(<뷔다, 비다, 空), ᄲᆡ다(빼다, 물이 빠지다), ᄇᆡᆨᄇᆡᆨᄒᆞ다(빽빽하다), 나ᄇᆡ(蝶, 나비), 너ᄇᆡ(넓이), 비ᄇᆡ다(비비다, 뚫다)

ᄉᆡ…ᄉᆡ골(시골), ᄉᆡ다(시다, 酸), ᄉᆡ다(새다, 洩), ᄉᆡ아비(시아비), ᄉᆡ여디다(죽다, 없어지다), ᄉᆡ틋ᄒᆞ다(시틋하다), ᄉᆡᆨᄉᆡᆨᄒᆞ다(씩씩하다), 가ᄉᆡ(<가싀, 가시), 가ᄉᆡ다(<가싀다, 가시다), 고ᄉᆡ(<고싀, 고수, 물이름)

ᄋᆡ…ᄋᆡ(助辭, 語尾), 거ᄋᆡ(蚓), 거ᄋᆡ(槪), 서ᄋᆡᄒᆞ다(蕭條), 여ᄋᆡ(꽃술, 蕊)

ᄌᆡ…ᄧᆡ여디다, ᄶᆡ여디다(裂), ᄌᆡᆼ경이(鴟)

ᄎᆡ…ᄎᆡ다(偏, 치우치다), ᄎᆡ듣다(偏), ᄎᆡᆨᄎᆡᆨᄒᆞ다(密, 칙칙하다)

ᄏᆡ…ᄏᆡ(身長, 키)

ᄐᆡ…ᄐᆡ눈(티눈), ᄐᆡᆺ글(티끌, 塵)

ᄑᆡ…기ᄑᆡ(깊이, 深度), ᄑᆡ다(피다, 發), ᄑᆡ오다(피우다, 點香)

ᄒᆡ…ᄒᆡ(助辭), ᄒᆡ나므라ᄒᆞ다(駁彈), ᄒᆡ우스러ᄋᆞ다(色白), ᄒᆡ이치다(妨害), ᄒᆡ짓다(戱弄하다), ᄒᆡᆫᄀᆞ플(白膜)

한편 漢字音表記에서 「ㆎ」母音이 쓰인 實態는 다음과 같다.

ᄀᆡ…起・旣・氣・己・紀・記・忌・奇・寄・其・期・幾・譏・器……

ᄇᆡ…憊

싀…紫・猜・豺……

의…衣・依・椅・義・儀・議・蟻・疑・擬・意・醫・毅・宜・誼・矣……

츼…緇・錙……

희…喜・嬉・憙・希・稀・戱・羲・犧・姬……

위에서 보는 바와 같이 漢字音 「긔, 븨, 싀, 츼」는 純우리말의 경우, 「ㅢ」母音이 쓰이던 말들이 單母音化한 경향에 따라 단모음화한 사실을 認定하여 1933년 맞춤법통일안에서 이미 「기, 비, 시, 치」로 現實化하고, 다만 「의, 희」만을 本音대로 적기로 규정한 것이었다.

매우 革新的인 態度를 취한 것으로 보아 贊辭를 보낸다.

그러면 오늘날 「의, 희」발음이란 현실적으로 存在하는 것인가. 필자는 다음과 같이 본다.

純우리말의 경우, 意識的인 노력을 하지 않는 限 「의, 희」發音은 현실적으로 存在하지 않는 것이 아닌가 한다.

의…語頭에 「의」가 오는 純우리말은 하나도 없다.

「의」가 토(吐)로 쓰이는 경우

「나의 집」은 「나에 집」

「너의 집」은 「너이 집」

희…語頭에 쓰이던 「희다」(白)는 「히다」로 現用되며 「너희, 너희들」은 「너이, 너이들」, 「저희, 저희들」은 「저이, 저이들」로 現用된다.

이 「의, 희」發音과 無關할 수 없는 「늬」에 대해 잠깐 言及해 둔다.

現用辭典에 「늴리리, 늴리리야, 늴리리쿵더쿵, 늿큼」이 나와 있으나 이는 表記上 그렇게 썼을 뿐이지 現實發音은 「닐리리, 닐리리야, 닐리리쿵더쿵, 니큼」의 「니」는 口蓋音化되지 않은 「니」인 것이다.

한편 「무늬, 하늬바람」의 「늬」도 마찬가지로 表記上 口蓋音化

된 「니」소리와 구분을 짓기 위해 「늬」를 썼을 뿐이지 실제 발음은 구개음화되지 않은 「니」소리인 것으로 본다.

漢字音의 경우는 어떠한가.

> **의**…「衣・依・椅・義・儀・議・疑・擬・意・醫・毅・宜……」 등이 앞에 놓여 이루어진 말들 「衣服・依賴・椅子・義理・儀禮・議事・疑問・擬人化・意味・醫師・毅然・宜當」과 같이 「의」가 발음이 되며 그렇게 발음해야 한다.
>
> 地方에 따라 「의」발음을 語頭에서 「으」로(慶北, 平安), 혹은 「이」로(慶南) 하기도 한다.
>
> 그러나 둘째音節 以下에 올 경우에는 대체로 「이」로 발음되는 것이 아닌가 한다.
>
> 「上衣・歸依・正義・禮儀・會議・問疑・模擬・語意・限地醫・情誼・萬事休矣」 등 「의」로 表記하지만 「이」로 발음된다는 것이다.

이상 「의」의 경우, 語頭에서는 「의」發音이 儼存하므로 비록 둘째音節 이하에서 「이」로 발음됨이 사실이라 하더라도, 漢字語라는 意識이 뚜렷한 限 一定하게 「의」로 表記해야 할 것은 물론이다.

> **희**…「喜・希・戱・犧……」 등이 앞에 놓여 이루어진 말들 「喜悅・希望・稀貴・戱弄・犧牲」과 같이 現實的으로 「히」로 發音되는 것이며, 둘째音節 以下에 올 경우에도 「歡喜・古稀・遊戱・光熙門・伏羲氏・美姬」 등 「히」발음이다.

「희」의 경우, 純우리말에 있어서나 漢字音에 있어서나 現實的으로는 「히」로 單母音化한 것이 아닌가 한다.

다만 漢字音 「계」의 경우, 그 現實音이 「게」여서 그렇게 處理해도 좋을 듯하나, 副詞形 語尾 「게」와의 混同에서 오는 視覺上의 문제가 있듯이 이 한자음 「희」의 경우, 또한 그 흔한 副詞化接尾辭 「히」와의 혼동에서 오는 視覺上의 문제가 약간 있다. 이에 대해서는 拙案7)에서 言及한 바 있다.

즉 「희」도 현실적으로 「히」로 發音되고 있으나, 한글만의 글에서는 許多한 副詞化接尾辭 「히」와 混同될 염려가 있어 本音을 살려 쓰는 것이 낫지 않을까 한 것이다.

그러나 그런 混同은 前後文脈으로 克服할 수 있다 한다면 現實音化해도 무방하다고 생각한다는 게 필자의 見解이다.

5

「'냐 · 녀 · 뇨 · 뉴 · 니 · 녜'는 소리나는대로 적는다」

이것은 이른바 頭音法則에 의해 語頭에서 「ㄴ」소리가 나지 않는 것은 그대로 적고, 둘째音節 이하에선 漢字音의 本音을 살려 적자는 規定이다.

1933년의 맞춤법통일안과 다를 바 없다.

다만 引用例 중 「은익(隱匿), 운이동(雲泥洞)」의 경우, 現行辭典에는 「은닉, 운니, 운니지차」 등으로 나와 있으나, 現實發音은 「으닉, 우니동」 등이 틀림없다.

이것은 본디 우리말에서는

걷니다>건니다>거니다>거닐다
ᄃᆞᆮ니다>ᄃᆞᆫ니다>ᄃᆞ니다>다니다
간난(艱難)>가난

등의 例에서 볼 수 있듯이 이른바 同音省略(異化作用의 하나) 現象이 있으므로,

은닉>으닉
운니동>우니동

---

7) 前揭 <國語正書法案>, p.36. ; 改訂版 「現代國語國字의 諸問題」, p.282.

은 자연스러운 發音現象이라 하겠다. 이것을 굳이 그 原音을 밝힐 필요는 없다고 보며, 그 現實發音을 尊重하되 다만 「隱, 雲」의 원음을 살려 「은익, 운이동」으로 적자는 것뿐이다.

「랴 · 려 · 료 · 류 · 례」는 頭音에서는 소리나는대로, 그 박게서는 本音대로 적되, 구더진것은 구더진대로 적는다.」

양심 · 역사 · 요리 · 유수 · 이화 · 예의 · 선량 · 수력 · 재료 · 하류 · 도리(桃李) · 사례……기율 · 연연(戀戀) · 균열 · 운율

「라 · 로 · 루 · 르 · 래 · 뢰」는 頭音에서는 소리나는대로, 그 박게서는 本音대로 적는다.」

낙원 · 노인 · 누각 · 능묘 · 내일 · 뇌성 · 쾌락 · 부로 · 고루(高樓) · 구릉(丘陵)……

이상 兩項 또한 이른바 頭音法則에 의해 語頭에서 「ㄹ」소리가 나지 않는 것을 發音되는 대로 적자는 것이요, 둘째音節 이하에선 本音대로 적되 굳어진 것, 例컨대 「기율, 연연(戀戀)」 등 굳어진 대로 적자는 것이다.

그런데 여기에 한 가지 문제가 있다. 한글專用 문제와 더불어 대두되었던 「文化柳氏」, 「全州李氏」 등이 그들의 姓을 「류」, 「리」로 적어야 되겠다고 들고 나온 것이다. 한글 전용을 가로막는 伏兵의 하나가 伏面을 벗고 튀어나온 것이다.

그러나 이것이 「文化柳氏, 全州李氏」에 局限한 문제가 아님은 누구나 알고 있는 사실이다.

「柳, 劉, 兪, 庾」나 「李, 異」말고도 「林, 任」, 「梁, 楊」, 「呂, 余」 등이 있어 이들은 「림 · 임, 량 · 양, 려 · 여」 등으로 구별 표기가 가능하다 해도, 「羅, 盧, 路, 陸」 氏 등도 ㄹ初聲表記를 할 것이냐, 그 밖의 「具 · 丘, 鄭 · 丁, 張 · 蔣 · 章, 全 · 田 · 錢, 石 · 昔, 申 · 辛 · 愼, 晋 · 陳 · 秦……」 氏 등 同姓은 어떻게 구별 표기할

것이냐 하는 문제가 있다.

固有名詞라는 口實 아래 「文化柳氏, 全州李氏」에게 「류, 리」表記를 許容한다 함은 군색스러우며, 그렇다면 歷史上 人物이나 地名을 표기할 때에는 어떻게 할 것인가.

姑息的인 臨時變通의 방편을 버리고 劃一的인 漢字音表記로 表記上 混同을 막아야 할 것은 물론이다.

6

이상 漢字音表記에 있어 1933年 「朝鮮語綴字法統一案」(한글맞춤법통일안의 前身)에서 당시의 現實漢字音을 尊重하여 옛 한자음 「ᄉᆞ·ᄌᆞ·ᄎᆞ」, 「ᄀᆞ·ᄀᆞᆫ·ᄇᆞᆯ·ᄒᆞᆨ」, 「샤·셔·쇼·슈·셰」, 「쟈·져·죠·쥬·졔」, 「챠·쳐·쵸·츄·쳬」, 「긔·븨·싀·츼」 등을 果敢히 버리고 現實化한 前例를 거울삼아, 그동안 40년이라는 세월이 흐르는 사이에 純우리말과 더불어 바뀌어온 漢字音의 現實音을 존중하여 맞춤법 改定作業이 進捗 중인 이때에, 다시 한 번 오늘의 發音現實을 直視하자는 것이다. 그리하여 그들 한자음을 改定함으로써 大衆의 부담을 덜어주기를 바라는 것이다.

1. 「계·메·폐·혜」의 漢字音을 「게·메·페·헤」로 할 것.
   (순우리말 「계시다·계집·핑계」도 「게시다·게집·핑게」로 고쳐도 좋다.)
2. 「측량(測量)·관측(觀測)·우측(右側)·측은(惻隱)·측문(仄聞)·층계(層階)」를 「칙량·관칙·우칙·칙은·칙문·칭게」로 現實化하자.
   「法則·校則·規則」의 「則」이 「칙」인 이상 「測·側·惻」의 漢字音을 「칙」이라 함이 오히려 당연하고, 실제 現實音도 그러한 것으로 안다.
3. 「희」漢字音을 「히」로 現實化하고, 純우리말 「희다」도 「히다」로 하자.
4. 「은익(隱匿)·운이동(雲泥洞)」으로 現實化하자.

5. 「文化柳氏·全州李氏」에 局限한 「류·리」 表記 許容이란 있을 수 없다. 漢字音表記의 一貫性이 尊重되어야 한다.

(74. 1. 24)

〈『語文研究』 제2호, 韓國語文教育研究會, 1974.〉

訓民正音과 한글맞춤법

世宗大王의 訓民正音 創制精神의 再照明

-현 語文·語文敎育政策 批判과 그 代案 提示-

우리말 70%가 한자어, 白眼視 금물

이제 우리는 統一후의 語文政策을 論함에 있어 두 가지에 力點을 두어 생각할 것이 있다. 하나는 한글과 漢字의 調和문제고, 다른 하나는 표준말과 表記法 문제라고 생각한다.

東洋의 典範(韓·中·日)이라는 것이 漢字로 되어 있다는 점과 東洋 3國語의 主體가 漢字語라는 점뿐 아니라, 西歐나 東歐와는 다르거나 맞서는 傳統的인 論理나 思想이 뿌리 깊어 傳統文化를 계승하려는 意識이 강하다는 점 등을 생각하며, 韓·中·日 3國 民族이면 누구나 漢字의 중요성을 否定해서는 안되고 否定할 수도 없을 것이다.

(中略)

다른 同文化圈의 實態를 감안하면 우리도 2000字 정도의 常用漢字로, 국민학교(현 초등학교)에서 1,000字, 중·고등학교까지에 2,000字 정도의 漢字교육을 하는 것을 통일 韓國의 목표로 했으면 한다.

Ⅰ. 한글專用교육의 잘못
…世宗의 訓民正音創制 精神 歪曲

잘못된 語文教育의 결과에 대해 하나의 실례를 들어 보이겠다.

필자는 최근에 '愛國歌 有感'-愛國歌는 왜 부르는가 - (語文會報 22호 게재 97. 5. 20 발행)라는 一文을 쓴 일이 있다.

오늘날 學校教育에선 물론이요, 公共行事 때 애국가는 安益泰의 新曲에 의해 불리고 있다. 특별한 경우를 제외하고는 1節만이 불리고 있는 것이 통례인 듯하다. 그런데 1節만 부를 것이 아니라 4節까지 불러야 한다는 말이 나온 일이 있었던 듯하거니와 일부(?) 放送에서 4節까지 부르고 있음은 그나마 다행한 일이라 생각한다.

최근 필자는 어느 公企業 신입사원 漢字能力檢定試驗의 청탁을 받고 문제를 낸 일이 있는데 愛國歌 全歌詞 중 漢字語를 漢字로 쓰게 한 일이 있다. 물론 意圖的인 출제였다. 잠시라도 나라 사랑을 생각게 하자는 뜻도 있었지만 제대로 뜻이나 알고 불러 왔는가를 알아보자는 생각과 漢字工夫에 자극을 주자는 뜻이 있었다. 물론 한글專用教育으로 애국가 가사를 漢字로 接한 일이 없는 이들이므로 그 成績이 좋을 것으로 생각하지는 않았다.

그러나 이들이 4年制 大學 또는 2年制 專門大 졸업생이므로 한문교육용 基礎漢字 1,800字를 배운 것이 사실이요, 高校까지엔 12년간, 大學까지엔 12~16년 학교교육을 받은 것이 틀림없다.

이번 시험에서 大卒 신입사원은 119명, 專門大卒 신입사원은 144명, 合 263명의 응시자였다. 그런데 一節에 나타나는 각 漢字語별 正答者는 다음과 같았다. ( )안 숫자는 정답자 수

保佑(4) 華麗(11) 萬歲(16) 安益泰(16) 保全(21) 無窮花(37) 一片(67) 白頭山(75) 愛國歌(97) 作曲(124) 三千里(155) 大韓(199) 東海

(224) 江山(239)

이 統計(中大 朴大福 교수)를 놓고 깊이 생각해 본다. 아무래도 一次的인 책임은 學校에 물을 수밖에 없을 듯하고 궁극은 政府의 그릇된 語文敎育政策의 탓으로 돌릴 수밖에 없다.

初等學校 때부터의 音樂時間이나 그 밖의 기회에 애국가를 가르칠 때 『사랑 愛 나라 國 노래 歌』 - 나라를 사랑하는 노래 - 라고 가르쳐야 했다. 『지킬 保 도울 佑』 - 지키고 도와서 -, 『빛날 華 고울 麗』- 빛나고 고운 江과 山-, 『지킬 保 온전 全』 - 온전하게 지키세 - 로 가르쳤어야 옳았다. 그래야 愛國歌를 부르는 뜻이 있을 것이다. 애국가는 왜 부르는가. 歌詞의 뜻을 제대로 알고 부르게 하는 것이 敎育의 바른 길이다.

「안익태」「작곡」 또한 「安益泰」「作曲」으로 大卒者는 알아두어야 할 한자라고 생각한다.

具體的으로 代案提示를 하면 다음과 같다.

1) **초등학교** 1학년부터 『국어 : 나라국 國 , 말씀어 語 나라의 말』 『국민 : 백성민 民, 나라의 백성』으로 가르쳐야 뜻이 분명해지고 발음은 「구거·궁민」이면서 「국어·국민」으로 적는 까닭도 自明해진다. 「부자」에는 「富者·父子」가 있다. 「富」는 길고, 「父」는 짧은 소리다.

발음은 어려서부터 익혀야 몸에 밴다. 국어순화의 빠른 길이 여기에 있으며 漢字교육을 초등학교 1학년부터 **국어교육의 一環**으로 **漢字섞은 책**으로 해야 되는 까닭도 여기에 있다.

초등학교 漢字교육은 **1,000字 정도**로 하고 學年配當을 하면 좋을 것이다.

1학년 50, 2학년 100, 3학년 150, 4학년 200, 5·6학년 各 250 合 1,000字

日本에선 小學校 1학년부터 모든 교과서에 漢字를 섞어 1학년

80, 2학년 160, 3·4학년 각 200, 5학년 185, 6학년 181, 合 1,006字를 가르치고 있다.

그들은 小學校에서 매일 1시간씩 국어교육을 하고, 그 밖에 한 시간씩의 書道, 讀書(도서관에서 책 읽는 것)시간이 있어, 每週 8시간씩의 국어교육을 한다는 것이다. 특히 讀解, 論述을 중시하고 있다고 한다. 예전에는 算數교육을 중시해 왔으나 지금은 **국어교육을 가장 重視**하고 있다고 한다.

(中略)

불란서 초등학교 국어수업이 일주일에 9시간이라 한다. (97. 4. 28) 東亞 11面

우리도 최소한 **週 1시간 정도 국어시간을 늘려야 한다.** 그것은 現行 3학년부터의 校長 재량으로 하는 1시간씩의 漢字교육을 필수로 돌려 1학년부터 漢字섞은 교과서로 교육하면 되는 것이다. **敎育部 당국의 敎育改革의 意志**에 달렸다고 본다.

2) **中학교**까지에 漢字섞은 교과서로 常用漢字(91. 2 韓國語文研究會制定 2,000字) 읽기를 목표로 하고 쓰기는 1,000字 정도로 우선 목표로 하되 점진적으로 上向調整하고 高等학교까지에는 읽기 쓰기의 完成을 期하도록 한다. (별도로 姓名用·地名用 漢字 350字의 音·訓 익히기)

3) **大學**에선 常用漢字의 完全習得과 準常用漢字 1,500字(93년 6월 韓國語文敎育研究會制定)의 音·訓을 익히도록 한다. 韓·中·日 共通常用漢字 1,996字(韓·中·日 共通 1,632字 + 韓中·韓日·中日 共通常用漢字 364字)와 367字를 追加로 韓國音과 그 뜻을 익히도록 한다. 다만 지나치게 劃數가 많은 漢字, 이미 韓·中·日 共通의 略字는 現實化하는 것이 필요하다고 생각한다.

우리가 日本보다 앞섰던 文化民族이었음은 알려진 사실이다. 다만 제2차 大戰 후 美蘇 兩大勢力의 영향으로 위축되었던 漢字勢

가 이제 東勢西漸의 時代로, 특히 21世紀는 中國의 時代라는 말도 나오고 漢字威力發揮時代라는 口號도 번져가고 있는 추세다. 우리만 우물안 개구리式 思考로 한글專用을 부르짖고 있을 때는 아니니다.

최근 우리는

· 漢字는 한글과 함께 國字다. - 漢字早期教育이 國益에 도움이 된다.
· 한글과 漢字는 두 날개다.
· 한글과 漢字에는 각각 長短點이 있는 바 長을 취하고 短을 깁는 것이 賢明하다.
· 한글은 世界 제일의 表音文字, 漢字는 東洋三國의 共用文字인 表意文字로 한漢混用이 가장 理想的
· 漢字교육은 뜻의 把握, 正確한 發音, 올바른 表記를 위해, 讀書力을 키우는데 必須的이며 中國語·日本語 교육의 基礎도 된다.
· 漢字는 義務教育을 마친 후 작게는 같은 文化圈內를 旅行할 때 出入國 申告書라도 쓸 수 있어야 하고, 거리의 標識板이나 看板, 交換되는 名啣이라도 읽을 수 있어야 하며, 簡單한 用務는 筆談이라도 할 수 있어야 함은 물론이요, 크게는 文化交流·情報交換·交易 등 어느 모로 보나 有益하다는 주장을 내걸고 있다. 言論·出版界는 물론 學界·教育界·政府·國會 등의 大悟覺醒을 促求한다.

Ⅱ. 현행 "국어표기법"이 어렵다
…"쉽게 익혀 나날이 씀에 便安케 하고자 할 따름"이라는 創制精神에 背馳

현행 표기법에 있어 종전의 용ㅎ게→용케, 가능ㅎ게→기능케 식

사이ㅎ 표기를 없애는 등 좀 나아진 점이 있기는 하나 받침의 過多 등 지나친 表意化는 視覺上 利點이 있다고 하나 得보다 失이 많은 게 사실이다.

필자는 최근 閔忠煥 교수[1])의 勞苦에 의해 귀중한 통계를 얻은 일이 있다.

그는 語文研究 24호(1979. 11)에서도 내가 부탁했던 같은 받아쓰기 문제를 가지고 통계를 내어 意見을 제시한 바 있다.

그는 경기도·仁川 所在 初 6·女中 2·女高 2·專門大 1년·大 1년 각 100명씩 500名을 대상으로 글자를 읽는 것이 아니라 말하듯이 세 번씩 불러 주고 받아쓰기를 실시했다고 한다. 課程別 誤答率 통계를 내어 비교하고 그 順位를 매기는 한편 誤答率 60% 이상되는 問項을 抽出해 현행 맞춤법이 안고 있는 문제점을 검토하고자 한 작업이다.

그 통계에 의하면 그 誤答率이

	誤答率	誤答率順位	
	전체 大 1	1回	2回(이번)
(1) (고개) 너머	59%(55%)	16	9
(3) (뿔에) 받힌	66%(45%)	12	6
(5) (체에) 받친	97%(98%)	2	1
(14) (솥에) 안친	83%(85%)	4	5
(15) (가라) 앉힌	40%(28%)	17	17
(19) (잘) 걷힌(외상값)	45%(22%)	15	16
(23) (수박) 겉핥기	51%(34%)	6	12
(25) (속이) 훑인다	92%(95%)	1	2
(26) (약을) 달이고	46%(28%)	8	15
(29) (얼기설기) 뒤얽힌	47%(30%)	18	14
(37) (국기) 게양대	60%(60%)	9	8
(39) 늘그막에	91%(80%)	3	3
(40) 혜화동(할아버지)	55%(32%)	11	10
(46) (손님을 반겨) 마지 (않는다)	62%(45%)	13	7
(47) (택시에) 부딪힌 (가로수)	50%(38%)	10	13

1) 富川工業專門大 교수

(48) 맞부딪친 (적수 = 敵手)	85%(91%)	5	4
(50) (배추) 솎듯	54%(25%)	7	11

1) 우선 誤答率 40% 이상이 50問項 中 17項이다. 50問項 전체 誤答率이 31%나 된다.

2) 誤答率 60% 이상되는 問項

① 初 6년 18개 誤答數 ② 女中2년 16개 ③ 女高2년 5개
④ 전문大1년 5개 ⑤ 大1년 6개
⑥ 累計론 8개다.

1. 밭친 2. 훑인다 3. 늘그막 4. 맞부딪친
5. 안친 6. 받힌 7. 마지 8. 게양대

물론 현행 표기법의 문제점을 지적하기 위한 意圖에서 出題된 것이므로 예상했던 대로 그 성적이 극히 低調하다.

그렇다 하더라도 전체 誤答率이 31%임은 표기법의 再考를 要하는 數値라고 말할 수 있다.

誤答率

初	中	高	專	大	계
43%	40%	21%	27%	24%	31%

要컨대 현행 表記法이 訓民正音解例終聲解에 보이는 然 ㄱㆁㄷㄴㅂㅁㅅㄹ 八字可足用 정신에서 벗어나고 世宗의 正音 창제 정신이 "愚民으로 하여금 쉽게 익혀 쓰게 하고자 할 따름"이라고 한 뜻에 어긋나 있다.

具體的인 代案提示

필자는 "맞춤법 再照明을 論함"[2)]과 "한글 맞춤법 改定論 -

2) 「世代」 1968. 4월호

맞춤법 改定作業은 愼重히-"[3]를 쓴 일이 있고 國語正書法案(71. 7. 28 一潮閣)을 낸 일이 있다.

나는 이 案에서

1) 現行 한글맞춤법통일안은 1933년 日帝下 民族運動의 一環으로 국어국문학자에 의해 制定되어 해방 후 통일된 國語國字生活을 할 수 있게 하는데 至大한 貢獻이 있었음을 나는 안다.

2) 그러나 現行 맞춤법이 지나치게 表意化를 꾀한 나머지 視覺的으로 빨리 그 뜻을 알아보는 利點이 있기는 하나 맞춤법을 외고, 옳게 書寫하는데의 부담과 혼란이 크다고 보는 것이다. 바꿔 말하면 지나친 表意化는 得보다 失이 많다는 나의 判斷이다.

3) 국민학교 6년간의 義務教育을 마친 이들로 하여금 틀림없는 表記生活을 할 수 있게 해야 할 것인 바, 現行 맞춤법의 習得은 大學을 卒業하고도 만족스럽지 못하다는 것이 衆評이다.

4) 그런데 現行 맞춤법이 訓民正音의 終聲規定 "終聲復用初聲"이리 한 것괴 龍飛御天歌의 '곶, 높고, 좇거늘' 등 'ㅈㅍㅊ' 받침의 表記例를 따라 28받침(현재 27받침)을 案出해 냈던 것이다.

그러나 現行 맞춤법이 制定된 후, 1940년에 나타난 訓民正音解例本終聲解에는 분명히 'ㄱㆁㄷㄴㅂㅁㅅㄹ 八字可足用'이라 해 있으니, 이것이 訓民正音 創制參與者들의 集約된 意見으로 보아야 옳을 듯하고 또 사실상 釋譜詳節 이후 文獻에서는 ㅈㅊ → ㅅ, ㅌ→ㄷ, ㅍ→ㅂ으로 되고, 訓蒙字會 凡例에는 初聲終聲通用八字라 하여 ㄱㄴㄷㄹㅁㅂㅅㅇ을 들어 놓았던 것이다. 그 후 다시 ㄷ→ㅅ이 되어 7終聲(ㄺ ㄻ ㄼ 겹받침과 함께 10받침)을 오랜 세월 써 왔던 것이다. 이것은 實用의 便宜에서 온 것이요, 이 規制 없는 오랜 세월의 言衆의 表記意識이 맞춤법의 大衆化를 위해 크게 참고가 될 듯도 하다.

5) 現用 28받침(현행은 27받침)중 ㅋ ㅎ ㄲ ㄵ ㄶ ㄾ ㅀ (ㅄ) ㅆ의 9받침은 한글맞춤법통일안 制定 이전에 實用例가 없고, 55

---

3) <중대신문>, 1970. 3. 12.

년 문교부의 文字頻度調査에 의하면 20萬字 중 ㅁ ㄱ(0), ㅋ(0), ㄹㅅ(0), ㄹㄷ(1), ㄹㅍ(2), ㄱㅅ(4)로 나타나 있는 글자들이다.

한편 한글학회 지은 큰 사전에 "밭, 부섴, 뷝, 첫밨"과 같은 標題語가 있는 바, 이러한 현행맞춤법정신에 立脚하면 항상 流動性이게 마련이다.

6) 英語 등의 綴字法例에는 3,000을 突破하고 항상 流動的이게 마련이다. 발음도 되지 않는 'ㄱㅅ ㄹㅅ ㅂㅅ ㄴㅈ ㄹㄷ' 등 겹받침 擁護論을 펴기도 한다.

그러나 그 英語의 綴字法이 얼마나 어려운가. 現代英語의 綴字法이 지극히 煩雜하고 外國人의 學習에 있어서는 큰 不便을 주고 있는 것이다. 이 英語綴字法의 煩雜은 中世英語時代에 佛語가 많이 輸入이 되고 이들 輸入語가 佛語流로 綴字가 됐을 뿐 아니라 英語까지도 佛語流로 綴字가 되었는데, 발음은 時代를 따라 변화했음에도 불구하고 察字法만은 舊態를 유지하고 있는데 起因한다는 것이다.

現代英語를 적는데 사용되는 文字는 周知하는 바 26字의 로마字다. 이 26字만을 가지고 英語를 表記하자니 그 綴字法이 복잡해질 것은 自明한 일이다. 따라서 音과 글자와의 관계는 매우 복잡하여 하나의 音이 여러 종류의 글자, 또는 글자의 綜合(th 등)으로 나타내지거나 하나의 글자가 여러 종류의 音을 나타내기도 한다. 이것이 英語를 글자에 의해 學習할 때 큰 불편을 주는 것이다. 이 불편을 제거하고 綴字를 발음에 適應시키려는 綴字改定의 운동이 英美의 몇 協會에 의해 진행이 되고 瑞典의 R. E. Zachrisson에 의해 考案된 Anglic의 綴字法이 많은 支持를 얻은 일도 있었다 한다.

이웃 日本이 종래의 歷史的假名遣(表記法)을 버리고 一例로 "廣クワウ 江カウ 甲カフ 公コウ" 등을 모두 "コウ[ko-u]"로 적기로 한 것은 表音的假名遣(表記法)으로 전환한 것이라 하겠다. 오랜 因襲을 버리고 표기법의 大衆化를 꾀한 것인데 他山之石이 된다 할 것이다.

7) 결론적으로 本案은 世宗大王의 愚民으로 하여금 쉽게 익혀 쓰도록 하겠다는 精神과 1933년 우리의 선배들이 애써 制定한 現行 맞춤법의 表意化精神도 살리되, 義務敎育을 마친 사람이면 누구나 옳게 쓸 수 있도록 하는데 主眼을 두었다.

以上과 같은 觀點에서 本案은 다음과 같이 成案되어 있다.

① 本案은 "소리대로 적되" 쪽에 重點이 주어지긴 하였으나 體言과 토를 구별해 적고 用言의 語幹과 子音語尾를 구별해 적자는 大原則을 세운 것은 現行 맞춤법의 長點을 살린 것이다.
② 語源을 밝히는 것이 現行 맞춤법에서 가장 어려운 것으로 받아들여지고 있다함을 나는 經驗과 實驗에서 切感하고 있는 바, 派生語에 있어서 원칙적으로 語源을 밝히지 않는 방향으로 하였다.
③ 漢字音, 外來語, 표준말은 모두 現實發音이 尊重되는 방향으로 하여 言文一致 방향의 案이다. 다만 漢字音에서 된소리로 발음되는 것이라든지, 'ㄱ, ㅂ, ㅁ, ㅇ' 등 받침 다음에 오는 ㄹ 初聲 漢字音表記에 있어서의 現實音化도 생각해 보았으나 각급학교의 漢字교육의 復活을 前提로 原音을 살려 적기로 하였다.
④ 띄어쓰기의 根本 취지가 읽기 쉽게 하자는데 있는 것인 즉 뜻의 混同이 없는 限 붙여 쓰는 방향으로 규정하였다.
⑤ 받침을 訓民正音 解例 終聲解의 八終聲可足用의 ㄱㄴㄷㄹㅁㅂㅅㅇ과 傳統的인 겹받침 ㄺ ㄻ ㄼ에다 龍飛御天歌 月印千江之曲에 實用例를 보이는 ㅈㅊㅌㅍ, 以上 15받침만 쓰자는 것이다.

中央大附設國語硏究所가 國語正書法案 작성을 위해 現行 한글 맞춤법통일안의 逐條討議, 意見交換을 끝낸 것은 71. 4. 9일이요, 필자가 本案作成을 시작한 것이 4. 14일, 起草를 끝낸 것이

4. 28일이었다.

이에 앞서 필자가 국어국문학회 주최 제 90회 연구발표회 席上에서 「한글맞춤법문제 管見」이라는 論題로 발표한 것이 4. 17일, 이날 국어국문학회에서는 國語正書法硏究委員會가 구성이 되어 35名의 硏究委員과 9명의 起草委員이 選出되었다. 起草委員들에 의해 작성된 草案은 여러 차례의 討議를 거쳐 연구위원회에서 審議, 다시 草案委員會에 넘겨져 修正審議하는 등 몇 차례의 過程을 거듭한 끝에 6. 2일 연구조사연구위원회에서 再修正通過되었다. 國語正書法案 提案趣旨(前文을 金敏洙 委員)와 案 解說, 뒤에 붙이는 말 쓰기를 위촉받아 6. 4일 쓰기 시작하여 6. 8일 끝내고, 6. 9일 草案委員에서 이것이 검토되어 一段落, 6. 20일 국어국문학회 총회에서 국어정서법연구위원회안이 審議되어 修正通過되었다.

한편 中央大附設國語硏究所案(필자 草案)은 이에 앞서 5. 21일 審議通過시켰다.

이 私案은 위 兩案과 大同小異하다 하겠으나 全同한 것은 아니다.

Ⅲ. 東國正韻式 漢字音 改新 失敗作 … 한글전용을 至上目標로 한 南北韓의 漢字語·外來語를 이른바 순 우리말式 人爲的 言語改造는 失敗

지나치게 人爲的인 言語文字政策이 成功할 수 없다는 敎訓이 될 수 있다고 생각한다. 이 사실에서 우리는 光復 후 漢字語 추방을 목표로 함부로 어색한 新造語를 많이 만들었던 일을 回想하지 않을 수 없다. 「動物」을 「옮살이」, 「紫外線」을 「넘보라살」, 「胃」를 「밥통」式은 이미 失敗로 돌아갔고 北韓式 新造語도 뿌리를 내리기는 어려울 것으로 본다.

北韓의 말다듬기는 20년간 漢字語와 外來語를 다듬은 것이 약 5만개였다 한다. 그런데 金正日의 입김으로 1986년 10월에는 한자어 · 外來語 2만 5천개를 되살리기로 했다는 것이다.

"가로수, 륵막염, 비중, 음운, 청사진" 등 漢字語를 되살리고 "로타리, 발코니, 아이스크림, 타일, 파마"와 같은 世界공통적 외래語를 되살리고 있다고 해서 조선말 대사전(92. 11. 30)을 뒤져보니 과연 그렇다.

이 北韓의 '조선말 사전'과 한글학회 우리말 큰사전을 비교해 보면 다음과 같은 差異가 있어 흥미롭다. 필자는 다음 例示한 사항 표기는 北의 '조선어 대사전' 쪽에 贊意를 표한다.

이에 대해 李崇寧(主體思想 忘却) 吳之湖(奴隸思想의 자기표현)이란 지적이 있었고 이에 앞서 南廣祐는 한글專用論者의 發想이라 지적한바 있으며(68. 4 世代) 張世懋의 事大主義란 指摘(「敎育新報」 1986. 7. 28 語文硏究 51호, p.434)도 있었다.

北(조선어 대사전)	南(한글학회) 우리말 큰사전
500면, 페지(page)	500쪽
형님 선생님 姓이나 姓名 밑에 '님'을 붙이지 않음	주시경님 김님
먹을거리	먹거리
약호	줄임말표
명사·동사·자동사·공동격	이름씨·움직씨·제움직씨·함께자리
기관(氣管) · 기관지(氣管枝)	숨통 · 숨통가지
삼각형 · 사각형	세모꼴 · 네모꼴

Ⅳ. 外來語 표기법에 있어서도 한글전용論者의 영향에 의해 현 외래어 표기법, 특히 외국어 國名 등이나 中·日 人名 · 地名 등을 現地音으로 하는

것도 한글 專用主義者 등의 發想에 연유한 것.

국어국문학회가 制定한 外來語표기법案(1977. 6. 4)을 크게 참고하기를 代案으로서 提示한다.

'英, 美, 伊, 加, 瑞西, 和, 白, 印, 越南, 泰, 埃, 濠, 土 , 印尼, 印支, 南美, 北美, 南阿, 北阿, 東歐, 西歐, 地中海, 印度洋, 太平洋, 大西洋'

'毛澤東, 胡適, 鄧小平, 江澤民, 揚子江, 豊臣秀吉, 伊藤博文, 明治, 昭和 , 旅順, 雲南省, 北京, 上海, 重慶, 東京, 京都, 大阪, 廣島, 九州, 富士山' 등 표기가 傳統的이요, 우리 漢字音으로 발음하여 國內外끼리 意思소통이 잘 되도록 하는 것이 正道다. 外交上 現地音을 쓰는 것은 별개 문제다.

南北韓 國語의 統一은 우리가 文化民族의 矜持와 국어 사랑의 精神아래 傳統性을 尊重하는 방향으로 나가야 하고 世界化시대, 亞太시대에 걸맞는 語文政策, 語文敎育이 행해져야 할 것이다. 文字鎖國이 國益에 도움이 될 것이 없다. 漢字는 한글과 함께 國字요, 우리말의 70%인 漢字語가 中國語 아닌 國語임을 認知해야 한다.

V. 표준발음 특히 長短音 사이된소리 발음 混亂의 주요 원인도 한글전용 탓

1. 日帝下 국어교육의 不在와 日本漢字音의 영향으로 傳承발음이 훼손

2. 光復・6.25 등으로 越南同胞・피난민의 移動으로 서울발음의 混亂

3. **한글전용 방향의 교육으로 漢字音長短에 대한 認識 缺如**

"二層・四物놀이・五十・道路・火災・富平・富川・永登浦"의 첫소리 발음이 짧아지고 있다.

필자는 46년 이후 발음문제에 관심을 가지고 研究를 시작 50년에 '傍點考'란 卒業論文과 長短音考(國語國文學 12호 1954. 11. 13호 1955. 6)란 論文을 쓴 以來

韓國語의 發音研究[Ⅰ] - 순우리말과 漢字말의 標準發音을 중심으로 -(1984. 10 一潮閣)

韓國語의 發音研究[Ⅱ] - 常用漢字 및 漢字말의 표준발음研究 - 긴소리·사이된소리를 중심으로 - (1984. 12 仁荷大 출판부)

한국표준발음사전(1984. 12 韓國精神文化研究院)을 내어 국어국문학·國語教育專攻學徒나 국어교육에 종사하는 初·中·高 교원은 물론, 라디오나·TV에서 放送에 종사하는 이들 그 밖의 관심 있는 知識人·教養人에게 읽히기를 期待하고 국어傳統發音의 繼承을 念願하고 있는 것이다.

<참고 論文·論說>

國語學論文集(南廣祐 1962. 6 中央大 出版部)

現代國語國字의 諸問題(南廣祐 1970. 5. 322面 一潮閣)

國語國字論集(南廣祐 1982. 2. 370面 一潮閣)

韓國에 있어서의 漢字問題에 대한 研究(南廣祐 1987. 6 국어연구소 연구보고서 제 1집 pp.5~320)

한글專用의 功過(南廣祐, 語文研究 51號, 1986. 가을)

한글의 長點 한글의 短點 漢字의 長點 漢字의 短點

한글專用의 功 한글전용의 過 國漢混用의 當爲性

訓民正音의 再照明 (南廣祐, 語文研究 56號, 1987. 가을)

한글날을 맞아 '訓民正音과 한글'을 생각해 본다(南廣祐, 語文研究 64號, 1989. 가을)

訓民正音 創制의 기본 뜻(李應百, 語文研究 57號, 1988. 봄)

愚民·耳를 중심으로

世宗大王의 訓民正音御制序文 再吟味에 對한 論評(朴炳采, 語文研究 68號, 1990. 가을)

訓民正音 序文에 나타난 世宗大王의 생각(李應百, 語文研究 81·82號, 1994. 봄·가을)
訓民正音 序文에 대해(崔世和, 語文研究 64號, 1989. 가을)

한글맞춤법 問題

맞춤법 再考點을 論함(南廣祐 世代 1968. 4월호)
한글맞춤법 改定論-맞춤법改定論
-맞춤법 改定作業은 愼重히-(南廣祐 중대신문 1970. 3. 12)
이상 2편의 論文은 拙著 現代國語國字의 諸問題(1970. 5 一潮閣) 所載 國語正書法案(南廣祐 1971. 7 一潮閣)
국어정서법(正書法)안(案)(국어국문학회 1971. 6)
한글맞춤법의 問題點에 대하여 (朴甲洙 語文研究 18·19號 1978년 봄)
16개 받침 主張 : ㄱ ㄴ ㄷ ㄹ ㅁ ㅂ ㅅ ㅇ ㅈ ㅊ ㅌ ㅍ ㅎ ㄲ ㅄ ㅆ
15개 받침의 理論과 實際(南廣祐, 語文研究 68號 1990. 가을)
語文特輯-國語正書法의 綜合的 檢討(韓國精神文化研究院 發表論題, 1990. 10. 18)
南廣祐 : '15개 받침使用의 理論과 實際'
高永根 : '南北韓 맞춤법의 검토' 外 4名
한글맞춤법의 問題點에 대하여 (朴甲洙)
16개 받침 主張 : ㄱ ㄴ ㄷ ㄹ ㅁ ㅂ ㅅ ㅇ ㅈ ㅊ ㅌ ㅍ ㅎ ㄲ ㅄ ㅆ
國語正書法의 批判的 回顧(申昌淳, 語文研究 69號. 1991. 봄)
'현행 맞춤법의 問題點'과 그 改善方案(兪萬根, 語文研究 69號. 1991. 봄)
訓民正音 頒布와 八終聲의 問題(金敏洙 語文研究 81·82號 1994. 여름호)

표준말·外來語 표기·국어 淨化·국어교육 및 其他문제

外來語 표기법의 問題點(南廣祐 世代 1968. 4월호에서)
南北韓 「國語의 統一」(南廣祐 憲政 96. 2월호)
日本의 人名・地名의 表記問題(李崇寧, 語文硏究 4號. 1974. 여름)
　-主體性을 忘却한 語文政策에 대하여-
外來語 表記法硏究(仁荷大學新聞 1975. 6. 23)
국어국문학회 外來語표기법안 (1977. 6. 4)
現行 外來語表記法과 그 案出의 思想的 背景(吳之湖, 語文硏究 21號, 1991년 봄)
　-原音충실주의는 奴隷思想의 자기표현이다-
한글主義者의 반성을 促求한다.
신문에 나타난 外來語 表記를 보고 생각해 본다. (南廣祐, 語文硏究 77・78號. 1993. 봄)

〈『自由』, 自由社, 1997. 9.〉

訓民正音의 再照明

한글날 · 한글 · 한글학회

10월 9일을 한글날이라고 한다. 한글날에 대해 한글학회가 지은 「큰사전」에 의하면 「국경일의 하나. 훈민정음(訓民正音)의 반포(頒布)를 기념하기 위하여 정한 날. 10월 9일, 해례(解例)를 붙인 훈민정음 원본(原本)에 적힌 서문 끝에 정통(正統) 11년 9월 상한(上澣)을 양력으로 환산하여 정하였음」이라고 풀이하여 있다.

그런데 「한글」에 대해서는 「우리나라 글자의 이름. 훈민정음 28자모 가운데 현대말에 쓰이는 24자모」라고 하여 24字母와 복합형태 외 한글字 16字母를 들고 있다.

이 「한글날」과 「한글」에 대해서는 李熙昇 편 「국어대사전」에도 거의 같은 풀이다. 다만 「한글$_2$ 」라 하여 「한글학회에서 내는 월간지(月刊誌) 이름. 조선어학회에 의해서 1927년 7월[1]에 창간되었음」이라고 되어있다.

「한글학회」에 대해서는 한글학회 「큰사전」에는 풀이가 없고 李熙昇의 「국어대사전」에 『한국어 · 한글의 연구를 목적으로 조직한 학회. 1921년 12월 주시경(周時經)의 제자들이 조직한 「조

---

1) 한글학회 50년사 p.8에는 1927년 2월 10일에 창간하여 1928년 10월까지 9호를 발행하고 재정난으로 정간한 것으로 되어 있다.

선어연구회」를 1931년 「조선어학회」로 고쳤다가 1948년[2] 「한글학회」로 다시 고친 이름. 「한글맞춤법통일안」, 「외래어표기법의 제정」[3],「큰사전」의 편찬 등 그 업적이 다대함. 기관지로서 「한글」을 발간하고 있음』이라고 풀이하고 있다.

이상 한글날 · 한글 · 한글학회에 대해 사전풀이를 중심으로 소개하였는데, 좀 더 부연하여 설명을 붙여보기로 한다.

한글날

「한글학회50년사」 p.6～8에 따르면, 「朝鮮王朝實錄」卷113 世宗28년 丙寅 9월條에 있는 「是月訓民正音成」이란 기록에 의해,

① 음력 9월 끝날인 29일을 훈민정음(訓民正音) 반포한 날로 추정하여 1926년 11월 4일(음 9월 29일)을 「가갸날」로 선포하였다.
② 1928년 「가갸날」을 「한글날」[4]로 고치고 음력으로 기념하여 오다가 1932년 양력으로 환산하여 10월 29일로 고쳤다.

---

2) 한글학회 50년사 p.6에는 1949년 9월 5일로 되어 있다.
3) 「표준말」사정(査定)도 넣어야 할 업적.
4) 1932. 5. 1에 속간된 「한글 창간호(創刊號)」p.37 本會重要日誌(三年 以來의 일)에 의하면 「1930. 11. 19 第四百八十四回 訓民正音頒布記念祝賀會를 明月館本店에서 擧行하다. 이 記念日은 陰曆 九月二十九日인데, 今年부터 陽曆으로 換算하여 지키게 되다」라고 있으며
「한글 제5호」(1932. 10. 26 발행) 「訓民正音頒布記念號」라 했고 p.190에 「訓民正音頒布 第四百八十六回記念」이란 표제 아래 「訓民正音의 制定」이란 題下의 李允宰의 글이 실려있다. 다만 p.206에 「한글날陽曆換算」이라 있고 그 밑에 바로 「한글記念日 陽十月二十九日」이라 하여 양력 환산 主役의 한 사람인 李命七의 글이 실려 있다.
「한글 10호」p.406에 「한글頒布日祝賀會」란 기사가 있고 p.411에 「한글날」題下의 朝鮮日報 社說(1933. 10.29)이 轉載되어 있으며 p.413에는 「訓民正音 發布에 對하여 第四百八十七週年 十月二十九日 午後 七時 라디오 紀念放送 金允經」이 실려 있는데 p.418 本會記事 중 「五. 한글날 1933년 10월 29일 下午 5시에 明月館本店에서 한글날을 다음과 같이 지키었다」로 나온다. 또 한글 第二卷 第七號91934. 10. 1 발행)에 「한글날」,「한글기념날」이란 두 號稱이 나오기도 한다.

③ 1934년에 이르러 음·양력 환산 방법에 의문이 생겨 世宗 28년 음 9월 29일은 서기 1446년 10월 28일이 분명하다 하여 한글날은 10월 28일이 되었다.

④ 1940년 7월 경북 安東 退溪 후손 李漢杰家에서 訓民正音 원본이 발견되었는데 解例 序文에서 처음 밝혀진 9월 上澣, 즉 上旬의 끝날인 9월 10일을 양력으로 환산하여 10월 9일이 한글날이 된 것이다.

⑤ 광복 후 10월 9일이 한글날로 확정되고 1946년 訓民正音 반포 5백주년을 맞아 「한글날」은 공휴일로 되어 오늘에 이르고 있다.

그런데 오늘날 「한글날」을 정한 근거가 「朝鮮王朝實錄」卷 113 世宗 28년 丙寅9월 條에 있는 「是月訓民正音成」에 있음을 위에서 밝힌 바 있다. 그러나 여기에 말한 「訓民正音」이란 訓民正音의 制定原理 등 解例가 붙어 있는 책이름인 것이다.

實인 즉, 「世宗實錄」卷 102 25년 癸亥 12월條에 「是月上親制諺文二十八字, 其字倣古篆, 分爲初中終聲, 合之然後, 乃成立 …… 是 訓民正音」이라 하여 있고 鄭麟趾 序文에 「癸亥冬 我殿下 創制正音二十八字」라 하고 있음에서 「訓民正音」이란 이름의 글자, 오늘날 우리가 「한글」이라고 부르는 우리 글자의 創制는 世宗 25년 음력 12월에 이루어진 것인데 날짜의 기록이 없으므로 그 月末을 양력으로 환산하면 「世宗 26년 1월 28일」이 되는 것이다.

여기에서 「한글날」을 創制를 기념하는 날로 하는 게 옳으냐, 訓民正音에 해례를 붙여 편, 말하자면 「訓民正音」이란 책을 펴낸 날을 기념해야 하느냐 하는 異論[5]이 있을 수 있다고 본다. 더욱이 오늘날처럼 「한글날」을 「訓民正音」이란 글자의 創制를 기념하는 것이 아니고 「訓民正音」이라는 책을 펴낸 날을 기념하는 것이라면 그것은 마땅히 「訓民正音 반포기념일」로 하는 것이 事理에 합당하지 않은가 한다. 그것은 필자가 가지고 있는 자료

5) 이 「한글날」을 1월 28일로 하는 게 옳다는 주장을 高大 金敏洙교수가 국어국문학회 한글날 기념 發表會에서 주장한 바 있다.

에 한해 보면 앞에서 지적하였듯이 이미 第四百八十四回 訓民正音頒布記念祝賀會(1930. 11.19), 第四百八十五回 訓民正音頒布記念祝賀會(1931. 10. 29),「訓民正音頒布記念祝賀號」,「訓民正音頒布第四百八十六回記念」(한글第一卷第五號 1932. 10.1)이라 써 있고 金允經도 「訓民正音發布」라는 말을 썼지 한글 發布라고는 하지 않았다. 그런데 金允經은 「세종대왕과 훈민정음」이란 글 끝에 「10월 9일, 훈민정음반포 499년 기념강연 요지」라고 하고 있음을 본다. 1945년의 일이다. 朝鮮語學會 主役의 한분인 金允經은 1945년에 「훈민정음반포기념」이란 말을 쓰고 있는 것이다. 「한글」제5호(1932. 10. 1) 訓民正音頒布記念號에 처음으로 「한글날」이란 호칭이 쓰이기 시작한 것이 아닌가 하는데 이것은 아마도 訓民正音原本(解例本)이 발견되기 이전이었으므로 世宗 28년 9월의 「是月訓民正音成」의 「訓民正音」을 책이름이 아닌 「訓民正音」이란 글자가 완성된 날로 인식한 데서 온 것이 아닌가 한다.

한 글

「訓民正音」이 창제된 후 「한글」이란 이름으로 불리게 된 오늘에 이르기까지 이름의 변천사를 살펴보면 다음과 같다.

訓民正音・正音・諺文→反切→國文→한글

訓民正音・正音・諺文

앞에서 보인 「世宗實錄」 25년 12월條에는 「是月上親制諺文二十八字…是訓民正音」 鄭麟趾 序文에는 「癸亥年 我殿下創制正音二十八字」등 「訓民正音・正音・諺文」이란 이름으로 불렸는데 그 중에서도 가장 널리 쓰인 이름은 「諺文」이란 말이다. 崔萬理 상소문이나 「訓蒙字會」등 각종 문헌에 나타나 있고 國文研究所 보고서에도 「諺文國文」, 諺文字體란 기록이 있으며, 日人들은 「諺文

綴字法」(1912, 1921, 1930)이라고 했다.

이 밖에 諺書(芝峰類說) 諺字(星湖僿說, 國文研究所報告書) 등 용례가 문헌에 보인다.

反切

「訓蒙字會」에는 諺文字母俗所謂反切二十七字」라 쓰여 있으며 오늘날 우리가 「基本音節表」라고 하는 것은 日帝시대까지만 해도 「反切」이라고 부르던 것으로 기억한다.

國文

姜瑋의 「擬定國文字母分解」(1896) 周時經의 「國文同式會」(1896) 리봉운(李鳳雲)의 「국문정리」(國文正理, 1897) 池錫永의 「新訂國文」(1905)과 「國文研究所」(1907) 등에서 「國文」이란 이름이 甲午更張 후 민족적 자각의 기운이 일어나자 「諺文」대신 등장한 호칭이 아니었던가 한다.

한글

沃坡 李鍾一이 「한글」이란 이름쓰기의 嚆矢이다.

그것은 33人 중의 한사람이요, 國文研究所 위원이기도 했던 李鍾一이 「沃坡備忘錄」(一名 「黙菴備忘錄」) 卷1 光武 2년(1898년) 7월 4일 字에

> 柳永錫, 李鐘冕, 張孝根 來訪 新聞發刊事業熟議, 余曰新聞之名 何件好也 柳曰每日新聞, 李曰 大韓新聞, 張曰 光武新聞, 然而余曰 實爲現世, 則大韓帝國時期故, 以余意見爲名, 則帝國新聞何如, 聽者熟議皆曰絶好之名稱也, 爰決帝國新聞而 한글爲題記何如, 多曰 亦好也, 然則한글專用爲主 發刊決定也矣.(沃坡 李鍾一先生論說集 卷 3p.556)
>
> 「(전략), 나는 말하기를 사실 現世를 따지고 보면 大韓帝國의 時代인 까닭에 나의 意見으론, 題號를 帝國新聞이라고 붙이면 어떨까 한다. 듣는 사람들이 熟議한 끝에 모두 좋은 명칭이라 말하여 이에 帝國新聞으로 결정하고 題號를 한글로 하면 어떻겠는가 했더니 역시 좋다

고 했다. 그래서 한글專用의 신문을 발간한 것을 결정지었다.」

이 記錄으로 보면 「한글」이라는 명칭이 처음 나타나는 것은 沃坡備忘錄이요, 1898년 7월 4일이다.

그후 8월 1일(陰 6월 14일)에 「微雨蒸熱如昨」이라고 날씨를 쓴 다음

> 李鍾冕, 柳永錫, 張孝根新聞同人相面於帝國新聞社屋內, 發刊準備大奔走, 余曰體制則爲婦女子階層, 純國文(한글)使用最緊要事也, 多沃坡意見大贊成也.
> 「(전략), 나는 말하기를 신문체제는 婦女子階層을 위해서 純國文(한글)을 사용하는 것이 가장 긴요한 일이라 했는데 여럿이 말하기를 沃坡의 意見에 대찬성이라고 했다.」

그런데 그가 「뎨국신문」으로 題號를 정한 데 대해서는 1898. 8. 9日字 備忘錄에

> ……帝國字即爲表像大韓帝國之暢盛尤隆也. 「大韓帝國의 발전이 더한층 隆盛해짐을 표상함」

이라는 것이다.

그러므로 「한글」이라는 이름이 「한글」의 「한」은 '一'이요 「大」요, 또 「正」이라는 풀이(최현배 한글갈(正音學)p.69)가 있고 光復 후 줄곧 그 풀이를 引用하는 이가 많은 듯하나 甲午更張 후 민족적 자각에서 國語國文에 대한 의식이 고조되고 大韓帝國의 國號가 쓰인 1897년(光武 1년) 이후 「韓의 글」이라는 뜻으로 「한글」이란 칭호가 창안된 것이 틀림없다고 생각한다.

그것은 앞의 李鍾一의 沃坡備忘錄(1898. 8. 9일字) 기록으로 분명하고 1910년 6월 10일 普中親睦會報 第1號에 「한말」會議錄에 「한나라 말」云의 周時經의 글로도 뒷받침된다(金敏洙 교수 助言).

여기에서 말한 「한말」이 「韓말」이요, 「한나라말」이 「韓나라말」임이 틀림없었기 때문이다.

「韓」이란 國號가 순우리말 「한」에서 由來한 것이요, 「한」은

한비 : 大雨(龍歌47章) 한行 : 諸行(円覺序 71)
한부텨 : 多佛(金剛上 73) 한쇼 : 巨牛(龍歌 87章)
한여흘 : 大灘(龍歌 3:13) 할다 : 多(類合上 10. 石千 24)

에서 보듯이 「大, 多」의 뜻을 가진 固有語이므로 「한글」을 「큰글」로 풀이해 잘못은 없다.

1927년 2월에 창간한 「한글」誌의 題號를 日帝下 「韓글」의 뜻으로 설명할 수도 없고 日語를 國語라고 할 수밖에 없는 상황에서 「國文」으로도 할 수 없으며 「諺文」이라는 用語는 自制해 오던 터에 붙인 이름이요, 그 후로 「大, 多」의 뜻을 가진 固有語 「한」의 뜻과 「一」의 뜻인 「한」(中世語로는 「ᄒᆞᆫ」), 「正」의 뜻인 (현대어 「正中」의 뜻인 한 가운데, 한복판의 「한」)등으로 美化에서 民族的 自尊心을 살리자는 뜻이 담긴 呼稱으로 쓰여온 것이 아닌가 한다.

한글학회

朝鮮語研究會는 1921. 12. 3일에 任璟宰, 權悳奎, 張志暎, 申明均 등 7人이 「朝鮮語의 正確한 法理를 研究함을 目的으로 한다」등 3個條 規約으로 발족했다.(한글학회 50년사 p.5-6)

朝鮮語學會는 1931. 1. 10 「朝鮮語研究會」의 고친 이름인데 「本會는 朝鮮語文의 研究와 統一을 目的함」이라 하고 會員消息이라 하여 가나다順으로 會員名單이 나와 있는데 權悳奎, 金善琪, 金允經, 申明均, 李克魯, 李秉岐, 李允宰, 李熙昇, 張志暎, 鄭烈模, 鄭寅燮, 崔鉉培 등 25名이었다(1932. 5. 1 한글創刊號).

1946. 2. 3에 고친 조선어학회 회칙에는 「본회는 조선말과 조

선글의 연구와 통일을 목적함.」

1956. 6. 10에 고친 한글학회 회칙에는 「본회는 대한말과 대한글의 연구와 통일을 목적함.」

1957. 1. 26에 고친 회칙에는 「본회는 국어와 국문의 연구와 통일을 목적함.」

1967. 5. 21에 고친 회칙에는 「이 회에는 국어국문의 연구·통일·발전을 목적으로 한다.」 1971. 5. 6에 고친 회칙에도 목적은 그대로다.

한글학회 50년사에 의하면 역대임원 명단(p.517)이라 하여 간사장, 이사장은

간사장 初代 任璟宰, 2代 張志暎, 3代 李熙昇, 4代 李萬珪, 5代 李克魯
이사장 6代 張志暎, 7代 崔鉉培, 8·9·10·11·12·13代 崔鉉培, 14代 許雄

으로 되어 있다.6)

---

6) 任員名單중 간사장 條項은 잘못이 있다. 1932. 1. 9 第十二回 定期總會를 幹事長 李克魯氏 司會下에 열고……뒤에 幹事를 改選하니 申明均, 金允經, 李克魯 三氏가 被選되다. 幹事가 事務를 分掌하니 幹事長에 申明均氏…… ((한글 1932. 5. 1 創刊號 第一卷 第一號 p.38) 1933. 7. 26 朝鮮語綴字法委員會(華嚴寺會議) 記事中 「幹事長 崔鉉培氏로부터 開會宣言」이라 하고 1933. 10. 29 한글날 行事때 「開會辭 崔鉉培氏」라 한 것을 보면 이 무렵 幹事長은 崔鉉培였던 것으로 보인다. (1934. 1 한글 第1號 p.418-419 記事) 1934. 4. 21 새 幹事를 투표로 뽑았는데 「幹事長 李熙昇」(한글 第二卷 第二號 五月號 p.14), 1935. 4. 13 제 15회 정기총회에서 임원을 투표선거하니 「간사장 이희승」(한글 第二卷 第五號 六月號 p.32)이라 있는데 필자의 推理가 맞는다면 初代 任璟宰, 2代 張志瑛은 朝鮮語硏究會時代의 幹事長으로 그것은 2代 張志瑛 간사장 때의 幹事에 任璟宰, 權悳奎로 되어 있는데 任璟宰는 朝鮮語學會 명단에 들어 있지 않기 때문이다. 결국 1931. 1. 10 朝鮮語學會로 이름을 바꾸고 난 다음 첫 理事長은 李克魯, 다음이 申明均, 崔鉉培, 李熙昇, 李萬珪의 順으로 幹事長이었고 光復직후의 幹事長은 李克魯였던 것이 틀림없다. 그것은 「본회는 청진동으로 회관을 옮긴 후 살림살이가 부쩍 늘어 눈코 뜰 사이가 없는 바 새살림을 처음 맡으신 분은 다음과 같다」라고 하여 「幹事長 李克魯」라 있기 때문이다. 그후 1946. 2. 3 임시총

그런데 한글학회 회칙에는 「국어국문의 연구」라고 해 있지 「한글연구」라고는 하지 않았다. 한글학회 큰사전에도 「한글」은 「우리나라 글자의 이름」으로 풀이해 있는 것이다. 그러므로 「한글」은 「우리 글자」에 국한해서 써야 옳다. 따라서 1930년대 한글맞춤법을 制定할 당시 그 일에 종사하던 분을 「한글학자」라고 하는 것은 있음직하다. 東亞日報 1933. 1. 6 記事에 「한글學者 招待」란 記事가 아마 내가 아는 限 최초의 「한글學者」라는 말의 첫 使用이 아닌가 하는데 이 경우의 「한글학자」라는 호칭은 잘못이 없어 보인다. 그러나 崔鉉培는 「한글학자」, 李熙昇은 「국어학자」하는 것은 잘못된 것이다. 한글(우리글자), 우리글, 우리말 혹은 國字, 國文, 國語로 「글자」와 「글」과 「말」을 구별해서 正確하게 써야 하며 「한글」이란 말에 「글자·글·말」의 뜻을 포괄적으로 담는 것은 분명 잘못이다.

訓民正音御製序文 「愚民」의 참뜻

필자는 「訓民正音의 再照明」이라는 글을 쓴 일이 있다.[7)]
世宗大王御製原文의 「人人易習」의 「人人(사람마다)」을 온 百姓으로 풀이하기도 할 것이다. 그러나 「愚民(어린 百姓)」이라 하고 憫然(어엿비 너겨)이라 한 것을 보면 識者層까지를 포함한 뜻이 아님을 분명하다. 여기에서 「愚民」이란 漢文字를 모르는 庶民大衆을 가리킨 말이다.

그것은 訓民正音 창제 후 첫 작품인 「龍飛御天歌」가 國漢混用

회를 열고 회칙개정과 임원개선이 있었는데 理事에는 張志暎, 李克魯, 崔鉉培, 李熙昇, 金炳濟, 鄭寅承, 金允經 등 7명을 선출하고 理事長에서 互選에 의해 張志暎이 첫 理事長이 되었다.

그러나 한글학회는 會名을 바꾼 것이 48. 9. 5이라 하는데 崔鉉培가 48. 10. 1부터 理事長이 되어 70. 3. 23 作故할 때까지 21년 5개월을 理事會이었고, 그 뒤를 이은 許雄이 1971. 4. 11부터 현재까지 18년 5개월 동안 理事長으로 한글전용을 지휘하고 있는 것이다.

7) 「語文硏究」 55·56 合併號 卷頭言, 一潮閣, 1987. 11.

이요, 이어 나온 「月印千江之曲」이나 「釋譜詳節」 또한 國漢混用인 것이다. 다만 漢字語 표기에 있어 月印에는 한글에 漢字를 右下에, 釋譜는 漢字에 한글을 右下에 각각 작게 달아 있다.
이것은 識者層이건 庶民層이건 누구나 간에 읽는 데 불편이 없도록 配慮한 것이다. 漢字를 씀으로써 視覺性도 살리고 한글을 달아줌으로써 「愚民」도 읽을 수 있다는 布教의 차원에서 運用의 妙를 얻을 것이다.

이것은 「釋譜詳節」 이후의 世祖때의 佛經諺解도 모두 國漢混用인데 識者層을 위해선 漢文原文에 토를 달아주고 그 懸吐文을 讀解할 수 없는 「愚民」을 위해서는 國漢混用體의 諺解를 해 주었는데 漢字에는 音을 달아주었다.

「三綱行實圖」, 「救急方」은 漢文原文에 國漢混用의 諺解를 붙였고 「杜詩諺解」는 「龍歌」와 같은 國漢混用, 「內訓」, 「六祖法寶壇經」 諺解文은 懸吐文에 諺解文을 붙였는데 佛經諺解와 같은 식이다. 다만 「救急簡易方」만은 漢文으로 된 原文과 순한글로 된 諺解文을 붙여있다.

以上이 15세기 문헌에 보이는 표기방식이다. 그 책을 읽는 對象에 따라 多樣한 표기를 보이고 있는 것이다.

「나랏말쌋미 中國에 달아」라고 하였듯이 우리말을 그대로 漢字를 가지고 적는다는 것은 不可能하다. 현대어를 가지고 論하더라도 우리말을 적을 수 있는 한글 글자는 19(初聲)×21(中聲)×7(받침은 27개이지만 代表音은 7)=2,793字인데 漢字音은 기껏 490音인 것이다.

그러므로 訓民正音의 創制야말로 愚民뿐 아니라 識者層들까지도 자기의 意思를 自由로이 표현할 수 있게 한 고마운 업적인 것이다. 이 한글의 創制로 우리는 表音・表意文字의 混同으로 採長補短할 수 있는 理想的인 文字生活을 할 수 있게 된 것이다.

訓民正音解例終聲解

「然ㄱㆁㄷㄴㅂㅁㅅㄹ 八字可足用」

오늘날 南北韓 표기법의 骨格은 1933년에 제정된 「한글맞춤법통일안」에 근거를 두고 있다. 北韓은 周時經의 首弟子 金科奉의 主導下에, 南韓은 6년간 편수국장을 지낸 崔鉉培에 의해 한글맞춤법이 公式性을 띄게 된 것이었다. 현행맞춤법이 訓民正音解例本(1940년 발견)이 나타나지 않았을 때 周時經이 「終聲復用初聲」의 訓民正音規定과 「龍歌」에 나타나는 ㅈ ㅊ ㅍ 등 받침을 근거로 案出한 것이다. 그러나 實用의 편의에서 「釋譜詳節」 이후 8終聲이다가 「老乞大諺解」(1670년) 이후 ㄷ→ㅅ으로 되어 7終聲이었는데 1933년 맞춤법이 制定될 때까지 7終聲(겹받침 ㄺ ㄻㄼ을 合치면 10받침)만이 쓰여 온 것이다. 오늘날의 「ㅋ ㅎ ㄲ ㄵ ㄶ ㄾ ㅀ ㅆ」의 8받침은 전혀 쓰인 일이 없다.

지금 새 맞춤법으로 改定될 때에 平地風波를 일으킬 생각은 추호도 없다. 다만 사실이 그렇다는 것이다.

先人들이 日帝下 어려운 환경下 한글맞춤법을 愛國운동, 民族운동의 一環작업으로 制定하고 光復후 44년이나 南北韓에서 쓰여온 현실을 생각하면 그 改定이 至難한 일이다.

그러나 냉철히 생각하면 현행 맞춤법이 어려운 것이 사실이다. 국민의 表記實態를 조사해보면 드러날 일이다.

그렇다고 訓民正音解例대로 8終聲으로 돌아가자는 것은 아니다. ㅈㅊㅌㅍ 등 받침은 體言·用言에 두루 쓰이는 받침이므로 그 表意性의 長點을 살려도 좋을 것이다.[8)]

---

8) 拙著, 「國語正書法案」, 一潮閣, 1971. 이것은 「國語國字論集」再錄.

東國正韻式漢字音을 생각해본다

訓民正音의 制定을 漢字音改新을 위해 그 漢字音을 옳게 적을 수 있는 글자로서 訓民正音을 만든 理由중의 하나로 치는 視角이 있다. 그것은 訓民正音창제와 「東國正韻」 편찬이 거의 同時에 진행이 되고 그 兩大事業의 陣容이 거의 같으며 二十三字母體系도 같은 점에서 그런 推理가 가능하다. 世宗이 韻學의 大家로서 우리나라의 漢字音이 문란해진 것으로 보고 그 改新을 꾀한 것이다.

그리하여 現實音과는 逕庭이 있는 ㄲ ㅃ ㅆ ㅉ ㆅ ㆆ ㆁ과 같은 初聲을 쓰고 「風봉 迷몡」와 같이 15세기 문헌에 나타나는 「풍악, 미혹」에서 볼 수 있는 그 現實音 「풍·미」와는 乖離를 보인 中聲을 쓴 것이다.

이것이 成功할리는 없고 결국 얼마 안 가서 폐기되고 만 것이나. 우리는 여기에서 教訓을 얻을 수 있나. 光復 직후 이쪽에서 벌어진 漢字語 몰아내기를 위해 新語濫造를 한 것이 失敗를 한 셈인데 北韓식 新造語가 과연 성공이 되어 定着이 될까는 두고 볼 일이다.

또한 外來語표기법에서 現地音主義, 특히 中國, 日本의 人名, 地名 등 固有名詞 표기를 우리 漢字音으로 하지 않고 中國, 日本 漢字音으로 하는 것은 옳지 않다. 現地音을 원칙으로 하는 것은 漢字를 버리기 위한 한글전용론者들의 發想인데 「明治, 京都, 重慶, 鄧小平」으로 적고 우리 漢字音으로 읽는 것이 傳統的인 것이요, 中國이나 日本도 그렇게 하고 있는 것이다. 다만 外交上 現地音을 써야할 경우는 별도문제다. 國內人끼리 意思疏通이 잘 되도록 하는 것이 옳다. 무슨 수로 中國, 日本의 固有名詞 등을 모두 現地音으로 발음할 수 있단 말인가. 물론 現地音으로 널리 알려진 人名, 地名 등은 例外다.

世宗大王의 한글창제는 한글專用을 위한 것은 아니었다. 識者

層이나 愚民들 모두의 文字生活의 편의를 위한 것이었다.

〈『水余 成耆說 博士 還甲紀念論叢』水余 成耆說 博士 還甲紀念論叢 刊行委員會, 1989.12.〉

한글과 우리말

I

訓民正音 序文에서 世宗大王은

> 國之語音 異乎中國 與文字不相流通 故愚民 有所欲言 而終不得伸其情者多矣 予爲此憫然 新制二十八字 欲使人人易習 便於日用耳

라 했습니다. 아닌게 아니라 순우리말을 漢字를 가지고 記한다는 것은 쉬운 일이 아닙니다. 그것은 우리가 漢字의 音·訓을 빌어서 表記해 놓은 新羅時代의 鄕歌를 보아도 알 수 있습니다.

「處容歌」가 「三國遺事」에 나오는데, 다음과 같습니다.

> 東京明期月良 夜入伊遊行如可
> 入良沙寢矣見昆 脚烏伊四是良羅
> 二肹隱吾下於叱古 二肹隱誰支下焉古
> 本矣吾下是如馬於隱 奪叱良乙何如爲理古
> 셔블 ᄇᆞᆯ긔 ᄃᆞ래 밤드리 노니다가
> 두러사 자ᄅᆡ 보돈 허토이 너이어라
> 두흘은 나하엇고 두흘은 뉘하언고
> 미킈 나하이다마ᄅᆞᆫ 아사ᄂᆞᆯ 엇디ᄒᆞ리고

앞 部分은 原文이고 뒷 部分은 解讀文입니다. 이와 같이 字를 빌어서 순우리말을 적는 일은 訓民正音 制定前까지도 속되었던 것입니다. 「鄕藥採取月令」[1431, 尹淮跋文]을 보면, 鄕藥으로 쓰인 動·植·鑛物의 우리 이름을 漢字로 記錄해 놓은 것이 있습니다. 加德[더덕]·叱科阿里[꽈리]·巨末伊[거머리]·石鱗[돌비늘]과 같이 적은 것이 그것입니다.

이렇게 어려웠던 우리말 表記가 世宗大王의 訓民正音 制定으로 그 어려움을 덜어 주었을 뿐 아니라, 漢字를 모르는 이들도 제 意思를 펼 수 있게 되었으니 얼마나 고마운 일입니까?

이 새로 만든 訓民正音과 漢字를 섞어서 國漢文으로「龍飛御天歌」·「月印千江之曲」·「釋譜詳節」을 짓고, 또 이것을 책으로 박아냈던 것입니다. 이와 같이 새 글자를 創制하고 國漢文으로 글과 노래를 지어 刊行한 것은 우리 文化史上 特記할 만한 사실임에 틀림없습니다.

이 訓民正音은 그 후 諺文·半切·암클·國文 등 여러 가지 이름으로 불리기도 했는데, 日帝時代에 國文이란 말을 쓰기 어렵게 되자 '한글'이란 말이 새로 만들어져 쓰이다가, 解放이 되고 나서 더욱 愛用이 되어 가고 있습니다. 그런데 혹 어떤 이는 '한글'을 '우리글자·우리글·우리말'의 뜻으로 쓰고 있기도 하나, 이것은 옳지 않습니다. 辭典에 있는 뜻대로 우리 글자에 限해서 '한글'이라고 불러야 할 줄로 압니다.

이, 내 나라 글자 한글, 더구나 세계적으로 자랑해도 좋다는 한글을 가지고 있으면서 우리는 왜 過去 500여년을 여전히 漢字을 써 왔던가? 解放 20여년이 된 지금, 어엿한 독립국가인 우리나라에서 왜 여전히 漢字를 써야 된다고 고집하는 이들이 많을까? 그것은 漢字에 中毒이 되고 事大思想이 骨髓에 박혀 그런 것인가? 한번 反省해 볼 필요가 있다고 생각합니다.

II

世界 여러 나라에서 쓰이고 있는 글자 가운데에는 表意文字와 表音文字가 있습니다. 表意文字의 대표적인 것으로 漢字가 있고, 表音文字에는 우리 한글을 비롯해서 로마字나 日本글자인 가나[假名, kana]라고 하는 것 등이 있습니다.

여기에서는 한글과 漢字에 대해서만 言及하기로 합시다. 우리 한글은 表音文字로 본디 24字의 字母로 이루어져 있지만, 실제로는 字母가 어울려서 소리를 낼 수 있는 글자가 되는 것이니, 이것을 音節文字라 합니다. 新聞이나 雜誌에 쓰이고 있는 活字 2,000이니 2,500이니 하는 것이 그것이요, 現用되고 있는 子音글자 19[ㄱ ㄴ ㄷ ㄹ ㅁ ㅂ ㅅ ㅇ ㅈ ㅊ ㅋ ㅌ ㅍ ㅎ ㄲ ㄸ ㅃ ㅆ ㅉ], 母音글자 21[ㅏ ㅑ ㅓ ㅕ ㅗ ㅛ ㅜ ㅠ ㅡ ㅣ ㅐ ㅒ ㅔ ㅖ ㅚ ㅟ ㅢ ㅘ ㅝ ㅙ ㅞ], 받침소리글자 7[ㄱ ㄴ ㄷ ㄹ ㅁ ㅂ ㅇ]만으로도 소리낼 수 있는 글자 2,793字가 됩니다. 이 숫자는 물론 漢字 수효보다는 훨씬 적고, 科學的으로 잘 만들었기 때문에 漢字에 비하여 훨씬 배우기 쉽고 쓰기 쉬운 것이 사실입니다. 그러나 表音文字이므로 한 글자 한 글자에는 뜻이 없는 것이 흠이라면 흠이어서 글자만 보고서는 얼른 뜻을 알아차릴 수 없습니다. 그런데 漢字는 表意文字로서 한 글자 한 글자에 뜻이 있으므로 눈으로 보아 바로 뜻을 알아 차릴 수 있을 뿐만 아니라, 간단한 音節로 복잡한 뜻을 나타낼 수 있는 長點이 있습니다. 반면에 그 表意性으로 말미암아 글자 수효가 많아지고, 또한 글자 수가 많아지니까 자연 글자의 구별을 위해 字劃이 많은 글자도 생기게 마련이어서 배우기 어렵고 익히기 어려운 흠이 있습니다.

이 漢字의 起源은 명확하지 않으나 紀元前 10數 世紀에 殷墟에서 發掘된 甲骨文字로 殷나라 때 이미 사용된 것이 드러났으나 3千年 以上의 歷史가 있는 것이라 하겠습니다.

이 漢字는 우리나라를 비롯해 日本·越南 등에 흘러 들어가 하나의 共同文化圈을 形成하기에 이르렀으니 마치 로마字가 로마文化圈의 通用文字이듯이 漢字는 漢字文化圈 즉 東洋文化圈의 通用文字로서 쓰이기에 이르렀고 이들 나라는 각각 2千年 안팎의 漢字文化의 遺産을 가지기에 이른 것입니다.

이 東洋文化圈 안의 여러 나라는 過去 漢字를 이용해서 이룩한 훌륭한 傳統文化의 고마움을 잘 알면서도 너무나 많아진 漢字, 따라서 배우기 어려운 漢字의 굴레에서 벗어나려는 안간힘은 越南처럼 漢字를 버리기도 하고 中共처럼 漢字亡國論까지 나오게 되어 그 폐지를 위한 試圖까지 있게 하였습니다.

이제 이들 여러 나라의 語文政策의 現況을 簡略히 살펴보면 다음과 같습니다.

1. 中共의 경우는 漢字專用의 나라로 그 數의 過多는 많은 文盲者를 낳았고 이것이 그들로 하여금 漢字簡素化案이나 漢語拼音案을 만들지 않을 수 없게 하였습니다. 그들이 漢字로 해서 고민하고 있는 것은 사실이지만 그것을 버리기로 決定한 것처럼 말하는 것은 사실이 아닙니다. 그들의 領士는 擴大하고 人口는 10億이나 되어, 같은 漢字를 地域에 따라 여러 가지로 발음하는 관계로 그들이 漢字를 버릴 경우, 그들의 核心인 漢族은 支離滅裂이 됩니다. 그들은 漢字를 버릴 수 없는 宿命的 存在입니다.

그래서 그들은 漢字를 배우기 위해 그 前에 民族共通語인 普通話(標準語) 교육에 힘쓰고 있는 實情입니다.

2. 越南의 경우, 漢字를 버린 것은 사실입니다. 19세기 불란서 植民地時代에 로마字가 國字로 보급되기에 이르렀던 것입니다. 곧 그들이 써 오던 漢字(字儒)와 漢字를 模造한 字喃의 混合文을 버린 것입니다.

그 결과 그 나라 文化는 뒤떨어지고 젊은 학도들이 자기네 國學을 外面하고 있는 實情이라는 것이니, 이것이 바로 自己喪失이 아니고 무엇이겠습니까.

3. 日本의 경우, 가나專用論·로마字採用論 등이 있은 지 오래

고 敗戰 후 美軍進駐下 漢字敬遠의 風潮가 一時 있었으나, 當用漢字 1,850字(別途로 人名用漢字別表 있음)를 內閣訓令·告示로써 公布하였습니다. 이렇게 해서 漢字制限이 公用文 教科書 新聞 등에 실시되기에 이른 것입니다.

한편 小學校에서 教育漢字 881字를 가르치던 것이 지금은 1,001字(1年 76字, 2年 145字, 3年 195字, 4年 195字, 5年 195字, 6年 195字)로 늘어나 있습니다. [74年度用 教育出版株式會社 發行 日語教科書 依據]

뿐만 아니라 小學校 4學年 교과서에서는 로마字(英語教育이 아님)를 가르치기로 되어 있습니다. 로마字로 日本말 쓰기, 로마字로 쓴 日本말 읽기를 가르치는 것입니다.

로마字로 된 看板이나 포장지에 쓰인 商標라도 읽게 하고, 漢字가나 混用教育으로 신문·잡지라도 읽게 하여 社會에 適應할 수 있도록 하고 自學自習이라도 할 수 있게 하자는 積極的 姿勢인 것으로 생각됩니다.

한편 70년 9월 現在로 200餘 幼稚園 등에서조차 漢字教育의 實效를 거두고 있다는 實驗報告가 있습니다.

4. 北韓의 경우, 해방 직후부터 소련군 進駐 下 한글專用을 해온 듯합니다. 그러나 그들도 64年엔가(?) 이른바 金日成의 教示인가가 있어 68년부터 中學校에서 漢字教育을 하고 있는 바, 人民學校란 것이 4年制라 하니 우리 國民學校 5학년부터 漢字教育을 하는 셈입니다.

5. 우리나라의 경우

(1) 越南, 中共과는 달리 表音文字인 한글이 있어 表意文字인 漢字와 적절히 混用하면 서로 그 短點을 補完할 수 있으므로 漢字 無制限使用의 필요는 없고, 初·中·高에서 基礎漢字 정도로 足합니다.

(2) 이 정도의 漢字數라면 그 習得이 그리 어려운 것이 아니며 노력한 몇 倍의 효과를 거둘 수 있습니다. 漢字의 視覺性 造語力 縮約力 등 長點을 이용함이 賢明하고, 글자의 過多나 字劃

의 복잡 등 短點을 덜기 위해 字數의 漸減 및 略字化의 연구가 필요합니다.

우리는 地政學的으로 日本과 中共이라는 兩强 漢字文化圈 사이에서 호흡하고 있으며, 우리의 과거 文化遺産이 漢字文化요, 오늘날 우리말의 太半이 漢字語여서 一例로 우리 憲法條文의 漢字語 對 순우리말 比率이 80:20의 實情입니다.

좀 高級한 文化用語나 學術用語의 거의가 漢字語(最近 漢字語 疏外의 風潮로 西歐系 術語가 그대로 通用되는 分野가 있기도 하지만)임을 沒却하고, 우리를 비롯한 中國·日本 등 東洋 관계의 人名 地名 등 固有名詞가 또한 漢字로 되어 있는 이 엄연한 사실을 外面한 채 70년도版 순한글 教科書로 教育上 막대한 支障을 초래하는 非效率的인 教育으로 끼친 害毒은 당장은 눈에 보이지 않을지 모르나 큰 것이라 하지 않을 수 없습니다.

그러나 다행히 民主輿論과 政府當局의 英斷으로 72년도 2學期부터 基礎漢字 1,800字가 確定되고 中學校에서 900字를 가지고 漢文教育이 행해지기에 이르렀으니 不幸中 多幸이었습니다.

Ⅲ

이제 나는 다음 理由를 들어 大學生으로서는 한글專用論이 옳다느니 漢字制限論이 옳다느니 하는 立場을 떠나서 漢字學習에 힘써야 된다는 점을 强調하고 싶습니다.

(1) 漢字知識이 있으면 많은 한자(漢字)말의 뜻을 빨리 습득(習得)할 수 있으며, 한편 많은 漢字語의 同音異義語가 쉽게 識別이 되는 利點이 있습니다.

한글학회 지은 큰사전에 의하면 總 約 16萬5千語彙 中 漢字말이 52%를 차지한다는 것이요, 또한 文教部가 選定한 中·高等學校 漢文教育用 基礎漢字 1,800字가 앞에 놓여 이루어진 말 總數가 某出版社에서 나온 漢韓大辭典에 의해 통계를 낸 바

84,942個가 되고 中學校用 900字만으로도 그것이 앞에 놓여 이루어진 말 總數가 62,097個가 됩니다.

한편 순 우리말의 同音語는 그 숫자가 얼마 되지 않으나, 漢字語 同音語는 그 숫자가 엄청납니다. 어느 大學生 조사에 의하면, 한글학회 지은 「중사전」總語彙數 91,825 中 同音異義語 총어휘수 30,180인데

순우리말	同音異義語	3,120
漢字語	同音異義語	22,983
國漢 섞인	同音異義語	4,077
計		30,180

의 比率이라는 것입니다. 總算 7:1의 比率인 셈입니다.

이런 具體的인 숫자 말고도 現行辭典에 실린 漢字語만도 10數萬個가 되는데 우리의 現行 漢字音은 490音(가각간갈감강……) 밖에 없으므로 自然 同音語[1] 내지 同音語的[2]인 말이 많아질 것은 두말할 것 없습니다.

이런 우리말의 現實을 認識하면 위에서 말한 것이 과연 그렇구나 하는 것을 理解할 것입니다.

(2) 漢字知識이 있어야 漢字말의 맞춤법을 옳게 쓸 수 있습니다. '금융 · 황률 · 확률 · 복명 · 문리' 등 맞춤법을, '金融 · 黃栗 · 確率 · 復命 · 文理' 등 漢字말임을 아는 이는 理解가 쉬워도, 漢字知識 없이 발음과는 달리 이렇게 쓰는 것이라고 해서 외는 것은 容易한 일이 아니라는 것입니다.

(3) 漢字知識이 있어야 漢字말의 發音을 옳게 할 수 있습니다. 같은 '사기'라는 말에도 辭典에 나오는 것이 23種類가 있습니다. 그런데 이 중에서 '士氣 · 史記 · 死期'의 '사'는 소리가 길고 '社

---

1) 同音語 : 사견(私見, 邪見) 의사(意思, 議事, 醫師, 義士)

2) 同音語的인 것 : 사관 사학 사신 사려 사실 사장 대사 면사 독사 은사 공사 역사……

旗·詐欺·砂器' 등 '사'는 소리가 짧습니다. 이것을 한글로만 적어 놓고 '어떤 것은 소리가 길고, 어떤 것은 소리가 짧다'고 배우고 외자니 숱한 努力이 들게 마련입니다. 오늘날 '高大'와 '古代', '丁氏'와 '鄭氏'의 發音을 제대로 구별하지 못하는 학생이 많은 것은 漢字教育을 제대로 받지 못했기 때문입니다.

基礎漢字 1,800字를 習得하는 것이 물론 負擔이 됩니다. 그러나 그 負擔만을 크게 생각할 것이 아니라, 오히려 漢字知識 없이 그 숱한 漢字말의 뜻을 따로따로 외고, 그 맞춤법이나 長短音을 따로따로 외는 負擔이 더 크다는 사실을 알아야 합니다.

(4) 漢字語도 國語일 뿐 아니라, 國語의 太半을 차지하고 있으며, 漢字는 본디 中國文字이지만 數千年 우리말을 적어 온 글자이므로 準國字라고 할 수밖에 없습니다. 漢字말이 國語라는 事實은 누구나 아는 것으로 더 說明의 필요가 없습니다. 그러나 漢字가 準國字라고 하는 데에는 약간의 補充說明이 필요할 줄로 압니다. 물론 漢字語가 國語의 太半을 차지하고 또한 우리말의 脊椎와 같은 구실을 해 왔다는 儼然한 사실에서 그 漢字語의 母胎를 이루는 漢字요, 數千年 우리말을 적어온 글자이니만치 準國字라고 하자는 것인데, 例컨대 '人'字를 '인'이라고 읽는 것은 우리나라뿐이요, 中國이나 日本에서는 달리 發音을 하고 있는 것입니다. '學校'니 '文法'이니 하는 말도 우리나라에서만 그렇게 發音될 뿐, 中國이나 日本에서는 달리 發音하고 있는 것입니다.

이와 같이 漢字나 漢字말의 發音이 다를 뿐 아니라, 中國이나 日本에도 없는 우리나라에서 만들어진 漢字말이 얼마든지 있습니다. '心思'니 '冊'이니 하는 말들이 그것입니다. 한편 순우리말이 있는 것마저도 漢字말로 바뀌어 간 것이 많습니다. 이와 같이 漢字語가 늘어나고, 만들어지고, 獨特한 漢字音이 쓰이게 되어 準國字라고 할 수밖에 없는 歷史的 社會的 現實에서 우리는 漢字學習이 필요하다는 것입니다.

무엇보다도 오늘날의 新聞·雜誌가 特殊한 것을 除外하고는 아직도 거의 國漢混用文일 뿐 아니라, 學生諸君이 필요로 하는

敎養書籍이나 國漢混用文으로 된 것이 많고, 우리의 文化遺産이 漢字知識 없이는 理解 吸收할 수 없는 것들뿐이라는 事實을 認定하면 漢字 공부를 해야 되겠다는 것을 깨닫게 됩니다. 또 설령 앞으로 한글專用이 되고 모든 出版物이 한글로만 된다고 하더라도, 漢字말을 簡單히 없앨 수 없는 以上, 우리는 漢字知識이 있어야 이들 책을 읽고 그 內容을 理解할 수 있는 것입니다.

Ⅳ

以上에서 說明해 온 여러 가지 理由로 國漢文混用이나 漢字의 制限使用을 主張하는 이들이 많은 것입니다. 그런데 흔히 이들을 가리켜 漢字에 中毒이 되고 事大思想이 骨髓에 박혀 그런 것이라고 몰아세우려는 傾向이 있습니다.

물론 漢字語가 늘어나고 漢字를 쓰게 된 데에는 그런 要素도 없지는 않겠으나, 그렇게 單純하게만 생각할 수 없는 理由가 따로 있습니다.

(1) 漢字語는 漢字로 써야 讀書에 能率的입니다. 한글專用의 글과 國漢文混用의 두 가지 글을 놓고 한글專用의 글에 익숙한 '한글世代'인 女大 1年生이 讀解하는데 所要한 時間을 測定한 결과 國漢混用文이 한글專用文의 3/5의 時間밖에 안 걸렸다는 報告가 있습니다.

(2) 漢字語에는 同音異義語가 너무나 많습니다. 그 구별은 漢字로 써야 빠릅니다. 순우리말에도 '눈·발·말'과 같은 同音異義語가 있기는 합니다. 그러나 이러한 순우리말은 日常生活에 쓰이는 말들이므로 前後文章만으로도 그 區別이 그리 어렵지 않을 뿐 아니라, 그 數字도 그리 많지 않습니다. 그러나 漢字말은 漢字를 아는 사람들이 만든 말들이므로 自然 어려운 말이 많을 뿐 아니라, 앞에서 보였듯이 同音異義語도 순우리말의 7倍나 되는 것입니다. 4,5個짜리 同音異義語는 수두룩하고, 10個 以上의

것도 있으니, 이들이 文章에 쓰였을 경우, 그 區別이 어려울 것은 더 말할 나위도 없는 일입니다. 가령 '부정'이란 말에도 '不定·不淨·不貞·不正·不精·父情·否定' 등이 있고, '상사'에도 '相似·相思·商社·商事·喪事·賞賜·上司·上士' 등 19單語가 있을 뿐만 아니라, 長短音이 다른 것도 있으니 이들을 漢字로 적지 않고서는 그 區別이 어려울 것은 물론입니다.

(3) 漢字는 表意文字이므로 簡單한 音節로 複雜한 뜻을 나타낼 수 있어 造語力이나 縮約力이 豊富합니다. 그 長點을 利用하는 것이 賢明하지 않겠습니까? '하나비'를 '祖父'로, '아자비와 아ᄎᆞᆫ아ᄃᆞᆯ'할 것을 '叔姪'로, '녀름지슬아비·녀름지ᄉᆞ리'하던 것을 '農夫'로, '녀름지ᅀᅵ'하던 것을 '農事'로 바꾸어 쓰게 된 것은 바로 勞力經濟가 되는 것이니, 簡單한 音節로 意思疏通을 할 수 있다는 것은 바람직한 일이라 할 것입니다. '入學試驗'을 '入試'로, '追加更正豫算'을 '追豫'로 줄일 수 있는 것도 漢字에 表意性이 있기 때문입니다. 뿐만 아니라, '妙하다'라는 말 하나에도 漢字의 造語力은 無窮이어서 '微妙·巧妙·奇妙·神妙·靈妙·至妙·珍妙·玄妙·高妙·美妙·奇奇妙妙·奧妙' 등이 있어 그야말로 微妙한 상태를 奇奇妙妙하게 그려낼 수 있는 것입니다.

(4) 過去나 現在의 人名·地名 등 漢字式 固有名詞를 그대로 두고 한글로 적었을 경우 混亂이 豫想되며, 固有名詞가 가지고 있는 이미지도 흐려집니다. '한선생'이 '韓先生'인지 '한 先生'인지, '구장관'이 '具長官'인지 '舊長官'인지 '양학장'이 '梁學長'인지 '兩學長'인지 알 수 없을 뿐 아니라, 死六臣 '이 개', 宣祖 때의 大學者 '이 이', 聖賢인 '공구·맹가' 등 한글로만 적었을 경우 이분들에 대한 이미지가 흐려질 염려가 있고, '현충사'가 '벌'로 잘못 認識될 날이 멀지 않을 것을 염려합니다.

(5) '防火·放火, 防空·防共, 他殺·打殺, 教師·校舍, 史記·社旗' 등을 한글專用의 경우, 그 뜻 區別을 위해 순우리말로 바꾸자는 主張도 나오게 되는데, '불막기·불놓기·하늘막기·공산주의막기' '남이 죽임·때려 죽임' '선생[스승]·학교 집' '역사

책 · 회삿기' 등으로 바꾸면 될 것도 같으나, 역시 音節이 늘어나는 것이 문제입니다. 되도록 簡便하게 되어 가야 좋은 것임이 틀림없는데, 音節이 늘어나서 逆行이 되는 셈이지요. 그뿐이 아니라 모든 同音異義語를 모두 그렇게 바꿀 수도 없고, 이미 쓰이던 말을 그렇게 人爲的으로 바꿀 수 있는 것도 아닙니다. '動物'을 '옮살이', '恐妻家'를 '아내무섬장이'로, '鑛脈'을 '쇳줄', '流産'을 '새끼지움'이라고 바꾸어 보기도 했으나, 이들이 그대로 쓰이리라고는 생각되지 않습니다. 이런 것을 强要하면 國語의 混亂을 빚어낼 念慮가 있습니다.

〈『永信』 第8號, 중앙대학교 사범대학 부속여자 중 · 고등학교, 1970.〉

現行 맞춤법의 原理와 그 問題點

I

現行 한글 맞춤법은 1933년 制定 당시에는 '한글 마춤법 통일안(朝鮮語綴字法統一案)이었다. 朝鮮語學會에 의해 제정된 案이다.

우리가 해방 후 통일된 한글 表記 생활을 할 수 있었던 것은 전혀 이 맞춤법의 덕택이었다. 우리는 이러한 의미에서 이 일에 종사했던 분들에게 최대의 敬意를 표해서 마땅하다.

그런데 '한글'이란 말의 쓰임에 대해서는 再考할 필요가 있지 않은가 한다. '한글'이란 말은 한글학회 지은 「큰사전」에 "우리 나라 글자의 이름"이라 풀이되어 있으므로 한글 24字母를 가리킨다는 뜻이다. 옳은 풀이라고 생각한다.

옛날 訓民正音을 諺文이니 암클이니 하던 것이 開化期 무렵에 國文이라 하다가 20세기 초 周時經(혹은 李鍾一, 혹은 崔南善說도 있음)이 처음 쓰기 시작한 말이라 한다.

그런데 1933년 '한글 마춤법 통일안'을 괄호 안에 '朝鮮語綴字法統一案'이라고 하고 1949년 '朝鮮語學會'를 '한글학회'로 고친 것을 보면 朝鮮語 즉 韓國語(國語)를 '한글'이라 한 듯하다. '한글'을 "우리 글자 · 우리 글 · 우리 말"의 뜻으로 확대해서 쓰고 있는 듯하다. 그런데서 국어 학자인 '최 현배'를 '한글 학자'로 부르게 된 것이 아닌가 한다.

나는 國語正書法(71.4.28 起草 끝냄)을 내놓은 바 있고 국어국문학회 國語正書法案(71.6.20 總會 통과) 起草에 참여한 바 있으며 국어조사연구회의 표기법 再審위원으로도 참여한 일이 있다.

우리 말의 표기법은 우리 말을 바르게 적는 법을 規定한 것이므로 '國語正書法' 혹은 '韓國語正書法'이라고 하는 것이 옳지 않을까 한다.

Ⅱ

현행 맞춤법의 元祖는 周時經인데 한글 전용을 궁극의 목표로 한글 전용에 대비하여 表音文字인 한글을 表意化함으로써 表意文字의 장점인 視覺性을 살리고자 하였고 띄어쓰기로 읽기 쉽게 하려는 노력을 보였다. 表意化의 發想은 漢字의 흉내, 띄어쓰기의 發想은 英語의 흉내라 할 만하다.

그런데 한글학회의 '한글맞춤법'은 조선어학회가 마련해서 1933년에 나온 '한글 맞춤법 통일안'(朝鮮語綴字法統一案)을 1937. 3. 1에 修正, 1940. 6. 15 原案 一部改定, 1946. 9. 8에 다시 일부 改定, 1948년 한글날에 한글판으로, 1958. 2. 20 用語修正版, 1980. 8. 28 새 版으로 고쳐 오늘에 이르고 있다.

1933년에 나온 '한글 마춤법 통일안' 總論에는

> 一. 한글 마춤법(綴字法)은 표준말을 그 소리대로 적되, 語法에 맞도록 함으로써 原則을 삼는다.
> 二. 표준말은 大體로 現在 中流社會에서 쓰는 서울말로 한다.
> 三. 文章의 各 單語는 띄어 쓰되, 토는 그 웃말에 붙여 쓴다.

로 되어 있는데 1980.8.28 새 版 총론에는

> 1. 한글 맞춤법은 표준말의 각 형태소를 소리대로 적되, 그 원형을 밝힘을 원칙으로 한다.
> 2. 각 낱말은 띄어 씀을 원칙으로 한다.

로 되어 있다.

이 두 總論에서 "語法에 맞도록", "각 형태소를 살리고자" 한 것은 같은 맥락의 원칙이다.

그런데, '현행 맞춤법'이 視覺性을 살리기 위한 表意化를 지나치게 고집하는 데 문제가 있다고 본다.

국어국문학회의 國語正書法案 總論에는

> "국어 정서법은 우리말을 표음문자의 本質과 表意性의 장점을 조화시켜 적는 것을 원칙으로 한다."

로 되어 있다. 필자는 後者에 同意한다.

本質的으로 우리 글자는 表音文字요, 初中聲 혹은 初中終聲이 결합하여 音節文字로서 實用되고 있다.

表音文字의 本質과 音節文字의 特性을 살리되, 다만 해방 후 40여 년의 현행 맞춤법에 의한 교육이 행해진 사실 등 여러 가지 與件을 감안할 때 대폭 修正은 현재로선 어려운 것이 사실이다.

그런 점에서 이번 국어연구소의 小幅 改定試案은 理解할 수밖에 없다고 생각한다.

그러나 앞으로 國語正書法은 계속 연구되어야 할 것이다. 그런 먼 將來를 내다본 次元에서 앞으로 다시 國語正書法이 再論될 때를 대비해서 私見을 펴보려 한다.

1. 現行 맞춤법이 지나치게 表意化를 꾀한 나머지 視覺的으로 빨리 그 뜻을 알아보는 얼마간의 利點이 있기는 하나 맞춤법을 외고 옳게 書寫하는 데의 부담과 혼란이 크다고 보는 것이다. 바꿔 말하면 지나친 表意化는 得보다 失이 많다는 나의 判斷이다.

2. 국민 학교 6년간의 義務敎育을 마친 이들로 하여금 틀림없는 表記生活을 할 수 있게 해야 할 것인바, 現行 맞춤법의 習得은 大學을 졸업하고도 만족스럽지 못하다는 것이 衆評이다.

以上 1·2가 事實이냐 아니냐는 특히 국민 학교 상급생의 받아쓰기(中·高·大生의 받아쓰기도 참고가 될 것임) 등 결과에 대한 학자의 科學的인 診斷이 필요하다고 본다. 診斷없는 處方은 效果的일 수가 없다.

70년 以來의 맞춤법 改定 작업에서 이런 診斷은 없었던 것이 아닌가 한다.

現行 맞춤법이 實用해 본 결과 어렵다는 것은 학생들의 답안에서도 쉽사리 알 수 있는 일이지마는, 이 방면에 비상한 열의를 가지고 연구해 온 어느 前국민 학교 교장의 통계를 제시해 보면 다음과 같다.

검사대상	검사인원	正答者	誤答者
初 6	331	77	254
中 3	164	55	109
高 2	151	59	92
計	646	191	455

"막걸리를 가라앉히니까 약주술 같더라"를 받아 쓰게 한 다음, '앉히' 2字를 택하여 낸 統計는 위에 보인 表와 같아서, '앉히'라고 正答한 者가 30% 弱, 誤答者가 70% 强이었다는 것이다.[1)]

그 誤記例는 '앉이, 않지, 않치, 안치' 其他였다.

3. 새로운 '國語正書法案'이 마련되면 신중을 期하기 위해, 一定期間施行을 보류하고, 계속 硏究實驗을 거친 다음 그 反應을 검토한 뒤에 公布施行함이 좋을 것이다. 拙速에서 오는 混亂을 원치 않기 때문이다.

4. 현행 맞춤법의 元祖를 앞에서 周時經이라 하였거니와 周時

1) 拙著, 「改訂 現代國語國字의 諸問題」, p.26.

經은 이미 國文硏究에서[2)]

> '國語에는 ㅈ ㅊ ㅌ ㅍ ㅎ ㄲ 等 音이 終聲으로 發ᄒᆞ는 字가 多ᄒᆞ거늘 此를 未解ᄒᆞ고 文字에는 終聲으로 用치 안이ᄒᆞ고…'

라 하고 '此等終聲의 國語를 左에 蒐聚ᄒᆞᆷ'이라 하여 'ㅅ ㄷ ㅌ ㅈ ㅊ ㅍ ㅎ ㄲ ㄺ ㄼ ㄿ ㄻ ㅀ ㄶ ㅄ ㄵ ㄾ ㄳ'의 받침 例를 들고 있다. 그러나, 여기에는 'ㅋ ㄽ ㄸ ㅆ' 받침은 들어 있지 않다.

하기야 訓民正音의 終聲規定 '終聲復用初聲'이라 있고 龍飛御天歌 등 初期文獻에 'ㄱ ㄴ ㄷ ㄹ ㅁ ㅅ ㅇ ㄺ ㄻ ㄼ' 받침 外에도

> ㅈ-곶(龍歌)　　ㅊ-좇ᄌᆞᄫᆞ니(龍歌)　　ㅿ-ᄀᆞᇫ(龍歌)
> ㅌ-낱(月印)　　ㅍ-城높고(龍歌)　　ㄳ-낛(訓正解例) 삯(芽, 圓覺)
> ㅦ-누ᇆᄌᆞᅀᆞ(釋譜)　　ㅧ-누ᇇ두베(蒙法)　　ㅨ-누ᇈ믈(龍歌)
> ㄽ-셔ᄫᅳᆳ긔별(龍歌), 픐더(初杜解)　　ㅭ-하ᄂᆶᄠᅳᆮ(龍歌)
> ㅩ-ᄃᆞᇌᄣᅢ(訓正解例)　　ㅯ-ᄉᆡᇝ믈(初杜解), 수ᇝ디(釋譜)
> ㅰ-님그ᇟᄆᆞᅀᆞᆷ(龍歌)　　ㅮ-사ᄅᆞᇜ서리(月釋)　　ㅄ-값(法華) ㆂ-ᄇᆡᇱ부리(救簡)

등 用例가 나온다.

그러나 用例에 나타나는 'ㄺ ㄻ ㄼ'받침을 제외한 나머지 겹받침들은 오늘날 表意化를 위한 그런 것이 아니라 '사이 ㅅ'的인 것이다.

물론 終聲規定인 '終聲復用初聲'이란 終聲에는 初聲을 다 쓰라는 規定은 아니요, 龍歌에 ㅈ ㅊ ㅿ ㅍ, 月印에는 上記例 外에 ㅌ받침 例가 나타나는 것이 사실이지마는 현행 맞춤법이 制定된 후, 1940년에 나타난 訓民正音解例本 終聲解에는 분명히 'ㄱ ㆁ

---

2) 李基文, 「開化期의 國文硏究」, pp.274~276.

ㄷ ㄴ ㅂ ㅁ ㅅ ㄹ 八字可足用'이라 있으니 이것이 訓民正音創制 參與者들의 集約된 의견으로 보아야 한다. 또 사실상 釋譜詳節 이후 문헌에서는 ㅈ ㅊ ㅿ→ㅅ, ㅌ→ㄷ, ㅍ→ㅂ으로 되고 訓蒙字會 凡例에는 初聲終聲通用八字라 하여 ㄱ ㄴ ㄷ ㄹ ㅁ ㅂ ㅅ ㆁ이 들어 있다. 그후 다시 ㄷ→ㅅ이 되어 7終聲(ㄺ ㄻ ㄼ 겹받침과 10받침)을 오랜 세월 써 왔던 것이다. 이것은 實用의 便利에서 온 것이요, 이 規制없는 오랜 세월의 言衆의 表記意識이 맞춤법의 大衆化를 위해 크게 참고가 될 듯도 하다.

현행 맞춤법은 表音文字의 表意化로써 表音·表意 兩文字의 長點을 取擇한 理想的 文字임을 自負하고들 있다.

表音文字라고 하면서 '낳·앉·없·핥·훑'들은 '낳다·앉다·없다·핥다·훑다'에만 專用되는 表意文字가 되어 버렸고, '부엌'의 '엌' 또한 '부엌'에만 專用되는 文字로 되어 버린 셈이다. 그런데 이와 같은 表意化에서 얻는 語彙의 숫자는 과연 얼마나 되는가?

맞춤법 통일안에 의하면 다음과 같다.

ㅈ받침 26　ㅊ받침 13　ㅋ받침 2　ㅌ받침 26　ㅍ받침 17
ㅎ받침 9　ㅎ받침(변칙용언) 12　ㄲ받침 12　ㄳ받침 4
ㄵ받침 3　ㄶ받침 8　ㄽ받침 3　ㅀ받침 10　ㄾ받침 3
ㄿ받침 1　ㅁ받침 2　ㅄ받침 9　ㅆ받침 4　計 164

이상은 現用 28개(舊版 맞춤법 통일안) 받침 중 ㄱ ㄴ ㄷ ㄹ ㅁ ㅂ ㅅ ㅇ ㄺ ㄻ ㄼ 11개 받침을 제외한 17개 받침으로 이루어진 單一語를 들어 놓은 것이다.(1980년 새 版에서 'ㅁ' 받침은 없어짐.)

이상의 숫자가 우리 말 전체에서 차지하는 比重은 얼마나 되는가? 더구나 同音異義語와의 분별이라는 것이 이 表意化의 중요한 이유 중의 하나라고 생각되는데, 이들 받침을 씀으로 해서 同音異義語를 분별할 수 있는 것은 과연 얼마나 되는가?

그런데 固有語보다 훨씬 많은 숫자의 漢字語, 同音異義語도 固有語보다 훨씬 많은 숫자의 漢字語는 다만 여섯 개의 받침만이 쓰인다. ㄱ ㄴ ㄹ ㅁ ㅂ ㅇ이 그것이다(角·幹·渴·甘·甲·江 등). 그리하여 同音異義語 '感謝·監司·監査·監事·減死·敢死·鑑査·瞰射'를 '감사'로 적고, '定義·情意·情義·情誼·正義·征衣'는 모두 '정의'로 적으며, 感想·感傷·鑑賞은 모두 '감상'으로 적는다. 그런데, 이들 '감사·정의·감상' 등을 한글로만 적을 경우 그 분별이 어려운 것이 사실이므로, 이런 同音異義語가 많으면 많을수록 이런 漢字말이 존재하는 限은 漢字使用이 불가피하다는 結論이 나올 수밖에 없는데, 일부 論者들은 이것들을 '감사·정의·감상'과 같이 적어도 전후 文脈으로 讀解가 어렵지 않다고 強辯한다. 그러면서 같은 '바치다'의 발음을 '바치다·받치다·받히다·밭이다·밭치다'로 분별해 적어야 한다고 하는 格이니 모순이 있다고 아니할 수 없다.

현행 맞춤법의 表意化는 訓民正音의 '終聲復用初聲'의 규정과 「龍飛御天歌」나 「月印千江之曲」의 表記 例에 나타나는 ㅈ ㅊ ㅌ ㅍ ㅿ 등 받침에 緣由한다. 그리하여 「釋譜詳節」이후의 ㄱ ㆁ ㄷ ㄴ ㅂ ㅁ ㅅ ㄹ 八終聲法을 表記意識의 後退로 보고, 崔世珍의 「訓蒙字會」凡例에 나타난 '初聲終聲通用八字' ㄱ ㄴ ㄷ ㄹ ㅁ ㅂ ㅅ ㆁ라는 規定을 한글의 正常的 發展의 沮害로 보았던 것이다. 이것은 「訓民正音解例」가 나타나지 않았던 당시로서는 있을 수 있는 結論이었으리라고 본다. 만약에 당시 學者들이 解例 終聲解에 나타난 'ㄱ ㆁ ㄷ ㄴ ㅂ ㅁ ㅅ ㄹ 八字可足用'이라는 것을 알았던들 學理 上 모든 받침을 쓸 수 있으나, 實用 上 八終聲으로 足하다는 것을 깨달았을 것이고, 「釋譜詳節」 이후의 八終聲法이나 「訓蒙字會」 凡例의 初聲終聲通用八字說이 實用便宜에서 온 것임을 看破하여 맞춤법의 樣相은 오늘날과 달라졌을 것이 아닌가 생각하는 바이다.[3]

---

3) 拙著, 「改訂 現代國語國字의 諸問題」, pp.26~28.

5. 英語 등의 綴字法例를 들어 우리의 맞춤법에서 音節單位로 발음할 때 발음도 되지 않는 'ㄳ ㄺ ㅄ ㄵ ㄾ…'등 겹받침 擁護論을 펴기도 한다.

그러나, 그 英語의 綴字法이 얼마나 어려운가. 現代英語의 綴字法이 지극히 煩雜하고 自國語의 學習에 있어서도 큰 不便을 겪고 있는 것이다. 이 英語綴字法의 煩雜은 中世英語時代에 佛語가 많이 輸入이 되고 이들 輸入語가 佛語流가 됐을 뿐 아니라 英語까지도 佛語流로 綴字가 되었는데 발음은 時代를 따라 변화했음에도 불구하고 綴字法만은 舊態를 유지하고 있는데 起因한다는 것이다.

現代英語를 적는 데 사용되는 文字는 周知하는바 26字의 로마字다. 이 26字만을 가지고 英語를 表記하자니 그 綴字法이 복잡해질 것은 自明한 일이다. 따라서 音과 글자와의 관계는 매우 복잡하여 하나의 音이 여러 종류의 글자, 또는 글자의 結合(th 등)으로 나타내지거나 하나의 글자가 여러 종류의 音을 나타내기도 한다. 이것이 英語를 글자에 의해 學習할 때 큰 불편을 주는 것이다. 이 불편을 제거하고 綴字를 발음에 適應시키려는 綴字改定의 운동이 英美의 몇 協會에 의해 진행이 되고 瑞典의 R.E.Zachrisson에 의해 考案된 Anglic의 綴字法이 많은 支持를 얻은 일도 있었다 한다.4)

이웃 日本이 종래의 歷史的假名遣(表記法)을 버리고 一例로 "廣 クワウ 江 カウ 甲 カフ 公 コウ"등을 모두 " コウ[ko-u]"로 적기로 한 것은 表音的假名遣(表記法)으로 전환한 것이라 하겠다. 오랜 因襲을 버리고 표기법의 大衆化를 꾀한 것인데 表音文字는 表音文字의 本質로 돌아가자는 의도일 것이다.

6. 요컨대 世宗大王의 한글 創制精神은 愚民으로 하여금 쉽게 익혀 쓰도록 하는 데 있었다. 訓民正音 鄭麟趾 序文에 보더라도 '스승없이 깨칠 수 있는 글', '슬기로운 者는 하루 아침이 다하기

---

4) 硏究社 編, 「世界言語概說」, 日本·東京, 1952. pp.678~685.

전에 깨치고, 어리석은 者도 10일 이내에 깨친다'라고 하여 있다.

그런데, 오늘날의 맞춤법은 學者들이 語法이라는 굴레를 뒤집어 씌워 너무 어렵게 만들어 놓고, 쉽다고 우겨대는 느낌이 있다.

다만, 1933년 우리의 선배들이 애써 制定한 現行 맞춤법의 表意化精神도 살리되, 義務敎育을 마친 사람이면 누구나 옳게 쓸 수 있도록 하는 데 主眼을 두면 좋을 것이다.[5)]

Ⅲ[6)]

1. 받침을 줄여보자

前述한 「訓民正音解例」 終聲解의 'ㄱ ㆁ ㄷ ㄴ ㅂ ㅁ ㅅ ㄹ 八字可足用' 說은 實用性을 고려한 참으로 현명한 조처였다. 우리는 訓民正音制定 參與者들이 마련한 이 解例의 精神을 沒却해서는 안되리라 생각한다. 1933년 한글 맞춤법 制定 당시에는 미처 이 解例本을 몰랐기로 '終聲復用初聲'의 規定을 가지고 모든 初聲은 다 받침으로 쓸 수 있는 것으로 해석했던 것이리라. 그러나 이제 解例本이 나타나 實用性을 고려하여 마련된 八終聲可足用說이 이미 制定參與者들에게서 비롯된 사실을 알았고, 또한 지금까지의 實用에서 받침의 煩多가 大衆에게는 과중한 부담이요, 어려운 맞춤법이란 衆評이고 보면, 이 받침을 大幅 줄이는 방향으로 연구해 보아야 할 것이다.

그러기 위해서는 "우선 體言과 토는 구별하여 적는다", "用言의 語幹과 語尾는 구별하여 적는다"라는 원칙부터 검토해야 할

---

5) 拙著, 「改訂 現代國語國字의 諸問題」, 國語正書法案을 내놓으면서, pp.250~251.

6) 上揭書 Ⅱ, 한글맞춤법問題 1. 맞춤법 再考點을 論함, pp.28~43의 내용을 손질한 것임을 밝혀 둔다.

것이다. 그런데, 필자의 생각으론 前後者의 원칙은 반드시 一致해야 할 까닭은 없다고 생각해 보는 것이다.

要點만을 들어 말하면, 體言[名詞·代名詞·數詞]과 用言[動詞·形容詞]과는 같이 論할 수 없는 조건이 있다. 그것은 첫째 體言은 事物이나 그 밖의 表象을 나타내는 말이므로 概念 자체로서 훌륭히 獨立할 수 있다. 그러나 用言은 事物의 動作이나 性狀·存在 등 浮動性의 概念을 나타내는 말이므로 機能要素가 添加되어야 비로소 具體的 意味의 표현이 가능하다는 점, 둘째로 體言에는 수많은 漢字語가 있어 古來로 '六龍이, 天福이시니, 中國에, 天命을, 竹園으로'처럼 토와의 分離表記가 행해졌는데, 이것은 순우리말 表記에도 영향을 끼쳤던 것이다. 그러나, 用言의 경우에 있어서는 다만 漢字말 名詞에서 轉成된 動詞나 形容詞의 경우, '寂寞하다, 回答하다'와 같이 '寂寞·回答'과 같은 漢字말과 '하다'와의 구별 表記는 예부터 있어 오던 것이며, 또한 '寂寞·回答'과 같은 名詞에 대한 意識이 분명할 뿐 아니라, '하다'가 붙는 動詞·形容詞가 지극히 많으므로 이것의 구별 表記는 해야 할 것이다. 그러나, '깎고, 넣더니, 뚫게, 끓리다, 얹히다, 걸어가다'를 그대로 고집해야 할 것인가? 누구나 알기 쉽게 '깍고, 너터니, 뚤케, 언치다, 거러가다'와 같이 表音表記로 하고, 이것을 合理的으로 설명하는 방법은 없을 것인가? 摸索해 볼 일이다. 요컨대 表意表記와 表音表記를 어느 線에서 절충할 것인가를 再檢討하였으면 하는 것이다.

오늘날 實用되는 한글 글자[音節文字]는 2,500에 이른다고 한다. 이것은 받침을 28개로 늘려 表意化를 꾀한 데서 빚어진 결과다.

訓民正音解例 終聲解에는 분명히 "然 ㄱ ㆁ ㄷ ㄴ ㅂ ㅁ ㅅ ㄹ 八字可足用也"라 하고, 如 빗곶爲梨花, 엿의갗爲狐皮, 而ㅅ字可以通用 故只用ㅅ字'라 하여 '빗곶·엿의 갗'을 '빗곳·엿의 갓'과 通用하므로 다만 'ㅅ'字만을 쓴다고 하였던 것이다. 이것이 바로 訓民正音創制 參與者[世宗을 비롯여]들의 생각이었고, 이

생각은 바로 「釋譜詳節」 이후 文獻에 그대로 具現되었으니, 결국 ㄱ ㆁ ㄷ ㄴ ㅂ ㅁ ㅅ ㄹ 의 8字[나중에 ㄷ→ㅅ으로 바뀌어 7字]만이 쓰여왔던 것임은 앞에서 지적한 대로다.

물론 필자는 八終聲만을 고집한다는 것은 아니다. 訓民正音의 '終聲復用初聲'의 規定이 終聲[받침]은 初聲[現用 14字]을 쓴다는 것이므로 꼭 필요하다면 八終聲말고도 더 쓸 수 있을 것이다. 그러나, 28개의 받침을 꼭 써야 한다는 고집은 맞춤법의 大衆化·實用化·近代化(機械化·電算化)를 위해서 버려야 한다는 것이 필자의 所信이다.

앞에서 말한 바와 같이, 體言과 用言과는 반드시 같이 다루어야 할 까닭이 없으므로 우선 體言과 토를 구별해 적는 원칙은 살린다손 치더라도, 體言에는 ㅎ ㄵ ㄶ ㄾ ㄿ ㅀ ㅆ 받침은 없으므로 맞춤법은 훨씬 쉬워지고, 글자[音節文字]數도 많이 줄어들 것이다.

語幹과 語尾를 구별해 적지 않더라도 다음에서 言及할 15받침 중 14받침(語幹에 ㅇ받침은 없음)限度 안에서 子音語尾 위에서만 종전대로 그 原形을 밝혀 적으면 뜻 分別에 그렇게 큰 不便은 없다고 생각한다.

"우습다·미덥다·웁니다·이어·더워"로 적어 理解하는 데 문제가 없는데 꼭 "웃으니·믿어서·울어 …"로 적어야 할 까닭은 없다. "우스니·미더서·우러…"로 적으면 된다. 이것이 訓民正音創制 以來 전통적인 表記法이었다.

그런데, 體言과 토를 구별해 적는 原則을 살린다 하더라도 다음과 같은 받침을 없앨 수 있지 않을까 하는 것이다.

(1) ㅋ받침은 歷史的으로 전혀 쓰인 일이 없다 하였다. 오늘날 ㅋ받침이 쓰이는 말로 '부엌'과 '녘'이 있다. 慶尙道 등지에서 '아궁이'를 '부섴'이라 하므로 이것을 계산에 넣으면 3單語가 된다. '부엌'이 브섭>브업>브억>부억과 같은 過程을 거쳐 오늘에 이른 것인데, 오늘날 서울에선 '부엌이'보다 '부억이' 優勢한 것이 아닌가 한다. 굳이 '부엌'을 고집할 필요는 없지 않을까 한다. '녘'

이 본디 '녁'이었음은 古文獻이 보여 주는 바 토와의 사이에 ㅎ소리가 介入하여 激音化한 것이라 하겠는데, 이 경우 '녁'을 原形으로 보고 介入된 ㅎ소리를 토에 붙여 적으면 '녁히'와 같이 된다.

이렇게 한다면 '부엌·부섴' 발음을 고집한다 하더라도 '부억히·부석히'와 같이 되어 'ㅋ'받침은 없앨 수 있다. 근본적으로 따져 생각하면, 뜻이 있는 '億 憶 抑 臆'을 모두 '억'으로 적고 순우리말 '억누르다·억보·억새·억세다·억수·억지·억척' 등 모두 '억'으로 적으면서 유독 '부엌'의 '엌'으로 적어 表意化를 꾀한다는 것은 하나의 單語를 위해 하나의 글자를 쓴다는 것인데, 깊이 생각해 볼 문제가 아닌가 한다.

(2) ㄲ받침 또한 歷史的으로 전혀 쓰인 일이 없는 받침이라 하였다. 動詞表記에 쓰이고 있는 ㄲ받침의 예는 '낚·겪·깎·볶·솎·엮·닦·묶·꺾' 등이 있는데, 본디 이들이 15世紀 文獻에선

낫 낫ᄀᆞᆯ[釣]　　　　봇고 봇ᄀᆞᆫ[炒]
갓고 갓ᄀᆞᆫ[削]　　　섯디 섯그니[混]
것고 것거[折]　　　　뭇는 뭇글[束]
닷디 닷가[磨]

와 같이 나타나는 것이다. '닷가·섯그니·뭇글'에서 '닷·섯·뭇'의 [t]소리가 다음 [k]소리에 同化되어 '닥·석·묵'이 된 것인데, '닥고·닥가, 석는·석그니, 묵게·묵지'와 같이 적으면 ㄲ받침을 피할 수 있지 않을까 한다. 특히 '묶다'의 古形 '뭇다[束]'는 '뭇[束]'이란 名詞에서 派生(?)된 것이 아닌가도 하는데, 'ᄆᆡ무ᄉᆞᆫ 사ᄅᆞᆷ[結束], ᄆᆡ무서 자며셔[假寢]'와 같은 古文獻 例로 보면 '뭇글'의 ㄱ소리는 活用할 때 介入한 것으로 보이며, 이것은 다른 것도 同軌의 것이 아닌가 하는 추측을 낳게 하는 것이다.

한편 名詞表記에서 '박·팕[안팎]'이 있는데, 「訓蒙字會」나 「千字文」등에 '外'를 '밧의', '表'를 '밧 표'라 하여 있고, 현대어로도 '밧사돈·안팟人心'등으로 쓰이고 있다. 그런데 '밧기·밧근·밧글·밧긔'와 같이 添用[曲用]하던 것이 '밧'의 內破音 [t]소리가 다음 [k]소리에 同化되어 '박'으로 된 것인데, 獨立語形 '밧'이 添用時 介入하는 ㄱ소리로 해서 '박'으로 된 것이라고 하면, '박기·박근·박글·박게', '안팍기·안팍근·안팍글·안팍게'와 같이 表記하면 될 것이다.

실상 古文獻에서 '밧잣[外城]·밧집[槨]·밧과[밖과]·밧도[밖도]'와 같이 쓰이던 것을 아울러 생각하면 옛 獨立語形은 '밧'이었고, 다만 添用時 ㄱ이 介入한 것인데, 그 介入音에 同化되어 ㅅ이 ㄱ으로 바뀐 것으로 보면 될 것이다.

(3) ㄳ ㅄ ㄽ 받침 중 ㄳ받침은 '낛[稅]·낛밥[釣餌]·낛줄[釣緡]·넋[魂]' 등으로, ㅄ받침 또한 '값[價]'으로 쓰인 古文獻이 있다. 그러나 이들도 원 獨立語形이 '낙·넉·갑'이던 것인데, 다만 添用時에 ㅅ소리가 介入한 것으로 보면 될 것이다. 우리는 오늘날 現代語에서 그러한 連音 현상을 찾아볼 수 있다. '脈이 없다'를 '맥시 없다'로 '녹이 슬었다'를 '녹시 슬었다'로 '그런 卽은'을 '그런즉슨'으로 발음할 뿐 아니라, '싹'을 표준말로 잡고 있으나, '싹시 노랗다'로 발음하고 있는 현실이다. 또한 '怯이 나다'를 '겁시 나다'로 발음하고 있는 것을 보면 'ㄱ·ㅂ' 받침 다음에 ㅅ소리가 介入하는 현상이 있음을 알 수 있는 것이다. 더구나 「몫」이 「釋譜詳節」에는 '싸홀 그딋모긔 두고 남ᄀ란 내 모긔 두어'와 같이 되어 있어 분명 獨立形이 '목'이었던 것이며, '시름없이'도 실상 '시름[愁心]이 없이'가 아니라 '시름스럽게'의 뜻이니, '시름없다'의 '업다'는 形容詞化接尾辭로, 이것이 副詞로 轉成될 때 ㅅ소리가 介入하여 마치 '無'의 뜻인 '없이'처럼 됐을 뿐인 것이다.

ㄽ받침의 '돐' 또한 '돌'에서 派生(?)된 것으로 보며, 동사 '돌다[回·廻]'와도 有關한 것이 분명하다고 보는바, ㅅ 또한 介入音으로 보아 좋을 것이다.

이상 ㄳ·ㅄ·ㄽ 받침을 쓰지 않고도 體言과 토를 구별해 적는다는 원칙을 살릴 수 있는 것이라는 所見을 펴보았다.

결론적으로 表音文字의 本質과 表意性의 長點을 살리는 大前提下에 現行 맞춤법의 難澁性을 지양하고 사용 빈도가 적은 받침을 제거하되, 전통성은 존중되어야 하는 게 좋다는 판단 아래 ㄱ ㄴ ㄷ ㄹ ㅁ ㅂ ㅅ ㅇ ㅈ ㅊ ㅌ ㅍ ㄺ ㄻ ㄼ의 15받침을 쓰자는 主張이다.

① ㄱ ㄴ ㄷ ㄹ ㅁ ㅂ ㅅ ㆁ 의 8받침은 '八字可足用'이나 '初聲終聲通用八字'로나 採擇에 異議가 있을 수 없다. 그 중 ㄷ받침이 ㅅ받침에 吸收되긴 하였으나 壬亂後로도 상당 기간 實用되었던 것.

② ㅈ ㅊ ㅌ ㅍ 받침은 ㅅ ㅂ 으로 代用할 수도 있으나 現行 맞춤법의 長點을 살리는 데 필요하고, 이것은 「龍飛御天歌」, 「月印千江之曲」에 實用例도 있다.(例 생략)

③ ㄺ ㄻ ㄼ 겹받침 또한 現行 맞춤법의 長點을 살리는 데 필요하고, 이들이 壬亂後로도 계속 쓰여 온 것이므로 그 傳統性을 살리자는 것이다.(例 생략)

以上 15받침 外의 13받침은 ㅋ ㅎ ㄲ ㄳ ㄵ ㄶ ㄽ ㄾ ㄿ ㅀ ㅭ ㅄ ㅆ이다.

① 한글 맞춤법 통일안 制定 이전에는 ㅋ ㅎ ㄲ ㄵ ㄶ ㄾ ㅀ ㅭ ㅆ의 9받침은 實用 例가 없다.

② 1955년 문교부의 文字頻度調査에 의하면 20萬字 중 ㅭ(0), ㅋ(0), ㄽ(ㅇ), ㄾ(1), ㄿ(2), ㄳ(4)로 나타나 있다. 表音文字 중 이러한 實用例를 보이는 것은 世界에서 유례없는 일이다.

③ ㅎ系列 받침 "ㅎ, ㄶ, ㅀ"을 없애자는 것.

우리들은 有聲音 사이(母音 사이나 ㄴ, ㄹ, ㅁ, ㅇ 받침과 母音 사이, 例 생략)에서 脫落한 사실을 알고 있다. 따라서 우리는 종래의 ㅎ받침語,

ㅎ　좋다　낳다　닿다　빻다　찧다
ㄶ　꼲다　끊다　많다
ㅀ　곯다　꿇다　끓다　닳다　뚫다

들이 母音語尾 위에서 脫落되어 발음되는 이른바 변칙활용을 認定 않을 수 없을 것이다. ㅅ변칙이나 ㅂ변칙은 변칙活用대로 '이으니' '더워서'로 적으면서 ㅎ받침만을 고집하는 것은 衡平의 원칙에도 어긋나는 것이다. 言衆이 ㅎ소리를 意識하기 어려운 것이라면 발음대로,

조코 나케 찌터니 만치 끈는 꿀토록 뚤리다 ……

로 쓰게 하고 語幹이니 語尾니 하는 것은 文法 소관이므로 별도로 가르치면 될 것이다.

'용ㅎ고 , 심심ㅎ게, 입각ㅎ게, 설립ㅎ게'와 같은 現行表記가 言論界나 一般人에게 外面을 당하고 있음은 原則을 깨고서라도 쉽게 쓰자는 言衆의 意志를 보인 것이라 할 것이다. 이들을 '용코, 심심케, 입각케, 설립케'로 쓰고 있는 言衆의 意思를 尊重한다면 '꿀케, 뚤코'와 같은 表記를 굳이 拒否할 것은 없다.

더구나 "꿇다(←숧다), 끊다(←긏다), 꼲다(←고노다), 뚫다(←듧다)" 등에서 우리는 子音語尾의 激音化를 認識해야 할 것이고,

가다 가니 가면 간 갈
하야타 하야니 하야면 하얀 하얄
커다라타 커다라니 커다라면 커다란 커다랄

과 같은 活用에서 後二者를 역시 子音語尾의 激音化로 처리하는 것이 說明이 쉬울 것도 같다.

요컨대 學理的으로야 어떻든 現行 맞춤법 이전에는 實用된 일이 없고 '아뭏든, 싫증, 싫컷'(中學校 받아쓰기에 41종의 異答이 나온 통계 있음) 등을 옳게 쓰지 못하는 사람을 量産하기에 이

르렀으니 言衆에게의 지나친 부담을 덜어주고 表記의 實用化, 大衆化를 위해 없앴으면 한다.

④ ㅆ받침語는 略語표기를 생각하면 90 안팎이나 되는데, 表意化의 利點은 '있[有]'하나에 있다고 하겠으나 '있아오니, 하겠아오니, 무었이'와 같은 副産物을 낳고, '있읍니다, 하겠읍니다'를 合理化하기 위해 '먹읍니다, 좋읍니다'와 같은 非現實的인 발음을 强要하고, '이렇읍니까'와 같은 奇想天外의 表記法을 낳기에 이르렀다.

⑤ ㄺ ㄻ ㄼ 받침은 각각 뒷받침 'ㄱ(닭), ㅁ(삶게), ㅂ(밟지)'으로 발음이 되어 각각 앞받침 'ㄱ(몫·밖·닦), ㄹ(돐·훑·끓), ㄴ(앉·끊), ㅁ(낢), ㅂ(값·없), ㅅ(있)'으로 발음됨과 다르다.

⑥ 한글학회 지은 「큰사전」에 의하면 '밭, 부섟, 뷁,첫밗'과 같은 標題語가 실려 있는데 이것은 현행 맞춤법 精神에 立脚한 表記라 하겠다. 이런 표기법에 따르면 '脈시, 싹[芽]시, 녹[鏞]시, 그런 卽슨, 身色시, 怯시, 밥시(忠淸方言 밥이), 읍시(全羅方言 없이), 낭게(나무에), 말레(마루에), 팟기(팥이), 숫기(숯이)'와 같은 표기가 모두 겹받침 表記가 되어야 한다.

한편 '아니하고'의 준말 表記가 '않고'라면 '용하고, 심심하게, 入閣하게, 設立하게'의 준말 表記도 모두 'ㅇ, ㅁ, ㄱ, ㅂ'에 각각 ㅎ을 더하여 겹받침으로 해야 一貫性이 있고 合理的인 처리가 되는 것이다.

뿐만 아니라, 현재 '어떻게 하다'의 준말 표기를 '어떡하다'로 적고 있으나 이것이 '어떻게(어떠케)'의 발음이 준 것이므로 'ㅋ'받침을 해야 合理的이다. '뵑'의 준말 '벅'도 'ㅋ'받침이라야 한다.

또한 '볶다·닦다'의 등이 된소리로 발음되는 경향이 있는데 이 표기를 위해서는 '뽀·따'에 ㄲ받침을 해야 할 것이다.

이렇게 되면 事實上 28받침은 더 불어나야 되고 音節文字數도 앞으로 音韻變化나 다양한 사투리 表記를 위해서는 늘어나게 될 것인즉 항상 流動的이게 마련이다.

결론적으로 世宗大王의 愚民으로 하여금 쉽게 익혀 쓰도록 하겠다는 精神과 1933년 우리의 선배들이 애써 制定한 現行 맞춤법의 表意化 精神도 살리되, 義務敎育을 마친 사람이면 누구나 옳게 쓸 수 있도록 하자는 것이다.

2. 지나치게 語源을 밝히는 것을 再考해 보자

語源이 분명하다고 하여 本語幹과 本語尾를 구별하여 적기로 한 '넘어지다 · 늘어지다 · 떨어지다 · 돌아가다 · 일어나다' 등 表記法은 설혹 本語幹이 '넘[越] · 늘[延] · 떨[拂] · 돌[歸] · 일[起]'이라 하더라도 구태여 語源을 밝힐 필요가 있을 것인가가 문제인데, 더구나 '넘어지다[倒]'는 '넘다[越]'의 原意와는 거리가 먼 새로운 派生語이며, '늘어지다[기운이 빠져 축 늘어지다]' 또한 '늘다[延]'의 原意와는 거리가 먼 것이라 아니할 수 없고, '떨어지다[落 · 離間]'는 더더구나 '떨다[拂]'와는 무관한 것이라고 하여도 좋을 만한 것이다. '돌아가다'도 '죽다'의 敬語로서 '돌다[歸]'의 原意를 생각하는 것은 너무나 哲學的이며, '일어나다'의 '일다'는 오늘날은 거의 단독으로는 쓰이지 않는 말이라 할 만하니, 이것을 구태여 大衆에게 그 語源을 밝혀 적으라 하는 것은 지나친 요구라고 생각된다.

'까마귀 · 귀머거리', '너무 · 불긋불긋'과 같은 名詞나 副詞를 表音綴字로 한 것은 賢明하였는데, '얼음 · 걸음 · 걸음걸이'나 '같이 · 굳이'와 같은 名詞나 副詞를 그 語源을 밝혀서 表意化한 것은 再考해 봄직하다. '얼음'같은 비교적 그 語源을 알아내기 쉬운 것조차 大衆에겐 이해가 어려운 것인지 解放 40여 년에 여전히 서울 거리엔 '얼음집' 아닌 '어름집' 투성이다. 더구나 '걸음걸이'와 같은 轉成名詞는 '걷다'라는 動詞가 ㄷ변칙 동사라는 사실과 語幹 · 語尾의 구별 혹은 轉成語尾[接尾辭] 등의 文法的 知識을 요하므로 역시 어려운 맞춤법이라 할 수밖에 없다. '같이'나 '굳이' 또한 '같다 · 굳다' 形容詞에서 轉成하였다는 것과 副詞를 만드는 接尾辭, 口蓋音化 등 文法的 知識을 필요로 하므로 어렵다고 할 수밖에 없고, 더구나 '같이 가다'의 경우 '같이[함께의 뜻]'가 '같다' 形容詞에서 派生되었다는 것도 이해가 어려운 것이 아닌가 한다.

3. 너무 原則에 얽매이지 말자

현행 맞춤법이 어려운 대로 우리 國語表記에 通用되고 있는 것은 다행한 일이었다.

그러나 학교 교육에서는 語幹과 語尾는 구별하여 적는다는 원칙에 따라 '介入ㅎ도록[介入하→도록], 參加ㅎ게[參加하→게], 要ㅎ지[要하→지] 强化ㅎ기로[强化하→기로]'와 같은 表記를 취하고 있으나(1980. 8. 28 새版에도 "다정ㅎ다·부지런ㅎ다·정결ㅎ다·흔ㅎ다"의 用例를 보이고 있다.), 신문·잡지에서는 한결같이 '介入토록, 參加케, 要치, 强化키로'로 表記하여, 學校와 社會의 表記法은 두 갈래로 되어 있는 실정이다. 이래서 과연 좋은 것인가? 신문·잡지가 잘못이라면 바로잡을 용기가 필요할 것이고, 학교 교육만이 지나친 原則主義라면 但書規定이라도 만들어 是正하는 勇氣가 필요할 것이다.(그러나 이번 국어연구소案은 이 點 是正되어 있어 다행이다.)

현행 맞춤법에선 '祖父'를 '할아버지'로 적기로 규정되어 있다. 윗 품사의 독립한 소리 ㄴ이 딴 소리로 변한 것은 변한대로 적되, 두 말을 구별하여 적는다는 것이다. 즉 '할아버지'의 '할'은 '한[大의 뜻]'의 ㄴ소리가 母音사이에서 ㄹ소리로 변하였는데, 변한 대로 적되 '아버지[父]'라는 말과 구별하여 적는다는 것이다. 그러나 대중에게 과연 '할아버지'의 '할'이 '한'의 變形이라는 語源을 구별해서 적도록 강요할 필요가 있을 것인가? 大衆이 일일이 語源意識을 일으켜야 할 필요가 있을 것인가? '하라버지'로 적으면 뜻의 분별이 어려울까? '아름[두 팔로 껴안은 둘레의 길이]'이란 말이 있다. 이것이 '안다[抱]'라는 動詞의 語幹 '안'에 '음'이란 轉成語尾[接尾辭]와 어울릴 적에 두 母音 사이에서 ㄴ이 ㄹ로 변한 것임은 '할아버지'의 경우와 완전히 같다. 그런데 '할아버지'로 적기를 요구하면서 '아름'은 '알음'아닌 '아름'이다.

'푿소[여름에 생풀만 먹고 사는 소]'로 적고, '풋것·풋김치·풋나물'이라고 구별하여 적기로 되어 있다. 과연 이것을 제대로 분간해 적을 수 있는 사람이 얼마나 될까? '푿소'라는 表記法에 대해 文筆生活을 하는 어느 大學 교수 두 분에게 물었더니, 의아한 표정으로 당연히 '풋소'가 아니냐는 것이었다. 그러고 보면 '푿소' 表記는 어려운 것이 아닌가 하며, 비슷한 것으로 '숟갈[술+갈]'이 있다. 그런데 '젓갈[저+갈, '저'도 실상은 한자말 '箸'가 아니라 '절'이었다. 그것은 現方言으로 '절'이 있고, 12세기 初문헌인 鷄林類事에 '箸曰折'로 되어 있음에서 實證된다]은 '젇갈' 아닌 '젓갈'이다. 결국 語源이야 어떻든 '숟갈' '젓갈' 表記가 다르고, 또 '빛깔'이 다르다. 大衆으로선 이들 분간 表記가 결코 쉬운 것은 아니리라 생각된다. 이런 것들이 결국 너무 語源을 캐고 原則에 얽매여 빚어지는 결과로 보이는데, 再考되었으면 하는 것이다.

4. 띄어쓰기를 다시 생각하자.

옛 小說이나 歌辭를 읽으면 띄어쓰기가 전혀 되어 있지 않아 그 解讀에 곤란을 느껴 오던 것인데, 현행 맞춤법에서 띄어쓰기 規定을 마련한 것은 현명한 措處였다.

그런데 다만 그 띄어쓰기가 너무 神經質的인 듯한 느낌이 든다. 본시 띄어쓰기의 근본 趣意는 읽기 쉽게 하고 뜻의 混同을 막는 데 있는 것으로 안다.

다음 몇 가지 實例를 들어 論해 보기로 하겠다.

① 不完全名詞(依存名詞·形式名詞)를 붙여 쓰자.

不完全名詞는 完全하지 못한, 實質的인 뜻이 없는, 自立할 수 없는 것으로 독립해서는 主語 구실도 할 수 없는 것이다. 이것들을 붙여 쓰면 어떻겠는가고 생각해 보는 것이다.

오직 힘을 다할뿐이다.
네가 아는바를 말하여라.

와 같이 쓰면 어떨 것인가?

구름에 달 가듯이 가는 나그네

에서 '듯이'는 語尾라 하여 붙여 쓰고, '찌는 듯한 무더위'에서 '듯'은 名詞라 하여 띄어 쓰고 있는 것이다. 실상 '가듯이'의 '듯'이나 '찌는 듯한'의 '듯'이 同質的인 것이라고 아니할 수 없을 듯한데, 單語 중심의 띄어쓰기 規定으로 하나는 띄어 쓰도록 되어 있는 것이다.

그만큼 착실한 청년도 드물다.

에서 '만큼'은 토(조사)로 다루어 이것을 붙여 쓰고, '클 만큼'의 '만큼'은 名詞라 하여 띄어 쓰고 있다. 이 '만큼' 또한 同質的인 것인데, 하나는 붙여 쓰고 다른 하나는 띄어 쓰고 있는 것이다.

그런데 우리는 이 띄어쓰기 문제에 있어 다음과 같은 사실을 想起해 볼 필요는 없을 것인가 생각해 보는 것이다.

달아달아 밝은달아
李太白이 노던달아

와 같은 노래,

이 몸 삼기실제
님을 좇아 삼기시니
한生 緣分이며
하늘모를 일이런가

와 같은 歌辭나 혹은 時調뿐만 아니라 「春香傳」을 보더라도 三四나 四四調와 같은 傳統的인 律調를 찾을 수 있다. 이것이 가장 우리나라 사람의 呼吸에 맞는 句節法이 아닌가 한다. 필자는

單語 중심의 띄어쓰기 規定에 이와 같은 傳統的인 三四·四四調의 句節 중심의 띄어쓰기가 加味되는 방향으로 補完이 되거나 [但書規定 등을 만들어] 修正되었으면 하는 것이다. 不完全名詞를 붙여 쓰자는 것도 이러한 趣意가 하나의 理由가 되는 것이요, 다음에서 말할 몇 項도 또한 같은 理由가 作用한 것으로 보아 좋다. 띄어쓰기가 學問은 아니다. 읽기 쉽고 뜻의 混同만 막을 수 있으면 足하다고 생각한다.

② 量代名詞[不完全名詞의 한 종류, 助數詞]를 붙여 쓰자.

李熙昇은「새 고등문법」에서 '되·말·섬·근·냥·분·원·명·리·년·자·치·푼·길·단·홉·장·돈·권'을 量代名詞라 하였고, 崔鉉培는 이것에 대해 "어떤 이는 씨가지[筆者註 : 助數詞로 보는 이가 있다는 것]로 보는데, 나는 한낱의 씨, 곧 이름씨 [안옹근이름씨]로 보는 말을 들면"<「우리말본」에서>이라 하여, '마리·짐·말·자·마장[里]·마지기·벌·매·돈·간·장·끄람·모·필·권·닢·주[그루]·채·상[床]·자루·년'들을 들었으니, 이것들을 不完全名詞라고 본다는 것이다.

그런데 이들을 量代名詞로 보건 不完全名詞로 보건 하나의 單語로 보는 것은 같다. 그러나 띄어쓰기에 있어선 이 두 분의 태도가 같지 않은 듯하다.

崔鉉培는 「우리말본」에서 '마리·짐·말' 등을 철저하게 띄어 썼는데, 李熙昇은 「새 고등문법」에서 "무곡통(貿穀) 한 섬에 七푼 五리 하여도 五리가 없어서 못 팔아 먹겠다"와 같이 '섬'은 띄어 쓰고, '푼·리'는 붙여 써 있다. 이것은 '섬'은 독립한 事物의 이름으로도 쓸 수 있는 것이나, '푼·리'는 單位의 이름으로만 쓰이는 것이어서 두 가지를 달리 구별하여 적은 것이라고 생각된다. 그런데 이들을 崔鉉培 설에 좇아 不完全名詞라 한다손 치더라도 필자로선 앞 ①項 주장에 따라 붙여 썼으면 하는 것이다.

구십 몇도의 더위
네 개의 별

1분 동안에 낱말 100개
24시간 이상을 끌지 못한다.
均如傳에 11수가 있다.
청산별곡의 제 4 련이다.

여기에서 이것이 量代名詞냐 不完全名詞냐를 따지자는 것은 아니다. 品詞는 어떻든 複合語로 보아 붙여 쓸 수도 있을 것이 아닌가한다.

③ 辭典에 실리지 않은 複合語라도 붙여 쓰자.

前국어 교과서에 나오는 文章 中 띄어쓰기로 되어 있는 것을 다음과 같이 붙여 썼으면 하는 것이다.

맞아주다 · 돋아나다 · 들어보다 · 알아두다 · 無視해버리다 · 하고싶다 · 하나보다 · 부럽지 않다 · 자기소개 · 출신학교 · 국어공부 · 고운말, 마음속깊이 · 몇가지 · 한참동안 · 더할수 없이

에서 '주다 · 나다 · 보다 · 두다 · 버리다 · 싶다 · 않다'와 같은 것은 補助動詞[助動詞]니 補助形容詞[依存形容詞]니 하는 것이다. 이것들은 본 낱말의 원뜻과는 距離가 멀어져 앞 用言의 補助的인 뜻을 더해 주거나 윗말에 依存해서만 쓰이는 것이므로 複合動詞 · 複合形容詞로 보고,

자기소개 · 출신학교 · 국어공부 · 고운말

은 複合名詞로,

마음속깊이 · 몇가지 · 한참동안 · 더할수없이

는 複合副詞로 보아 붙여 쓰면 어떨 것인가 하는 것이다.

〈『국어생활』 제9호, 국어연구소, 1987. 여름.〉

현행 맞춤법은 너무 어렵다

-冷靜히 再論해 보자-

필자는 世代 68년 4월호에 國語, 國字問題의 現段階-한글의 段階的 專用論에 붙임-이라는 題下에 표준말·맞춤법·外來語표기·국어淨化·常用漢字 略字·국어교육 및 其他 문제에 대해 所見을 편 바 있다.

이 글에서 맞춤법에 대해 필자는,

1. 맞춤법 制定한 지가 30여년이나 되었다.
2. 實用해 본 결과 어렵다는 것이 衆論이다.
3. 맞춤법이 제정된 이후 1940년에 이르러 訓民正音을 理論的으로 解說한 訓民正音解例가 발견되었다. 이 解例에는 받침은 ㄱㆁㄷㄴㅂㅁㅅㄹ 8字로 足하다고 하였다.
4. 現行 맞춤법이 表音文字의 表意化를 꾀해 視覺的으로 빨리 그 뜻을 알아 본다는 약간의 利點이 있기는 하나 그 맞춤법을 외우고 옳게 書寫하는 데 있어서의 부담과 혼란은 크다고 아니할 수 없다.

   바치다(목숨을) 받히다(뿔에) 받치다(책받침을) 밭이다(체에) 밭치다(「밭다」를 강조한 말), 마치다(① 끝내다 ② 밑에 무엇이 받치다 ③ 결리고 아프다) 맞히다(화살로, 비를), 마추다(옷을) 맞추다(입을) 다치다(傷함을 당하다) 닫히다(닫음을 당하다) 닫치다(힘들여 닫다)

과연 이렇게 적음으로 해서 얻는 것은 무엇일까?

5. 現行 맞춤법이 表意化를 위해 訓民正音의 「終聲復用初聲(받침으로는 다시 初聲 글자를 쓰느니라)」이라는 規定을 내세우고 龍飛御天歌나 月印千江之曲에 보이는 「ㅈ ㅊ ㅌ ㅍ ㅿ」 등의 받침을 들어 28개의 받침을 쓰는 理論的 근거로 삼고 있다. 그리하여 ㅋ ㅎ ㄲ ㄵ ㄶ ㄽ ㄾ ㄿ ㅀ ㅆ 등 받침이 등장하였다.

   그런데 이들 많은 받침은 固有語의 表意化와 同音異義語를 분간하는 데 필요한 것이라고 하나 실상 固有語보다 월등히 數的으로 우세하고 또한 同音異義議도 많은 漢字語를 표기하는 데는 받침이 ㄱㄴㄹㅁㅂㅇ의 6개뿐인 것이다.

6. 世宗大王의 한글 創製 정신은 「어린(愚) 백성이 쉽게 익혀 쓰기에 편하도록」 하는 데 있었다. 訓民正音 鄭麟趾 序文에 보더라도 「스승 없이 깨칠 수 있는 글」 「슬기로운 者는 하루아침이 다하기 전에 깨치고, 어리석은 者라도 10일 이내에 깨친다.」라고 하여 있다. 그런데 오늘날의 맞춤법은 學者들이 語法이라는 굴레를 뒤집어 씌워 너무 어렵게 만들어 놓고 쉽다고 우겨대는 느낌이 있다.

7. 패전 후 日本은 종래의 歷史的 假名遣(表記法)을 버리고 表音的 假名遣(表記法)를 채택하였다. 表音文字의 大衆化를 꾀한 것이라 하겠다.

와 같은 7個條件을 들어 맞춤법을 再論해 보자 한 일이 있다.

再論될 경우 필자는 다음과 같은 점이 고려되기를 希望한다고 하였다.

1. 받침을 줄여 보자

前述한 訓民正音解例 終聲解의 「ㄱㆁㄷㄴㅂㅁㅅㄹ字 可足用」 說은 實用性을 고려한 참으로 賢明한 조치였다. 우리는 訓民正

音 制定 參與者들이 마련한 이 解例의 정신을 沒却해서는 안 되리라 생각한다. 1933년 한글맞춤법 制定 당시에는 미처 이 解例本을 몰랐기로 「終聲復用初聲」의 規定을 가지고 모든 初聲은 다 받침으로 쓸 수 있는 것으로 해석했던 것이리라, 그러나 이제 解例本이 나타나 實用性을 고려하여 마련된 八終聲可足用說이 이미 制定 參與者들에게서 비롯된 사실을 알았고 또한 지금까지의 實用에서 받침의 煩多가 大衆에게는 과중한 부담이요, 어려운 맞춤법이란 衆評이고 보면 이 받침을 大幅 줄이는 방향으로 연구해 보아야 할 것이다.

그러기 위해서는 우선 「體言과 토는 구별하여 적는다」 「用言의 語幹과 語尾는 구별하여 적는다.」라는 원칙부터 검토해야 할 것이다. 그런데 필자의 생각으론 前後者의 원칙은 반드시 一致해야 할 까닭은 없다고 생각해 보는 것이다.

여기서 張皇한 說明을 늘어놓을 겨를은 없다. 要點만을 들어 말하면 體言(名詞·代名詞·數詞)과 用言(動詞·形言詞)과는 同一히 論할 수 없는 條件이 있다. 그것은 첫째 體言은 事物이나 그 밖의 表象을 나타내는 말이므로 槪念 자체로서 훌륭히 독립할 수 있다. 그러나 用言은 事物의 動作이나 性狀存在 등 浮動性의 槪念을 나타내는 말이므로 반드시 機能要素가 添加되어야 비로소 具體的 意味의 表現이 可能하다는 점, 둘째로 體言에는 수많은 漢字語가 있어 古來로 「六龍이·天福이시니·中國에 天命을·竹園으로」 같은 토와의 分離表記가 행해져 이것은 순 우리말 表記에도 영향을 끼쳤던 것이다. 그러나 用言의 경우에 있어서는 다만 漢字말 名詞에서 轉成된 動詞나 形容詞의 경우, 「寂寞하다·回答하다」와 같은 「寂寞·回答」과 같은 漢字말과 「하다」와의 구별 표기는 고래로 있어 오던 것이며 또한 「寂寞·回答」과 같은 名詞에 대한 意識이 분명할 뿐 아니라 「하다」가 붙는 動·形容詞가 지극히 많으므로 이것의 구별 表記는 해야 할 것이다. 그러나 「깎고·넣더니·뚫게·꿇리다·얹히다·걸어가다」를 그대로 고집할 것인가? 누구나 알기 쉽게 「깍고·너터니·뚤케·꿀리다·언치다·거러가다」와 같이 表音表記로 하고 이것을 合理的으로 說明하는 방법은 없을 것인가? 摸索해 볼 일이다. 要컨대 表意表記와 表音表記를 어느 線에서 折衷할 것인가를 再檢討하였으면 하는 것이다.

오늘날 實用되는 한글 글자(音節文字)는 2千5百에 이른다고 한다. 이것은 받침을 28개로 늘려 表意化를 꾀한 데서 빚어진 결과이다.

그런데 現用 28개의 받침 중 ㅋ ㄲ ㄶ ㄾ ㄿ ㅀ ㅁ ㅆ은 歷史的으로 전연 쓰인 일이 없는 것들이다. ㅈ(곶=꽃) ㅊ(갗=皮) ㅌ(낱=個) ㅍ(붚=鼓) ㄳ(낛=釣·稅)들과 약간의 겹받침이 實用된 일은 있으나 그것도 극히 初期의 文獻일 뿐 그 후 문헌에선 實用便宜대로 八終聲으로 4百餘 年의 表記生活을 해오던 것이었다. 그러나 오랫동안 放置하였던 表記法이 紊亂해질 대로 紊亂해진 것은 당연한 歸結이었고 이 문란은 몇 번의 총독부의 綴字法(1912년·21년·30년)을 거쳐 朝鮮語學會의 朝鮮語 綴字法統一案(한글맞춤법 통일안)을 낳게 하였던 것이다. 이 통일안이 混亂한 表記를 統一의 方向으로 이끌어 온 큰 功은 있으나 앞에서 指摘했듯이 訓民正音解例本이 발견되기 이전이었으므로 八終聲可足用說을 미처 모르고 表意化를 내세워 결과적으로 어려운 맞춤법을 만들어 버린 것이었다.

그러나 訓民正音 解例 終聲解에는 분명히 「然ㄱㆁㄷㄴㅂㅁㅅㄹ 八字可足用也」라 하고 「如 빗곶 爲梨花 엿의갗 爲狐皮 而ㅅ字可以通用. 故 只用八字」라 하여 「빗곶·엿의갗」을 「빗곳·엿의갓」 通用하므로 다만 「ㅅ」字만을 쓴다고 하였던 것이다. 이것이 바로 訓民正音 創製參與者(世宗을 비롯하여)들의 생각이었고 이 생각은 바로 釋譜詳節 이후 文獻에 그대로 具現되었으니 ㄷ·ㅌ→ㄷ, ㅿ·ㅅ·ㅈ·ㅊ→ㅅ, ㅂ·ㅍ→ㅂ으로 代表되어 결국 ㄱㆁㄷㄴㅂㅁㅅㄹ의 8字(나중에 ㄷ→ㅅ으로 바뀌어 7字)만이 쓰여 왔던 것이다.

물론 필자는 八終聲만을 고집한다는 것은 아니다. 訓民正音의

「終聲復用初聲」의 規定이 終聲(받침)은 初聲(현용 14字)을 쓴다는 것이므로 꼭 필요하다면 八終聲 말고도 더 쓸 수 있을 것이다. 그러나 28개의 받침을 꼭 써야한다는 고집은 맞춤법의 大衆化 實用化 近代化를 위해서 버려야 한다는 것이 필자의 所信이다.

앞에서 말한 바와 같이 체언과 용언과는 반드시 同一히 다루어야 할 까닭이 없으므로 우선 體言과 토를 구별해 적는 원칙은 살린다손 치더라도 體言에는 ㅎ ㄵ ㄶ ㄾ ㄿ ㅀ ㅆ 받침은 없으므로 맞춤법은 훨씬 쉬워지고 글자(音節글자) 數도 많이 줄어들 것이다. 가령 ㅆ받침 하나만 없어져도 (例省略) 90 안팎 (전에 70 以上이라 했으나 그 후 가만히 따져보니까 90개 안팎이나 된다)의 글자가 줄어든다는 計算이 나온다. 그렇다면 현행 맞춤법에서 「왔소」라고 적을 것이 「왓소」로 적으면 어떠한 폐단이 있는가? 필자의 생각으론 오히려 利點이 많다고 본다. 별반 뜻의 把握이 늦어질 것도 없이 大衆은 맞춤법이 안 틀려 좋고 글자 數가 줄어들어 印刷文化의 發展上 좋고 수많은 印刷所에서는 許多한 活字를 줄일 수 있어 경제상으로도 좋다고 생각된다. 또 실상 訓民正音 制定 후 4百餘 年을 그렇게 써 왔던 것이다. 八終聲 可足用을 한글 發展의 沮害로 보았던 誤判을 이제는 바로 잡아도 좋은 때가 온 것이 아닌가 한다.

2. 지나치게 語源을 밝히는 것을 再考해 보자

語源이 分明하다고 하여 本 語幹과 本 語尾를 구별하여 적기로 한 「넘어지다·늘어지다·떨어지다·돌아가다·일어나다」의 表記法은 설혹 本 語幹이 「넘(越) 늘(延) 떨(拂) 돌(歸) 일(起)」이라 하더라도 구태여 語源을 밝힐 필요가 있을 것인가가 문제인데, 더구나 「넘어지다(到)」는 「넘다(越)」의 原意와는 距離가 먼 새로운 派生語이며 「늘어지다(기운이 빠져 축 늘어지다)」 또한 「늘다(延)」의 原意와는 距離가 먼 것이라 아니할 수 없고 「떨어지다

(落・離間)」는 더더구나 「떨다(拂)」와는 무관한 것이라고 하여도 좋을만한 것이다. 「돌아가다」도 「죽다」의 敬語로써 「돌다(歸)」의 原意를 생각하는 것은 너무나 哲學的이며 「일어나다」의 「일다」는 오늘날은 거의 單獨으로는 쓰이지 않는 말이라 할 만하니 이것을 구태여 大衆에게 그 語源을 밝혀 적으라하는 것은 지나친 요구라고 생각된다.

「까마귀・귀머거리」 「너무・불긋불긋」과 같은 名詞나 副詞를 表音綴字로 한 것은 賢明하였는데 「얼음・걸음・걸음걸이」나 「같이・굳이」와 같은 名詞나 副詞를 그 語源을 밝혀서 表意化한 것은 再考해 봄직하다. 「얼음」 같은 비교적 그 語源을 알아내기 쉬운 것조차 大衆에겐 理解가 어려운 것인지 解放 20여년에 여전히 서울 거리엔 「얼음집」 아닌 「어름집」 투성이다. 더구나 「걸음걸이」와 같은 轉成名詞는 「걷다」라는 動詞가 ㄷ변칙동사라는 사실과 語幹 語尾의 구별 혹은 轉成語尾(接尾辭) 등의 文法的 知識을 요하므로 역시 어려운 맞춤법이라 할 수밖에 없다. 「같이」나 「굳이」 또한 「같다・굳다」 形容詞에서 轉成하였다는 것과 副詞를 만드는 接尾辭, ㅁ蓋音化 등 文法的 知識을 필요로 하므로 어렵다고 할 수밖에 없고 더구나 「같이 가다」의 경우 「같이(함께의 뜻)」가 「같다」 形容詞에서 派生되었다는 것도 理解가 어려운 것이 아닌가 한다.

3. 너무 原則에 얽매이지 말자

현행 맞춤법이 어려운 대로 우리 國語表記에 通用되고 있는 것은 다행한 일이었다.

그러나 학교 교육에서는 語幹과 語尾는 구별하여 적는다는 원칙에 따라 「介入ㅎ도록(介入하+도록) 參加ㅎ게(參加하+게) 要ㅎ지(要하+지) 强化ㅎ기로(强化하+기로)」와 같은 表記를 취하고 있으나 신문 잡지에서는 한결같이 「介入토록・參加케・要치・强化키로」로 表記하여 學校와 社會의 表記法은 두 갈래로 되어 있는 實情이다. 이래서 과연 좋은 것인가? 신문 잡지가 잘못이라면 바로잡을 勇氣가 필요할 것이고 학교 교육만이 지나친 原則主義라면 但書規定이라도 만들어 是正하는 勇氣가 필요한 것이다.

현행 맞춤법에선 「祖父」를 「할아버지」로 적기로 규정하여 있다. 「윗 품사의 독립한 소리 ㄴ이 딴 소리로 변한 것은 변한 대로 적되 두 말을 구별하여 적는다」는 것이다. 즉 「할아버지」의 「할」은 「한(大의 뜻)」의 ㄴ소리가 母音 사이에서 ㄹ소리로 변하였는데 변한 대로 적되 「아버지(父)」라는 말과 구별하여 적는다는 것이다. 그러나 대중에게 과연 「할아버지」의 「할」이 「한」의 變形이라는 語源을 구별해서 적도록 강요할 필요가 있을 것인가? 大衆이 일일이 語源意識을 불러 일으켜야 할 필요가 있을 것인가? 「하라버지」로 적으면 뜻의 분별이 어려울까? 「아름(두 팔로 껴안은 둘레의 길이)」이란 말이 있다. 이것이 「안다(抱)」라는 動詞의 語幹 「안」에 「음」이란 轉成語尾(接尾辭)와 어울릴 적에 두 母音 사이에서 ㄴ이 ㄹ로 변한 것임은 「할아버지」의 경우와 완전히 같다. 그런데 「할아버지」로 적기를 요구하면서 「아름」은 「알음」 아닌 「아름」이다.

「푿소(여름에 생풀만 먹고 사는 소)·푿솜(풀솜)」으로 적고 「풋것·풋김치·풋나무」라고 구별하여 적기로 되어 있다. 과연 이것을 제대로 분간해 적을 수 있는 사람이 얼마나 될까? 「푿소」라는 表記法에 대해 文筆生活을 하는 어느 大學 교수 두 분에게 물었더니 疑訝한 표정으로 당연히 」「풋소」가 아니냐는 것이었다. 그러고 보면 「푿소」 表記는 어려운 것이 아닌가 하며 비슷한 것으로 숟갈(술+갈)이 있다. 그런데 「젓갈」(저+갈, 「저」도 실상은 漢字말 「箸」가 아니라 「절」이었다. 그것은 現用方言으로 「절」이 있고 12C 初 문헌인 鷄林類事에 箸曰折로 되어 있음에서 實證된다)은 「젇갈」 아닌 「젓갈」이다. 결국 語源이야 어떻든 「숟갈·젓갈」 表記가 다르고 또 「빗깔」이 다르다. 大衆으로선 이들 분간 表記가 결코 쉬운 일이 아니리라 생각된다. 이런 것들이 결국 너무 語源을 캐고 原則에 얽매여 빗어지는 결과라고 보이는데 再考되었으면 하는 것이다.

앞으로 한글專用이라는 大前提下에 表意化를 꾀한다손 치더라도 同音異義語와의 분별을 가능ㅎ게 하는 범위 안으로 국한하고 역시 表音文字는 表音文字의 本質로 되돌아가는 것이 賢明한 것이 아닐까 생각해 보는 것이다.

4. 띄어쓰기를 다시 생각하자

옛 小說이나 歌辭를 읽으려면 띄어쓰기가 전혀 되어 있지 않아 그 解讀에 곤란을 느껴오던 것인데 현행 맞춤법에서 띄어쓰기 規定을 마련한 것은 賢明한 措置였다.

그런데 다만 그 띄어쓰기가 너무 神經質的인 듯한 느낌이 든다. 본시 띄어쓰기의 근본 趣意는 읽기 쉽게 하고 뜻의 混同을 막는 데 있는 것으로 안다. 한글맞춤법 통일안에 띄어쓰기에 대하여는

> 단어는 각각 띄어 쓰되, 토는 윗말에 붙이어 쓴다.
>
> 다만, 문장의 앞뒤 관계에 의하여 특별히 필요한 경우에는 단어를 적당히 붙이어 씀을 허용한다.
>
> 수를 우리 글로 적을 때에는 十進법에 의하여 띄어 쓴다.
>
> 둘 이상의 단어로 이룬 고유 명사는 그 각 단어를 띄어 쓴다.

라고 규정하여 있다.

필자는 이 規定에 대하여 修正 또는 補完 조치를 하여서라도 너무 原則에 얽매여 띄어쓰기 위해 띄어 쓰는 듯한 印象이 지워졌으면 하는 것이다. 다음 몇 가지 實例를 들어 논해 보기로 하겠다.

㉠ 不完全名詞(依存名詞 · 形式名詞)를 붙여 쓰자

「뿐·바·지·것·수·줄·듯·만큼·체」들을 독립해서는 쓰일 수 없는 名詞라 하여 不完全名詞라 하고, 학자에 따라서는 實質名詞에 대한 形式名詞, 自立名詞에 대한 依存名詞라고도 하는 것이다. 결국 完全ㅎ지 못한, 實質的인 뜻이 없는, 自立할 수 없는 것으로 독립해서는 主語 구실도 할 수 없는 것이다. 이것들을 붙여쓰면 어떻겠는가?고 생각해 보는 것이다.

오직 힘을 다할뿐이다.
네가 아는바를 말하여라
해방된지 벌써 이십여년
人情은 아름다운것이다.
우리 모두 할수있는 일
그런 일이 일어날줄은 몰랐다.
찌는듯한 무더위
그도 이제는 클만큼 컸다.
아는척하는것은 금물이다.

와 같이 쓰면 어떨 것인가?

구름에 달 가듯이 가는 나그네

에서 「듯이」는 語尾라 하여 붙여 쓰고 「찌는 듯한 무더위」에서 「듯」은 名詞라 하여 띄어 쓰고 있는 것이다. 실상 「가듯이」의 「듯」이나 「찌는 듯한」의 「듯」이 同質的인 것이라고 아니할 수 없을 듯한데 單語 중심의 띄어쓰기 規定으로 하나는 붙여 쓰고 다른 하나는 띄어 쓰도록 되어 있는 것이다.

그만큼 착실한 청년도 드물다.

에서 「만큼」은 토(조사)로 다루어 이것을 붙여 쓰고 앞에서 例示한 「클 만큼」의 「만큼」은 名詞라 하여 띄어 쓰고 있다. 이 「만큼」 또한 同質的인 것인데 하나는 붙여 쓰고 다른 하나는 띄어 쓰고 있는 것이다.

그런데 우리는 이 띄어쓰기 문제에 있어 다음과 같은 사실을 想起해 볼 필요는 없을 것인가 생각해 보는 것이다.

달아달아 밝은달아
李太白이 노던달아

새야새야 파랑새야
녹두꽃에 앉지마라

와 같은 노래,

이몸 삼기실제
님을좇아 삼기시니
한 生 緣分이며
하늘모를 일이런가

나

江湖에 病이깊어
竹林에 누웠더니
關東 八百里에
方面을 맛디시니

와 같은 歌辭,

어져 내일이여
그릴줄을 모르던가
이시라 하더면
가랴마는 제구태여
보내고 그리는情은

나도몰라 하노라

나

이몸이　죽고죽어
일백번　고쳐죽어
白骨이　塵土되고
넋이라도 있고없고
님향한　一片丹心이야
가실줄이 있으랴

와 같은 時調에서 우리는 三四나 四四調와 같은 傳統的인 律調를 찾을 수 있다. 뿐인가? 春香傳을 보더라도

슬프다 우리벗님 어디로 가겠는고
九秋단풍 잎지듯이 서나서나 떨어지고
새벽하늘 별지듯이 三五三五 스러지니
가는길이 어드멘고 어여러 가래질이야
아마도 우리인생 一場春夢인가 하노라

와 같이 여전 34·44調가 主流를 이루고 있어 이것이 가장 우리나라 사람의 呼吸과 맞는 句節法이 아닌가 한다. 필자는 單語 중심의 띄어쓰기 規定에 이와 같은 傳統的인 34·44調의 句節法 중심의 띄어쓰기가 加味되는 方向으로 補充이 되거나(但書規定 등을 만들어) 修正되었으면 하는 것이다. 不完全名詞를 붙여 쓰자는 것도 이러한 趣意가 하나의 理由가 되는 것이요, 다음에서 말할 몇個 項도 또한 같은 理由가 作用한 것으로 보아 좋다. 띄어쓰기가 學問은 아니다. 읽기 쉽고 뜻의 混同만 막을 수 있으면 足하다고 생각한다.

ⓛ 量代名詞(不完全名詞의 한 종류·助數詞)를 붙여쓰자

오늘날 국어교과서에는

구십 몇 도의 더위
네 개의 별
1 분 동안에 낱말 100 개
24 시간 이상을 끌지 못한다.
均如傳에 11 수가 있다.
청산별곡의 제4 연이다.
도화지라도 한 장 빠지면 야단이다.
백 점을 맞아 올 때면 자랑한다.
일곱 살 때에 아버지를 여의었다.
12 년을 걸려야 달에 도착할 수 있다.
6 명의 우주 비행사
말 한 마디로 천 냥 빚을 갚는다.
1년에 한 번이고 두 번이고 엮자

와 같이 띄어 있다. 필자는 이것을

구십 몇 도의 더위
네개의 별
1분 동안에 낱말 100개
24시간 이상을 끌지 못한다.
均如傳에 11수가 있다.
청산별곡의 제4련이다.
도화지라도 한장 빠지면 야단이다.
백점을 맞아 올 때면 자랑한다.
일곱 살때에 아버지를 여의었다.
12년을 걸려야 달에 도착할 수 있다.
6명의 우주비행사
말 한마디로 천냥빚을 갚는다.
1년에 한번이고 두번이고 엮자

와 같이 띄어썼으면 하는 것이다.

ⓒ 辭典에 실리지 않은 複合語라도 붙여 쓰자

親切하게 맞아 준다.
자기 소개를 했다.
출신 학교며 취미를 아는 것이다.
이 기쁨을 마음 속 깊이 간직한다.
새싹이 파릇파릇 돋아 나기 시작했다.
나는 집에서 국어 공부를 하고 싶다.
고운 말을 쓰려고 라디오를 들어 보았다.
알아 두어야 할 몇 가지 일이 있다.
無視해 버릴 수 없다.
삶의 씨를 뿌려야 하나 보다.
한참 동안 돌아설 줄을 몰랐다.
더할 수 없이 격한 말씨
남 부럽지 않은 生活

以上은 국어교과서에 나오는 文章으로 띄어쓰기의 實例를 들어보인 것인데 「맞아주다 · 돋아나다 · 들어보다 · 알아두다 · 無視해버리다 · 하고싶다 · 하나보다 · 부럽지않다」에서 「주다 · 나다 · 보다 · 두다 · 버리다 · 싶다 · 보다 · 않다」와 같은 것은 補助動詞(助動詞)니 補助形容詞(依存形容詞)니 하는 것이다. 이것들은 本낱말의 원뜻과는 距離가 멀어져 앞 用言의 補助詞인 뜻을 더해주거나 윗말에 依存해서만 쓰이는 것이므로 複合動詞 · 複合形容詞로 보고 「자기소개 · 출신학교 · 국어공부 · 고운말」은 複合名詞로, 「마음속깊이 · 몇가지 · 한참동안 · 더할수없이」는 複合副詞로 보아 붙여쓰면 어떨 것인가 하는 것이다.

以上은 앞에서 밝힌 바와 같이 世代 68년 4월호에 실린 拙稿중에서 맞춤법에 관계되는 부분만을, 그것도 약간의 中略을 해서 소개한데 지나지 않는다.

이제 前論에 이어 이 맞춤법에 대해 평소 생각해 오던 바를 확대해서 펴보려 한다. 필자는 「體言과 토를 구별해 적는다.」 「用

言의 語幹과 語尾를 구별해 적는다.」는 원칙을 同一히 다룰 것은 없다하고 體言과 토를 구별해 적는 원칙은 살린다손 치더라도 體言에는 ㆆㄵㄶㄾㄿㅀㅆ 받침은 없으므로 맞춤법은 훨씬 쉬워지고 글자 數도 많이 줄어들 것이라 한 바 있다.

그런데 體言과 토를 구별해 적는 原則을 살린다 하더라도 다음과 같은 받침은 없앨 수 있지 않을까 하는 것이다.

1. ㅋ받침은 歷史的으로 전연 쓰인 일이 없다 하였다. 오늘날 ㅋ받침이 쓰이는 말로 「부엌」과 「녘」이 있다. 慶尙道 등지에서 「아궁이」를 「부섴」이라 하므로 이것을 계산에 넣으면 3單語가 된다.

「부엌」이 브ᅀᅥᆸ>브업>브억>부억

과 같은 過程을 거쳐 오늘에 이른 것인데 오늘날 서울에선 「부엌이」보다 「부억이」 優勢한 것이 아닌가 한다. 굳이 「부엌」을 고집할 필요는 없지 않을까 한다.

「녘」이 본디 「녁」이었음을 古文獻이 보여 주는바 토와의 사이에 ㅎ소리가 介入하여 激音化한 것이라 하겠는데 이 경우 「녁」을 原形으로 보고 介入된 ㅎ소리를 토에 붙여 적으면 「녁히」와 같이 된다. 이렇게 한다면 「부엌·부섴」 발음을 고집한다 하더라도 「부억히·부석히」와 같이 되어 「ㅋ」받침은 없앨 수 있다. 근본적으로 따져 생각하면 뜻이 있는 漢字 「億·憶·抑·臆」을 모두 「억」으로 적고 순우리말 「억누르다·억보·억새·억세다·억수·억지·억척」 등 모두 「억」으로 적으면서 유독 「부엌」의 「엌」만을 「엌」으로 적어 表意化를 꾀한다는 것은 하나의 單語를 위해 하나의 글자를 쓴다는 것인데 깊이 생각해 볼 문제가 아닌가 한다. 「엌」이 순전히 「부엌」만을 위해 存在하는 글자임을 생각하면 아무래도 혹과 같은 存在인 것만 같다. 表音文字의 表意化란 결국 表意文字의 長點을 折衷해 보자는 것을 터이나 받침을 늘리고 語源을 밝히는 등 그 表意化에서 얻는 利得보다 일반 대중이 그 習得 과정에서 겪는 勞苦나 그 難澁性으로 말미암아 惹起되는 맞춤법의 混亂은 이루 形言할 수 없는 지경이다. 차라리 漢字는 그 造語力이 强하여 한 字의 習得으로도 그 活用度가 커서 얻는 것이 많다 할 것이다. 漢韓大辭典에 의하면 常用漢字 중 造語力이 강한 것은 다음과 같다.

常用漢字	前置總數	實例	後置總數	實例	合計
高	259	高價高官高名	6	孤高崇高最高	265
公	309	公開公務公私	8	奉公貴公主人公	317
國	385	國境國難國營	31	擧國歸國他國	416
金	338	金利金品金錢	27	代金送金貸金	365
內	345	內陸內政內面	30	國內講內局內	375
大	804	大農大小大勝	19	强大廣大遠大	823
同	258	同感同苦同樂	12	共同合同混同	270
無	579	無名無識無休	5	有無虛無前無	584
文	227	文脈文盲文集	79	古文短文電文	306
白	329	白髮白日白骨	15	潔白獨白明白	344
分	299	分離分業分家	20	過分本分餘分	319
不	630	不可不老不快	0	※不可不權不十年未嘗不	630
生	314	生物生産生存	45	發生再生野生	359
水	346	水理水面水中	47	防水治水用水	393
自	425	自尊自稱自治	2	各自獨自	427

後置 總數는 불어날 可能性이 있다. 辭典에는 例示가 빠진 것이었다.
※표는 例示에서 빠진 一例다.

이밖에도 常用漢字 중 2百50單語 以上을 이룬 것으로 白·四·山·三·上·小·五·外·人·一·長·正·中·地·天·風·下·海 등이 있다. 1千3百字 相互結合으로 이루어지는 單語만도 6萬5千3百99(後置總數가 늘어날 것을 계산에 넣으면 이 數字는 불어난다). 1字 平均 50單語 以上의 造語力을 가지고 있

다는 것은 몇 차례 밝힌 바 있다. 이것이 表意文字의 長點인 것이다.

「억·석·녁」이 「부억」이나 「아궁이」의 사투리 「부석」이나 「무렵·方向」을 가리키는 「녁」 하나만의 單語만을 위해 存在한다는 것은 表意文字의 本質에서 크게 벗어나는 것이 아닐까 하는 것이다. 이 ㅋ받침 사용으로 엉뚱한 「저녁」과 같은 표기가 등장하기도 한다.

2. ㄲ받침 또한 歷史的으로 전연 쓰인 일이 없는 받침이라 하였다. 동사 表記에 쓰이고 있는 ㄲ받침의 例는 「낚·겪·깎·꺾·볶·솎·섞·엮·닦·묶·덖」 등이 있는데 본디 이들이 15世紀 文獻에선

낫ᄂᆞᆫ 낫ᄀᆞᆯ(釣)
갓고 갓ᄀᆞ(削)
것고 것거(折)
닷디 닷가(磨)
봇고 봇ᄀᆞᆫ(炒)
섯디 섯그니(混)
뭇논 뭇글(束)

과 같이 나타나는 것이다. 「닷가·섯그니·뭇글」에서 「닷·섯·뭇」의 [t]소리가 다음 [k]소리에 同化되어 「닥·석·묵」이 된 것인데 「닥고·닥가, 석는·석그니, 묵게·묵거」와 같이 적으면 ㄲ받침을 피할 수 있지 않을까 한다. 특히 「묶다」의 古形 「뭇다(束)」는 「뭇(束)」이란 名詞에서 派生(?)된 것이 아닌가도 하는데 「ᄆᆡ무순 사ᄅᆞᆷ(結束)」「ᄆᆡ무서 자며셔(假寢)」와 같은 古文獻 例로 보면 「뭇글」의 ㄱ소리는 活用할 때 介入한 것으로 보이며 이것은 다른 것들도 同軌의 것이 아닌가 하는 추측을 낳게 하는 것이다.

한편 名詞 表記에서 「밖·팎(안팎)」이 있는데 訓蒙字會나 千字

文 등에 「外」를 「밧외」 「表」를 「밧표」라 하여 있고 현대어로도 「밧사돈·안팟人心」 등으로 쓰이고 있다. 그런데 「밧기·밧곤·밧골·밧기」와 같이 添用(曲用)하던 것이 「밧」의 「內破音 [t]소리가 다음 [k]소리에 同化되어 「박」으로 된 것인데 獨立語幹 「밧」이 添用時 介入하는 「ㄱ」소리로 해서 「박」으로 된 것이라고 하면 「박기·박근·박글·박게」 「안팍기·안팍근·안팍글·안팍게」와 같이 表記하면 될 것이다.

실상 古文獻에서 「밧잣(外城)·밧집(槨)·밧과(밖과)·밧도(밖도)」와 같이 쓰이던 것을 아울러 생각하면 옛 獨立語形은 「밧」이었고 다만 添用時 ㄱ이 介入한 것인데 그 介入音에 同化되어 「ㅅ」이 「ㄱ」으로 바뀐 것을 보면 될 것이다.

3. ㄳ·ㅄ·ㄺ·ㅯ 받침 중 ㅯ 받침은 歷史的으로 전혀 쓰인 일이 없는 것으로 다만 옛날 「남기(나무가) 굼기(구덩이)」하던 것을 현행 맞춤법으로 적는 데서 등장시킨 받침이다. 제주도 方言으로 「남신(나막신) 남죽(나무주걱)」이 있는 것을 보거나 鷄林類事에 松曰鮓子南(잣남=잣나무)이 있고 나막신(nam+ ak<接尾辭>+ sin)의 「나막」의 分析에서 「남」이 原形으로 볼 수 있을 듯하다. 마치 「안(內)에서 「아낙」, 「무릎」에서 「무루팍」이 派生되듯이. 그렇다면 「남기·굼기」의 ㄱ은 添用時 介入하는 音으로 계산하면 된다. (拙著 「國語學論文集 名詞曲用에 있어서의 ㄱ의 考察」 參照)

ㄳ받침은 「낛(稅)·낛밥(釣餌)·낛줄(釣緄)·넋(魂)」 등으로, ㅄ받침 또한 「값(價)」이 쓰인 古文獻이 있다. 그러나 이들도 원 獨立語形이 「낙·넉·갑」이던 것인데 다만 添用時에 ㅅ소리가 介入하던 것으로 보면 될 것이다. 우리는 오늘날 現代語에서 그러한 連音현상을 찾아볼 수 있다.

「脈이 없다」를 「맥시 없다」로 「녹이 슬었다」를 「녹시 슬었다」로 「그런 卽은」을 「그런 즉슨」으로 발음할 뿐 아니라 「싹」을 표준말로 잡고 있으나 「싹시 노랗다」로 발음하고 있는 현실이다.

또한 「怯이 나다」를 「겁시 나다」로 발음하고 있는 것을 보면 「ㄱ·ㅂ」받침 다음에 ㅅ소리가 介入하는 현상이 있음을 알 수 있는 것이다. 더구나 「몫」이 釋譜詳節에는 「ᄡᅡ홀 그ᄃᆡᆺ 모ᄀᆡ 두고 남ᄀᆞ란 내 모ᄀᆡ 두어」와 같이 되어 있어 分明 獨立形이 「목」이었던 것이며 「시름없이」도 실상 「시름(愁心)이 없이」가 아니라 「시름스럽게」의 뜻이니 「시름업다」의 「업다」는 形容詞化 接尾辭로, 이것이 副詞로 轉成될 때 ㅅ소리가 介入하여 마치 「無」의 뜻인 「없이」처럼 됐을 뿐인 것이다.

ㄽ받침의 「돐」 또한 「돌」에서 派生(?)된 것으로 보이며 동사 「돌다(回·廻)」와 有關한 것이 분명하다고 보는 바 ㅅ 또한 介入音으로 보아 좋을 것이다. (拙著 國語學論文集 ㆆ曲用語攷 參照) 以上 ㄳ·ㅄ·ㄽ·ㄻ 받침을 쓰지 않고도 體言과 토를 구별해 적는다는 원칙을 살릴 수 있을 것이라는 所見을 펴 보았다.

4. 其他 一束, 우리는 釋譜詳節 이후 八終聲 ㄱㆁㄷㄴㅂㅁㅅㄹ이 쓰이다가 필경에는 ㄷ받침은 ㅅ으로 代用되어 七終聲이 되고 ㄺ(ᄃᆞᆰ·ᄒᆞᆰ·낡디·ᄆᆞᆰ고·ᄇᆞᆰ디), ㄻ(ᄉᆞᆱ곰·ᄃᆞᆱ디), ㄼ(ᄇᆞᆲ듯·셟고·엷디) 등 겹받침이 오래 사용되어 온 과거를 허술히 생각할 것은 아니라고 본다.

맞춤법 制定 당시 다만 放任(?)에서 由來한 混亂을 是正하는 정도로 그쳤으면 좋았을 것을 訓民正音解例 終聲解의 「八終聲可足用」說을 몰랐던 때인 만큼 訓民正音의 「終聲復用初聲」의 規定(실상 모든 初聲 글자를 다 쓰라는 것은 아니다)이나 龍飛御天歌의 表記法을 至上의 것으로 알고 너무 이에 執着했던 것 같다. 그리해서 歷史的으로 전연 쓰이지 않았던 받침까지를 案出해서 28개의 받침을 生産했던 것이다. 實用의 便宜에서 簡易化했던 表記法을 오히려 複雜化 해서 어렵게 만들어 버린 感이 짙다.

그런데 받침소리는 상당히 流動的인 듯이 보인다. 「ㅅ·ㅈ·ㅊ」「ㄷ·ㅌ」「ㅂ·ㅍ」「ㄱ·ㅋ」이 각각 相互間 또는 「ㅅ·ㅈ·

ㅊ」과 「ㄷ·ㅌ」이 相互 交流되는 경향이 있는 것이 아닌가 한다.

歷史的으로는 「벋(友)·갇(笠)·곧(處)·낟(鎌)·몯(釘)·뜯(意)·붇(筆)」 등 이 ㅅ받침소리로, 「덛더디」가 「떳떳이」로 바뀌었으니 이것은 ㄷ받침소리가 ㅅ받침소리에 吸收된 것이라 할 것이다.

「깆·옷깆(襟)·이웆(隣)」이 「깃·옷깃·이웃」으로, 「짗(羽)」이 「깃」으로 「콩폿」이 「콩팥」으로, 「빋(債)」이 「빚」으로 「숫(炭)」이 「숯」으로 「폿(小豆)」을 「팥」으로 「곶(花)」이 「꽃」으로, 「낯(個)」(龍歌·月印에는 낟, 救簡·杜解 등에는 낯)이 「낱」으로, 「녑(脇)」이 「옆」으로, 그리고 前出 「브억」이 「부엌」으로 「녁」이 「녘」으로 된 것이 있다. 뿐만 아니라 「빚·꽃·팥·끝·솥(鼎)」을 각각 「빗·꼿·팟·끗·솟」으로도 발음하고 「무릎이 아프다」를 「무릅이 아프다」라고도 하는가 하면 심지어 버스 車掌들이 「中大앞이요」 할 것을 「中大압이요」라고까지 발음하고 있는 실정이다. 이와 같은 받침소리의 流動性은 앞으로 표준말의 再査定이 있을 경우, 참고가 될 것이요, 받침 글자의 再調整도 가능하게 하는 뒷받침이 되지 않을까 하는 것이다.

〈『말글』 제1호, 言文研究會, 1969. 10. 5.〉

맞춤법 문제

이번 맞춤법 改正試案에서

1. 띄어쓰기 규정을 보강한 것이 무엇보다 잘 된 것이다.

덕수 국민 학교→덕수국민학교
했던 것→했던것
먹어 보다→먹어보다
돌아 가다→돌아가다
할 수 밖에→할 수밖에

등과 같이 불완전명사 보조용언 名數詞 고유명사 전문용어는 붙여쓰기로 되었다.

2. 준말 표기로 「—지않다」를 「—잖다」

적지않다>적쟎다→적잖다
그렇지않다>그렇쟎다→그렇잖다
준 ㅎ표기
가하다>갛다→가타
연구하기로>연구ㅎ기로→연구키로

로 한 것이다.

3. 뜻이 멀어져 그 기본형태를 분석할 수 없는 것은 소리대로

늘어놓다→느러놓다
떨어뜨리다→떠러뜨리다
넘어지다→너머지다
쇠붙이→쇠부치

와 같이 적도록 한 것은 개선이라 할 만하다.

그러나 이 정도의 개정은 泰山鳴動에 鼠一匹格이다.

근본적으로 현행 맞춤법이 어렵다는 것은 그 받침의 過多와 지나친 形態素 밝히기에 있다. 대학 출신자도 제대로 모른다는 것이 중론인 것이다.

4. 받침을 과감하게 줄일 수 없는가.

그런데 이번 시안에서 「부엌」을 「부억」, 「북녘」을 「북녁」으로 표준말을 정한만큼 「ㅋ」 받침이 없어지게 되고 「읊다」를 「을프다」로 표준말을 정한만큼 「ㄿ」 받침이 없어진 듯하나, 종래의 「읊조리다」에 대해서는 그 표기를 어떻게 할 것이냐를 거론한 일이 없으므로 「ㄿ」 받침의 존폐는 미지수다. 필자의 생각으로는 「읍조리다」로 하면 될 것으로 생각한다. 「나무」의 古語를 「낢이」로 적던 현행 맞춤법의 「ㅁ」 받침이 없어진다면 결국 현행 맞춤법에서 「ㅋ ㄿ ㅁ」의 세 받침이 없어져 25개 받침이 남는 셈이 된다.

우리 한글은 表音文字요, 音節文字다. 현행 한글맞춤법 통일안이 表意化를 꾀한 것은 한자의 흉내라 하겠는데 창제 당시에 「ㄺ ㄻ ㄼ」 받침을 쓴 것이라든지 龍飛御天歌나 月印千江之曲에 「ㅈㅊㅌㅍ」 받침 등을 試用한 것이 한자의 흉내라 할 만하다.

그러나 33년 맞춤법이 개정될 때에는 발견되지 않았던 訓民正音 제정 원리를 해설한 「訓民正音解例」가 40년에 발견되었는데 그 解例 終聲解에는 받침으로는 「ㄱㆁㄷㄴㅂㅁㅅㄹ 八字可足用」이라 했으며 釋譜詳節 이후 문헌에서는 실제로 이 八終聲만이 실용되었을 뿐인 것이다.

다만 해방 후 30여년을 현행 맞춤법으로 교육이 행해진 사실과 우리의 선배들이 애써 제정한 현행 맞춤법의 表意性의 장점도 살려 「ㄱㄴㄷㄹㅁㅂㅅㅇㅈㅊㅌㅍㄺㄻㄼ」의 15개 받침을 쓰자는 것이 국어국문학회의 국어正書法案이다.

體言과 토를 구별해 적자는 현행 맞춤법의 정신은 좋다. 그러나 용언의 어간과 어미를 구별해 적을 필요는 없다고 생각한다. 용언이란 浮動性의 개념을 나타내는 말이므로 반드시 어미가 첨가되어야 비로소 구체적 의미의 표현이 가능하기 때문이다.

체언에는 ㅎ ㄵ ㄶ ㄾ(ㄿ) ㅀ ㅆ 받침은 없으므로 맞춤법은 훨씬 쉬워지고 글자(音節文字) 수도 많이 줄어들 것이다.

ㅆ받침은 「있다(有)」만이 「잇다(續) 잊다(忘)」와의 뜻 구별이 되어 利點이 있다 하겠으나 그 대신 「겠, 렀, 았, 였……」 등이나 준말표기 「몄→꾸미었, 볐→누비었」 등을 계산하면 1백개 안팎의 音節字가 되는 것이다. 과연 얻는 것이 무엇인가. 「왔사오니, 왔소」를 「왓사오니, 왓소」로 적으면 족하지 않은가.

「ㅎ ㄶ ㅀ」 받침의 경우도 그렇다. 「좋으니, 끊으니, 꿇어」로 적게 되어 있으나 현실적으로 「ㅎ」소리는 발음도 되지 않는 것이다. ㅅ변칙용언의 「잇다(續) 긋다(劃)」가 모음어미 위에서 「ㅅ」이 떨어져 「이으니, 그어」로 되면 그대로 적게 되어 있고 ㅂ변칙용언의 「덥다(暑), 돕다(助)」도 모음어미 위에서 「더워, 도우니」로 발음대로 적는데 「좋다(好), 닿다(接)」가 모음어미 위에서 「ㅎ」소리가 떨어져 「조아, 다으니」로 발음되는 것이 엄연한 사실인데 왜 이것은 「좋아, 닿으니」로 적어야 한다는 것인가.

「꿇고, 뚫리다」를 「꿀코, 뚤리다」로 적게 하면 누구도 틀리는 사람이 없을 것이다.

요컨대 ㅎ계열 받침 「ㅎ, ㅀ, ㄶ」은 學理的으로야 어떻든, 현행 맞춤법 이전에는 실용된 일이 없고 「아뭏든, 싫증, 실컷」(中學生 받아쓰기에 41種의 異答이 나온 통계가 있음) 등을 옳게 쓰지 못하는 사람을 양산하기에 이르렀으니 지나친 言衆에게의 부담을 덜어주고 표기의 실용화 대중화를 위해 없앴으면 하는 것이다.

5. 形態素 밝히기를 조절하자.

형태소를 밝히는 것이 視覺性이 있어 그 뜻의 파악이 빠른 利點이 있는 것은 사실이지만 지나친 형태소 밝히기는 오히려 득보다 실이 많은 것이 아닌가 생각된다.

현행 맞춤법에서 「우습다, 얼기설기, 나지막, 마중, 야트막, 미덥다, 늘그막」으로 적게 되어 있다. 그러면서 아무런 저항을 느끼지 않는다. 뜻 파악에 장애를 받는 것도 아니다. 그렇다면 「우스니, 우습, 얼그니, 나즈니, 마자서, 야튼, 미더서, 늘거서」 표기가 그다지 語意 분별에 큰 지장이 있을 것으로 보지 않는다. 약간의 훈련으로 극복할 수 있는 극복거리로 본다.

특히 派生語의 경우, 이 현행 맞춤법은 「땀받이(汗衣) · 미닫이(推窓) · 해돋이(日出) · 같이 · 굳이 · 짓궂이 · 걸음걸이 · 훑이다」가 있고 「거지」라는 발음이나 그 語源은 같으면서 「우거지 · 설겆이 · 마당걷이」와 같은 어려운 맞춤법이 등장한 것이다. 필자는 이들을 「땀바지 · 미다지 · 해도지 · 가치 · 구지 · 짓구지 · 거름거리 · 훌치다 · 우거지 · 설거지 · 마당거지」와 같이 적기를 주장하는 것이다.

따지고 보면 모두 「받다」(受)에서 파생되었다고 보이는 「바치다(목숨을), 받치다(책받침을), 받히다(뿔에), 밭이다(막걸리를 체에), 밭치다(「밭이다」의 힘줌말)로 구별하자는 것이나 「부딪히다 · 부딪치다」를 구별해 적으라는 등은 무리한 요구다.

요컨대 한글맞춤법은 世宗大王의 愚民으로 하여금 쉽게 익혀 쓰도록 하겠다는 정신과 33년 우리의 선배가 애써 제정한 현행 맞춤법의 表意化 정신도 살리되 우리 한글의 表音文字의 본질과 音節文字의 특성을 살려 의무교육을 마친 사람이면 누구나 옳게 쓸 수 있도록 주안점이 주어져야 했다.

〈『국어국문학』 제81호, 1979.〉

語文관계 表記法 改定試案 批判

1. 小幅에 그친 改定試案內容

78년 12월 16일 문교부는 표준말, 맞춤법, 외래어 표기법, 국어의 로마자 표기법 등 4개의 語文관계 표기법 改定試案을 발표하고 5월中으로 공청회 등 公論에 붙여 최종안을 확정할 계획인 듯하다.

현행 표준말은 36년에, 맞춤법은 33년에 각각 당시의 朝鮮語學會에 의해 查定되고 제정된 것이요, 외래어 표기법은 58년(이에 앞서 40년 朝鮮語學會에서 제정한 것 있음), 국어의 로마자 표기법은 59년 각각 문교부에 의해 제정된 것으로 표준말·맞춤법은 40여년 만에, 외래어 표기법과 국어의 로마자 표기법은 20년 만에 개정시안이 나오게 된 것이다.

표준말 再査定案과 한글맞춤법 개정안은 지난 70년부터 한글학회·국어국문학회·국어학회·한국어문학회·한글전용국민실천회·한국국어교육연구회·한국국어교육학회 등 7개 단체로 구성된 「국어조사연구위원회」에서 연구한 결과를 가지고 문교부 자문기관인 국어심의회 한글분과위(위원장 許雄)에서 6개월간 심의하여 마련한 것이고 외래어 표기법과 국어 로마자 표기법 개정 시안은 문교부가 위촉한 檢討위원이 77년 2월부터 12월까지 연구·조사한 결과를 국어심의회 표기법분과위(위원장 金鵬

九)가 6개월간 심의해서 만든 것이다.

그 동안 이 일을 해내는 데 수고한 「국어조사 연구위원회」「국어심의회」관계자 여러분의 노고에 감사한다.

결론부터 말하면 표준말 개정시안이나 국어의 로마자 표기법 개정시안에 관해서는 대체로 잘 되었다고 생각하나 맞춤법이나 외래어 표기법 개정시안은 현행 맞춤법이나 외래어 표기법을 근간으로 小幅의 수정에 그쳐 예상대로의 결과라는 느낌을 받는다.

그것은 이 수정안의 모체인 「국어조사연구위원회」나 「국어심의회」의 인원구성이 현행 안을 유지하려는 측에 편중된 데서 빚어진 것으로 보는 것이다.

물론 이번 개정으로 교과서 辭典 등이 대폭 개편되는 衝擊波도 크고 그동안 익혀온 측의 거센 반발 같은 것도 예상되어 혼란을 염려하지 않을 수 없는 일면이 있음을 안다.

그러나 정부수립 후 처음 있는 大盛事요, 막대한 국고금을 들여 한 사업이며 현행 맞춤법이 어렵다는 것이 중론인데다가 외래어 표기법은 문제점이 많은 것으로 평가되어 온 만큼 좀 더 衆意에 부응하는 방향으로 개정이 됐어야 했을 것이다. 더구나 이런 개정이 자주 있을 수도 없는 일이므로 요식행위에 그치기 쉬운 공청회를 지양하고 국어국문학회의 國語正書法案(71.6.19), 外來語表記法案(77.6)과 이번 개정시안이 공개토론에 붙여지기를 제안하면서 아울러 최종 개정의 졸속을 피해 주기를 바라는 것이다.

2. 표준말 再査定에서

1) 定議-「표준말은 현재 서울地域에서 교양 있는 사람들이 두루 쓰는 말을 기준으로 하여 정함을 원칙으로 한다.」

2) 되도록 現實音대로 했다.

보자기→보재기, 난장이→난쟁이, 주착바가지→주책바가지

3) 한 가지 개념을 나타내는 말이라도 쓰이는 세력이 엇비슷하면 두 단어 이상을 표준말로 잡았다.

가랑비 안개비, 옥수수 강냉이, 범 호랑이

4) 표준발음을 査定했다.

헌법(헌뻡) 단가(단까 單價)
넓다(널따) 映畵(영화→영화)
仲介(중개→중개) 佳約(가약→가약)
※ ( )안 ·표는 긴소리, 없는 것은 짧은 소리

등은 모두 잘된 것으로 본다. 특히 표준발음의 사정은 획기적인 것으로 높이 평가해도 좋을 것이며 이제 발음 교육의 기틀이 마련되어 다행이다.

그러나 문제점이 없는 것은 아니다. 「새로 정한 표준말」(국어조사 연구위원회 표준말 査定會 77. 9. 30)은 그 후 소위원의 마지막 손질이나 「국어심의회」의 심의과정에서 얼마간의 수정이 있은 것으로 안다.

「새로 정한 표준말」과 「최종 시안」을 가지고 私見을 피력해보고자 한다.

어떻든 이번 표준말 재사정에 있어서 손을 대지 못한 것도 있고 재고해야 할 점도 있으며 총정리된 것을 본즉 통일성을 결한 것도 있어 보완작업이 불가피하다고 본다.

1) 종합적인 차원에서 볼 때 재고되어야 할 점이 있다.

① 「가격제 가구비 가정면 각축전 가능성……」의 制, 備, 面, 戰, 性을 짧은소리로 처리한 것은 잘된 것인데 「가족회 가

결안 간질병(-뼝) 간첩죄……」의 「會, 案, 病, 罪」는 과연 앞엣 것들과 비교해서 두드러지게 긴소리 발음일까?

「외사촌 조동사」도 그렇다. 「남대문, 서대문」의 「대」처럼 「외사촌, 조동사」의 「사(四), 동(動)」도 짧은소리로 처리되었으면 한다.

② ㅁ,ㄻ받침을 가진 용언의 어간모음은 자음어미 위에서 긴소리로 발음된다고 본다. 그런데 한글학회 큰사전에는 「곪다, 굶다, 닮다, 뽐다, 심다, 옮다, 품다」의 어간에 긴소리 표시가 없다. 이들은 이미 총독부사전(1920년)에서 긴소리 표시가 되어 있는 것인데 이번 再査定에서는 이중 「옮다」만이 긴 소리로 처리되었을 뿐이다. 辭典에 따라 異見이 있는 것이므로 재사정했어야 한다.

③ 「낳다 · 넣다 · 닿다 · 땋다 · 쌓다 · 좋다 · 놓다 · 빻다 · 찧다」 중 큰사전에는 「닿다 · 좋다」의 어간에만 긴소리표, 사전에 따라 이견이 있는 것이므로 재사정했어야 한다.

2) 용언활용 등에 있어서의 어간(1音節) 모음의 긴소리 사정이 있어야 한다.

체언<눈(雪), 말(語)>에는 어떠한 토가 붙어도 긴소리는 고정적이므로 表題語에만 긴소리표를 해도 좋으나 용언어간모음이 길게 소리나는 것은 원칙적으로 자음어미 위에서의 일이고, 모음어미 위에서나 使動詞 · 被動詞를 만드는 파생접미사 위에서는 短音化하는 것이 원칙인데 예외도 있어 유동적이므로 그 긴소리 査定이 있어야 한다는 것이다.

예를 들면

> 「남다 남게 남지 남더니 남는」의 「남」은 길지만, 「남으니 남아서 남은 남을 남아라 남기다」의 「남」은 짧다.

그러나 「얻다 없다 많다」 등은 어떠한 어미 위에서나 그 어간 모음이 길게 발음되고 「벌다」는 그 使動詞 「벌리다」의 경우도 그 「벌」의 모음이 길게 발음되는 것이다.

3) 33년 철자법 통일안을 제정하고 36년 표준말을 사정했던 당시의 선배가 보인 과감성을 배워 좀 더 現實發音을 존중했더라면 하는 아쉬움이 있다.

① 33년에 이미 「셰·졔·쳬」, 「긔· ·븨·싀·츼」와 같은 漢字音의 「세·제·체」, 「기·비·시·치」로 한 선례를 따라 「계·몌·폐·혜」, 「희」를 「게·메·페·헤」, 「히」로 하는 과단성이 있었더라면 하는 것이다.

ㄱ) 켸켸묵다 → 케케묵다

으례 →으레

저희 → 저히

여의다 → 여이다

의 單母音化 「ㅖ→ㅔ」「ㅢ→ㅣ」를 인정한 것은 잘한 것이다.

ㄴ) 「몌·폐·혜」로 된 순우리말은 하나도 없다.

따라서 굳이 「몌·폐·혜」의 한자음을 고집할 것은 없다고 보는 것이다.

現實音化해서

「몌→메」, 「폐→페」, 「혜→헤」

로 하자는 것이다.

ㄷ) 「계」의 경우, 「계시다·계집·핑계·비계」의 「계」를 쓰기로 되어 있지만 현실발음은 「게시다·게집·핑게·비게」가 아닌가 하며 한자음에 있어 「계」(計 ·界 ·桂 ·鷄)와 「게」(偈·憩·揭)글 구별 표기하기로 되어 있지만 사실상 「게」음으로 통합해도 좋지 않겠느냐 하는 것이다. 다만 이 경우,

세계(世界)-세게(强)
가계(家計, 家系)-가게(行)
숙박계(宿泊屆)-숙박게(宿泊하게)

가 혼동될 염려는 있다.

ㄹ) 「희」의 경우, 「희다 · 희끄무레하다 · 희끗희끗 · 희떱다」의 「희」를 쓰고 있지만 현실발음은 「히다 · 히끄무레하다 · 히끗히끗 · 히떱다」가 아닌가 하며 한자음에 있어 「希望, 犧牲」이나 「古稀, 歡喜」의 「希 · 犧 · 稀 · 喜」가 각각 「히」로 발음되는 것으로 본다.

이 경우에

이상히(李相熙, -喜, -禧)-이상히(異常히)
조용히(趙容熙, -姬)-조용히(조용하게)

가 혼동될 염려는 있다.

② 「받아, 앉아, 아름다와, 가까와」를 「받아, 앉아, 아름다워, 가까워」로 현실화했으면 좋았을 것이다.

「ㅎ받침 용언과 ㅅ변칙용언」의 경우에만
낳아, 닿아, 땋아, 쌓아
나아(勝 · 癒), 자아(紡)

와 같이 그 부사형어미가 「아」로 되고 그 밖의 받침이 붙는 말은

작어 안어 닫어 살어 담어 잡어 맡어 핥어……

와 같이 「어」로 발음되는 것이 현실이라 생각한다.

더우기

「아까워 고마워 안타까워 차가워 반가워……」가 「가까와 고마와 안타까와 차가와 반가와……」

보다 우세한 것은 누구도 부인하지 않을 것이다. 지나친 規制는 부담도 되고 저항도 느껴진다.

③ 이번 試案에서

오므라들다→오무라들다
오므리다→오무리다

로 「므」를 「무」로 한 것은 잘한 것이다. 현대어에서 순우리말의 경우나 한자말의 경우, 體言이나 用言이나를 막론하고 단어 내부에서 「므 · 브 · 프」로 발음되는 것은 하나도 없기 때문이다.

그런데 「가쁘다 · 기쁘다 · 슬프다 · 아프다」의 「쁘 · 프」를 그대로 둔 것은 용기 부족이다. 言衆의 발음이 「가뿌다 · 기뿌다 · 슬푸다 · 아푸다」임은 말할 것도 없고 이미 수백 년 전 문헌에 「밋부다 · 밧부다 · 아푸다 · 골푸다(고프다의 옛말)」가 나올 뿐만 아니라 총독부사전에도 「갓부다 · 깃부다」가 나오는 것이다.

④ 이번 試案에서

부스대다→부시대다
메스껍다→메시껍다
느즈러지다→느지러지다
앙증스럽다→앙징스럽다
츱츱하다→칩칩하다
해괴망측→해괴망칙

으로 「스 · 즈 · 츠」를 「시 · 지 · 치」로 現實音化한 것은 잘한 것이다.

이미 33년에

금슬→금실(琴瑟)
편즙→편집(編輯)
규측→규칙(規則)

으로 한 선례가 있는데

측후소, 측량→칙후소, 칙량
좌측, 우측→좌칙, 우칙
즙(汁) 양즙(胖汁)→집, 양집

으로 현실화는 안 되는 것인지 모르겠다. 「校則, 規則」의 「칙」으로 한 이상, 「測 ·側」도 「칙」으로 하는 것이 한자음의 통일상 좋고 더구나 「괴괴망칙(怪怪罔測)」으로 했으면서 일관성도 없어 보인다. 「즙」도 그렇다. 이미 國語化한 것으로 보아 집으로 했으면 좋았을 것이다.

⑤ 이번 試案에서

셔요→세요
여요→예여
쌍동이→쌍둥이

등으로 현실회한 것은 큰 成果다.

그런데 「곰팡내」 때문에 「곰팡이」, 「지팡막대」 때문이 「지팡이」로 정한 것은 재고되었으면 한다.

표준말 사정회의에서 「곰팽이, 지팽이」로 정했던 것을 뒤집은 듯하다. 그러나 言衆의 현실발음은 엄연히 「곰팡내, 곰팡이」요, 「지팡막대, 지팽이」다. 지나친 語學知識을 言衆에게 강요할 것은 없지 않을까 한다.

4) 그 밖에 문제가 있는 것으로 누락된 것도 있다.

① 긴소리표의 일관성이 없는 것

뒤놀다 뛰놀다
휘감다 휘돌다 휘몰다 휘젓다
끌어내다 끌어대다 끌어넣다

② 긴소리표가 잘못된 것

지내다 짓밟다 짓밟히다

③ 「읍니다」와 「습니다」의 표준발음을 정했으면 좋았을 것이다. 「있읍니다, 없읍니다」가 옳다면 「먹읍니다, 좋읍니다」라야 합리적이고 「먹습니다, 좋습니다」가 표준발음이라면 「있습니다, 없습니다」라야 합리적이다. 서울의 현실발음은 뒤의 것이 아닌가 한다.

5) 외래어와 한자말의 표준말(표준발음)을 사정했어야 하는데 미진한 채 끝났다.

① 「세멘, 세멘트, 쎄멘, 쎄멘트 시멘트, 洋灰」, 「에리트, 엘리트」, 「프린트, 푸린트」, 「달라, 달러, 딸라, 딸러」에서 어느 것을 표준말로 하느냐.

② 이번 시안에서 「句」를 「귀」아닌 「구」로 처리한 것은 잘된 것인데 龜兎(구토, 귀토) 軋轢(알륵, 알력) 一切(일체, 일절) 등 어느 것을 표준발음으로 하느냐.

③ 「乾沓, 乾柿, 乾材, 乾葡萄, 乾燥」의 「乾」이 모두 「건」으로 되었는데 「乾物, 乾木水生」의 「乾」은 「간」으로 고집해야 하는가.

6) 우리말을 개발해서 표준말 사정에 붙이는 것도 손대지 못했다.

① 古語의 재생

② 方言의 발굴

③ 傳統式 造語法에 의한 새말造語

④ 生硬한 외래어나 日語의 잔재(순日語식 漢字말 포함)의 우리말化

이번 「국어조사 연구위원회」에서 정리한 試案 부록 「外來語, 日本語, 漢字말」은 좋은 자료인데 이것도 역시 한차례 심의를 거쳤으면 좋은 자료가 되었을 것이다.

3. 이번 맞춤법 改定試案에서

1) 띄어쓰기 규정을 보강한 것이 무엇보다 잘된 것이다.

덕수 국민 학교→덕수국민학교
했던 것→했던것
먹어 보다→먹어보다
돌아 가다→돌아가다
할 수 밖에→할수밖에

등과 같이 불완전명사 보조용언 名數詞 고유명사 전문용어는 붙여쓰기로 되었다.

2) 준말 표기로 「-지않다」를 「-잖다」

적지않다>적쟎다→적잖다
그렇지않다>그렇쟎다→그렇잖다
준 ㅎ표기
가하다>갛다→가타
연구하기로>연구ㅎ기로→연구키로

로 한 것이다.

3) 뜻이 멀어져 그 기본 형태를 분석할 수 없는 것은 소리대로

늘어놓다→느러놓다
떨어뜨리다→떠러뜨리다
넘어지다→너머지다
쇠붙이→쇠붙이

와 같이 적도록 한 것은 개선이라 할 만하다.

그러나 이 정도의 개선은 泰山鳴動에 鼠一匹格 이다.

근본적으로 현행 맞춤법이 어렵다는 것은 그 받침의 過多와 지나친 形態素 밝히기에 있다. 대학 출신자도 제대로 모른다는 것이 중론인 것이다.

4) 받침을 果敢하게 줄일 수 없는가.

그런데 이번 시안에서 「부엌」을 「부억」, 「북녘」을 「북녁」으로 표준말을 정한 만큼 「ㅋ」받침이 없어지게 되고 「읊다」를 「을프

다」로 표준말을 정한 만큼 「ㄿ」받침이 없어진 듯하나, 종래의 「읊조리다」에 대해서는 그 표기를 어떻게 것이냐를 거론한 일이 없으므로 「ㄿ」받침의 존폐는 미지수다. 필자의 생각으로는 「읍조리다」로 하면 될 것으로 생각한다. 「나무」의 古語를 「낡이」로 적던 현행 맞춤법의 「ㄲ」받침이 없어진다면 결국 현행 맞춤법에서 「ㅋ ㄿ ㄲ」의 세 받침이 없어져 25개 받침이 남는 셈이 된다.

우리 한글은 表音文字요, 音節文字다. 현행 한글맞춤법 통일안이 表意化를 꾀한 것은 漢字의 흉내라 하겠는데 창제 당시에 「ㄺ ㄻ ㄼ」받침을 쓴 것이라든지 龍飛御天歌나 月印千江之曲에 「ㅈ ㅊ ㅌ ㅍ」받침 등을 試用한 것이 한자의 흉내라 할 만하다.

그러나 33년 맞춤법이 개정될 때에는 발견되지 않았던 訓民正音 제정 原理를 해설한 「訓民正音解例」가 40년에 발견되었는데 그 解例 終聲解에는 받침으로는 「ㄱ ㆁ ㄷ ㄴ ㅂ ㅁ ㅅ ㄹ 八字可足用」이라 했으며 釋譜詳節 이후 문헌에서는 실제로 이 八終聲만이 실용되었을 뿐인 것이다.

다만 해방 후 30여년을 현행 맞춤법으로 교육이 행해진 사실과 우리의 선배들이 애써 제정한 현행 맞춤법의 表意性의 장점도 설려 「ㄱ ㄴ ㄷ ㄹ ㅁ ㅂ ㅅ ㅇ ㅈ ㅊ ㅌ ㅍ ㄺ ㄻ ㄼ」의 15개 받침을 쓰자는 것이 국어국문학회의 국어正書法案이다.

體言과 토를 구별해 적자는 현행 맞춤법의 정신은 좋다. 그러나 용언의 語幹과 語尾를 구별해 적을 필요는 없다고 생각한다. 용언이란 浮動性의 개념을 나타내는 말이므로 반드시 어미가 첨가되어야 비로소 구체적 의미의 표현이 가능하기 때문이다.

체언에는 ㅎ ㄵ ㄶ ㄾ (ㄿ) ㅀ ㅆ 받침은 없으므로 맞춤법은 훨씬 쉬워지고 글자(音節文字) 수도 많이 줄어들 것이다.

ㅆ받침은 「있다(有)」만이 「잇다(續) 잊다(忘)」와의 뜻 구별이 되어 利點이 있다 하겠으나 그 대신 「겠 렸 았 였……」 등이나 준말표기 「몄→꾸미었, 볐→누비었」 등을 계산하면 1백개 안팎의 音節字가 되는 것이다. 과연 얻는 것이 무엇인가. 「왔사오니,

왔소」를 「왓사오니, 왓소」로 적으면 족하지 않은가.

「ㅎ ㄶ ㅀ」받침의 경우도 그렇다. 「좋으니, 끓으니, 꿇어」로 적게 되어 있으나 현실적으로 「ㅎ」소리는 발음도 되지 않는 것이다. ㅅ변칙용언의 「잇다(續), 긋다(劃)」가 모음어미 위에서 「ㅅ」이 떨어져 「이으니, 그어」로 되면 그대로 적게 되어 있고 ㅂ변칙용언의 「덥다(暑), 돕다(助)」도 모음어미 위에서 「더워, 도우니」로 발음대로 적는데 「좋다(好), 닿다(接)」가 모음어미 위에서 「ㅎ」소리가 떨어져 「조아, 다으니」로 발음되는 것이 엄연한 사실인데 왜 이것은 「좋아, 닿으니」로 적어야 한다는 것인가.

「꿇고, 뚫리다」를 「꿀코, 뚤리다」로 적게 하면 누구도 틀리는 사람이 없을 것이다.

요컨대 ㅎ계열받침 「ㅎ, ㅀ, ㄶ」은 學理的으로야 어떻든, 현행 맞춤법 이전에는 실용된 일이 없고 「아뭏든, 싫증, 실컷」(中學生 받아쓰기에 41種의 異答이 나온 통계가 있음)등을 옳게 쓰지 못하는 사람을 양산하기에 이르렀으니 지나친 言衆에게의 부담을 덜어주고 표기의 실용화 대중화를 위해 없앴으면 하는 것이다.

5) 形態素 밝히기를 조절하자.

형태소를 밝히는 것이 視覺性이 있어 그 뜻의 파악이 빠른 利點이 있는 것은 사실이지만 지나친 형태소 밝히기는 오히려 得보다 失이 많은 것이 아닌가 생각한다.

현행 맞춤법에서 「우습다, 얼기설기, 나지막, 마중, 야트막, 미덥다, 늘그막」으로 적게 되어 있다. 그러면서 아무런 저항을 느끼지 않는다. 뜻 파악에 장애를 받는 것도 아니다. 그렇다면 「우스니, 우슴, 얼그니, 나즈니, 마자서, 야튼, 미더서, 늘거서」표기가 그다지 語義 분별에 큰 지장이 있을 것으로 보지 않는다. 약간의 훈련으로 극복할 수 있는 극복거리로 본다.

특히 派生語의 경우, 이 현행 맞춤법은 「땀받이(汗衣)·미닫이(推窓)·해돋이(日出)·같이·굳이·짓궂이·걸음걸이·훑이다」가 있고 「거지」라는 발음이나 그 語源은 같으면서 「우거지·설겆이·마당걷이」와 같은 어려운 맞춤법이 등장한 것이다. 필자는 이들을 「땀바지·미다지·해도지·가치·구지·짓구지·거름거리·훌치다·우거지·설거지·마당거지」와 같이 적기를 주장하는 것이다.

따지고 보면 모두 「받다」(受)에서 파생되었다고 보이는 「바치다(목숨을) 받치다(책받침을) 받히다(뿔에) 밭이다(막걸리를 체에) 밭치다(「밭이다」의 힘줌말)」로 구별하자는 것이나 「부딪히다·부딪치다」를 구별해 적으라는 등은 무리한 요구다.

요컨대 한글맞춤법은 世宗大王의 愚民으로 하여금 쉽게 익혀 쓰도록 하겠다는 정신과 33년 우리의 선배가 애써 제정한 현행 맞춤법의 表意化 정신도 살리되 우리 한글의 表音文字의 본질과 音節文字의 특성을 살려 의무교육을 마친 사람이면 누구나 옳게 쓸 수 있도록 주안점이 주어져야 했다.

4. 外來語 표기법 시안에서

1) 長모음의 장음을 따로 적지 않기로 한 것은 잘된 일이다.

티임→팀
디저어트→디저트
루우트→루트

2) 重모음 「ou」는 「오」로, 「auə」는 「아워」로 적게 한 것도 좋다.

보우트→보트
코우트→코트
타우어→타워
샤우어→샤워

3) 굳어진 외래어를 굳어진 대로 쓰는 것을 허용한 것도 잘 됐다.

녹→노크
슈트→숫
레이디오→라디오
소킷→소켓

4) 中國人名·地名을 현지음대로 적는다는 것은 日本 인명·지명을 국제음성기호와 대조해서 적는다는 원칙과 함께 再考되었으면 한다.

즉「漢字로 된 인명·지명 등은 原音에 관계없이 우리 漢字音으로 표기함을 원칙으로 한다.」로 정하고

① 中國관계

北京(북경) 吉林(길림) 遼東(요동) 旅順(여순) 臺北(대북) 揚子江(양자강) 泰山(태산) 孫文(손문) 袁世凱(원세개) 蔣介石(장개석) 宋美齡(송미령) 胡適(호적) 新華社通信(신화사통신)

② 日本관계

東京(동경) 京都(경도) 對馬島(대마도) 北九州(북구주) 富士山(부사산) 玄海灘(현해탄) 加藤淸正(가등청정) 明治(명치) 伊藤博文(이등박문) 田中(전중) 産經新聞(산경신문) 大阪每日(대판매일) 京濱街道(경빈가도)

③ 그 밖의 경우

胡志明(호지명) 越南(월남) 瑞西(서서) 瑞典(서전) 佛蘭西(불란서) 濠洲(호주) 伊太利(이태리) 美洲(미주)

다만 慣用은 관용대로 적는다.

香港(홍콩) 澳門(마카오) 厦門(아모이) 沖繩(오끼나와) 吳(구레) 鹿兒島(가고시마)와 같이 하자는 것이다. 또한 한자로 된 인명·지명은 한글로 표기하느니보다 한자로 적어야 그 視覺적 효과가 커서 그 기억이 정확하고 오래가는 것으로 생각한다. 중국이나 일본의 경우도 각각 제나라 한자음으로 東洋인명·지명을 부르는 것이 관례로 되어 있는 것이다. 요컨대 國內人끼리 의사소통이 되면 족하기 때문이다.

더구나

田中(タナカ)→타나카
東京(トウキョウ)→토오쿄오

식은 現地音과도 거리가 멀어 저항이 느껴지는 표기다.

5) 우리말에 동화된 것이 외래어이므로 原音主義나 英語式發音尊重主義를 지양하고 어디에서 어디를 거쳐 들어왔건 익어진대로(國語化한 대로) 적어 관용음(現實音)을 존중해야 할 것이다.

백→빽, 버스→뻐스, 보이→뽀이
볼→뽈, 달러→딸라, 댐→땜
가운→까운, 가스→까스, 검→껌
살롱→싸롱, 사인→싸인, 신→씬
잼→쨈, 지프→찝車
아세틸렌→아세치렌, 튤립→츄립
에티켓→에치켓

6) 현행 외래어 표기법에서

브레이크, 블랭크, 프로그램, 프린트
프롤레타리아, 골프……

로 적게 되어 있으나 현실발음은 「부, 푸」인 것으로 본다.

이미 文世榮의 「朝鮮語辭典」에

푸로그람 푸린트 푸롤레타리아
꼴푸 뿔랙리스트

등 「푸, 뿌」표기가 있으며

불도저(영 bulldozer) 붐(영 boom)

풀(영 pool) 푸싱(영 pushing)

등 「부, 푸」와

브리핑(영 briefing) 블라우스(영 blouse)
프레젠트(영 present) 프린트(영 print)

의 「브, 프」의 발음은 현실적으로 같은 것으로 보인다. 우리가 외래어를 적는데 原語의 스펠링까지를 기억하고 있어야 한다는 것은 言衆에게 있어 지나친 부담이 아닐 수 없다. 재고되었으면 한다.

5. 국어의 로마字 表記法에서

1) 「현행 한글 맞춤법을 그대로 로마字化」하던 기본 원칙을 「正書法의 원칙을 완화, 原語로의 還元性이 크게 손상되지 않는 범위 내에서 原音에 가깝게 표기」한다고 고친 것은 잘한 것으로 본다.

젊다(jeolmda→jŏmda)
속리산(Sogli Mt.→Sogni Mt.)

2) 로마字 이외의 부호로 ㅓ(ŏ), ㅡ(ŭ)를 쓰기로 한 것도 현명한 조치였다고 생각한다.

3) 관용대로

서울 Seoul, 김포 Kimpo

로 한 것도 찬성이다.

그러나

4) 닫히다(dadhida), 신다(Sinda) 표기는 대안이 없을 것인지 모르겠다.

6. 마무리

1) 앞으로 공청회를 가질 때에는 試案을 통과시키기 위한 要式 행위여서는 안 되고 비판은 성실하게 받아들여 재론되어야 한다.

2) 심사위 재심 때에는 그 인원구성을 확대하여 현행 안을 유지하려는 측에 편중되었다는 학계의 여론을 외면할 것이 아니다.

3) 너무 時限附로 서두를 것은 없다. 얼마든지 토론하고 고치고 補完하는 노력이 있어야 한다.

4) 案 확정 후, 안의 해설 보급을 위한 강연 강습회를 열고 문제점이 발견되면 보완하는 게 좋겠다.

5) 우선 아무런 이의 없는 것은 빨리 교과서 등에 반영되었으면 한다.

6) 계속 연구를 위한 常設機構가 있어서 異見이 있는 것은 충분히 연구되어야 하며 미진한 채 끝나버린 여러 문제점도 검토되었으면 한다.

<참고>

拙著. 改訂 「現代國語國字의 諸問題」. 一潮閣.
「國語學論文集」. 一 潮閣.
拙著, 基礎漢字의 긴소리 · 된소리 硏究. 「語文硏究」3~10호.
母音調和現象에 대한 硏究-現代語를 중심으로
單母音化 · 陰性母音化硏究. 檀大 「東洋學」제5집. 「국어국문학」 62 · 63호.
漢字音表記問題. 「語文硏究」제2호.

圓脣母音化現象에 관한 研究. 「國語學」 제2집.
韓國語의 發音研究. 「仁荷大人文科學硏究所論文集」 제1집.
國語敎育問題管見. 「語文硏究」 15~16호.

(「新東亞 2월호」 所載 원고를 중심으로 講演)

〈『語文硏究』 第22號, 韓國語文敎育硏究會, 1979.〉

朴勝彬 先生 著
「한글마춤법통일안」에 대한 批判

讀後感

나는 맞춤법에 대한 所見을 拙著 「現代国語国字의 諸問題」(一潮閣 刊)에서 밝힌 바 있거니와 이미 발표한 주장을 밑바탕으로 「国語正書法案」을 成案한 바 있다. 이것을 하나의 小冊子로 엮어 71년 7월 28일 一潮閣에서 발행하였다.

이 小冊子 허두에 나는 「国語正書法案을 내놓으면서」라는 一文을 실었는데 「이 案을 작성함에 있어 다음과 같은 점을 想起留念하였음을 분명히 해 둔다」라 하여 7個項을 들었다.

그 7個項이란 다음과 같다.

1. 現行 한글 맞춤법통일안은 一九三三年 日帝下 民族運動의 一環으로 국어국문학자에 의해 制定되어 해방 후 통일된 国語国字生活을 할 수 있게 하는데 至大한 貢献이 있었음을 나는 안다.

2. 그러나 現行 맞춤법이 지나치게 表意化를 꾀한 나머지 視覚的으로 빨리 그 뜻을 알아보는 利点이 있기는 하나 맞춤법을 외고, 옳게 書写하는 데의 부담과 혼란이 크다고 보는 것이다. 바꿔 말하면 지나친 表意化는 得보다 失이 많다는 나의 判断이다.

3. 국민학교 6년간의 義務教育을 마친이들로 하여금 틀림없는 表記生活을 할 수 있게 해야할 것인 바, 現行 맞춤법의 習得은 大学을 卒業하고도 만족스럽지 못하다는 것이 衆評이다.

4. 그런데 現行 맞춤법이 訓民正音의 終声規定 "終声復用初声"이라 한 것과 龍飛御天歌의 「곶, 높고, 좇거늘」 등 「ㅈㅍㅊ」 받침의 表記例를 따라 28받침을 案出해냈던 것이다. 그러나 現行 맞춤법이 制定된 후 一九四〇年에 나타난 訓民正音解例本 終声解에는 분명히 「ㄱㆁㄷㄴㅂㅁㅅㄹ 八字可足用」이라 해 있으니, 이것이 訓民正音 創制参與者들의 集約된 意見으로 보아야 옳을 듯하고 또 사실상 釈譜詳節 이후 文献에서는 ㅈㅊ→ㅅ, ㅌ→ㄷ, ㅍ→ㅂ으로 되고 訓蒙字会 凡例에는 初声終声通用八字라 하여 ㄱㄴㄷㄹㅁㅂㅅㆁ을 들어놓았던 것이다. 그 후 다시 ㄷ→ㅅ이 되어 7終声(ㄺ ㄻ ㄼ 겹받침과 함께 10받침)을 오랜 세월 써 왔던 것이다. 이것은 実用의 便宜에서 온 것이요, 이 規制없는 오랜 세월의 言衆의 表記意識이 맞춤법의 大衆化를 위해 크게 참고가 될 듯도 하다.

5. 現用 28받침 중 ㅋ ㅎ ㄲ ㄵ ㄶ ㄾ ㅀ ㅁ ㅆ의 9받침은 한글 맞춤법통일안 制定 전에는 実用例가 없고 55년 문교부의 文字頻度調査에 의하면 20萬字 중 ㅁ(0), ㅋ(0), ㄳ(0), ㄾ(1), ㄼ(2), ㄳ(4)로 나타나 있는 글자들이다.

한편 한글학회 지은 큰 사전에 「밭 부섥, 뷝, 첫밗」과 같은 標題語가 있는 바 이러한 현행 맞춤법 정신에 立脚하면 받침은 30개 이상이 있어야 되며 音節文字数는 3千을 돌파하고 항상 流動的이게 마련이다.

6. 英語 等의 綴字法例를 들어 우리의 맞춤법에서 音節単位로 발음할 때 발음도 되지 않는 「ㄳ ㄳ ㅄ ㅆ ㄾ…」 등 겹받침 擁護論을 펴기도 한다.

그러나 그 英語의 綴字法이 얼마나 어려운가. 現代英語의 綴字法이 지극히 煩雑하고 外国人의 学習에 있어서는 큰 不便을 주고 있는 것이다. 이 英語綴字法의 煩雑은 中世英語時代에 佛

語가 많이 輸入이 되고 이들 輸入語가 佛語流로 綴字가 됐을 뿐 아니라 英語까지도 佛語流로 綴字가 되었는데 발음은 時代를 따라 변화했음에도 불구하고 綴字法만은 旧態를 유지하고 있는데 起因한다는 것이다.

現代英語를 적는 데 사용되는 文字는 周知하는 바 26字의 로마字다. 이 26字만을 가지고 英語를 表記하자니 그 綴字法이 복잡해질 것은 自明한 일이다. 따라서 音과 글자와의 관계는 매우 복잡하여 하나의 音이 여러 종류의 글자, 또는 글자의 結合(th 등)으로 나타내지거나 하나의 글자가 여러 종류의 音을 나타내기도 한다. 이것이 英語를 글자에 의해 学習할 때 큰 불편을 주는 것이다. 이 불편을 제거하고 綴字를 발음에 適応시키려는 綴字改定의 운동이 英美의 몇 協会에 의해 진행이 되고 瑞典의 R.E.Zachrisson에 의해 考案된 Anglic의 綴字法이 많은 支持를 얻은 일도 있었다 한다.

이웃 일본이 종래의 歷史的仮名遣(表記法)을 버리고 一例로 「広クワウ江カウ甲カフ公コウ」 등을 모두 「コウ〔ko-u〕」로 적기로 한 것은 表音的 假名遣(表記法)으로 전환한 것이라 하겠다. 오랜 因襲을 버리고 표기법의 大衆化를 꾀한 것인데 他山之石이 된다 할 것이다.

7. 결론적으로 本案은 世宗大王의 愚民으로 하여금 쉽게 익혀 쓰도록 하겠다는 情神과 一九三三년 우리의 선배들이 애써 制定한 現行 맞춤법의 表音化 情神도 살리되, 義務教育을 마친 사람이면 누구나 옳게 쓸 수 있도록 하는 데 主眼을 두었다.

以上과 같은 観点에서 拙案은 다음과 같이 成案되어 있다.

① 本案은 「소리대로 적되」 쪽에 重点이 주어지긴 하였으나 体言과 토를 구별해 적고 用言의 語幹과 子音語尾를 구별해 적자는 大原則을 세운 것은 現行 맞춤법의 長点을 살린 것이다.

② 語源 밝히는 것이 現行 맞춤법에서 가장 어려운 것으로 받아들여지고 있다함을 나는 経験과 実験에서 切感하고 있는 바,

派生語에 있어서는 원칙적으로 語源을 밝히지 않는 方向으로 하였다.

③ 漢字音, 外来語, 표준말은 모두 現実発音이 尊重되는 방향으로 하여 言文一致 방향의 案이다. 다만 漢字音에서 된소리로 발음되는 것이라든지 ㄱ, ㅂ, ㅁ 등 받침 다음에 오는 ㄹ初声 漢字音表記에 있어서의 現実音化도 생각해 보았으나 각급학교의 漢字教育의 復活을 前提로 原音을 살려 적기로 하였다.

④ 띄어쓰기의 根本 취지가 읽기 쉽게 하자는 데 있는 것인즉 뜻의 混同이 없는 限 붙여 쓰는 방향으로 규정하였다.

⑤ 받침을 訓民正音 解例 終声解의 八終声可足用의 ㄱㄴㄷㄹㅁㅂㅅㆁ과 伝統的인 겹받침 ㄺ ㄻ ㄼ에다 龍飛御天歌 月印千江之曲에 実用例를 보이는 ㅈㅊㅌㅍ, 以上 15받침만을 쓰자는 것이다.

이 拙案은

1. 맞춤법 制定에 관계했던 분이 생존해 있다. 더구나 오랜 獄苦를 치룬 분들이 있다.

2. 해방 후 각급학교 교육에서 이 맞춤법에 의한 교육이 행해졌으므로 상당한 보급이 이루어진 것이 사실이다.

라는 両大條件을 머리에 두고

3. 그러나 현행 맞춤법이 実用해 본 결과 어렵다는 것이 衆論이므로 合理的이고도 쉬운 맞춤법으로 개정해야 할 것이다.

4. 지금 文教部에 의해 진행 중인 새 맞춤법이 確定公布되면 앞으로 수십 년 갈 것이다. 라는 점을 아울러 머리에 두어 작성한 것이다.

表音文字의 本質과 音節文字의 特性을 살리되 表意性의 長点도 살리는 折衷式正書法이라 할 것이다. 현행 맞춤법을 堅持하자는 이들은 지나친 改革案이라 하고 철저한 表音主義를 내세우는 이들은 엉거주춤한 妥協案이라 할 것이다.

그러나 현행 맞춤법의 煩多한 받침이나 지나치게 形態素를 固定시키려는 表意化主義는 한마디로 漢字의 흉내요, 単語 중심으로 띄어쓰기를 하자는 것은 英語의 흉내라 할 것인 바 이 拙案은 최소한 이 남의 흉내를 止揚하자는 試案은 될 것이다.

나는 이번에 처음으로『朴勝彬 先生 著 朝鮮語学会 査定「한글마춤법통일안」에 対한 批判』이란 冊子를 接했다.

朴勝彬 선생이 31년 朝鮮語学研究会를 조직하여「正音」을 発行하면서 周時経 선생系의「한글」誌와 맞서고 현행「한글맞춤법통일안」(朝鮮語綴字法統一案)에 反旗를 들었음은 익히 알려졌던 사실이다.

그리고 그 反論의 骨子도 대충은 알고 있었던 터요,「한글」派의 맹렬한 공격의 대상이었음도 알고 있었다. 그런데 오늘날 현행 맞춤법을 쉽게 고치자는 異論이 提起되면서 朴勝彬의 残党이 蠢動하는 것쯤으로 생각하는 괴상한 風潮마저 있는 듯하다.

참으로 可嘆할 노릇이다. 그점 따지고 보면 현행 맞춤법이 制定 당시 言論을 비롯한 社会各方面의 支持나 呼応을 얻은 것은

1. 朝鮮語学会의 組織力이 強勢였던 점.

2. 3년간 一百 餘回의 小委員会와 두 번의 全体委員会를 거쳐 臨時総会의 採決을 거친 節次上의 合当性과 委員들의 犧牲的 貢献

3. 訓民正音 制定 後 初期에 비교적 整然했던 表記法은 차차 문란해지기 시작하여 度를 더하다가 드디어는 無秩序 不條理의 極에 달했던 당시에 表記法의 完全統一을 渇望하던 국민의 輿望이 컸었다는 점.

에 있었다고 보는 것이 옳다고 생각한다.

이제「한글마춤법통일안에 対한 批判」을 通読한 所感을 적어보면 다음과 같다.

1. 「한글마춤법통일안」이란 이름이 不適함을 지적하였다.

中에서도 「한글」이 「朝鮮語」의 別名으로 쓰임을 못마땅해 했다. 이는 전혀 同感이다. 「諺文」 또는 「正音」의 代用語로 「한글」이 쓰임도 「経書諺解」를 「経書한글解」라고는 通用하지 못할 것이라는 指摘 또한 同感이다.

「한글」이란 말을 한글학회 지은 「큰 사전」에서 찾아보면 「우리 나라 글자의 이름」이라고 풀이되어 있다.

「한글」이란 말의 由来야 어찌 되었건 日帝時代에 우리말 우리글 우리글자를 国語・国文・国字라고 부를 수 없게 되었던 터에 하나의 突破口로 民族感情도 加勢되어 創案된 말이 아닌가 한다.

이제 우리는 光復祖国에서 다시 우리 글자를 国字, 우리말을 国語, 우리글을 国文이라 부를 수 있게 되었으니 感慨가 깊다.

그런데 세상에서 흔히 「한글」이란 말의 뜻을 확대해서 「국어・국문・국자」의 뜻으로 휘뚜루 쓰고 있는 경향이 있는 듯하다.

같은 국어를 연구하는 학자를 두고 「한글학자」라는 말과 「국어학자」라는 말이 混用되고 있음은 奇現象이라 아니할 수 없다. 최현배 박사는 「한글학자」고 李熙昇 박사는 「국어학자」라고 하는 것이 얼마나 불합리한 일인가? 「한글」이라는 말에 애착이 있는 이는 물론 써도 좋다. 다만 辞典에도 밝혀 있듯이 「우리글자」에 限해서 그렇게 부르는 것이 좋겠다.

따라서 우리말의 표기법은 우리말을 바르게 적는 법을 규정하는 것이므로 「国語正書法」이라 부르는 것이 좋겠고 아니면 「国語表記法」 「国語綴字法」 등으로 부르는 것도 좋을 것으로 생각한다.

2. ㄲ ㄸ ㅃ ㅆ ㅉ을 硬音字로 씀이 옳지 않다 하였다. ㅺ ㅼ ㅽ ㅆ ㅾ을 쓰자는 것이다.

同感이다. 「ᄭᅵᆼ, ᄯᅥᆨ, ᄲᅡ르다…」처럼 적는 것이 訓民正音 制定 당시의 表記法에 맞는 것이다. 訓民正音 制定 당시 「ㄲ ㄸ ㅃ

ㅉ」이 語頭에서 쓰이지 않은 것은 누구나 아는 사실이다. 그러나 이미 익어진 것을 새삼 「ㅺ ㅼ ㅽ…」을 擧論할 것이 없다고 한다면 굳이 고집할 생각은 없다. 다만 된소리 표기는 「ㄲ ㄸ ㅃ ㅉ」으로 한 것이 옳았다는 주장은 容認할 수 없다. 十五世紀 表記에서 「꿩, 떡, 쌔르다」의 「ㅺ ㅼ ㅽ」이 된소리였다고 본다.

3. 「ㅎ」을 「히읗」이라고 함은 「ㅎ」의 받침을 否認하는 論者로선 首肯할 수 없다 하였다. 同感이다.

4. 「ㄷㅈㅊㅌㅍ」의 받침의 使用에는 同意한다 하였다.

이밖에

「ㅋ」은 音理上으로는 받침될 性質이 있지마는 実際에는 使用되는 語音이 없다.

「ㄲ ㅆ」은 音理上 ㄱ 둘, ㅅ 둘의 받침이 아니라 「닥고, 묵고, 가갯다」의 記寫로써 足하다.

「ㄿ」의 받침은 是認한다. 「ㄺ ㄻ」의 받침과 같은 관계다.

「ㄳ ㄾ」, 「곬谷, 돐週」는 「골, 돌」이 그 名詞이고 「ㅅ」이 그 받침에 添加되어 있는 것이 아니다. 「골시, 돌슬」의 語音은 助詞 「이, 을」의 訛音이 「시, 슬」로 使用되는 것이다.

「ㅎ ㄳ ㄵ ㄶ ㅀ ㅁ ㅄ」 이와 같은 것들은 絶対로 받침에 使用되지 못하는 것이다.

라는 主張이다.

결과적으로 ㄱㄴㄷㄹㅁㅂㅅㅇㅈㅊㅌㅍㄺㄻㄼ의 15받침을 쓰자고 하는 내 主張과 거의 一致한다.

이 자리에서 学理를 따질 생각은 없다. 그러나 訓民正音의 「終声復用初声」이라는 規定은 모든 初声 글자를 받침으로 써야 한다는 것은 아니다.

이에 대해서는 訓民正音解例終声解의 「ㄱㆁㄷㄴㅂㅁㅅㄹ 八字可足用」을 알기 以前에 이미 朴勝彬 선생이 그의 著書 「朝鮮語学」에서 분명히 한 바 있다. 옳은 해석이다.

「終声復用初声」이란 終声을 쓸 때에는 初声 글자를 쓰자는 規

定일 뿐이다. 그러함에도 불구하고 모든 初声 글자를 다 받침으로 써야 한다 하고 実用例도 없는 숱한 새 받침을 만들어내어 28개의 받침을 案出했다. 이제 이것을 그대로 固守하겠다는 고집은 맞춤법의 大衆化·実用化·近代化를 위해서 버렸으면 하는 것이 나의 所見이다.

사실상 現行 맞춤법 論法대로라면 엄청나게 받침이 늘어날 것이라는 朴선생의 指摘은 옳다. 略語나 方言表記를 위해서는 「ㅺ ㅇㄱ ㄴㅌ ㄹㅋ ㄹㄹ ㄱㅎ ㅁㅎ ㅂㅎ ㅇㅎ 등 새 받침이 늘어나고 숱하게 音節文字가 새로 생기게 마련이다.

5. 第三一項 第五七項 第五六項에 대한 批判, 즉 「나타, 만코」는 不可하고 「수캐, 조팝」은 可하다고 主張함은 矛盾되는 整理法이요 「결코, 하마트면」은 可하다는 것도 矛盾이다. 「다정ㅎ다」가 原則이요, 「다졇다」를 許容하면 「ㅇㅎ」 받침이 필요한데 第一一項에는 「ㅇㅎ」 받침이 없고 「ㄱㅎ ㅁㅎ ㅂㅎ ㅅㅎ」이 없음은 漏落인가? 잇어버린 것인가?

라고 하였다. 모두가 옳은 指摘이다.

6. 「다」가 添加된 말을 標準으로 함은 甚히 不適当하다. 先代에서 「去 가다거, 捕 잡다포」라고 하지 않고 「갈거, 자블포」라고 定한 그 着想을 軽視하지 말음이 可하다.

만일 終止形을 取하려면 「오」를 取하여 「가오, 자브오」를 그 標準으로 記写함이 可할 일이다라 하였다. 이른바 「하오」體로 基本形을 삼자는 것이다. 한편

語幹 語尾를 가름에 있어 「머그니, 머거서」 「미드면, 미더라」의 語音에 「머그, 머거, 미드, 미더」의 音까지가 「食, 信」의 뜻 即 動詞의 意思가 表示되는 音이고 「니, 서, 면, 라」 만이 助詞의 意思가 表示되는 音이라고 관찰하는 것이다.

라는 주장이다. 「먹, 믿」을 語幹으로 보는 의견과 맞서는 것이다.

「다」類의 助詞(대, 디, 고, 세, 자 等)는 音理上 略音을 誘致하는 音이다. 「머그, 미드」의 促略된 発音이 「먹, 믿」으로 됨은 차

라리 당연한 일이다. 英語의 「커트(cut)」의 「컽다운」이며 日語에 「가디다(カチタ)」가 「갇다」로 됨과 같은 音理다.

라는 主張이다. 이 主張은 받침 後生論을 낳게도 할 수 있다.

「하오」體를 基本形으로 하는 문제는 愼重히 생각해 봄직한 것으로 나는 생각한다.

물론 우리 古文獻에 「다」를 基本形으로 잡은 記録이 있음을 나는 안다.

朝鮮館訳語의
天晴 哈嫩黒大
天高 哈嫩那大
星多 別二哈大
同文類解의
老了 늙다
年老 나만타
忘了 닛다
漢清文鑑의
月郎 돌붉다
月色淡 돌빗엷다
有 잇다
臥 눕다

等이 그 例들이다.

나는 基本形 「먹다」「머그오」 両者中 어느 것이 옳다를 내세울 생각은 없다. 다만 教育的인 面에서는 「머그오」를 基本形으로 잡는 것이 좋지 않을까 생각하는 것이다.

朴선생의 指摘이 있듯이 従来의 漢字訓読法 「去 갈거, 捕 자블 포」나 「愚는 어릴씨라」「附는 브틀씨라」와 같은 15世紀 文献의 漢字釈読法도 있지만 「짓다, 줏다, 짙다」 基本形으로선 그 発音이 같아 그 辨別이 어려운데 「지으오, 지즈오, 지트오」로는 그 辨別이 쉬울 뿐 아니라 그 받침을 알게 하는 데도 利点이 있다. 또한 「하오」體가 「平等하고 品位있다는 말」이란 論者도 있는데 그 点도 생각해 봄직하다.

받침 後生論도 그렇다. 나는 一次的으로 쌍받침이나 겹받침의 後生論임을 주장하는 者다. 그런데 홑받침의 後生論에도 어느 程度의 学理的 뒷받침은 있다고 본다. 다만 모든 홑받침이 略音에서 왔다는 実証은 訓民正音 創制以後의 文献이나 그 以前의 郷札, 吏讀 表記로 된 資料에선 찾을 수가 없는 것이 事実이다.

㉠ 日本語가 開音節語요, 促音法이 있다. 우리말과 日語의 文法構造가 酷似한 것은 누구나 아는 사실이지만 日語가 開音節語요, 促音現象이 있다는 사실은 우리말 받침의 発生에도 크게 참고가 된다고 생각한다.

㉡ 「바브(飯), 무르(水)」와 같은 咸鏡方言

㉢ 「시므디, 시므고, 시므기」 「시브다」 「만ᄒᆞ고」 「우르고, 우르놋다」의 歷史的 表記에서 「심다, 싶다, 많다, 울다」로 「올모ᄃᆡ, 니부ᄃᆡ, 머구ᄃᆡ, 바도ᄃᆡ…」가 「옮되, 입되, 먹되, 받되」로 된 事実

㉣ 現代語의 「가지다, 디디다」가 「갖고, 갖게, 갖더니, 갖세, 갖네」나 「딛고, 딛게, 딛더니, 딛세, 딛네」와 같이 略音되는 事実. 그러면서 「가지면, 가지니까」 「디디면, 디디니까」는 줄어들 수 없는 事實.

㉤ 英語 「desk」를 「데스크」로 받아들이는 것을 「捕 자블 포, 抱 아늘 포」와 같은 漢字訓読法과 아울러 생각해 볼 일이다.

㉥ 「드르, 기르마, 거우루, 비두로기」에서 「들, 길마, 거울, 비둘기」로, 「어느제」가 「언제」로 줄어들면서 각각 「ㄹ, ㄴ」 받침이 생겼다는 事実.

㉦ 오늘날의 長母音은 두 音節이 줄어든 것이 많다는 것은 実証이 있다.

드로→들　가히→개　ᄇᆡ얌→뱀　두블(途孛)→둘　ᄉᆞᅀᅵ→새　ᄌᆞ올다→졸다　버히다→베다　다히다→대다

따라서 오늘날의 長母音은 두 音節이었을 可能性이 있다는 假設

을 세울 수 있다. 그런데 오늘날 ㄷ變則, ㅅ變則, ㅂ變則 用言語幹母音에 각각 長母音이 많다는 사실은 매우 示唆的인 현상이 아닌가 생각해 본다.

더구나 ㄷ變則用言은 우리말에 있어서 ㄹ받침 붙는 名詞가 複合語를 이룰 경우 促音化하는 것은 古文獻에서나 現代語에서 숱하게 그 例를 찾아낼 수 있음을 아울러 생각하면 「무르→묻」으로 促音化했을 可能性을 排除할 수 없다.

以上 너무 장황해진 듯하여 其他項에 대해서는 論及을 줄이려 한다.

나는 朴선생의 說이 모두 옳다고 보는 것은 아니고 물론 批判의 對象이 될 것이 적지 않지만 可及的으로 歷史的 記写를 尊重하려는 情神은 尊重할만 한 見解라고 본다. 더구나 「現代의 語音이 古代의 語音과 全然히 달라진 말은 現代語音으로 記写함이 妥当한 줄로 생각한다.」라는 但書가 붙어 있는 것이다.

一九七三年 一月 十五日

〈『한글마춤법통일안』 批判, 通文館, 1973.〉

新聞에 나타난 外來語 表記問題

유럽 12개국 「우주개척 첨병」이란 題下에 「아리안스페이는 독일 프랑스 이탈리아 벨기에 영국 등 유럽 12개국 36개 우주항공사와 전자업체, 13개 주요 은행, 프랑스 국립우주연구소(CNES)가 컨소시엄을 형성, 탄생시킨 세계최대 우주항공업체다」라는 이 기사는 어느 日刊신문에서 인용한 것이다.

여기에 나타난 나라 이름 표기 등은 물론 외래어 표기법에 따른 것이므로 시비를 하려는 생각은 조금도 없다.

그러나 「독일, 영국」이라고 하면서 「프랑스, 이탈리아」라고 하고 그 記事중에는 「프랑스領」 아닌 「佛領」이 나온다.
내친 김에 최근에 조선·동아 두 신문을 더 뒤졌다.

東京 東京都 도쿄 도쿄기독교大 동경경제大, 오사카(大阪), 北海道(홋카이도-오키나와-北海道-沖繩), 신주쿠(新宿) 하네타(羽田) 시마네(島根) 縣 마스터(益田)市 新幹線 「共和」社 교와(共和)

다케오카(竹岡)사장, 미야자와 총리 宮澤喜一 일본총리, 미야자와 기이치(宮澤喜一) 宮澤 망언, 사쿠리우치 요시오(櫻內義雄) 櫻內海部 前 총리, 明仁, 니시오카 쓰도무(西岡力) 핫토리 다미오(服部民夫), 히라이와(平岩外西) 이시카와(石川六郎) 日本通運經團連(*우리는 聯)회장 日經連회장 日商회장, 日經비지니스誌 닛케이(일본경제), 日 교도(共同) 통신 지지(時事)통신

泰國 태국, 臺灣 대만, 말레이시아 말聯, 佛-獨-日 프랑스 독일

일본, 佛선수 프랑스 경제, 獨스키聯 독일스키연명(DSV), 伊 이탈리아, 러聯 러시아연합정부, 印尼 인도네시아, 比 필리핀, 埃 이집트, 蘇聯 獨聯 독립국가연합(CIS), 미국이나 유럽, 南美 北美, 東歐圈, 구미 세, 亞洲 亞太 아시아태평양지역, 韓베트남, ASEAN, 墺 오스트리아, 스위스, 폴란드, 아프리카, 南阿共, 濠洲

北京 南京 洛陽 重慶 천진 延邊 大連 臺北市 廣東지역 福建省 양자강 黃山 장강대교 黃浦路 光華門 澄芝寺 孫文 蔣介石 鄧小平 趙紫陽 李鵬

등 다양한 표기다.

다 까닭이 있는 표기요, 記者에 따라 다른 표기도 있는 듯하다. 원칙 固守派와 융통성 있게 편의주의로 사회에서 통용되는 대로 쓴 것도 있다.

東京 동경 도쿄, 獨逸 獨 독일, 佛 프랑스, 伊 이탈리아, 印尼 인도네시아, 말聯 말레이시가, 埃 이집트, 比 필리핀, 日經 닛케이 일본경제, 亞洲東歐圈 유럽, 아프리카 亞太 아시아-태평양지역 등 표기가 混在상태다.

이상 例에서 보면 中國 人名 地名 등 고유명사 표기가 漢字표기거나 우리 漢字音 표기임에 대해 日本의 그것들은 漢字표기도 약간은 보이지만 대체로 原音표기를 하고 괄호안에 漢字를 넣는 식이 대부분이어서 그 표기원칙이 다르고 현행 외래어 표기법에 완전일치는 아니다.

국어국문학회 외래어표기법안(77. 6. 4 총회에서 통과)에 따르면 제4조에 「모든 外來語의 표기는 慣用音을 존중함을 원칙으로 한다」라 하여 土着音주의를 표방하였다. 이 원칙에 따라 「漢字로 된 人名·地名 등은 原音에 관계없이 우리 漢字音으로 표기함을 원칙으로 한다」라고 했다.

1. 中國關係

北京(북경) 吉林(길림) 遼東(요동) 旅順(여순) 臺北(대북) 揚子江

(양자강) 泰山(태산) 孫文(손문) 袁世凱(원세개) 蔣介石(장개석) 宋美齡(송미령) 胡適(호적) 新華社通信(신화사통신)

2. 日本關係

東京(동경) 京都(경도) 對馬島(대마도) 北九州(북구주) 富士山(부사산) 玄海灘(현해탄) 加藤淸正(가등청정) 明治(명치) 伊藤博文(이등박문) 田中(전중) 産經新聞(산경신문) 大阪每日(대판매일) 京濱街道(경빈가도)

3. 그밖의 境遇

胡志明(호지명) 越南(월남) 瑞西(서서) 瑞典(서전) 佛蘭西(불란서) 濠洲(호주) 伊太利(이태리) 美洲(미주)

다만, 慣用(관용)은 관용대로 적는다.(예:略)

그리고 그 해설에서 「현행 외래어 표기법에서 특히 같은 漢字文化圈內의 固有名詞에 原音主義를 취한 것도 잘못이다. 中國에서 韓·日의 人名·地名을 中國 漢字音으로 發音하고 日本에서 韓·中의 人名·地名을 日本 漢字音으로 발음하듯이 우리나라에서도 中·日의 人名·地名을 漢字로 적고 韓國漢字音으로 읽어 우리나라 사람끼리 알아들을 수 있고 알아 볼 수 있으면 된다」는 것이다.

1) 漢字音 없애려는 한국전용주의자들의 着想으로 漢字의 視覺性(韓·中·日)을 일관하고 古今을 일관(例 : 南京, 京都, 孔子, 加藤淸正)을 무시하고 청각성을 내세우는 것이지만, 현재의 中國 漢字音이나 日本 漢字音(기성世代 제외)을 제대로 아는 사람이 얼마나 있는가.

2) 청각성을 내세우면서 中國音의 경우 「랴오뚱, 쑹메이링」이라 적어도 「遼東, 宋美零」의 聲調를 모르면 한글을 써놓고 발음한다 해도 그네들이 알아들을 수도 없는 것이다.

3) 신문 잡지, 그 밖의 서적이나 사전을 보게 하기 위해서도 이 原音主義는 是正되어야 한다.

라고 하였다.

필자는 「국어국문학회 외래어표기법안」의 土着音主義에 全的으로 찬동이다.

「佛 · 伊 · 加 · 比 · 印 · 印尼 · 濠 · 埃 · 墺 · 越南 · 和 · 白 · 亞洲 · 歐洲 · 美洲 · 阿洲 · 西歐 · 東歐 · 東南亞 · 重慶 · 大阪 · 毛澤東 · 豊臣秀吉 · 新華社通信 · 時事通信」 표기가 간명하고 視覺的이어서 意味 파악이 빠르고 「불란서 이태리 호주 월남 대판 북해도 시사통신」 등이 전통적이요, 친근감이 느껴지는 한국적인 발음이다.

대학의 불어불문학과, 불어과, 노어과, 이태리어과 등 표기도 참고함직하다.

국어국문학회에서는 1977년 6월 4일에 열린 제20차 總會에서 外來語表記法案을 통과시킨 일이 있다.(국어국문학 79, 80 합병호, 蘭汀 南廣祐停年退任紀念論文集 참조)

국어국문학회 硏究發表會 席上에서 처음으로 外來語 표기법에 대해 擧論한 것은 金慶漢(당시 東星高 교사, 現 語文春秋 主幹)이었는데 그는 國音(原音이 아닌)중심의 外來語 表記라야 된다는 주장을 設問에 의한 回答의 統計를 資料삼아 편 것이다. 1974년 6월에 일이다.

그 후 1975년 4월 17일 外來語表記法案을 만들기로 議決(6월 7일), 75년도 全國大會때 現行 外來語表記法의 問題點이란 主義發表(南豊鉉, 裵亮瑞, 金慶漢, 金敏洙, 李基文, 南廣祐)가 있었는데 이에 앞서 75년 5월 26일에 열린 外來語表記法案 起草委員會에서 南廣祐는 다음과 같은 意見提起를 했다.

1. 므브프>무부푸
2. 녹-노크, 쇽-쇼크
3. 뻐스 까스 뿔
4. 찝 아웃사이드
5. 알콜
6. 아레르기 테레비
7. 뉴욕 코트

8. 東洋文化圈內의 固有名詞-우리 漢字音
  * 요컨대 國民相互間 理解되면 된다.
  * 어느 나라에서 들어왔건 익은 대로
그 후 總會에서 同議를 얻은 外來語 표기법은 다음과 같다.

1) 長母音의 表記
   처어칠→처칠
   뉴우요오크→뉴욕
2) L과R의 區別
   클리닝→크리닝
   텔레비젼→테레비
3) 複母音〔ou〕의 表記
   노오트→노트
   코우트→코트
4) 된소리로 굳어진 말의 平音表記

백→빽	가운→까운	달러→딸러
버스→뻐스	가스→까스	댐→땜
사이렌→싸이렌	잼→쨈	살롱→싸롱
지이프→찝차		

5) 漢字語로 表記된 固有名詞
   ① 中國關係
   北京(뻬이징)→북경 遼東(랴오뚱)→요동
   泰山(타이싼)→태산 蔣介石(장제스)→장개석
   胡適(후즈)→호적
   ② 日本關係
   동경(토오쿄오)→동경
   北九州(키타큐우슈우)→북구주
   玄海灘(켄카이나타)→현해탄
   加藤淸正(카토오키요마사)→가등청정
   伊藤博文(이토오히로부미)→이등박문
   ※다만 慣用은 慣用대로 적을 수 있다.
6) 日本音의 k, t 表記
   ① 假名(카나)→가나

② 澤庵(타쿠앙)→다꾸앙

7) 唇音 아래의 으表記

브리이핑→부리핑　　　　블라우스→부라우스

프린트→푸린트　　　　플랜→푸랜

그 후 77년 4월 30일 南起草委員에 의해 다음어진 案을 補完修正하고 다시 손질되고 다듬어져서 解說과 外來語表記法案을 내놓으면서를 붙여 任員會議에 넘겨 다시 修正이 加해져 外來語表記法案은 通過되었다.(자세한 것은 국어국문학 79, 80호 南廣祐停年紀念論文集)

이와 함께 "外來語表記法案을 내놓으면서"에서는 다음 大原則에 立脚해서 改定되어야 할 것이라 하여,

Ⅰ. 外來語는 外國語 아닌 國語다. 外來語는 音韻이나 語形을 우리 국어의 성질이나 法則에 맞도록 改變同化하여 쓰는 것이므로 좀 더 국어의 音韻體系에 符合하는 방향에서 그 發音과 表記를 是正해야 할 것이다. 漢字를 받아들여 固有한 漢字音이나 聲調를 형성한 것이 그 좋은 본보기이다.

Ⅱ. 우리말에 同化된 것이 外來語이므로 原音主義난 英語式 發音尊重主義를 止揚하고 어디에서 어디를 거쳐 들어왔건 익어진대로(國語化 한 대로) 적어 慣用音(現實音)을 존중해야 할 것이다.

Ⅲ. 漢子로 된 人名·地名 등은 原音에 관계없이 우리 漢字音·으로 表記함을 原則으로 해야 할 것이다.

外來語는 外國語 아닌 國語이기 때문에 國內人끼리 통용되면 족하기 때문이다.

Ⅰ. 日常用語

1. 子音

1.1 된소리로 굳어진 것은 된소리로 적는다.

빽, 빼스, 딸라, 땜, 까운, 까스, 싸이렌, 싸롱, 쨈, 찝

1.2 口蓋音化한 것은 口蓋音化한 대로 적는다.

아세치렌, 츄립

2. 母音

2.1 唇音 〔p〕 〔b〕 에 붙이던 '으'는 '우'로 적는다.
부라보, 부리핑, 푸린트, 스탬푸
2.2 아파캇, 데이터, 라이타, 아파트, 제로, 미스테리
3. 破裂音
아웃, 옵싸이드

Ⅱ. 漢字로 된 人名 · 地名 등은 原音에 관계없이 우리 漢字音으로 表記함을 原則으로 한다.
1. 中國關係
北京(북경) 遼東(요동) 臺北(대북) 泰山(태산)
蔣介石(장개석) 宋美齡(송미령) 胡適(호적)
2. 日本關係
東京(동경) 京都(경도) 北九州(북구주) 加藤淸正(가등청정)
明治(명치) 大阪每日(대판매일)
※ 다만 慣用은 慣用대로 한다.

Ⅲ. 그 밖에 流音 〔r, l〕 은 'ㄹ'로만 적는다.
現實發音을 존중해서 자연스럽게 '테레비, 알카리性, 인테리, 싸롱'과 같이 적자는 것이다.

1) 지난 8월 13일 字 C日報 讀者欄에, "外來語표기원칙 실제발음과 달라"라는 標題의 글이 실린 바 있다.

> "일본 가나에는 ㅋ, ㅌ, ㅊ, ㅍ의 激音文字도 없거니와 원래 일본인들은 그러한 격음발음이 대단히 서투르다는 사실을 관련분야에서는 꼭 알아야 할 것이다."
> "일본어의 실제발음을 모를 수밖에 없는 50대 초반이하의 국민들은 「다케시타」, 「기쿠치」, 「삿포로」 등이 원칙에 따른 表記일 뿐, 그것이 실제발음은 아니라는 사실을 모르기 때문에 엉뚱한 日語발음이 매스컴 電波를 타기도 하고……"

라고 지적하고 前述한 人名 · 地名은 「다께시타, 기꾸찌, 삽뽀로」가 日語의 실제발음임을 말하고 있다.

이 讀者의 投稿에 贊意를 표하면서 한걸음 나아가 '다께시따', '기꾸찌' 보다는 '竹下', '菊池'가 日韓中에 통용될 수 있는 表記

임을 再認識하고 國內人끼리 意思가 소통할 수 있는 '죽하', '국지'로 읽는 傳統性을 회복했으면 하는 것이다.

2) 1986년 1월 文敎部告示로 施行하게 된 外來語표기법은 종전의 표기법에 比해 훨씬 나아진 것이 사실이다.

그러나 現實을 外面한 한글전용 指向의 표기법은 再考되어야 할 것으로 생각한다.

〈서정범 외, 『국어국문학연구의 새로운 모색』, 집문당, 1993.〉

15개 받침의 理論과 實際

나는 國語正書法案(71.4.28 起草 끝냄)을 내놓은 바 있고[1] 국어국문학회의 國語正書法案(71.6.20 總會 통과) 起草 委員長으로 참여한 일이 있으며[2] 국어조사 연구회의 표기법, 再審위원으로도 참여한 일이 있다. (필자의 國語正書法案과 국어국문학회의 國語正書法案은 大同小異한 것이다. 그러나 全同한 것은 아니다.

한편 朴勝彬先生著 「한글 마춤법 통일안에 對한 批判」 讀後感[3]을 쓴 일이 있고(73.1.15) "現代 맞춤법의 原理와 그 問題點"[4](87.6 국어생활 87 여름<제9호>)를 쓴 일이 있다.

국어국문학회 國語正書法 연구위원회 및 起草委員會에서는 28받침(현행은 27받침)을 俎上에 놓고 激論이 벌어졌는데 다음 여러 案이 등장했으므로 참고로 들어 보인다. 이 解說은 필자가 쓴 것이었다.

※ 解說省略 국어국문학 52호 參照

---

1) 菊版 36面 1971. 7. 28. 一潮閣 발행 國語國字論集(1982 菊版 370. 一潮閣 발행)에 再錄.
2) 「국어국문학」 52호 附錄(1971. 5. 30) 국어국문학회.
3) 菊版 89面 1973. 3. 31. 通文館 발행.
4) pp.60~79, 국어연구소 발행.

현재 公布되고 있는 現行맞춤법이 前 맞춤법에 比해 약간의 修正이 加해져 좀 나아진 一面이 있으나 지나친 表意化를 꾀한 點에선 前맞춤법과 大同小異한 것이어서 問題點은 여전히 남아 있다.

現行 맞춤법의 元祖는 周時經인데 訓民正音의 '終聲復用初聲'이라 한 것과 龍飛御天歌의 곶, 높고, 좇거늘 등 'ㅈㅍㅊ'받침의 表記例를 따라 28받침을 案出해 냈던 것이다.

그러나1933년 '한글마춤법통일안'이 制定된 후, 1940년에 나타난 訓民正音解例本에는 분명히 'ㄱㆁㄷㄴㅂㅁㅅㄹ:八字可足用'이라 해 있느니, 이것이 訓民正音 創制 參與者들의 集約된 意見으로 보아야 옳고 또 사실상 釋譜詳節 이후 문헌에서는 ㅈㅊㅿ→ㅅ, ㅌ→ㄷ, ㅍ→ㅂ으로 되고 訓蒙字會凡例에는 初聲終聲 通用八字라 하여 ㄱㄴㄷㄹㅁㅂㅅㅇ을 들어 놓았던 것이다. 그 후 다시 ㄷ→ㅅ이 되어 7終聲(ㄺ ㄻ ㄼ겹받침과 함께 10받침)을 오랜 세월 써왔던 것이다. 이것은 實用의 便宜에서 온 것이요, 이 規制없는 오랜 세월의 言衆의 表記意識이 맞춤법의 大衆化를 위해 크게 참고가 될 듯도 하다.

만약에 조선어학회에 의해 만들어진 '한글 마춤법 통일안'이 나오기 以前에 訓民正音解例本이 나타나 終聲解의 '八終聲 可足用'을 알았던들 현재와 같은 맞춤법은 나올 수가 없었을 것이다.

日帝末期 그들의 國語抹殺政策으로 解例本은 빛을 못보고 조선어학회사건으로 우리의 선배학자들이 大擧檢擧되어 투옥되는 바람에 表記法에 대한 재검토의 여유도 없이 光復을 맞은 것이다.

45년 이후 南北韓이 모두 어수선하던 때에 국어교육을 함에 있어 한글맞춤법통일안이 國語表記法 구실을 한 것은 당연한 추세였다. 더구나 北에선 周時經의 首弟子인 金枓奉이, 南에선 역시 周時經의 弟子인 崔鉉培가 각각 語文정책의 主務者였으므로 南北의 표기법은 大同小異하여 '통일'이란 視角에서 생각하면 多幸이었다고 생각할 수도 있을 것이다.

그런데 光復 후 南北韓이 漢字폐지를 생각한 것이 모두 外勢(美・蘇)의 영향이었으므로 틀림없는데 自主的인 統一을 至上목표로 할 때 한글전용 정책은 止揚되어야 한다고 생각한다.

이 한글전용정책 止揚과 함께 생각해야 할 문제가 바로 統一에 對備해서 우리 國語正書法이 訓民正音制定 당시의 制定參與者들의 表記意識이 크게 尊重되어 再考되는 방향으로 硏究되어야 한다고 생각한다.

現行 맞춤법의 問題點은 지나치게 表意化를 꾀한 나머지 視覺的으로 빨리 그 뜻을 알아보는 약간의 利點은 있으나 맞춤법을 외고, 옳게 書寫하는데의 부담과 혼란이 크다는 점이다. 得보다 失이 많다는 것이다.

국민학교 6년간의 義務敎育을 마친 이들로 하여금 틀림없는 表記生活을 할 수 있게 해야 할 것인바, 現行 맞춤법(前 것에 比해 좀 쉬워졌으나)의 習得은 大學을 卒業하고도 만족스럽지 못하다는 것이 衆論이다.

이번 맞춤법 改定作業 당시에 初・中・高・大學生이나 一般社會人士들의 받아쓰기를 하지 않은 것은 미처 생각하지 못한 것인지 故意的인 것이었는지 알 수 없으나 어떻든 失手였음은 분명하다. 받아쓰기 등 결과에 대한 학자의 科學的인 診斷이 있어야 옳았다고 본다. 診斷없는 處方은 效果的일 수 없다.

表記實態調査결과 보고

※ 昭義국민학교 前 校長 鄭環海

"막걸리를 가라앉히니까 약주 술 같더라"를 받아쓰게 하여 '앉히' 2字를 택해낸 統計

검사대상	검사인원	正答者	誤答者
初 6	331	77	254
中 3	164	55	109

高 2	151	59	92
計	646	191	455

※ 中央大 成煥甲 교수

'실컷'의 받아쓰기에서 41種의 答이 나왔다는 實驗결과 報告<中大附中高學生>

※ 富川 工專 閔忠煥 교수 보고(語文硏究 22호 1979. 6 一潮閣)

1978. 9. 22 富川 所在 S工業校 中高校 학생 436명 대상으로 애국가 1절을 쓰게 한 결과

'닳도록' 쓰기

<table>
<tr><td>중2</td><td>正 22명
誤 26명</td><td rowspan="2">중
2
·
3</td><td>正 22명</td><td rowspan="4">중
고
전
체</td><td rowspan="2">正 22
녕</td><td rowspan="2">50%</td></tr>
<tr><td>중2</td><td>正 22녕
誤 26명</td><td>誤 26명</td></tr>
<tr><td>중2</td><td>正 22명
誤 26명</td><td rowspan="2">고
2
·
3</td><td>正 22명</td><td rowspan="2">誤 26
명</td><td rowspan="2">50%</td></tr>
<tr><td>중2</td><td>正 22명
誤 26명</td><td>誤 26명</td></tr>
</table>

※ 富川 工業 閔忠煥 교수 보고(語文硏究 24호 1977. 9. 11 一潮閣)

78년 12월 16일 文敎部가 발표한 맞춤법 改定試案을 놓고 國語學界에서 論議가 진행되던 때 閔교수가 맞춤법의 問題點을 살펴보기 위해 京畿道 所在 국6 50名, 女中3 50名, 男高2 50名, 女高3 50名, 工專大1 50名, 大3 42名, 敎大院生 20名 總 175名을 對象으로 다음 내용을 받아쓰기(글자를 읽는 것이 아니라 말하듯이 세 번씩 읽어줌)를 해본 결과 國校生이 59%, 女中生이 47%, 男高生이 38%, 女高生이 34%, 工專生이 34%, 大學生이 23%, 敎大院生이 18%, 전체 평균 36%가 誤答率이었다는 것.

교육을 받은 其間과 比例하여 正答率이 높아진 것은 당연하다 하겠으나 男高2가 38%의 誤答率이었다면 10年 교육으로 겨우 60%정도의 正答率이라는 것이니 이것은 문제가 아닐 수 없다.

世宗御製序文에 있듯이 愚民으로 하여금 날로 씀에 便安케 하고자 하는 創制精神에 어긋나는 맞춤법이라고 아니할 수 없다.

試問

1. 고개 **너머**
2. 고개를 **넘어**간다.
3. 뿔에 **받힌** 농군
4. 목숨 **바친** 용사
5. 체에 **밭친** 막걸리
6. 싸게 **사들여온**
7. 책**받침**
8. 강연회를 **열겠사오니**
9. 참석해 **주십시오.**
10. **믿을 수** 없는
11. **미덥지** 않은 사람
12. **우습지도** 않은 말
13. **웃어대는** 여학생
14. 솥에 **안친** 밥쌀
15. 가라**앉힌** 흙탕물
16. **걸음걸이**는 가볍게
17. **윷놀이**는 재미있게
18. 잘 **걷힌** 외상값
19. 굳게 **닫힌** 미닫이
20. **미닫이**
21. 편지를 **부치려면**
22. 우표를 **붙여야**
23. 수박 **겉핥기**
24. **얼음**물에
25. 속이 **훑인다**
26. 약을 **달이고**
27. 옷을 **다린다.**
28. **얼기설기**
29. **뒤얽힌** 인간관계
30. 구멍 **뚫린** 마루
31. **걸어**가는
32. **젊은이**
33. **끓은** 물
34. **식힌다.**
35. **휴게실**
36. **시계**
37. 국기 **게양대**
38. **펄럭이는** 태극기
39. **늘그막**에 고생하는
40. **혜화동**
41. **할아버지**
42. **실컷** 놀아보니
43. **싫증이** 난다.
44. **마중** 가서
45. **맞이하는** 귀한 손님
46. 반겨 **마지** 않는다.
47. 택시에 **부딪힌** 가로수
48. **맞부딪친** 적수(敵手)
49. 콩 **볶듯.**
50. 배추 **솎듯**

以上 50問題의 問項別 誤答 百分比는 다음과 같다.

※省略 語文硏究 24호 參照

이 정도의 表記實態조사로도 면밀히 검토하면 얻은 바가 크리라 생각한다.

표기법에 있어서 體言과 用言과는 같이 論할 수 없는 條件이 있다. 첫째 體言은 獨立性이 있으나 用言은 機能要素가 첨가되어야 비로소 具體的 意味의 표현이 가능하다는 점, 둘째로 體言에는 수많은 漢字語가 있어 古來로 "六龍이, 天福이시니, 日用에, 天命을, 竹園으로"처럼 토와의 분리표기가 행해졌는데 이것은 순우리말 表記에도 영향을 끼쳤던 것이다.

그러나 用言의 경우에 있어서는 다만 漢字말 名詞에서 轉成된 동사나 형용사의 경우, '開拓하다, 寂寞하다, 回答하다'와 같이 漢字말과 「하다」와의 구별표기는 옛부터 있어오던 것이며 또한 '開拓·寂寞·回答'등 漢字말에 대한 意識이 分明할 뿐만 아니라 「하다」가 붙는 동사·형용사가 지극히 많으므로 이것의 구별표기는 해야 할 것이다.

語幹과 語尾 구별표기에 있어 ㄱ ㄴ ㄷ ㄹ ㅁ ㅂ ㅅ ㅈ ㅊ ㅌ ㅍ ㄺ ㄻ ㄼ의 14개 받침(語幹에 ㅇ받침 붙는 말은 없음)을 子音語尾위에서나 派生語接尾辭 '기'위에서만 종전대로 그 原形을 밝혀 적으면 뜻 分別에 그렇게 큰 不便은 없을 것이다. 지나친 表意化로 받아쓰기 成績은 너무 低調한 것이다.

誤答率

너머(48%) 받힌(54%) 바친(30%) 밭친(98%) 들여온(24%) ~겠사오니(17%) 미덥지(21%) 우습지도(39%) 안친(86%) 앉힌(41%) 걸음걸이(22%) 윷놀이(37%) 걷힌(49%) 닫힌(29%) 미닫이(25%) 부치려면(36%) 붙여야(37%) 겉핥기(71%) 얼음(25%) 훑인다(95%) 달이고(66%) 얼기설기(35%) 뒤얽힌(43%) 뚫린(24%) 끓은(29%) 늘그막(94%) 실컷(34%) 싫증(24%) 맞이하는(18%) 마지 않는다(53%) 부딪히고(63%) 맞부딪친(81%) 볶듯(25%) 솎듯(66%)

라는 數値는 현행 맞춤법의 問題點인 그 難澁性을 實證하는 것이다. 이것이 大學生이나 中高국어교사(敎大院生)를 포함한 성적임을 생각해야 한다.

필자로선 訓民正音解例終聲解의 'ㄱㆁㄷㄴㅂㅁㅅㄹ可足用'의 精神을 살리고 傳統性이 있는 'ㄺ ㄻ ㄼ'의 세 겹받침과 'ㅈ ㅊ ㅌ ㅍ'은 龍歌나 月印에 쓰였을 뿐 아니라 體言·用言에 두루 쓰이고 그 用例도 비교적 많으므로 子音語尾위에서나 派生語 接尾辭위에서만 表意化의 長點도 얼마간 살리는 것이 좋겠다는 생각이다.

體言과 토를 구별해 적는 원칙을 살리더라도 體言에는 'ㅎ ㄵ ㄶ ㄾ ㄿ ㅆ'받침은 없으므로 맞춤법은 훨씬 쉬워지고, 글자(音節文字) 數도 많이 줄어들 것이다.

현행 한글 맞춤법의 받침은 27개(ㄱ ㄴ ㄷ ㄹ ㅁ ㅂ ㅅ ㅇ ㅈ ㅊ ㅋ ㅌ ㅍ ㅎ ㄲ ㄳ ㄵ ㄶ ㄺ ㄻ ㄼ ㄽ ㄾ ㄿ ㅀ ㅄ ㅆ)인데 그 중 15개 받침만을 쓰고 12개 받침을 줄이자는 것이다.

(1) 한글맞춤법통일안 制定以前에는 ㅋ ㅎ ㄲ ㄵ ㄶ ㄾ ㄿ ㅆ 8 받침은 實用例가 없다.
(2) 1955년 문교부의 文字頻度調査에 의하면 20萬字중 ㅋ(0) ㄽ(0) ㄾ(1) ㄿ(2) ㄳ(4)로 나타나 있다. 表音文字 중 이러한 實用例를 보이는 것은 세계에서 유례없는 일이다.
(3) ㅎ 系列 받침 'ㅎ, ㄶ, ㅀ'을 없애자는 것.
좋으니 끊어 끊는

들이 ㅎ소리가 脫落되어 발음됨은 누구나 是認할 것이다. ㅅ변칙이나 ㅂ변칙은 변칙活用대로 '이으니, 더워서'로 적으면서 母音語尾 위에서 ㅎ받침만을 고집하는 것은 衡平의 원칙에도 어긋나는 것이다.

이번 맞춤법 改定에서 "용코, 심심케, 입각케, 설립케"로 고친 것은 英斷이었다.

"용코 심심케"가 옳다면 "안코 끌케"도 "않고, 끓게"를 고집할 理由가 없다. "실컷 싫증, 끓으니 끌탕, 곯아서 골탕" 등 구변표기의 難濫性은 止揚되어야 한다.

(4) ㅆ받침의 利點은 "있(有)" 하나에 있다. ㅆ받침語는 略語표기를 생각하면 90 안팎이나 되는데 "있다" 하나의 視覺性을 위해 이 숱한 ㅆ받침을 하는 것은 得보다 失이 크다.
이번에 '있습니다 · 없습니다' 表記로 고친 것은 현행으로선 合理的으로 고쳐진 셈인데 大衆으로서는 "있사오니 없사오니 하겠습니다 가였습니다"표기보다
"잇사오니 업사오니 하겟습니다 가엿습니다"를 편하다고 생각할 것이다.

(5) 'ㄺ ㄻ ㄼ'받침은 歷史的으로 "늙니라고, 거늘옮니, 닮디여, 엷디다"의 표기법이 이어져 왔을 뿐 아니라 각각 뒷받침 "ㄱ(닭), ㅁ(삶게), ㅂ(밟지)"으로 발음되어 각각 앞받침 'ㄱ(몫 · 밖 · 닦), ㄹ(돐 · 훑 · 끓), ㄴ(앉 · 끊), ㅂ(값 · 없), ㅅ(있)'으로 발음됨과 다르다.

(6) 한글학회 지음 큰사전에 의하면 '밭', '첫밧'과 같은 表題語가 실려 있는데 이것은 현행 맞춤법 精神에 입각한 표기라 하겠다.

이런 표기법에 따르면 '脈시, 싹[芽]시, 녹[銹]시, 그런 卽슨, 身色시, 怯시, 밥시(忠淸方言 밥시), 읍시(全羅方言 없이), 남게(나무에), 말레(마루에), 팟기(팥기), 숫기(숯이)'와 같은 표기가 모두 겹받침 표기가 돼야 한다.

뿐만 아니라 '어떻게(어떠케)하다'의 준말을 '어떡하다'로 적고 있으나 'ㅋ'받침이 合理的이고 '뷕'의 單母音化된 '벅'도 ㅋ받침으로 적어야 옳다.

또한 '볶다, 닦다'의 된소리 표기를 위해서는 또 새 글자가 늘어나게 되어 音韻변화나 다양한 사투리표기를 위해서는 항상 流動的인데 文字數는 固定되어있어야 合理的이라고 생각한다.

결론적으로 世宗大王의 愚民으로 하여금 쉽게 익혀 쓰도록 하

겠다는 精神과 1933년 우리의 선배들이 애써 制定한 한글맞춤법의 表意化정신은 어느 정도 살리되 義務敎育을 마친 사람이면 누구나 옳게 쓸 수 있도록 하자는 것이다.

〈『語文硏究』 第68號, 韓國語文敎育硏究會, 1990.〉

蘭汀 南廣祐 文集 編輯을 마치며

漢字敎育을 통한 國語敎育의 正常化를 推進하고자 결성하신 韓國語文敎育硏究會의 國語運動과 硏究活動을 盤石위에 올려놓으셨고, 漢字敎育을 振興시키기 위하여 韓國漢字能力檢定會를 設立하셨으며, 이들 두 團體의 活動을 確固不動하게 뒷받침하고자 社團法人 韓國語文會를 조직하신 蘭汀 南廣祐先生님께서 돌아가신지 10年이 되었다.

선생님께서 돌아가신 후, 蘭汀先生님의 글들을 한데 모아 보자는 意見은 그동안 꾸준히 있어왔으나 막상 모으려 하다 보니 原稿의 全體 分量이 어느 정도나 되는지 가늠하기조차 어려워 實質的인 作業은 이루어지지 못하였었다. 그러던 중 2007年 4月부터 崔洪烈 敎授에 의하여 蘭汀先生님께서 쓰신 글들의 目錄 作成 作業이 비로소 시작되었다. 쓰신 글들이 收錄된 論文集과 新聞, 雜誌 등을 살펴 목록을 確認하는 작업은 그 量이 尨大하여 朴光敏 先生과 韓東完 敎授 그리고 韓國漢字能力檢定會 全鍾國 本部長도 함께 목록 작성에 힘을 보태었다. 蘭汀先生님을 기리는 마음으로부터 시작된 일이라고는 하나 그저 고마울 뿐이다.

확인을 마치고 整理된 글의 分量은 실로 尨大하였다. 이에 南基卓 敎授, 崔尙鎭 敎授 그리고 韓東完 敎授는 의논 끝에, 방대한 글 모두를 한 번에 한 자리에 모으는 일이 慾心이라는 判斷을 하게 되었다. 차근차근 정리하는 것이 일의 穩當한 進行 方案이라고 생각한 것이다. 그리하여 이번의 整理 作業 對象을 일단 專攻 論文에 局限하기로 하였다. 論說文이라든가 隨筆類 등의 글들의 정리 작업은 다음 順序로 미룬 것이다. 여기저기 흩어져 있는 論文을 모은다는 意味를 가진 작업이라는 사실을 考慮하여, 蘭汀先生님께서 生前에 묶어 出版하신 冊에 실린 논문들은 除外하기로 하였다.

5월부터 진행된 電算入力 作業에는 江原大學校 國語國文學科의 鄭成美 先生과 洪慈嬰 先生 그리고 손진희 先生 등이 애써주었으며, 韓國漢字能力檢定會의 金世敬 先生과 韓芝善 先生도 힘을 아끼지 않았고, 入力이 進行되고 난 후의 全般的인 編輯과 校訂 作業은 韓國漢字能力檢定會의 李光珍 博士가 全的으로 도맡아 주었다. 細細한 編輯 規則에서부터 文集의 全體 體制 決定에 이르기까지 모든 걸림돌을 解決하고, 總括해 준 韓在永 敎授, 그저 感謝할 뿐이다.

蘭汀先生님의 글들을 한데 모아 보자는 처음의 뜻과는 여전히 距離를 두고 있는 일의 結果가 많은 아쉬움을 가지게는 하나, 이만한 結果를 보이는 데에도 참으로 많은 분들의 도움이 없었다면 이룰 수 없는 일임을 記憶하여 거듭 고맙다는 人事의 말씀을 드린다.

끝으로 出版界의 어려운 事情에도 不拘하고 尨大한 蘭汀 南廣祐 文集의 出版을 快히 許諾해 주신 月印의 朴成福 社長님과 編輯部 職員 여러분들의 勞苦에도 이 자리를 빌어 고마운 마음의 뜻을 드리는 바이다.

蘭汀先生님을 다시 한번 마음에 기리며, 우리의 작은 마음 씀씀이와 努力의 結果가 행여 先生님의 業績에 累를 끼쳐 드리지나 않았으면 하는 바람뿐이다.

2007年 12月 4日

蘭汀 南廣祐 文集 刊行委員會 삼가 적음

蘭汀 南廣祐 文集 2

國語政策

인 쇄 • 2007년 11월 26일
발 행 • 2007년 11월 29일

펴낸이 • 韓國語文敎育硏究會
서울시 서초구 서초1동 1627-1
전 화 • (02) 1566-1400

배포처 • 도서출판 **月印**
서울시 강북구 흰구름길 19-3(수유2동 252-9)
등록 • 제6-0364호 / 등록일 • 1998년 5월 4일
대표전화 • (02) 912-5000 / 팩스 • (02) 900-5036
http://www.worin.net

ISBN 978-89-8477-381-3 (세트)
ISBN 978-89-8477-383-7 94710

값 22,000원